Die Grenzen der Auslegungskompetenz des EuGH im Vorabentscheidungsverfahren nach Art. 234 EG

Studien zum vergleichenden und internationalen Recht -
Comparative and International Law Studies

Herausgeber: Bernd von Hoffmann, Erik Jayme
und Heinz-Peter Mansel

Band 114

PETER LANG
Frankfurt am Main · Berlin · Bern · Bruxelles · New York · Oxford · Wien

Martina Schmid

Die Grenzen der Auslegungskompetenz des EuGH im Vorabentscheidungsverfahren nach Art. 234 EG

Dargestellt am Beispiel der überschießenden Richtlinienumsetzung

PETER LANG
Europäischer Verlag der Wissenschaften

Bibliografische Information Der Deutschen Bibliothek
Die Deutsche Bibliothek verzeichnet diese Publikation in der Deutschen Nationalbibliografie; detaillierte bibliografische Daten sind im Internet über <http://dnb.ddb.de> abrufbar.

Zugl.: Heidelberg, Univ., Diss., 2005

D 16
ISSN 0930-4746
ISBN 3-631-54341-7

www.peterlang.de

Meinen Eltern

Vorwort

Die vorliegende Arbeit wurde von der Juristischen Fakultät der Ruprecht-Karls-Universität Heidelberg im Sommersemester 2004 als Dissertation angenommen. Die Arbeit wurde im Juni 2003 fertiggestellt, für die Veröffentlichung wurde sie auf den Stand März 2005 gebracht.

Die Anregung zum Thema der Dissertation gab mein Doktorvater Prof. Dr. Burkhard Heß, dem ich an dieser Stelle für die fachliche und persönliche Betreuung danken will. Herrn Prof. Dr. Thomas Pfeiffer danke ich für die Erstellung des Zweitgutachtens.

Darüber hinaus möchte ich für die finanzielle Unterstützung des Dissertationsvorhabens danken, die im Rahmen eines Promotionsstipendiums durch das Land Baden-Württemberg gewährt wurde. In diesem Zusammenhang gilt mein Dank auch Herrn Prof. Dr. Martin Nettesheim für die gutachterliche Befürwortung der Förderung.

Mein ganz besonderer Dank gilt meiner Familie, insb. meinen Eltern, für ihre liebevolle, uneingeschränkte persönliche und finanzielle Unterstützung während meiner gesamten Ausbildung.

München, im Juni 2005 Martina Schmid

Inhaltsübersicht

Vorwort .... VII.
Inhaltsverzeichnis .... XI.
Abkürzungsverzeichnis .... XIX.
Literaturverzeichnis 195

TEIL 1: EINFÜHRUNG 1

A. Die „Heininger"-Entscheidungen des EuGH und des BGH 1
B. Gang und Methode 4

TEIL 2: DAS ZUSAMMENSPIEL VON GEMEINSCHAFTSRECHT UND NATIONALEN PRIVATRECHTEN 7

A. Die Harmonisierung des nationalen Rechts und die Entwicklung eines sog. Gemeinschaftsprivatrechts 7
B. Die Problematik der autonomen Rechtsangleichung 25
C. Die richtlinienkonforme Auslegung des nationalen Rechts 78

TEIL 3: PROZESSUALE GRUNDLAGEN 111

A. Die Funktion des EuGH im Rahmen der europäischen Rechtsangleichung 111
B. Die Zuständigkeit des EuGH zur Auslegung von Gemeinschaftsprivatrecht 117

TEIL 4: DIE AUSLEGUNGSKOMPETENZ DES EUGH BEI ÜBERSCHIESSENDER UMSETZUNG 127

A. Die Rechtsprechung des Gerichtshofs 127
B. Die Gegenposition der Generalanwälte 138
C. Geteilte Ansichten in der Literatur 146
D. Überprüfung der Rechtsprechung des EuGH 147
E. Zusammenfassung 181

TEIL 5: AUSBLICK 183

A. Die Entwicklung der europäischen Privatrechtsangleichung 183
B. Die Entwicklung der europäischen Gerichtsbarkeit nach Nizza 184
C. Schlussbemerkung 193

Anhang 1:
Richtlinie 1999/44/EG des Europäischen Parlaments und des Rates vom 25. Mai 1999 zu bestimmten Aspekten des Verbrauchsgüterkaufs und der Garantien für Verbrauchsgüter....................223

Anhang 2:
Hinweise des EuGH zur Vorlage von Vorabentscheidungsersuchen durch die innerstaatlichen Gerichte....................237

Inhaltsverzeichnis

TEIL 1: EINFÜHRUNG 1

A. Die „Heininger“-Entscheidungen des EuGH und des BGH 1
I. Ausgangslage 1
II. Das Urteil des EuGH 2
III. Die Folgeentscheidung des BGH vom 9.4.2002 2
IV. Aktueller Anlass 4

B. Gang und Methode 4

TEIL 2: DAS ZUSAMMENSPIEL VON GEMEINSCHAFTSRECHT UND NATIONALEN PRIVATRECHTEN 7

A. Die Harmonisierung des nationalen Rechts und die Entwicklung eines sog. Gemeinschaftsprivatrechts 7
I. Eingrenzung des Untersuchungsgegenstands 7
II. Regelungstechniken der Harmonisierung 7
1. Begriff der Harmonisierung 7
2. Kennzeichen der Harmonisierung in der Europäischen Gemeinschaft 8
a) Marktbezogenheit 8
b) Begrenzung der Harmonisierung 9
aa) Begrenzung durch das Prinzip der begrenzten Einzelermächtigung 9
bb) Begrenzung durch das Subsidiaritätsprinzip 9
3. Instrumente der Harmonisierung 10
a) Die Verordnung, Art. 249 II EG 10
b) Die Richtlinie, Art. 249 III EG 10
4. Harmonisierungsintensität 12
a) Problemstellung 12
b) Vollständige Harmonisierung 13
c) Teilweise Harmonisierung 14
aa) Optionelle Harmonisierung 15
bb) Mindestharmonisierung 15
aaa) Zweck der Mindestharmonisierung 16
bbb) Rechtliche Grundlagen der Mindestharmonisierung im EG-Vertrag 17
(1) Ausdrückliche Ermächtigungen 17
(2) Weitere Ermächtigungen 17

ccc) Umfang und Schranken des mitgliedstaatlichen Gestaltungsspielraums 18
(1) Mindestharmonisierung kraft primärrechtlicher Anordnung 18
(2) Mindestharmonisierung kraft sekundärrechtlicher Anordnung 18
5. Gegenseitige Anerkennung 20
III. Charakteristika des Gemeinschaftsprivatrechts 20
1. Begriff 20
2. Rechtsquellen 21
a) Die Kompetenzen der EG 21
b) Das Primärrecht 22
c) Das Sekundärrecht 22
d) Wirkungsweise der beiden Rechtsquellen 23
3. Doppelfunktionalität des Gemeinschaftsprivatrechts 24

B. Die Problematik der autonomen Rechtsangleichung 25
I. Problembeschreibung 25
1. Einführung 25
2. Fallgruppen 26
3. Hintergründe der autonomen Rechtsangleichung 28
4. Fragestellung 29
II. Beispiele aus dem deutschen Recht 30
1. Überschießende Richtlinienumsetzung 30
a) Registerrecht 30
b) Bilanzrecht 31
c) Umwandlungsrecht 31
d) Überweisungsrecht 33
e) Haustürgeschäfte 33
f) Verbraucherkredite 34
g) Schuldrechtsharmonisierung 35
2. Verweis auf Gemeinschaftsrecht 35
III. Zulässigkeit der autonomen Rechtsangleichung, insb. der überschießenden Richtlinienumsetzung 37
1. Europarechtliche Zulässigkeit 37
a) Autonome Rechtsangleichung und Mindestharmonisierung 37
aa) Abgrenzung 37
bb) Beispiel 38
b) Mögliche Grenze: Beeinträchtigung der Einheit des Gemeinschaftsrechts 39
c) Fazit 39
2. Zulässigkeit nach nationalem Recht 40
a) Grundsätze 40

aa) Technik der Inkorporation 40
bb) Verfassungsrechtliche Überprüfbarkeit 41
cc) Der Maßstab des Art. 3 I GG 42
b) Gebotenheit der autonomen Rechtsangleichung 42
aa) Gerechtigkeitserwägungen, Art. 3 I GG 43
aaa) Anwendbarkeit des allgemeinen Gleichheitssatzes 43
(1) Die Problematik der Inländerdiskriminierung 43
(2) Übertragbarkeit 45
bbb) Prüfungsmaßstab 46
bb) Systemkonformität im nationalen Recht 47
aaa) Ausgangspunkt: Verfolgung verschiedener Regelungsziele ... 47
bbb) Unterschiedliche Alternativen der Umsetzung 49
ccc) Überschießende Umsetzung als mögliche Lösung 51
cc) Ergebnis 52
IV. Das Schuldrechtsmodernisierungsgesetz 53
1. Einführung 53
a) Reformgeschichte 53
b) Gemeinschaftsrechtlicher Hintergrund 54
c) Vorgehensweise 55
2. Die Verbrauchsgüterkaufrichtlinie (1999/44/EG) 56
a) Allgemeines 56
b) Zielsetzung 56
c) Regelungsbereiche 57
aa) Anwendungsbereich 57
bb) Vertragsmäßigkeit, Art. 2 RL 58
aaa) Vertragsmäßigkeit als allgemeines Prinzip 58
bbb) Vorrang der Parteiabrede 58
cc) Gewährleistungsrechte des Verbrauchers 59
aaa) Nacherfüllung 59
bbb) Minderung, Vertragsauflösung 60
ccc) Ausschluss der Gewährleistungsrechte 60
ddd) Beweislastverteilung 61
3. Die Umsetzung ins deutsche Recht 62
a) Die „Große Lösung“ 62
b) Beispiele für mögliche Systemwidersprüche zwischen Richtlinie und nationaler Kodifikation und ihre Handhabung im Rahmen der Umsetzung 62
aa) Kodifikationsgemäße, aber richtlinienwidrige Umsetzung 62
bb) Nationale Systemwidrigkeit durch Richtlinienkonformität 64
c) Bereiche der überschießenden Umsetzung 65
aa) Überschießende Umsetzung und sog. große Lösung 65
bb) Vorarbeiten der Schuldrechtskommission 66

cc) Überschießende Bereiche 67
aaa) Allgemeine Struktur 67
bbb) Kaufgewährleistungsrecht 68
(1) Neuregelung des Sachmangelbegriffs 68
(2) Zweistufiges Rechtsbehelfssystem 69
(3) Gewährleistungsfrist 70
(4) Sonderregeln für den Verbrauchsgüterkauf 70
(5) Fazit 71
ccc) Allgemeines Leistungsstörungsrecht 71
(1) Fragestellung 71
(2) Verweis des § 437 Nr. 2 BGB 73
(3) Verweis des § 437 Nr. 3 BGB 74
ddd) Möglichkeit und Notwendigkeit der überschießenden Umsetzung im Fall der Verbrauchsgüterkaufrichtlinie 75
4. Zusammenfassung 76
5. Exkurs: Die Umsetzung der Richtlinie in den übrigen EU-Staaten 76

C. Die richtlinienkonforme Auslegung des nationalen Rechts 78
I. Einleitung 78
II. Begriff / Rechtsgrundlage 79
1. Begriff 79
2. Rechtsgrundlage 79
III. Die richtlinienkonforme Auslegung in der Rechtsprechung des EuGH 81
1. Erste Phase (bis 1984) 82
a) Das Urteil in der Rechtssache Haaga 82
b) Das Urteil in der Rechtssache Bonsignore 82
c) Das Urteil in der Rechtssache Mazzalai 82
d) Das Urteil in der Rechtssache Verbond van Nederlandse Ondernemingen 83
e) Das Urteil in der Rechtssache Felicitas 83
f) Fazit 84
2. Zweite Phase (bis 1990) 84
a) Die Urteile von Colson und Kamann und Harz 84
b) Das Urteil in der Rechtssache Johnston 85
c) Das Urteil Kolpinghuis Nijmegen 85
e) Das Urteil Nijman 86
f) Fazit 86
3. Das Urteil in der Rechtssache Marleasing 87
4. Weitere Urteile 88
IV. Reichweite / Grenzen der richtlinienkonformen Auslegung 89
1. Allgemeine Grenzen 89
a) Nationale Grenzen 89

aa) Wortlaut und Zweck der nationalen Vorschrift 89
bb) Rechtsstaatliche Grundsätze 92
b) Gemeinschaftsrechtliche Grenzen 92
aa) Allgemeine Grundsätze des Gemeinschaftsrechts 92
bb) Verbot der horizontalen Direktwirkung 94
2. „Quasi-richtlinienkonforme Auslegung" im überschießenden Bereich 95
a) Grundüberlegungen 95
b) Zulässigkeit einer quasi-richtlinienkonformen Auslegung 96
aa) Nach Gemeinschaftsrecht 96
bb) Nach nationalem Recht 97
c) Pflicht zur quasi-richtlinienkonformen Auslegung 98
aa) Aus Gemeinschaftsrecht 98
aaa) Art. 249 III, Art. 10 EG 99
bbb) Zusammenhang mit Mindestharmonisierung 99
ccc) Einheit des Gemeinschaftsrechts 100
bb) Aus nationalem Recht 102
aaa) Aus dem autonomen Recht selbst 102
bbb) Gerechtigkeitserwägungen, Art. 3 I GG 103
ccc) Rechtssicherheit / Einheit der nationalen Rechtsordnung 104
d) Möglichkeit einer gespaltenen Auslegung 105
e) Anwendungsbeispiele 106
3. Zusammenfassung 107

TEIL 3: PROZESSUALE GRUNDLAGEN 111

A. Die Funktion des EuGH im Rahmen der europäischen Rechtsangleichung 111
I. Allgemeines zur Rolle des EuGH bei der Rechtsangleichung durch die Europäische Gemeinschaft 111
1. Ausgangspunkt: Art. 220 EG 111
2. Verfahrensarten 111
II. Justizielle Rechtsangleichung 112
1. Grundsätze des Richterrechts in der Europäischen Gemeinschaft.....112
a) Allgemeines zur richterlichen Rechtsfortbildung 112
b) Rechtsfortbildung in der Europäischen Gemeinschaft durch den EuGH 114
c) Beispiele für rechtsfortbildende Tätigkeit des EuGH 115
2. Rechtsangleichende Wirkungen der EuGH-Rechtsprechung 116

B. Die Zuständigkeit des EuGH zur Auslegung von Gemeinschaftsprivatrecht 117
I. Das Vorabentscheidungsverfahren, Art. 234 EG 117

1. Rechtsnatur 118
2. Funktion des Vorabentscheidungsverfahrens 118
3. Voraussetzungen der Vorabentscheidung 119
a) Gegenstand des Vorabentscheidungsersuchens 119
b) Entscheidungserheblichkeit 120
c) Vorlagerecht und Vorlagepflicht 121
aa) Gemeinschaftsrechtlicher Gerichtsbegriff 121
bb) Vorlagepflicht, Art. 234 III EG 121
4. Rechtswirkungen des Urteils 123
II. Die bisherige Rechtsprechungsentwicklung 124

TEIL 4: DIE AUSLEGUNGSKOMPETENZ DES EUGH BEI ÜBERSCHIESSENDER UMSETZUNG 127

A. Die Rechtsprechung des Gerichtshofs 127
I. Entwicklung der sog. Dzodzi-Rechtsprechung 127
1. Das Urteil Thomasdünger 127
2. Das Urteil Dzodzi 127
3. Das Urteil Gmurzynska-Bscher 128
4. Die Urteile Federconsorzi und Fournier 129
II. Das Urteil in der Rechtssache *Kleinwort Benson* 130
III. Auswirkungen von Kleinwort Benson auf die Dzodzi-Rechtsprechung: Die Urteile *Leur-Bloem* und *Giloy* 132
IV. Weitere Entscheidungen 133
1. Das Urteil Imperial Chemical Industries (ICI) 133
2. Das Urteil Schoonbroodt 134
3. Das Urteil DE+ES Bauunternehmung GmbH 134
4. Das Urteil Berliner Kindl 135
5. Das Urteil Kofisa Italia Srl 135
6. Das Urteil Adam 136
V. Neuere Entscheidungen 136
1. Das Urteil in der Rechtssache Heininger 136
2. Das Urteil in der Rechtssache BIAO 137

B. Die Gegenposition der Generalanwälte 138
I. Thomasdünger, Dzodzi, Gmurzynska-Bscher 138
II. Kleinwort Benson, Leur-Bloem / Giloy 139
III. Federconsorzi, Fournier 140
IV. Weitere Entscheidungen 141
V. Neuere Verfahren 142
1. Die Rechtssache Heininger 142
2. Die Rechtssache BIAO 142
VI. Berliner Kindl 144

1. Die Schlussanträge von GA Léger vom 28.10.1999 144
2. Stellungnahme 144

C. Geteilte Ansichten in der Literatur 146
I. Gegner einer Auslegungskompetenz 146
II. Befürworter einer Auslegungskompetenz 146

D. Überprüfung der Rechtsprechung des EuGH 147
I. Mögliche Grenzen der Entscheidungskompetenz 147
1. Prinzip der begrenzten Einzelermächtigung, Art. 5 I EG 147
a) Anwendbarkeit 148
b) Art. 234 EG als Kompetenzgrundlage 148
2. Nationales Verfassungsrecht 152
a) Garantie des gesetzlichen Richters, Art. 101 I 2 GG 152
b) Reichweite der Übertragung von Hoheitsrechten, Art. 23 I GG ... 154
II. Vorlagerecht im überschießenden Bereich 156
1. Fragestellung 156
2. Subjektive Entscheidungserheblichkeit im Vorlageverfahren 158
a) Zweistufiges Vorgehen der innerstaatlichen Organe 158
b) Subjektive Entscheidungserheblichkeit und Kooperationsverhältnis 159
c) Gegenseitigkeitsverhältnis 162
3. Bindungswirkung als Voraussetzung für Vorlage 162
a) Fragestellung 162
b) Allgemein: Bindungswirkung von Urteilen im Rahmen von Art. 234 EG 163
c) Bindungswirkung im überschießenden Bereich 164
aa) Entwicklung der EuGH-Rechtsprechung 164
bb) Grundsätzliche Erforderlichkeit der Bindungswirkung auch im überschießenden Bereich 166
cc) Ausschluss der Bindungswirkung 167
dd) Folge der Bejahung der Bindungswirkung 169
4. Mögliche Beschränkung des Vorlagerechts 171
a) „Völlig autonom" veranlasste Angleichung des nationalen Rechts 171
b) Beschränkung auf „grundsätzliche" Fragen 172
c) Formulierung der Vorlagefrage 175
5. Überprüfungsrecht des EuGH 175
a) Erforderlichkeit der Vorlage 176
b) Reichweite der nationalen Verweisung / Bindungswirkung 176
III. Vorlagepflicht im überschießenden Bereich 178
1. Nach Gemeinschaftsrecht 178
2. Nach nationalem Recht 180

E. Zusammenfassung 181

TEIL 5: AUSBLICK 183

A. Die Entwicklung der europäischen Privatrechtsangleichung 183

B. Die Entwicklung der europäischen Gerichtsbarkeit nach Nizza 184
I. Die Entwicklung bis hin zum Vertrag von Nizza 184
II. Neuerungen durch den Vertrag von Nizza 186
1. Allgemeines 186
2. Kompetenzverteilung 187
a) Allgemein 187
b) Direktklagen 188
c) Vorabentscheidungen 188
III. Die weitere Entwicklung 189
1. Post-Nizza-Prozess 189
2. Vorschlag für ein Europäisches Kompetenzgericht 190
3. Weitere Entwicklung 192

C. Schlussbemerkung 193

Anhang 1:
Richtlinie 1999/44/EG des Europäischen Parlaments und des Rates vom 25. Mai 1999 zu bestimmten Aspekten des Verbrauchsgüterkaufs und der Garantien für Verbrauchsgüter 223

Anhang 2:
Hinweise des EuGH zur Vorlage von Vorabentscheidungsersuchen durch die innerstaatlichen Gerichte 237

Abkürzungsverzeichnis

a.A.	anderer Ansicht
a.a.O.	am angegebenen Ort
ABl.	Amtsblatt der Europäischen Gemeinschaften
Abs.	Absatz
AcP	Archiv für die civilistische Praxis
a.E.	am Ende
a.F.	alte Fassung
AGBG	Gesetz zur Regelung des Rechts der Allgemeinen Geschäftsbedingungen
AktG	Aktiengesetz
AnwBl.	Anwaltsblatt
AöR	Archiv des öffentlichen Rechts
Art.	Artikel
ArbG	Arbeitsgericht
Az.	Aktenzeichen
BAG	Bundesarbeitsgericht
BayVBl.	Bayerische Verwaltungsblätter
BB	Betriebs-Berater
Bd.	Band
BFH	Bundesfinanzhof
BGB	Bürgerliches Gesetzbuch
BGBl.	Bundesgesetzblatt
BGH	Bundesgerichtshof
BGHZ	Entscheidungen des Bundesgerichtshofs in Zivilsachen
BMJ	Bundesministerium der Justiz
BT-Drucks.	Drucksachen des Deutschen Bundestags
BVerfG	Bundesverfassungsgericht
BVerfGE	Entscheidungen des Bundesverfassungsgerichts
BVerwG	Bundesverwaltungsgericht
bzw.	beziehungsweise
ca.	circa
CDE	Cahiers de Droit Européen
CISG	Convention on the International Sale of Goods / Wiener UN-Übereinkommen über Verträge über den internationalen Warenkauf
CMLR	Common Market Law Review

DB	Der Betrieb
d.h.	das heißt
DiskE	Diskussionsentwurf
DJT	Deutscher Juristentag
DÖV	Die öffentliche Verwaltung
DStR	Deutsches Steuerrecht
DStZ	Deutsche Steuer-Zeitung
DVBl.	Deutsches Verwaltungsblatt
DZWiR	Deutsche Zeitschrift für Wirtschaftsrecht
EAG	Europäische Atomgemeinschaft
EAGV	Vertrag zur Gründung der Europäischen Atomgemeinschaft
EG	Europäische Gemeinschaft; EG-Vertrag in der Fassung des Vertrages von Amsterdam
EGKS	Europäische Gemeinschaft für Kohle und Stahl
EGKSV	Vertrag über die Gründung der Europäischen Gemeinschaft für Kohle und Stahl
EGMR	Europäischer Gerichtshof für Menschenrechte
EGV	EG-Vertrag in der Fassung des Vertrages von Maastricht
ELR	European Law Review
EMRK	Europäische Konvention zum Schutz der Menschenrechte und Grundfreiheiten
endg.	endgültig
ERPL	European Review of Private Law
EStG	Einkommensteuergesetz
etc.	et cetera
EU	Europäische Union
EuG	Gericht erster Instanz
EuGH	Gerichtshof der Europäischen Gemeinschaften
EuGRZ	Europäische Grundrechte-Zeitschrift
EuGVÜ	Brüsseler EWG-Übereinkommen über die gerichtliche Zuständigkeit und die Vollstreckung gerichtlicher Entscheidungen in Zivil- und Handelssachen
EuGVVO	EG-Verordnung Nr. 44/01 über die gerichtliche Zuständigkeit und die Anerkennung und Vollstreckung von Entscheidungen in Zivil- und Handelssachen
EuR	Europarecht
EuZW	Europäische Zeitschrift für Wirtschaftsrecht
EWG	Europäische Wirtschaftsgemeinschaft
EWGV	Vertrag zur Gründung der Europäischen Wirtschafts-

	gemeinschaft
EWS	Europäisches Wirtschafts- und Steuerrecht
f. / ff.	folgende / fortfolgende
FG	Finanzgericht
Fn.	Fußnote
FS	Festschrift
GA	Generalanwalt
gem.	gemäß
GG	Grundgesetz
GRUR	Gewerblicher Rechtsschutz und Urheberrecht
GS	Gedächtnisschrift
GZT	Gemeinsamer Zolltarif
HGB	Handelsgesetzbuch
h.L.	herrschende Lehre
h.M.	herrschende Meinung
Hrsg.	Herausgeber
HS	Halbsatz
HWiG	Gesetz über den Widerruf von Haustürgeschäften und ähnlichen Geschäften (Haustürwiderrufsgesetz)
i.d.F.	in der Fassung
i.d.R.	in der Regel
insb.	insbesondere
IPRax	Praxis des internationalen Privat- und Verfahrensrechts
i.R.d.	im Rahmen des/der
i.R.v.	im Rahmen von
i.S.d.	im Sinne des
IStR	Internationales Steuerrecht
i.S.v.	im Sinne von
i.V.m.	in Verbindung mit
JbItR	Jahrbuch für italienisches Recht
JBl.	Juristische Blätter
Jura	Juristische Ausbildung
JuS	Juristische Schulung
JZ	Juristenzeitung
KE	Kommissionsentwurf
KF	Konsolidierte Fassung

LG	Landgericht
lit.	litera
Ls.	Leitsatz
LugÜ	Luganer Übereinkommen über die gerichtliche Zuständigkeit und die Vollstreckung gerichtlicher Entscheidungen in Zivil- und Handelssachen
m.Anm.	mit Anmerkung
MDR	Monatsschrift für deutsches Recht
m.E.	meines Erachtens
m.w.N.	mit weiteren Nachweisen
n.F.	neue Fassung
NJW	Neue Juristische Wochenschrift
Nr.	Nummer
NVwZ	Neue Zeitschrift für Verwaltungsrecht
NZG	Neue Zeitschrift für Gesellschaftsrecht
ÖJZ	Österreichische Juristen-Zeitung
OLG	Oberlandesgericht
RabelsZ	Rabels Zeitschrift für ausländisches und internationales Privatrecht
REDC	Revue Européenne de Droit de la Consommation
RiB	Recht in der Bewährung
RIW	Recht der Internationalen Wirtschaft
RL	Richtlinie
Rs.	Rechtssache
Rz.	Randziffer
S.	Seite
Slg.	amtliche Sammlung der Entscheidungen des EuGH
SMG	Schuldrechtsmodernisierungsgesetz
sog.	sogenannt (e)
Spstr.	Spiegelstrich
st. Rspr.	ständige Rechtsprechung
StuW	Steuer und Wirtschaft
TzWrG	Gesetz über die Veräußerung von Teilzeitnutzungsrechten an Wohngebäuden (Teilzeitwohnrechte-Gesetz)

u.a.	unter anderem
UA	Unterabschnitt
UmwG	Umwandlungsgesetz
UStG	Umsatzsteuergesetz
UWG	Gesetz gegen den unlauteren Wettbewerb
v.a.	vor allem
verb. Rs.	verbundene Rechtssachen
VerbrKrG	Verbraucherkreditgesetz
vgl.	vergleiche
VO	Verordnung
WM	Wertpapier-Mitteilungen
YbEuL	Yearbook of European Law
ZaöRV	Zeitschrift für ausländisches öffentliches Recht und Völkerrecht
z.B.	zum Beispiel
ZEuP	Zeitschrift für Europäisches Privatrecht
ZfRV	Zeitschrift für Rechtsvergleichung
ZiP	Zeitschrift für Wirtschaftsrecht
ZGR	Zeitschrift für Unternehmens- und Gesellschaftsrecht
ZGS	Zeitschrift für das gesamte Schuldrecht
ZHR	Zeitschrift für das gesamte Handels- und Wirtschaftsrecht
ZRP	Zeitschrift für Rechtspolitik
z.T.	zum Teil
ZZP	Zeitschrift für Zivilprozess

Teil 1: Einführung

A. Die „Heininger"-Entscheidungen des EuGH und des BGH

Ein viel beachtetes Urteil des EuGH, das im Wege der Vorabentscheidung nach Art. 234 EG erging, soll auf die Problematik der vorliegenden Arbeit hinführen. Das Urteil *Heininger gegen Bayerische Hypo- und Vereinsbank* vom 13.12.2001[1] hat sowohl hinsichtlich des systematischen Vorgehens des Gerichtshofs als auch im Hinblick auf die befürchteten weitreichenden wirtschaftlichen Folgen beträchtliches Aufsehen erregt[2].

I. Ausgangslage

Der XI. Zivilsenat hat mit Beschluss vom 29.11.1999[3] dem EuGH mehrere Fragen zur Vorabentscheidung vorgelegt. Zum einen sollte der EuGH klären, ob die Richtlinie 85/577/EWG (Haustürgeschäfterichtlinie[4]) auch Realkreditverträge (§ 3 II Nr. 2 VerbrKrG a.F.) erfasst und ob ihr in Bezug auf das in Art. 5 vorgesehene Widerrufsrecht Vorrang vor der Richtlinie 87/102/EWG (Verbraucherkreditrichtlinie[5]) zukommt. Zum anderen war fraglich, ob die Haustürgeschäfterichtlinie einer Befristung des Widerrufsrechts in analoger Anwendung von § 7 II 3 VerbrKrG a.F. entgegensteht. Entscheidungserheblich war im Ausgangsrechtsstreit, ob ein Widerrufsrecht nach § 1 HWiG a.F. nicht besteht, weil das auf Realkredite anwendbare VerbrKrG a.F. im Streitfall die Regelungen des HWiG a.F. verdrängt (§ 5 II HWiG a.F.). Der Bundesgerichtshof war der Auffassung, die gemeinschaftsrechtlichen Verbraucherschutzvorschriften erforderten keine andere Auslegung von § 5 II HWiG a.F.[6], ersuchte aber den Gerichtshof darum, sich zu diesem Punkt zu äußern, da Zweifel bestehen könnten[7].

---

[1] EuGH, Rs. C-481/99 *(Heininger)*, Slg. 2001 I, 9945

[2] Vgl. FAZ vom 14.12.2001, S. 15: „Widerruf bei Haustür-Immobilienkrediten – Europäischer Gerichtshof entscheidet zugunsten der Verbraucher" und Süddeutsche Zeitung vom 14.12.2001, S. 13: „Widerrufsrecht auch für Immobilienkredite".

[3] NJW 2000, 521

[4] ABl. 1985 Nr. L 372, S. 31

[5] ABl. 1987 Nr. L 42, S. 48

[6] Damit schloss sich der BGH der bis dahin überwiegenden Ansicht in Literatur und Rechtsprechung an, wonach im Fall des § 3 II VerbrKrG a.F. ein Widerruf nach § 1 HWiG a.F. generell, ohne Rücksicht auf die zum Vertragsschluss führende Verhandlungssituation, ausgeschlossen ist. Vgl. z.B. OLG München, Urteil vom 10.3.1999, WM 1999, 1418 f.; LG München I, Urteil vom 26.5.1998, WM 1998, 1723 f.

[7] Anders noch OLG Stuttgart, Beschluss vom 13.5.1998 (WM 1999, 74 ff.): Der Ausschluss

II. Das Urteil des EuGH

Der EuGH beurteilte die Konkurrenzlage anders als der deutsche Gesetzgeber in § 5 II HWiG a.F. und entschied, dass die Haustürgeschäfte-Richtlinie auf Realkredite anwendbar sei. Der Schutz, der dem Verbraucher gewährt werde, der einen solchen Vertrag außerhalb der Geschäftsräume des Gewerbetreibenden geschlossen habe, werde nicht dadurch entbehrlicher, dass der Kreditvertrag durch ein Grundpfandrecht abgesichert sei. Somit stehe dem Verbraucher, der einen derartigen Vertrag in einem der in Art. 1 RL 85/577/EWG genannten Fälle geschlossen hat, das Widerrufsrecht nach Art. 5 RL zu[8]. Außerdem sei der nationale Gesetzgeber durch die Haustürgeschäfterichtlinie daran gehindert, das Widerrufsrecht nach deren Art. 5 auf ein Jahr nach Vertragsabschluss zu befristen[9].

III. Die Folgeentscheidung des BGH vom 9.4.2002[10]

Neben dem Hauptproblem der richtlinienkonformen Restriktion des § 5 II HWiG a.F.[11] enthält die BGH-Entscheidung auch wichtige Aussagen zu einem weiteren Problempunkt, nämlich der Frage der Reichweite der richtlinienkonformen Auslegung des nationalen Rechts[12]. Zweifel an der Anwendbarkeit der Grundsätze der richtlinienkonformen Auslegung könnten sich daraus ergeben, dass die Richtlinie auf den zugrunde liegenden Ausgangsfall bei genauem Vergleich der Richtlinienbestimmungen und der nationalen Umsetzungsvorschriften gar nicht anwendbar war, was auch die Beklagte in der mündlichen Verhandlung vor dem EuGH von den Klägern unwidersprochen vorgetragen hatte. Nach Art. 1 der Richtlinie ist für ihre Anwendbarkeit erforderlich, dass der Vertrag „in der

---

des Widerrufsrechts bei Realkreditverträgen stelle keine Verletzung der Europäischen Verbraucherschutzvorschriften dar, da die Haustürgeschäfterichtlinie nach ihrem Art. 3 Abs. 2 lit. a) nicht für Realkreditverträge gelte.

[8] EuGH, Rs. C-481/99, Slg. 2001 I, 9945, Ls. 1

[9] EuGH a.a.O., Ls. 2

[10] BGH NJW 2002, 1881

[11] Ablehnend hierzu beispielsweise *Hochleitner/Wolf/Großerichter,* Teleologische Reduktion auf Null? – Zur Unzulässigkeit einer richtlinienkonformen „Auslegung" des § 5 Abs. 2 HWiG in der Folge der „Heininger"-Entscheidung des EuGH, WM 2002, 529 ff.; *Piekenbrock/Schulze,* Die Grenzen richtlinienkonformer Auslegung – autonomes Richterrecht oder horizontale Direktwirkung, WM 2002, 521 ff.; *Habersack/Mayer,* Der Widerruf von Haustürgeschäften nach der „Heininger"-Entscheidung des EuGH, WM 2002, 253 ff. In diesem Sinne auch OLG Bamberg, Urteil vom 5.2.2002: § 5 II HWiG lasse keinerlei Beurteilungsspielraum, der es ermögliche, das Urteil des EuGH durch Auslegung im Rahmen von § 5 II HWiG umzusetzen, WM 2002, 537 ff.

[12] Dazu ausführlich unter Teil 2, C., S. 78 ff.

Wohnung des Verbrauchers“ abgeschlossen wird. Dagegen ließ die deutsche Rechtsprechung zu § 1 HWiG a.F.[13] es ausreichen, dass der eigentliche Vertragsschluss in den Geschäftsräumen des Unternehmers erfolgt, wenn er nur in einer Haustürsituation angebahnt wurde und diese ursächlich für den späteren Vertragsschluss war[14]. Auf diese Weise hat der nationale Gesetzgeber – und mit ihm die die konkrete Vorschrift konkretisierende Rechtsprechung – den Schutz der Richtlinie auf Sachverhalte ausgedehnt, die die Richtlinie gar nicht erfasst.
Auch der Fall *Heininger* betraf genau diese Konstellation: Der Vertrag war von einem Kundenberater der beklagten Bank in der Wohnung der Kläger angebahnt worden, zum eigentlichen Vertragsschluss kam es jedoch erst in den Geschäftsräumen der Bank.
Anders als der EuGH in seinem Urteil vom 13.12.2001 geht der BGH in seiner Folgeentscheidung auf diesen Punkt ausdrücklich ein. Er stellt schon im Leitsatz klar, dass das Gebot der richtlinienkonform einschränkenden Auslegung des § 5 II HWiG a.F. für alle Kreditverträge gelte, die Haustürgeschäfte i.S.d. § 1 I HWiG a.F. darstellten, auch wenn sie die Voraussetzungen eines Haustürgeschäfts i.S.d. Richtlinie 85/577/EWG nicht erfüllten. Das Gebot der richtlinienkonformen Auslegung erstrecke sich auch auf solche Verträge, die zwar nicht unmittelbar unter die Richtlinie fallen, aber nach nationalem Recht die Voraussetzungen eines Haustürgeschäfts erfüllen.

Damit ist die Problematik der Reichweite der richtlinienkonformen Auslegung in Fällen angesprochen, in denen der konkrete Sachverhalt gar nicht vom Anwendungsbereich der Richtlinie erfasst ist, sondern es allein auf dem Willen des nationalen Gesetzgebers beruht, den Schutz der Richtlinie auf derartige Konstellationen auszuweiten.
Parallel dazu stellt sich die prozessuale Frage, ob dem EuGH im Fall der sog. „überschießenden Richtlinienumsetzung“[15] überhaupt eine Auslegungskompetenz nach Art. 234 EG zukommen kann[16].

---

[13] Nach § 1 HWiG a.F. muss der Verbraucher nur „im Bereich einer Privatwohnung“ zum Vertragsschluss bestimmt worden sein.

[14] BGHZ 131, 385

[15] Zum Begriff der „überschießenden Umsetzung“ bzw. „autonomen Rechtsangleichung“ ausführlich unter Teil 2, B., S. 25 ff.

[16] Der Streit um die „*Heininger*-Problematik“ geht indessen weiter und dreht sich nun vornehmlich um die Folgen des Widerrufs des Darlehensvertrags, vgl. dazu jüngst den Vorlagebeschluss des LG Bochum vom 29.7.2003, ZiP 2003, 1437 (beim EuGH anhängig unter dem Aktenzeichen C-350/03) – dazu statt aller *Ehricke*, Die Einbeziehung des Immobilienkaufs in die Folgen eines Widerrufs des Darlehensgeschäfts nach der Richtlinie 85/577/EWG, ZiP 2004, 1025 ff., und *Hoffmann*, Die Rechtsfolgen des Verbraucherwiderrufs und die Haustürgeschäfterichtlinie – Unbeschränkter Gestaltungsspielraum des nationalen Rechts?, ZiP 2004, 49 ff. -, die Stellungnahme der Kommission hierzu vom 2.3.2003 (ZfIR 2004, 174), die Stellungnahme der Bundesregierung (ZBB 2004, 161), und die mittlerweile

IV. Aktueller Anlass

Große Aktualität und künftige Bedeutung erlangt die beschriebene Problematik durch das zum 1.1.2002 in Kraft getretene Schuldrechtsmodernisierungsgesetz (SMG)[17], das sowohl eine umfassende Reform des allgemeinen und besonderen Leistungsstörungsrechts zum Gegenstand hat, als auch drei EG-Richtlinien ins deutsche Recht umsetzt. Dabei beschränkt es die Systematik der hier interessierenden Verbrauchsgüterkaufrichtlinie[18] nicht auf den Verbraucherkauf, sondern erstreckt sie teilweise auf das allgemeine Kaufrecht des BGB[19]. Damit ist die entscheidende Frage verbunden, ob die Übernahme des gemeinschaftsrechtlichen Regelungsmusters die Kompetenz des EuGH nach Art. 234 EG entsprechend erweitert und der Gerichtshof somit künftig generell im Bereich des Kaufrechts zur Auslegung der Richtlinie angerufen werden kann.

B. Gang und Methode

Die Frage der angesprochenen Auslegungskompetenz des EuGH im Rahmen des Vorabentscheidungsverfahrens kann jedoch nicht losgelöst von der zu Grunde liegenden materiell-rechtlichen Frage beantwortet werden, ob und inwieweit Richtlinienrecht und überschießend umgesetztes nationales Recht einheitlich auszulegen sind[20], d.h. ob insoweit auch das Gebot der („quasi"-) richtlinienkonformen Auslegung[21] des nationalen Rechts greift.
Aus diesem Grund widmet sich die Untersuchung in *Teil 2* zunächst dem materiell-rechtlichen Teil der Problematik, wobei angesichts der immer mehr

---

vorliegenden Schlussanträge von *GA Léger* vom 28.9.2004; des Weiteren die beiden Nichtvorlagebeschlüsse des BGH vom 16.9.2003 (WM 2003, 2184) sowie vom 23.9.2003 (WM 2003, 2186) – dazu statt aller *Kulke*, Rückabwicklung widerrufener Immobiliendarlehen und Gemeinschaftsrecht; und schließlich den aktuellen Vorlagebeschluss des OLG Bremen vom 27.5.2004, NJW 2004, 2238 (beim EuGH anhängig unter dem Aktenzeichen C-229/04). Auf den aktuellen Diskussionsstand soll im Rahmen dieser Arbeit nicht weiter eingegangen werden, es wird auf die einschlägige Literatur verwiesen.

[17] Gesetz zur Modernisierung des Schuldrechts vom 26.11.2001, BGBl. I, S. 3138

[18] Richtlinie 1999/44/EG zu bestimmten Aspekten des Verbrauchsgüterkaufs und der Garantien für Verbrauchsgüter, ABl. 1999 Nr. L 171, S. 12

[19] Zur Umsetzung der Richtlinie im Rahmen des Schuldrechtsmodernisierungsgesetzes ausführlich unter Teil 2, B. IV. 3., S. 62 ff.

[20] Ebenso *Schnorbus,* Autonome Harmonisierung in den Mitgliedstaaten durch die Inkorporation von Gemeinschaftsrecht, RabelsZ 65 (2001), 654, 656 ff.; auf diese Frage geht allerdings der EuGH in seiner sog. „*Dzodzi*"-Rechtsprechung gar nicht ein, näher dazu unter Teil 4, A. I., S. 127 ff.

[21] Grundlegend zu dieser Auslegungsmethode *Brechmann,* Die richtlinienkonforme Auslegung (1994)

über punktuelle Maßnahmen hinausgehenden Harmonisierung der innerstaatlichen Rechte zunächst die verschiedenen Methoden und Regelungstechniken der Rechtsvereinheitlichung und –angleichung in ihren Grundzügen dargestellt werden. Dabei liegt das Interesse der Arbeit v.a. in der Erschließung der verschiedenen Intensität, mit der gemeinschaftsrechtliche Regelungsakte in die mitgliedstaatlichen Rechte eingreifen. Hier lassen sich unterschiedliche Bereiche und Abstufungen ausmachen.
In einem weiteren Schritt wird auf die Hauptproblematik der sog. „autonomen Rechtsangleichung" durch den nationalen Gesetzgeber hingeführt. Dabei werden Beispiele aus dem deutschen Recht behandelt, insb. wird auf die zum 1.1.2002 erfolgte Umsetzung der Verbrauchsgüterkaufrichtlinie (1999/44/EG[22]) eingegangen.
In einem dritten Schritt erfolgt dann die Beschäftigung mit der für eine eventuelle Kompetenz des EuGH wesentlichen (Vor-) Frage des Umgangs mit dem unterschiedlich intensiv angepassten nationalen Recht. Einen Schwerpunkt stellt hier die Frage der Zulässigkeit und evtl. sogar Gebotenheit einer („quasi"-) richtlinienkonformen Auslegung des überschießend umgesetzten nationalen Rechts dar.
An die dabei erzielten Erkenntnisse schließt sich im folgenden *Teil 3* die Behandlung der prozessualen Problematik an. Dabei werden zunächst in der gebotenen Kürze die rechtlichen Grundlagen des Vorabentscheidungsverfahrens dargestellt, bevor die Untersuchung sich in *Teil 4* der Auslegungskompetenz des EuGH nach Art. 234 EG im Bereich überschießenden nationalen Rechts widmet. EuGH und Generalanwälte vertreten hierzu grundlegend verschiedene Positionen. Im Rahmen einer umfassenden Bewertung der verschiedenen Auffassungen wird sowohl die Sicht des Gemeinschaftsrechts als auch die des nationalen Rechts berücksichtigt, um mögliche Lösungswege aufzuzeigen.
Teil 5 liefert einen kurzen Ausblick auf anstehende Entwicklungen.

[22] Oben Fn. 18

Teil 2: Das Zusammenspiel von Gemeinschaftsrecht und nationalen Privatrechten

A. Die Harmonisierung des nationalen Rechts und die Entwicklung eines sog. Gemeinschaftsprivatrechts

I. Eingrenzung des Untersuchungsgegenstands

Mit der zum 1.1.2002 in Kraft getretenen Schuldrechtsmodernisierung hat die europäische Rechtsangleichung den Kernbereich des deutschen Privatrechts erreicht. Ein wesentlicher Teil des deutschen bürgerlichen Rechts ist seitdem vor einem neuen, europäischen Hintergrund zu betrachten. Das Verhältnis zwischen Gemeinschafts(privat-)recht[23] und nationalem Recht ist über die Jahre bereits Gegenstand unzähliger Abhandlungen gewesen, eine umfassende Analyse würde den Umfang der Arbeit bei weitem übersteigen. Deshalb beschränkt sie sich darauf, die wesentlichen Grundzüge der europäischen Rechtsangleichung darzustellen, ebenso die verschiedenen Techniken der Harmonisierung. Der Schwerpunkt wird auf das Problem der autonomen Rechtsangleichung durch den nationalen Gesetzgeber gelegt (unter B.). Es werden Hintergründe und Grundzüge dieses Vorgehens näher beleuchtet, bevor im Anschluss auf die damit verbundene Problematik der richtlinienkonformen Auslegung des nationalen Rechts (unter C.) und eine korrespondierende Zuständigkeit des EuGH nach Art. 234 EG (Teil 4) eingegangen wird.

II. Regelungstechniken der Harmonisierung

1. Begriff der Harmonisierung

Der Vertrag zur Gründung der Europäischen Wirtschaftsgemeinschaft von 1958 weist der Gemeinschaft in Art. 3 als Aufgabe unter anderem „die Angleichung der innerstaatlichen Rechtsvorschriften" zu. Jedoch werden die Begriffe „Harmonisierung", „Rechtsangleichung", „Rechtsvereinheitlichung" bzw. „Koordinierung" oft in verschiedenen Zusammenhängen und zum Teil divergierendem Sinne gebraucht. Der EG-Vertrag definiert den Begriff der Harmonisierung nicht, sondern verwendet in den verschiedenen Vorschriften, die die Harmonisierung der mitgliedstaatlichen Rechtsordnungen zum Gegenstand haben, eine uneinheitliche Terminologie[24]. Die unterschiedlichen Begriffe sind über die Jahre

[23] Der Begriff des „Gemeinschaftsprivatrechts" wird unter III. 1., S. 20, näher erläutert.
[24] Vgl. z.B. Art. 3 lit. h), 94, 95 I EG

Gegenstand unzähliger Auslegungs- und Abgrenzungsversuche gewesen, die sich jedoch weitgehend als unfruchtbar erwiesen haben. Aus diesem Grund soll kurz auf den hier zugrunde gelegten Begriff der Harmonisierung eingegangen werden.
Während teilweise unter dem Terminus nur die legislative Rechtsangleichung durch Richtlinien verstanden wird[25], soll der Begriff hier im Rahmen der legislativen Tätigkeit der Gemeinschaft als Oberbegriff sowohl für die Rechtsangleichung (durch Richtlinien, Art. 249 III EG) als auch die Rechtsvereinheitlichung (durch Verordnungen, Art. 249 II EG) gelten[26]. Auf die Problematik der sog. judizielle Rechtsangleichung wird erst in Teil 3 eingegangen.

2. Kennzeichen der Harmonisierung in der Europäischen Gemeinschaft

a) Marktbezogenheit

Ein wesentliches Merkmal der Harmonisierung in der Europäischen Gemeinschaft ist ihre Marktbezogenheit[27]. Sie dient der Errichtung und dem Funktionieren des Gemeinsamen Marktes[28], des europäischen Binnenmarktes[29], seinen Grundfreiheiten und soll deren Ausübung gewährleisten. Da sie ihre Rechtfertigung somit nicht in sich selbst findet, sondern stets konkreten Sachzielen des Vertrages dienen soll, ist sie gleichzeitig das „wohl wichtigste Instrument der Errichtung des Gemeinsamen Marktes (...) und damit ein Integrationsfaktor ersten Ranges“[30]. Des Weiteren unterscheidet sie sich von der traditionellen internationalen Rechtsvereinheitlichung durch ihre Institutionalisierung[31]. Sie ist nicht auf das träge Instrument des internationalen Vertrages angewiesen, sondern der Gemeinschaftsgesetzgeber wird durch den Erlass von Richtlinien und Verordnungen tätig.

---

[25] In diese Richtung *Schweitzer/Hummer,* Europarecht (1999), Rn. 1228

[26] Ebenso das Verständnis von *Hommelhoff,* Zivilrecht unter dem Einfluß europäischer Rechtsangleichung, AcP 192 (1992), 71, 74: „Harmonisierungsinstrumente sind neben der Verordnung der Gemeinschaft (...) vor allem anderen die Richtlinien“. Ähnlich *Wagner,* Das Konzept der Mindestharmonisierung (2001), S. 19: „Die Rechtsvereinheitlichung stellt sich (...) als die intensivste Form der Harmonisierung dar.“

[27] *Hommelhoff,* AcP 192 (1992), 71, 72 f.

[28] Art. 94 EG (Art. 100 EGV a.F.)

[29] Art. 95 EG (Art. 100 a EGV a.F.), Art. 93 EG (Art. 99 EGV a.F.)

[30] *Schwartz,* 30 Jahre Rechtsangleichung, in: FS v.d. Groeben (1987), S. 333, 360

[31] *Everling,* Zur Funktion des Gerichtshofs bei der Rechtsangleichung in der Europäischen Gemeinschaft, in: FS Lukes (1989), S. 359, 360

b) Begrenzung der Harmonisierung

Die Gemeinschaftsorgane können nicht in jedem beliebigen Bereich Harmonisierungsmaßnahmen erlassen, sondern unterliegen bei ihrer Tätigkeit bestimmten Begrenzungen.

aa) Begrenzung durch das Prinzip der begrenzten Einzelermächtigung[32]

Das Prinzip der Einzelermächtigung wurde in Art. 5 I EG als eines der Grundprinzipien der Gemeinschaft festgelegt. Danach benötigt die Gemeinschaft für jeden Erlass eines Rechtsakts einer ausdrücklichen – oder zumindest durch Auslegung nachweisbaren – Ermächtigung innerhalb der Verträge[33]. Im Gegensatz dazu darf der nationale Gesetzgeber in der Regel ohne verfassungsrechtliche Ermächtigung Gesetze erlassen[34]. Allerdings kam dem Prinzip der begrenzten Ermächtigung zumindest in der Vergangenheit oft nur beschränkte Wirkung zu, da die Ermächtigungsgrundlagen in EG- und EU-Vertrag häufig einen gewissen Querschnittscharakter aufweisen und außerdem die Kompetenz nach Art. 308 EG häufig recht ausdehnend angewandt wurde[35].

bb) Begrenzung durch das Subsidiaritätsprinzip

Eine weitere Begrenzung der Harmonisierungstätigkeit der Gemeinschaft ergibt sich aus dem Subsidiaritätsprinzip, Art. 5 II EG. Danach darf die Gemeinschaft in Bereichen, die nicht in ihre ausschließliche Zuständigkeit fallen, nur tätig werden, „sofern und soweit die Ziele der in Betracht gezogenen Maßnahmen auf Ebene der Mitgliedstaaten nicht ausreichend erreicht werden können und daher wegen ihres Umfangs oder ihrer Wirkung besser auf Gemeinschaftsebene erreicht werden können." Nach Nr. 4 des dem Amsterdamer Vertrag beigefügten „Protokolls über die Anwendung der Grundsätze der Subsidiarität und der Verhältnismäßigkeit" wird für jeden gesetzgeberischen Vorschlag eine Abwägung unter Beachtung der beiden Prinzipien verlangt. Damit wird die Verbindung zur oben erwähnten Marktfunktionalität des gemeinschaftlichen Handelns geknüpft, so dass eine Harmonisierung als Selbstzweck ausscheidet[36].

---

[32] Das Prinzip der begrenzten Einzelermächtigung wird meist im Bereich der legislativen Tätigkeit der Gemeinschaft diskutiert, jedoch gilt es für jegliches Handeln der EG-Organe. Auf seine Bedeutung auf dem Gebiet der judikativen Tätigkeit der Gemeinschaft wird noch ausführlich einzugehen sein, vgl. unten Teil 4, D. I. 1., S. 147.

[33] *Oppermann*, Europarecht (1999), Rn. 513; *Schweitzer/Hummer*, Europarecht (1999), Rn. 335

[34] *Pechstein/Koenig*, Die Europäische Union (2000), S. 82, Rn. 150

[35] Zu Art. 308 EG vgl. *Schweitzer/Hummer*, Europarecht (1999), Rn. 339; *Streinz*, Europarecht (2003), Rn. 437; *Oppermann*, Europarecht (1999), Rn. 523

[36] *Nicolaysen*, Europarecht II (1996), S. 307 f.

3. Instrumente der Harmonisierung

Die wichtigsten Instrumente der Gemeinschaft zur legislativen Harmonisierung sind die Verordnung gem. Art. 249 II EG und die Richtlinie, Art. 249 III EG. Daneben sind noch die Entscheidungen (Art. 249 IV EG), die Empfehlungen und Stellungnahmen der Gemeinschaft nach Art. 249 V EG sowie die Übereinkommen zwischen den Mitgliedstaaten zu erwähnen, die jedoch hier nicht näher behandelt werden sollen[37].

a) Die Verordnung, Art. 249 II EG

Das Mittel der Rechtsvereinheitlichung ist die Verordnung, die nach Art. 249 II EG in all ihren Teilen verbindlich ist und unmittelbar in jedem Mitgliedstaat gilt, ohne dass es eines Umsetzungsaktes der nationalen Gesetzgebungsorgane bedarf. So wird erreicht, dass in allen Mitgliedstaaten dasselbe Recht uneingeschränkt gilt. Den innerstaatlichen Stellen bleibt bei der Rechtsanwendung kein Gestaltungsspielraum, so dass das durch Verordnungen gesetzte Recht nur durch die Gemeinschaftsorgane aufgehoben oder abgeändert werden kann. Die Verordnung führt auf diese Weise zu einer zwingenden Rechtsvereinheitlichung, nationale Alleingänge sind nicht möglich[38].

b) Die Richtlinie, Art. 249 III EG

Der Schwerpunkt der Darstellung soll auf das Harmonisierungsinstrument der Richtlinie gelegt werden, deren Adressaten die Mitgliedstaaten sind, Art. 249 III EG. Um Wirkungen für und gegen den Einzelnen zu erzeugen, muss sie in nationales Recht umgesetzt werden[39]. Weiteres wesentliches Merkmal der Richtlinie ist ihre Verbindlichkeit lediglich hinsichtlich des zu erreichenden Zieles, während sie die Wahl der Form und Mittel zur Erreichung des Zieles den Mitgliedstaaten überlässt. Man kann von einem System der „gestuften Verbindlichkeit“[40] sprechen, das sich aus abstrakter Zielvorgabe und konkreter Realisierungsfreiheit zusammensetzt[41]. Anders als die Verordnung führt die Richtlinie nicht zu einer „Zementierung“ der Rechtsordnung, sondern fordert nur

---

[37] Zur mittelbaren Angleichung des nationalen Rechts durch die Wirkungsweise des primären Gemeinschaftsrechts, insb. der Grundfreiheiten, vgl. unten III. 2. d), S. 23, sowie Teil 3, A. II., S. 112.

[38] Dieser zwingende Charakter der Rechtsvereinheitlichung führt zwar zu einem weitgehenden Souveränitätsverlust der nationalen Parlamente, hat auf der anderen Seite aber für den Gemeinschaftsgesetzgeber den Vorteil, dass die Vorschrift unmittelbar nach ihrer Veröffentlichung angewandt werden kann.

[39] Zur Ausnahme der unmittelbaren Anwendbarkeit einer Richtlinie gleich.

[40] *Ipsen,* Europäisches Gemeinschaftsrecht (1972), S. 458

[41] *Schnorbus,* RabelsZ 65 (2001), 654, 663

eine Abstimmung der nationalen Rechtsordnungen mit dem Ziel der Richtlinie, ohne dass diese ihren ursprünglich gewachsenen Charakter gänzlich aufgeben müssen[42]. Durch diese Flexibilität eignet sich die Richtlinie besser als die Verordnung zu einer Anpassung einer gemeinschaftlichen Regelung an die besonderen Verhältnisse in den jeweiligen Mitgliedstaaten[43]. Diese werden in die Lage versetzt, die oft punktuellen Regelungen der Richtlinie in die Systematik ihrer gewachsenen Rechtsordnung zu integrieren[44]. So wurde auch in der von der Regierungskonferenz angenommenen Erklärung zu Art. 95 EG (Art. 100 a EGV a.F.) konstatiert, dass die Kommission bei ihren Vorschlägen nach Art. 95 I EG der Rechtsform der Richtlinie den Vorzug geben wird, wenn die Angleichung in einem oder mehreren Mitgliedstaaten eine Änderung gesetzlicher Vorschriften erfordert[45].

Jedoch verfügen die Mitgliedstaaten nicht über eine unbegrenzte Freiheit bei der Wahl von Form und Mittel der Umsetzung. Grenze ist insb. die Verpflichtung aller Träger öffentlicher Gewalt, alle erforderlichen Maßnahmen allgemeiner oder besonderer Art zu ergreifen, um die vollständige Wirksamkeit der Richtlinie entsprechend ihrer Zielsetzung zu gewährleisten, Art. 10 I EG[46], sog. *„effet utile"* des Gemeinschaftsrechts.

Kommt ein Mitgliedstaat seiner Pflicht aus Art. 249 III EG, die Richtlinie ordnungs- und fristgemäß umzusetzen, nicht oder nur unzureichend nach, können die Kommission bzw. andere Mitgliedstaaten ein Vertragsverletzungsverfahren gegen den säumigen Staat einleiten, Art. 226, 227 EG. Darüber hinaus haben Rechtsprechung und Lehre über die Jahre hinweg verschiedene Ausgleichsmechanismen für eine fehlende oder nicht ausreichende Umsetzung entwickelt: Seit den Urteilen *Grad*[47], *S.A.C.E.*[48] und *van Duyn*[49] erkennt der EuGH einer Richtlinie unmittelbare Wirkung im vertikalen Verhältnis zum Staat zu, falls sie inhaltlich unbedingt, hinreichend genau ist und dem Mitgliedstaat keinen Ermessensspielraum lässt[50].

---

42 *Taschner*, Mindestharmonisierung im Verbraucherschutzrecht, in: *Everling/Roth*, Mindestharmonisierung im Europäischen Binnenmarkt (1997), S. 159 f.

43 In der Praxis ist die Rechtsangleichung durch Richtlinien der Regelfall.

44 *Grundmann*, Einwirkung von EG-Richtlinien des Privat- und Wirtschaftsrechts auf nationales Recht – Deckungsgleichheit zumindest im Mindestniveau, JuS 2002, 768

45 4. Erklärung zu Art. 100a des EWG-Vertrags, ABl. 1987 Nr. L 169, S. 20 ff.

46 EuGH, Rs. 14/83 *(von Colson und Kamann)*, Slg. 1984, 1891, Tz. 15, 26

47 Rs. 9/70, Slg. 1970, 825

48 Rs. 33/70, Slg. 1970, 1213

49 Rs. 41/74, Slg. 1974, 1337

50 Zusammengefasst hat der Gerichtshof die Voraussetzungen im Urteil *Becker*, Rs. 8/81, Slg. 1982, 53, Tz. 21 ff.; ausführlich zur unmittelbaren Richtlinienwirkung *Brechmann* (Fn. 21), S. 14 ff.; *Gebauer*, Grundfragen der Europäisierung des Privatrechts (1998), S. 149 ff.

Die unmittelbare Wirkung im Verhältnis zwischen Privaten wird abgelehnt[51], darüber hinaus kann der Einzelne unter bestimmten Voraussetzungen Staatshaftungsansprüche gegen den säumigen Mitgliedstaat geltend machen[52]. Als weitere „Hilfskonstruktion", die jedoch an anderer Stelle vertieft behandelt werden soll, dient der Grundsatz der richtlinienkonformen Auslegung des nationalen Rechts[53]. Ein Verstoß des Mitgliedstaates gegen seine Verpflichtung aus Art. 249 III EG kann erst festgestellt werden, wenn auch durch die richtlinienkonforme Auslegung das Umsetzungsdefizit nicht behoben werden kann[54], erst dann ist die praktische Wirksamkeit des Gemeinschaftsrechts potentiell gefährdet.
Ein Problem, das sich im Zusammenhang mit der richtlinienkonformen Auslegung stellt, ist der eben angesprochene Punkt der horizontalen Wirkung, da die Richtlinie über das Instrument der richtlinienkonformen Auslegung des nationalen Rechts in gewissem Maß mittelbar horizontale Wirkung entfaltet, wodurch die Lücke teils ausgefüllt wird, die sich durch die fehlende Direktwirkung im Horizontalverhältnis öffnet[55].

4. Harmonisierungsintensität

a) Problemstellung

Wird der Gemeinschaftsgesetzgeber in Verfolgung einer bestimmten Politik des EG-Vertrags rechtsangleichend tätig, so findet er sich in einem Spannungsverhältnis zwischen Harmonisierungsauftrag und Berücksichtigung der Eigenheiten der jeweiligen nationalen Rechtsordnung wieder. Den einzelnen Staaten völlige Regelungsfreiheit zu gewähren, würde bedeuten, das verfolgte Harmonisierungsziel im Sinne des EG-Vertrags aufzugeben oder zumindest stark zu gefährden. Setzt er den Mitgliedstaaten dagegen enge Voraussetzungen, wird der Bruch mit den innerstaatlichen Rechtstraditionen riskiert, was unter Umständen zur Ignoranz der Gemeinschaftsregeln durch einzelne Mitgliedstaaten führen kann. Aus diesem Grund stellt sich stets die Frage nach der vom Gemeinschaftsgesetz-

---

[51] EuGH, Rs. 152/84 *(Marshall)*, Slg. 1986, 723, Tz. 48; Rs. C-91/92 *(Faccini Dori)*, Slg. 1994 I, 3325, Tz. 24 f.

[52] St. Rspr. seit Rs. C-6/90 und 9/90 *(Francovich)*, Slg. 1991 I, 5357; dazu *Tomuschat*, Das Francovich-Urteil des EuGH, in: FS Everling (1995), S. 1585 ff.; *Henrichs*, Haftung der EG-Mitgliedstaaten für Verletzung von Gemeinschaftsrecht (1995); *Streinz*, Staatshaftung für Verletzungen primären Gemeinschaftsrechts durch die Bundesrepublik Deutschland, EuZW 1993, 599; *Pieper*, Mitgliedstaatliche Haftung für die Nichtbeachtung von Gemeinschaftsrecht, NJW 1992, 2454; *Jarass*, Haftung für die Verletzung von EU-Recht durch nationale Organe und Amtsträger, NJW 1994, 881.

[53] Dazu ausführlich unter C., S. 78 ff.

[54] *Schnorbus*, RabelsZ 65(2001), 654, 664; *ders.*, Die richtlinienkonforme Rechtsfortbildung im nationalen Privatrecht, AcP 201 (2001), 860, 864

[55] *Grundmann*, JuS 2002, 768, 770; näher dazu unter C. IV. 1. b) bb), S. 94.

geber zu wählenden Angleichungsmethode. Ihrer Auswahl kommt im Rahmen der gemeinschaftsrechtlichen Rechtsangleichung entscheidende Bedeutung dafür zu, die Funktionsfähigkeit der Gemeinschaft sicherzustellen[56].

Die hier zu untersuchende Frage nach der Regelungsintensität einer Gemeinschaftsvorschrift, d.h. inwiefern eine vollständige oder nur eine teilweise Harmonisierung vorliegt und inwieweit die Mitgliedstaaten vom Gemeinschaftsakt abweichende Regelungen erlassen dürfen, gilt in erster Linie für das Harmonisierungsinstrument der Richtlinie. Auf EG-Verordnungen ist die Systematisierung insoweit übertragbar, als der verbleibende Handlungsspielraum der Mitgliedstaaten danach zu bemessen ist, wie weit das Verordnungsrecht reicht[57]. Eine zumindest teilweise Übertragung ist auch in weiteren Fällen denkbar, so z.B. wenn eine Verordnung optional wirkt und trotz (punktueller) Regelung Modellcharakter für das nationale Recht intendiert. Als Beispiel hierfür lässt sich die Verordnung 805/2004/EG zur Einführung eines europäischen Vollstreckungstitels für unbestrittene Forderungen[58] nennen, die zwar keine Verpflichtung der Mitgliedstaaten begründet, ihr innerstaatliches Recht an die prozessualen Mindestvorschriften der Verordnung anzupassen, jedoch einen Anreiz zur Anpassung darstellen soll[59].

Im Folgenden soll jedoch nur die Wirkungsweise der Richtlinie behandelt werden. Welcher Grad an Harmonisierungsintensität vorliegt, muss aus der jeweiligen Ermächtigungsgrundlage, dem Gesamterscheinungsbild und der Systematik gefolgert werden[60]. Wichtige Anhaltspunkte können auch die Erwägungsgründe der Richtlinie liefern.

b) Vollständige Harmonisierung

Die Begriffe der Voll- und der Teilharmonisierung als Gegenstück werden zum einen in quantitativer, zum anderen in qualitativer Hinsicht verwendet. Aus quantitativer Sicht wird dabei differenziert, ob alle oder nur wenige Materien eines bestimmten Bereichs harmonisiert werden sollen, in qualitativer Hinsicht bedeutet die Unterscheidung, dass die Mitgliedstaaten entweder über die gemeinschaftsrechtlich festgelegten Standards durch die Einführung strengerer Regeln hinausgehen dürfen oder nicht.

---

[56] *Wagner*, Mindestharmonisierung, S. 40

[57] Ausführlich dazu *Nentwich*, Das Lebensmittelrecht der Europäischen Union (1994), S. 214 ff.; vgl. auch *Wagner*, Mindestharmonisierung, S. 41

[58] ABl. 2004 Nr. L 143, S. 15

[59] Vgl. Erwägungsgrund (19)

[60] EuGH, Rs. 148/78 *(Ratti)*, Slg. 1979, 1629, Tz. 27; Rs. 278/85 *(Kommission/Dänemark)*, Slg. 1987, 4069, Tz. 12.

Im Rahmen der Vollharmonisierung darf ein Mitgliedstaat innerhalb des Gegenstandsbereichs des Gemeinschaftsrechtsakts keinerlei abweichende Vorschriften erlassen, der höchste Intensitätsgrad ist erreicht[61]. Da in diesem Fall sämtliche materiellen Anforderungen aus dem Gemeinschaftsakt selbst folgen, dürfen keine Unterschiede zwischen grenzüberschreitenden und reinen Inlandssachverhalten gemacht werden[62]. Jedoch kann den Mitgliedstaaten selbst hier ein gewisser Gestaltungsspielraum verbleiben, wobei in diesem Fall allein die Richtlinie abschließend Art und Voraussetzungen der abweichenden Gestaltungsmöglichkeiten bestimmt[63]. Möglich ist auch das Vorsehen sekundärrechtlicher Schutzklauseln, die ein befristetes Abweichen vom gemeinschaftsrechtlichen Schutzniveau ermöglichen oder auch sog. „Fortentwicklungsklauseln“, die abweichende vorläufige Regelungen erlauben[64].

c) Teilweise Harmonisierung

Die „teilweise“ oder „partielle“ Harmonisierung ist dadurch gekennzeichnet, dass reine Inlandssachverhalte abweichend geregelt werden dürfen bzw. den Mitgliedstaaten unabhängig hiervon erlaubt ist, vom Gemeinschaftsrecht abweichende Regelungen einzuführen oder beizubehalten[65]. Dabei lassen sich die Formen der optionellen und der Mindestharmonisierung unterscheiden.

---

[61] Beispiel hierfür: RL 89/458/EWG, ABl. 1989 Nr. L 226, S. 1 ff. zur Änderung der RL 70/220/EWG. Hier geht der Grad der Harmonisierungsintensität deutlich aus dem 7. Erwägungsgrund hervor: „Damit durch diese Maßnahmen der größtmögliche Nutzen für die Umwelt in Europa erzielt und gleichzeitig die Einheitlichkeit des Marktes gewährleistet wird, müssen strengere europäische Normen eingeführt werden, die auf einer *vollständigen Harmonisierung* beruhen...“

[62] *Streinz,* Mindestharmonisierung im Binnenmarkt, in: *Everling/Roth,* Mindestharmonisierung im Europäischen Binnenmarkt (1997), S. 9, 18; *Wagner,* Mindestharmonisierung, S. 46; diese Einschränkung gilt dann nicht, wenn sich die Richtlinie *selbst* inhaltlich auf grenzüberschreitende Sachverhalte begrenzt.

[63] Beispiele hierfür sind Art. 18 der RL 79/831/EWG, ABl. 1979 Nr. L 259, S. 10 ff. oder Art. 4 der RL 70/524/EWG, ABl. 1970 Nr. L 270, S. 1 ff.; siehe zu diesen beiden Beispielen *Wagner,* Mindestharmonisierung, S. 46 f.

[64] Ausführlich hierzu *Wagner,* Mindestharmonisierung, S. 48 f.; hier herrscht teilweise eine uneinheitliche Terminologie, andere Autoren differenzieren zwischen „absoluter“ Harmonisierung und „Vollharmonisierung“, vgl. *Nentwich,* Lebensmittelrecht, S. 219 ff.; ähnlich die Kategorisierung bei *Streinz,* in: *Everling/Roth,* Mindestharmonisierung im Europäischen Binnenmarkt (1997), S. 9, 18 f.

[65] *Streinz,* in: *Everling/Roth,* Mindestharmonisierung im Europäischen Binnenmarkt (1997), S. 9, 19; *Wagner,* Mindestharmonisierung, S. 50

aa) Optionelle Harmonisierung

Eine Variante der Teilharmonisierung ist die optionelle Harmonisierung, worunter im Hinblick auf den freien Warenverkehr eine Harmonisierungsmethode verstanden wird, die den Mitgliedstaaten zwar bezüglich reiner Inlandssachverhalte Freiraum für Abweichungen lässt. Dieser wird aber insofern eingegrenzt, als zumindest das Regelungsniveau der Richtlinie einzuhalten ist, so dass gleichwertige oder strengere Standards festgelegt werden dürfen[66]. Damit verwandt ist die Technik der sog. „fakultativen Harmonisierung“, die es den Produzenten und Händlern freistellt, sich wahlweise an der Gemeinschaftslösung oder am Standard der Vorschriften des Importstaates zu orientieren[67].

bb) Mindestharmonisierung

Der Schwerpunkt der Betrachtung wird auf das Institut der Mindestharmonisierung gelegt. Kennzeichen dieser ist die Beschränkung der Rechtsangleichung auf Mindeststandards, die von den Mitgliedstaaten durch strengere nationale Regelungen ergänzt werden können[68]. Lediglich die von der Richtlinie geforderten Minimalstandards sind von den nationalen Rechtsordnungen zu übernehmen. Dem weiteren legislativen Ermessen des Gesetzgebers werden lediglich Grenzen gesetzt, ohne seine Ausübung inhaltlich positiv zu bestimmen[69].

Im Bereich der Richtlinien zum Verbrauchervertragsrecht, die zum größten Teil sog. Mindeststandardklauseln enthalten[70], wird z.T. die These vertreten, das gemeinschaftliche Harmonisierungskonzept erlaube dem nationalen Gesetzgeber nur, die strengeren Regeln zum Verbraucherschutz gegenüber inländischen Anbietern durchzusetzen, wohingegen in grenzüberschreitenden Fällen regelmäßig nur auf Einhaltung der Mindeststandards bestanden werden könne[71]. Der deutsche Gesetzgeber ist diesem Ansatz jedoch bisher nicht gefolgt[72].

---

[66] *Seidel,* Mindestharmonisierung im Binnenmarkt – Stellungnahme, in: *Everling/Roth,* Mindestharmonisierung im Europäischen Binnenmarkt (1997), S. 39 ff., 44 f.; *ders.,* Rechtsangleichung und Rechtsgestaltung in der Europäischen Gemeinschaft (1990), S. 22 f.

[67] Grabitz/*Langeheine,* Art. 94 EG, Rn. 59; *Streinz,* in: *Everling/Roth,* Mindestharmonisierung im Europäischen Binnenmarkt (1997), S. 9, 19

[68] *Remien* spricht anschaulich von „Einheitsrecht mit nationaler Verschärfungsbefugnis“, *ders.,* Mindestharmonisierung im Verbraucherschutzrecht - Stellungnahme, in: *Everling/Roth,* Mindestharmonisierung im Europäischen Binnenmarkt (1997), S. 181 f.

[69] Die Mindestharmonisierung beschränkt die Mitgliedstaaten nicht nach oben, sondern nur nach unten in dem Sinne, dass die aufgestellten Mindeststandards nicht unterschritten werden dürfen. Die Sperrwirkung eines Mindeststandards wirkt nur nach unten, während ein voll harmonisierter Standard Sperrwirkung in beide Richtungen entfaltet.

[70] Beispiele sind Art. 8 RL 85/577/EWG, Art. 15 RL 87/102/EWG, Art. 8 RL 90/314/EWG, Art. 8 RL 93/13/EWG, Art. 11 RL 94/47/EG und Art. 8 RL 99/44/EG. Inzwischen geht die Kommission allerdings auch hier vermehrt zum Konzept der Vollharmonisierung über.

[71] So beispielsweise *Grundmann,* Binnenmarktkollisionsrecht – vom klassischen IPR zur

aaa) Zweck der Mindestharmonisierung

Mit fortschreitender Harmonisierung ist zwangsläufig ein Zurückdrängen der traditionell gewachsenen Eigenheiten der nationalen Rechtsordnungen verbunden. Dieser Widerstreit zwischen gebotener Rechtsangleichung auf der einen Seite und Rechtsvielfalt auf der anderen Seite wurde bereits im Jahr 1986 folgendermaßen beschrieben:

„Zu den Kosten der Rechtsvereinheitlichung gehört vor allem die Einbuße des Nutzens, den Rechtsvielfalt hat. Denn nur dort, wo Rechtsvielfalt erlaubt ist, bleibt dem parlamentarischen Kräftespiel „vor Ort" die Chance zu eigener rechtspolitischer Gestaltung. Nur dort können sich unterschiedliche Lösungen entwickeln, nur dort können sie miteinander in Wettbewerb treten, und nur dort bilden sich jener Erfahrungsschatz und jene Lösungsvielfalt, deren auch der Einheitsgesetzgeber bedarf, wenn eines Tages ein wirkliches Bedürfnis für einheitliches Recht gegeben sein sollte."[73]

Aus diesem Spannungsverhältnis zwischen vollständiger Angleichung und Rechtsvielfalt ergibt sich das Bedürfnis, Wege zu finden, die Auswirkungen der Rechtsangleichung auf die nationalen Kodifikationen auf das erforderliche Maß zu begrenzen. Die Frage der Erforderlichkeit kann jedoch mitunter schwer zu beurteilen sein: Wird den Mitgliedstaaten nach allen Seiten hin Regelungsfreiheit gewährt, wird der gemeinschaftsrechtliche Angleichungsauftrag verfehlt. Andererseits riskiert der Gemeinschaftsgesetzgeber beim Erlass einer materiell vereinheitlichenden Regel den Bruch von nationalen Rechtstraditionen oder gar die Nichtbeachtung der Vorschrift durch widerstrebende Mitgliedstaaten. Eine Möglichkeit, einen Ausgleich zwischen diesen beiden Extremen zu finden, bildet das Konzept der Mindestharmonisierung[74].

Integrationsordnung, RabelsZ 64 (2000), 457, 471 ff.

[72] In diesem Sinne auch *Roth,* Der nationale Transformationsakt: Vom Punktuellen zum Systematischen, in: *Grundmann/Medicus/Rolland,* Europäisches Kaufgewährleistungsrecht (2000), S. 113, 123 f.; *Streinz,* in: *Everling/Roth,* Mindestharmonisierung im Europäischen Binnenmarkt (1997), S. 9, 19: Im Fall der Mindestharmonisierung bleibe es den Mitgliedstaaten freigestellt, „strengere Vorschriften, sowohl für die heimische, als auch für die Importproduktion zu erlassen."

[73] *Kötz,* Rechtsvereinheitlichung – Nutzen, Kosten, Methoden, Ziele, RabelsZ 50 (1986), 1, 12

[74] *Remien* bezeichnet das Mindestharmonisierungskonzept treffend als „Instrument der Flexibilität", in: *Everling/Roth,* Mindestharmonisierung im Europäischen Binnenmarkt (1997), S. 181, 185. Sehr kritisch zur gemeinschaftsrechtlichen Vorgehensweise durch Mindestrichtlinien, insb. im Bereich des Verbraucherschutzes *Taschner,* in: *Everling/Roth,* Mindestharmonisierung im Europäischen Binnenmarkt, S. 159, 172 ff.: Die Ausarbeitung von Mindestrichtlinien sei ein Zeichen nachlassender Integrationskraft der Mitgliedstaaten und oft nur ein bequemer Ausweg, sich dem unbequemen Zwang zur Einigung zu entziehen.

bbb) Rechtliche Grundlagen der Mindestharmonisierung im EG-Vertrag

(1) Ausdrückliche Ermächtigungen

Ausdrückliche Ermächtigungen zum Erlass von Mindestvorschriften enthält der EG-Vertrag beispielsweise in Art. 137 II lit. b), Art. 153 III lit. b) i.V.m. IV, V[75], Art. 175, 176 und in Art. 63 UA 1, Ziff. 1, lit. b), c), d), Ziff. 2, lit. a) EG.
Seit dem Vertrag von Amsterdam findet das Konzept der Mindestharmonisierung auch im Rahmen der Bestimmungen des Titels VI. des EU-Vertrags Eingang, vgl. Art. 31 I lit. e) EUV[76].

(2) Weitere Ermächtigungen

Allerdings muss der EG-Vertrag nicht in jedem Fall eine ausdrückliche Ermächtigungsnorm wie die unter (1) genannten Vorschriften vorsehen. Der Vertrag betrachtet die Harmonisierungsmethoden mit geringerer Harmonisierungsintensität als vorrangig gegenüber einer Vollharmonisierung. So ist nach allgemeiner Auffassung das System der Mindestharmonisierung mit den Grundsätzen der Subsidiarität und der Verhältnismäßigkeit vereinbar[77]. Auch der Rat von Edinburgh hat das Vorgehen der Gemeinschaft im Wege der Mindestharmonisierung nicht auf die ausdrücklichen Ermächtigungsnormen des Vertrages begrenzt:

„Erweist es sich als notwendig, auf Gemeinschaftsebene bestimmte Normen festzulegen, so sollten Mindestnormen in Erwägung gezogen werden; dabei wäre den Mitgliedstaaten freigestellt, selbst höhere Normen festzulegen, und zwar nicht nur in Bereichen, in denen der Vertrag dies erfordert (Artikel 118 a und 130 t), sondern auch in anderen Bereichen, soweit dies mit den Zielen der vorgeschlagenen Maßnahme oder dem Vertrag vereinbar ist.“[78]

Damit ist klar, dass die Mitgliedstaaten, auch wenn sie von den Mindestvorschriften „nach oben“ abweichen dürfen, nicht von der Beachtung des primären Gemeinschaftsrechts entbunden sind[79].

---

[75] Vgl. hierzu und zu Art. 129 a I b) EGV a.F. ausführlich *Wagner*, Mindestharmonisierung, S. 94 ff.; *Streinz*, in: *Everling/Roth*, Mindestharmonisierung im Europäischen Binnenmarkt (1997), S. 9, 21 m.w.N.

[76] Hier ist die Erforderlichkeitsklausel des Art. 29 UA 2, 3. Spiegelstrich EUV zu beachten.

[77] *Wagner*, Mindestharmonisierung, S. 67; *Petersmann*, Thesen zur Wirtschaftsverfassung der EG, EuZW 1993, 593, 595; allgemein zum Subsidiaritäts- und Verhältnismäßigkeitsprinzip als Kompetenzausübungsschranken der Gemeinschaft *Streinz*, Europarecht (2003), Rn. 145 a, b.

[78] Bulletin der EG 12-1992, S. 7 ff., 15, Nr. I. 19

[79] EuGH, Rs. 76/86 *(Kommission/Deutschland)*, Slg. 1989, 1021, Tz. 23

ccc) Umfang und Schranken des mitgliedstaatlichen Gestaltungsspielraums

Nachdem mögliche Rechtsgrundlagen für den Erlass von Mindestvorschriften aufgezeigt wurden, stellt sich die weitere Frage, wie weit der den Mitgliedstaaten durch eine Mindestharmonisierungsvorschrift eröffnete Gestaltungsspielraum reicht. Hinsichtlich des Umfangs ist zu differenzieren zwischen Gemeinschaftsrechtsakten, die auf primärrechtlichen Ermächtigungsgrundlagen beruhen, die ausdrücklich die Harmonisierung auf Mindestvorschriften beschränken und solchen, die auf anderen Rechtsgrundlagen basieren und erst durch eine Anordnung im Sekundärrechtsakt selbst zu Mindestharmonisierungsvorschriften werden.

(1) Mindestharmonisierung kraft primärrechtlicher Anordnung

Beruht ein Sekundärrechtsakt auf einer primärrechtlichen Ermächtigungsgrundlage, die ausdrücklich eine Beschränkung auf Mindestvorschriften enthält, so richtet sich der den Mitgliedstaaten eingeräumte Gestaltungsspielraum ausschließlich nach den Anordnungen in der primärrechtlichen Rechtsgrundlage, beispielsweise nach Art. 137 IV, 2. Spstr., 153 V, 176 EG. Ist in einem auf einer solchen Grundlage erlassenen Sekundärrechtsakt dennoch eine sog. Schutzverstärkungsklausel enthalten, hat diese nur deklaratorische Bedeutung[80]. Damit ist grundsätzlich festgelegt, dass vom gemeinschaftsrechtlich festgesetzten Schutzstandard nicht „nach unten" abgewichen, das gemeinschaftlich geforderte Schutzniveau nicht durch schwächere nationale Maßnahmen unterlaufen werden darf. Dabei ist der Gegenstandsbereich des Gemeinschaftsrechtsakts klar zu bestimmen. Außerhalb dieses Bereichs entfaltet die Gemeinschaftsvorschrift keine Sperrwirkung, hier ist ein Tätigwerden des nationalen Gesetzgebers stets möglich. Allerdings steht jeder Erlass von nationalen Bestimmungen unter dem Vorbehalt des Einklangs mit den Vorschriften des Primärrechts[81].

(2) Mindestharmonisierung kraft sekundärrechtlicher Anordnung

Ergeht ein Harmonisierungsakt auf der Grundlage einer Kompetenznorm, die keine ausdrückliche Beschränkung auf Mindestvorschriften enthält, so ergibt sich die Reichweite des mitgliedstaatlichen Gestaltungsspielraums aus dem Gemeinschaftsrechtsakt selbst. Dabei kann im Sekundärrechtsakt die Mindestharmonisierung auf unterschiedliche Art und mit verschiedener Reichweite angeordnet werden. Hinsichtlich der Art und Weise der Anordnung kann die Richtlinie zum einen eine Klausel enthalten, die ausdrücklich festlegt, dass das

---

[80] *Wagner*, Mindestharmonisierung, S. 124 f., auch zur möglichen Ausnahme der konstitutiven Wirkung der sekundärrechtlichen Schutzverstärkungsklausel.

[81] Siehe Fn. 79

Prinzip der Mindestharmonisierung verfolgt wird, sog. Schutzverstärkungsklausel[82]. Eine solche im Sekundärrechtsakt enthaltene Schutzverstärkungsklausel hat für die Eröffnung des nationalen Spielraums stets konstitutive Wirkung[83]. Da die Schutzverstärkungsklauseln strukturell weitgehend denen des Primärrechts angenähert sind, herrscht Übereinstimmung hinsichtlich der Reichweite des nationalen Gestaltungsspielraums, hier wie dort darf vom gemeinschaftsrechtlichen Schutzniveau nur „nach oben" abgewichen werden[84].
Zum anderen kann eine Richtlinie jedoch auch das Konzept der Mindestharmonisierung verfolgen, ohne ausdrücklich auf den Charakter als Mindestvorschrift hinzuweisen. So hat der EuGH in der Rechtssache C-376/90 aus Entstehungsgeschichte, Sinn und Zweck der RL 80/836/Euratom[85] gefolgert, dass die in ihr festgelegten Grenzwerte nur einen Mindestschutz bieten sollen[86]. Fehlt es an einer ausdrücklichen Bestimmung, ist durch Auslegung der Richtlinie zu ermitteln, ob sie nationale Lösungen, die ein höheres Schutzniveau etablieren, sperrt oder strengere Bestimmungen zulässt[87]. Auch hier gilt wiederum die Grenze, dass strengere nationale Regeln mit den Bestimmungen des Primärrechts, insb. den Grundfreiheiten, vereinbar sein müssen[88].

---

[82] Beispiel: Art. 8 RL 85/577/EWG (ABl. 1985 Nr. L 372, S. 31)

[83] *Wagner*, Mindestharmonisierung, S. 127

[84] Auch hier ist wichtig, den Regelungsbereich, auf den sich die Richtlinie erstreckt, genau festzulegen, da sich danach die Reichweite des nationalen Gestaltungsspielraums richtet, vgl. dazu die Ausführungen des Gerichtshofs zur RL 85/577/EWG in der Rs. C-361/89 *(Di Pinto)*, Slg. 1999 I, 1189, Tz. 21 f.: „In diesem Zusammenhang ist darauf hinzuweisen, daß die Richtlinie nach ihrem Art. 8 „die Mitgliedstaaten nicht daran [hindert], noch günstigere Verbraucherschutzbestimmungen auf dem Gebiet dieser Richtlinie zu erlassen oder beizubehalten". Mit dieser Bestimmung soll definiert werden, welche Gestaltungsfreiheit den Mitgliedstaaten auf dem von der Richtlinie erfassten Gebiet, nämlich beim Verbraucherschutz, bleibt. Sie kann daher nicht so ausgelegt werden, daß sie es den Mitgliedstaaten untersagt, Maßnahmen auf einem Gebiet wie dem des Schutzes der Gewerbetreibenden zu ergreifen, für das sie nicht gilt." Weiterführend, insb. zu den materiellen Schranken des nationalen Gestaltungsspielraums, *Wagner*, Mindestharmonisierung, S. 129 f., 137 ff.

[85] ABl. 1980 Nr. L 246, S. 1

[86] EuGH, Rs. C-376/90 *(Kommission/Belgien)*, Slg. 1992 I, 6153, Tz. 18 ff.

[87] Näher zu diesem Punkt *Grundmann*, RabelsZ 64 (2000), 457, 471 ff.; *Merkt*, Europäische Rechtsetzung und strengeres autonomes Recht – Zur Auslegung von Gemeinschaftsnormen als Mindeststandards, RabelsZ 61 (1997), 647 ff. Pauschale Aussagen hinsichtlich des Mindestnormcharakters sind in dieser Hinsicht kaum möglich, vgl. weitergehend *Bleckmann*, Probleme der Auslegung europäischer Richtlinien, ZGR 1992, 364 ff.

[88] Vgl. Fn. 79

5. Gegenseitige Anerkennung

Nach den bisherigen Darstellungen beruht die Harmonisierung in der Europäischen Gemeinschaft auf vom Gemeinschaftsgesetzgeber erlassenen Rechtsakten wie Richtlinien und Verordnungen[89]. Da die Mitgliedstaaten in diesem Gefüge hierarchisch „nachgeordnet" sind, indem sie ihre nationalen Regelungen an die der Gemeinschaft anzupassen verpflichtet sind, kann man von „vertikaler" Rechtsangleichung sprechen[90]. Neben dieser Art der Harmonisierung ist aber zugleich durch die *Cassis-de-Dijon*-Rechtsprechung und später durch das Binnenmarktprogramm der Kommission das Prinzip der gegenseitigen Anerkennung getreten. Dabei wird Rechtsangleichung ohne Mitwirkung der Gemeinschaftsorgane allein auf Ebene der Mitgliedstaaten betrieben – durch die gegenseitige Anerkennung nationaler Rechtsvorschriften. Die Harmonisierung erfolgt bei diesem Prinzip nicht legislatorisch „von oben", sondern „von unten", den Normadressaten her[91]. Mit der gegenseitigen Anerkennung wird versucht, die trennende Wirkung unterschiedlicher nationaler Produkt- bzw. Qualitätsstandards zu beseitigen, ohne diese harmonisieren zu müssen. Der Effekt dieses Vorgehens liegt darin, dass jeder Mitgliedstaat eine Regelung in einem anderen Mitgliedstaat als gleichwertig und seine eigene Regelung ersetzend anerkennen muss[92].

III. Charakteristika des Gemeinschaftsprivatrechts

1. Begriff

Nach dem von *Müller-Graff* geprägten Begriff fallen unter das Gemeinschaftsprivatrecht „die kraft Gemeinschaftsrecht in allen oder für alle Mitgliedstaaten verbindlichen Privatrechtsregeln", die „insbesondere in Vorschriften des Primärrechts, in Verordnungen oder Richtlinien" enthalten sind[93]. Dabei erhellt sich der Begriff nicht auf den ersten Blick, da „Gemeinschaftsrecht" und „Privatrecht" vom historischen Ausgangspunkt her zwei grundverschiedene Rechtsmaterien kennzeichneten. Der Begriff des Gemeinschaftsrechts wurde üblicherweise mit

---

[89] Zu den ebenfalls harmonisierend wirkenden Beschränkungen durch die Grundfreiheiten vgl. unten III. 2. d), S. 23, sowie Teil 3, A. II., S. 112.

[90] *Hommelhoff*, AcP 192 (1992), 71, 99

[91] *Kirchner*, Der punktuelle Ansatz als Leitprinzip gemeinschaftsrechtlicher Privatrechtsharmonisierung, in: *Grundmann/Medicus/Rolland*, Europäisches Kaufgewährleistungsrecht (2000), S. 95, 97

[92] Beispiel zu Art. 28 EG bei *Hommelhoff*, AcP 192 (1992), 71, 100, Fn. 184

[93] *Müller-Graff*, Europäisches Gemeinschaftsrecht und Privatrecht, NJW 1993, 13

dem öffentlichen Recht in Verbindung gebracht[94]. Jedoch ist die Entwicklung im Bereich der europäischen Rechtsangleichung von einer zunehmenden Aktivität des europäischen Gesetzgebers im Bereich des Privatrechts geprägt, was zur Entstehung von gemeinschaftsprivatrechtlichen Regeln im Sinne der oben genannten Definition führt.
Dagegen sehen andere Autoren im Begriff des Gemeinschaftsprivatrechts nicht die Beschreibung eines bereits erreichten Zustands, sondern vielmehr den Wunsch nach einem zukünftigen umfassenden einheitlichen europäischen Privatrecht[95]. Der derzeitige Integrationsstand lasse eine solche Klassifizierung nicht zu, ein einheitliches Gemeinschaftsprivatrecht sei in nächster Zukunft nicht erreichbar.
Im Folgenden soll vom erstgenannten Verständnis des Begriffs als der Beschreibung des bereits erreichten Bestandes an privatrechtlichen Regeln ausgegangen werden[96].

2. Rechtsquellen

Rechtsquellen des Gemeinschaftsprivatrechts sind sowohl das Primärrecht des EG-Vertrags als auch das Sekundärrecht[97].

a) Die Kompetenzen der EG

Der EG-Vertrag enthält keine allgemeine – beispielsweise mit Art. 74 I GG vergleichbare – Rechtssetzungskompetenz für das Privatrecht, schließt dieses

---

[94] *Klauer*, Die Europäisierung des Privatrechts: der EuGH als Zivilrichter (1998), S. 17

[95] So *Brück*, Das Vorabentscheidungsverfahren vor dem Europäischen Gerichtshof als Bestandteil des deutschen Zivilprozesses (2001), S. 23 f.

[96] Zum Begriff des „Gemeinschaftsprivatrechts" vgl. auch *Remien*, Die Vorlagepflicht bei Auslegung unbestimmter Rechtsbegriffe, RabelsZ 66 (2002), 503, 506; außerdem *Basedow*, Das BGB im künftigen europäischen Privatrecht: der hybride Kodex, AcP 200 (2000), 445, 448; zu den privatrechtsrelevanten Maßnahmen der Gemeinschaft in den letzten Jahren siehe *Basedow*, Grundlagen des europäischen Privatrechts, JuS 2004, 89, 93.

Vgl. im Zusammenhang mit der fortschreitenden Entwicklung eines Gemeinschaftsprivatrechts auch die aktuelle Diskussion um das Grünbuch der Kommission vom 14.1.2003 über die Umwandlung des Übereinkommens von Rom aus dem Jahr 1980 (Rom I) in ein Gemeinschaftsinstrument (KOM [2002] 654 endg.) sowie den Kommissionsentwurf über die Rom II-VO (KOM [2003] 427 endg.), abgedruckt in IPRax 2005, 174, dazu *Huber/Bach*, Die Rom II-VO, Kommissionsentwurf und aktuelle Entwicklungen, IPRax 2005, 73 ff.; weiterführend *Leible*, Das Grünbuch zum internationalen Vertragsrecht, München 2004.

Siehe auch den „Aktionsplan" der Kommission für ein „kohärenteres europäisches Vertragsrecht", KOM (2003) 68 endg. vom 12.2.2003, dazu *Basedow*, JuS 2004, 89, 96.

[97] *Klauer* spricht in diesem Zusammenhang vom „harmonisierten Gemeinschaftsprivatrecht", S. 21.

aber ebenso wenig generell von der Rechtssetzungsbefugnis aus[98]. Die Gemeinschaft kann privatrechtliche Regeln erlassen, soweit das Prinzip der begrenzten Ermächtigung bzw. das Subsidiaritätsprinzip, Art. 5 EG, nicht entgegensteht[99]. Die Besonderheit des EG-Vertrags liegt darin, dass er keinen sachgebietsbezogenen Zuständigkeitskatalog enthält, sondern dem europäischen Gesetzgeber bestimmte funktionale Zuständigkeiten ausdrücklich zuweist, wobei entscheidendes Kriterium stets das Funktionieren des Gemeinsamen Marktes bzw. des Binnenmarktes ist[100]. Von den einzelnen über den Vertrag verstreuten Ermächtigungsnormen sind privatrechtliche Gegenstände somit potentiell erfasst, wobei die Handlungsermächtigungen der Art. 94, 95 EG von praktisch herausragender Bedeutung sind.

b) Das Primärrecht

Zwar fokussiert sich die Debatte um die Entwicklung des Gemeinschaftsprivatrechts regelmäßig auf das „harmonisierte" Gemeinschaftsprivatrecht der Richtlinien und Verordnungen. Jedoch liegt seine primäre Rechtsquelle im EG-Vertrag selbst, in den vier Grundfreiheiten des freien Waren-, Personen-, Dienstleistungs- und Kapitalverkehrs. Diese verleihen den Bürgern unmittelbar wirkende Rechte und werden in ihrer Auslegung entscheidend von der Rechtsprechung des Gerichtshofs bestimmt, die seit jeher eine wichtige Integrationsfunktion erfüllt[101]. Da es sich bei den Grundfreiheiten um sog. *Wirtschafts*-Grundrechte handelt, ist die Wirkung, die von ihnen auf das Privatrecht ausgeübt wird, erheblich größer als der vergleichbare Einfluss der Grundrechte der nationalen Verfassungen[102].

c) Das Sekundärrecht

Das durch europäisches Sekundärrecht harmonisierte nationale Recht ist derjenige Bereich, der üblicherweise mit der Europäisierung des Privatrechts in

---

98 *Rittner,* Das Gemeinschaftsprivatrecht und die europäische Integration, JZ 1995, 849, 850 f.; *Müller-Graff,* NJW 1993, 13, 16

99 Vgl. dazu auch *Gebauer,* Grundfragen, S. 126 ff.

100 Zu den strukturellen Unterschieden, die sich aus dieser Funktionalität im Vergleich zu anderen Formen der Rechtsangleichung und –vereinheitlichung ergeben, siehe *Taupitz,* Europäische Privatrechtsvereinheitlichung heute und morgen (1993), S. 32 ff.

101 Großen Einfluss hat die EuGH-Rechtsprechung zu den Grundfreiheiten im Immaterialgüterrecht (Marken- und Urheberrecht) und im Lauterkeitsrecht, nicht dagegen im allgemeinen Privatrecht oder im Handels- und Gesellschaftsrecht. In diesen Bereichen weigerte sich der Gerichtshof von Beginn an mit unterschiedlichen Begründungen, eine Grundfreiheitenkontrolle vorzunehmen.

102 Zu Einflüssen der Rechtsprechung des Gerichtshofs zu den Grundfreiheiten auf bestimmte Privatrechtsgebiete vgl. *Klauer,* S. 23, 245 ff., 373 ff.

Verbindung gebracht wird. Zum weitaus größten Teil beruht das Gemeinschaftsprivatrecht auf Richtlinien, Art. 249 III EG[103]. Dagegen wird die Rechtsform der Verordnung (Art. 249 II EG) im Wesentlichen nur dann gewählt, wenn entweder primäres Gemeinschaftsprivatrecht sachlich durch sekundäres Durchführungsrecht zu ergänzen ist oder wenn neue Rechtsregeln oder –institute geschaffen werden[104]. Der Vorrang des Regelungsinstruments der Richtlinie wird damit begründet, dass sie die „mildere Form" des Eingriffs in die mitgliedstaatlichen Rechtsgefüge sei, die eine individuelle Anpassung an die konkreten nationalen Begebenheiten ermögliche[105]. Allerdings ist dieser Spielraum in der Praxis schon oft erheblich verkürzt worden, indem privatrechtliche Richtlinien in zentralen Fragen die Umsetzungsgesetzgebung vorwegzunehmen versucht haben[106].

d) Wirkungsweise der beiden Rechtsquellen

Zur Frage des Zusammenspiels der beiden Rechtsquellen des Primär- und Sekundärrechts hat sich das Begriffspaar der „Positiv-" und der „Negativ-Integration" herausgebildet[107]. Für die sog. „Negativ-Integration" stehen die Grundfreiheiten als Verbotsnormen, die die Integration dadurch verwirklichen, dass sie entgegenstehende Hindernisse im nationalen Recht abbauen und bestimmte nationale Regelungen für unzulässig erklären. Bestimmungen, die den Grundfreiheiten zuwiderlaufen, dürfen nicht mehr angewandt werden[108]. Doch handelt es sich hierbei lediglich um eine Eliminierung unzulässiger Vorschriften, die entstandenen Lücken werden nicht durch neue Regelungen gefüllt, daher der Begriff der *Negativ*-Integration[109]. Allein durch diese Wirkungsweise kann jedoch das Ziel der Schaffung eines gemeineuropäischen Privatrechts nicht erreicht werden. Dazu ist vielmehr die Setzung neuer, europäischer Rechtssätze vonnöten. Diese Funktion erfüllt die der „Positiv-Integration" dienende Richtlinie bzw. Verordnung, die von den Mitgliedstaaten ein positives Tun fordern. Der nationale Gesetzgeber muss aktiv tätig werden, um die Sollvorga-

---

[103] *Rittner,* JZ 1995, 849, 852; *Müller-Graff,* NJW 1993, 13, 22; *Ulmer,* Vom deutschen zum europäischen Privatrecht?, JZ 1992, 1 f.

[104] Vgl. *Rittner,* JZ 1995, 849, 852 m.w.N.; *Ulmer,* JZ 1992, 1, 2, Fn. 6; *Remien,* RabelsZ 66 (2002), 503, 506.

[105] Siehe oben bei Fn. 43

[106] Dazu *Hauschka,* Grundprobleme der Privatrechtsfortbildung durch die Europäische Wirtschaftsgemeinschaft, JZ 1990, 521, 524 ff.

[107] *Klauer,* S. 23; *Reich,* Europäisches Verbraucherschutzrecht (1993), S. 40

[108] Entscheidend ist die Auslegung, die der EuGH den Grundfreiheiten gegeben hat mit der Folge, dass mit dieser Auslegung nicht übereinstimmendes nationales Recht nicht mehr angewendet werden darf, sog. Anwendungsvorrang des Gemeinschaftsrechts, st. Rspr. des EuGH seit Rs. 6/64 *(Costa/ENEL),* Slg. 1964, 1251; Rs. 106/77 *(Simmenthal),* Slg. 1978, 629, Ls. 3.

[109] Oder „negativer Standard", so *Grundmann,* JuS 2002, 768.

ben des europäischen Rechtsakts zu erfüllen[110]. *Klauer* formuliert diese beiden sich ergänzenden Wirkungsweisen plastisch als „zwei Seiten derselben Medaille“[111], beide Mittel haben dieselbe Zielsetzung: die Verwirklichung der Integrationsziele des Binnenmarktes.

In der bisherigen Entwicklung des Gemeinschaftsprivatrechts diente die Rechtsprechung des EuGH zu den Grundfreiheiten oft als Einstieg in die Schaffung europäisierten Rechts, später wurde dann der Einfluss der Grundfreiheiten vom harmonisierten Recht abgelöst, das für bestimmte Sachgebiete speziellere Regelungen enthielt. In einer fortgeschrittenen Entwicklungsstufe der Rechtsangleichung erfüllen die Grundfreiheiten lediglich noch die Funktion eines „Lückenfüllers“ in Bereichen, wo es bisher an harmonisiertem Recht fehlt. Außerdem dienen sie als übergeordnete Kontrollinstanz, an der sich das harmonisierte Recht messen lassen muss[112].

3. Doppelfunktionalität des Gemeinschaftsprivatrechts

Das Gemeinschaftsprivatrecht beschränkt sich nicht darauf, privatrechtliche Regelungen aufzustellen, sondern muss auch immer als Teil des Gemeinschaftsrechts gesehen werden. Als solches ist es dessen Integrationszielen verpflichtet. Daraus folgt die sog. „Doppelfunktionalität“ des Gemeinschaftsprivatrechts, es muss sowohl der „Logik des Privatrechts“ als auch der „Logik der Integration“[113] gerecht werden.
Unter der *Logik des Privatrechts* ist die Vielzahl der auf nationaler Ebene entwickelten Lösungsansätze zu privatrechtlichen Fragen zu verstehen, die zu einem vielfältigen Fundus an Ansätzen und Konstruktionen führt, der oft von Mitgliedstaat zu Mitgliedstaat oder auch im jeweiligen Mitgliedstaat selber variiert. Der nach und nach fortschreitende Europäisierungsprozess schränkt diese Freiheit des nationalen Privatrechts, eigenständige Konstruktionen für privatrechtliche Fragestellungen zu entwerfen und fortzubilden, immer mehr ein. Diese aus rein nationaler Perspektive entwickelten Ansätze sind bei der

---

[110] Im Gegensatz zur Richtlinie muss die Verordnung zwar nicht in nationales Recht umgesetzt werden, da sie nach Art. 249 II EG im innerstaatlichen Recht unmittelbar gilt, doch kann auch hier der mitgliedstaatliche Gesetzgeber gefordert sein, im Zusammenhang mit dem Regelungsbereich der Verordnung stehende Vorschriften dem Regelungsziel der Verordnung anzupassen.

[111] *Klauer*, S. 24

[112] *Klauer*, S. 24 f.

[113] *Müller-Graff*, Gemeinsames Privatrecht in der Europäischen Gemeinschaft – Ansatzpunkte, Ausgangsfragen, Ausfaltungen, in: *ders.*, Gemeinsames Privatrecht in der Europäischen Gemeinschaft (1999), S. 9, 38

Entwicklung des Gemeinschaftsprivatrechts vom Gemeinschaftsgesetzgeber und vom EuGH zu berücksichtigen[114].

Logik der Integration ist im Gegensatz dazu der von außen an das nationale Privatrecht herantretende Anspruch, dass auch das Privatrecht den Integrationszielen der Gemeinschaft zu dienen hat oder diese zumindest nicht behindern soll[115]. Somit treffen im Rahmen der Schaffung von Gemeinschaftsprivatrecht regelmäßig zwei „essentiell unterschiedliche Rechtssetzungsziele"[116] aufeinander. Während der nationale Gesetzgeber das bürgerliche Recht als Sachgebiet regelt, dem eine eigene Systematik und Logik immanent ist, vollzieht die Gemeinschaft mit dem Erlass einer Richtlinie einen politischen Auftrag im Sinne des EG-Vertrags. Dabei will sie keine Ordnung im Sinne eines in sich logischen abschließenden Sachgebiets schaffen. Diese beiden Ziele muss nun das Gemeinschaftsprivatrecht in angemessenen Ausgleich bringen und miteinander zu einer neuen Einheit verschmelzen. Damit ist bereits eines der Hauptprobleme der Thematik angesprochen: das Spannungsverhältnis zwischen den genannten Rechtssetzungszielen und die Möglichkeit, sie zu einem schonenden Ausgleich zu bringen[117].

B. Die Problematik der autonomen Rechtsangleichung

I. Problembeschreibung

1. Einführung

Kommt ein Mitgliedstaat seiner Pflicht zur frist- und ordnungsgemäßen Umsetzung einer gemeinschaftsrechtlichen Richtlinie nicht nach, liegt darin ein Verstoß der mitgliedstaatlichen Organe gegen ihre Mitwirkungspflicht aus Art. 10 i.V.m. Art. 249 III EG. Die Kommission bzw. andere Mitgliedstaaten haben die Möglichkeit, ein Vertragsverletzungsverfahren nach Art. 226, 227 EG einzuleiten. Die defizitäre Umsetzung von Richtlinien ist mittlerweile durch die Rechtsprechung des EuGH weitgehend geklärt.

---

[114] Allerdings bleibt trotz der Verpflichtung der gemeinschaftsprivatrechtlichen Regeln auf die „Logik des Privatrechts" ein grundsätzliches Spannungsverhältnis zur Systematik der nationalen Rechtsordnungen bestehen, die jede für sich ganz unterschiedliche Wertungsansätze und gewachsene Traditionen beinhalten.

[115] *Klauer*, S. 27

[116] *Rittner*, JZ 1995, 849, 851

[117] Ausführlich zu dieser Problematik im Rahmen der autonomen Rechtsangleichung unter B. III. 2. b) bb), S. 47.

Bislang selten erörtert ist jedoch der umgekehrte Fall, dass das nationale Recht hinsichtlich der geregelten Sachverhalte über die europäischen Vorgaben hinausgeht. In dieser Konstellation erstreckt der nationale Gesetzgeber Gemeinschaftsrechtsakte auf nicht harmonisierte Bereiche, so z.B. wenn er ein gemeinschaftsrechtliches Regelungsmuster für ein gesamtes Rechtsgebiet übernimmt, statt es auf die vom Anwendungsbereich der Gemeinschaftsvorschrift erfassten Fälle zu beschränken. Da die Rechtsangleichung in diesem Fall allein auf der Entscheidung des nationalen Gesetzgebers beruht, verläuft die Harmonisierung von „unten nach oben" im Wege einer mitgliedstaatlich autonom veranlassten Konvergenz[118]. Im Folgenden soll in diesem Zusammenhang mit dem Begriff der „autonomen Rechtsangleichung"[119] gearbeitet werden.

2. Fallgruppen

Die autonome Rechtsangleichung lässt sich in ihren Erscheinungsformen aufteilen nach dem Subjekt, dem Gegenstand und dem Bezugspunkt der Harmonisierung. Als Subjekt der Harmonisierung kommen sowohl der nationale Gesetzgeber als auch der Rechtsanwender in Betracht[120]. Gegenstand der Harmonisierung kann das gesamte innerstaatliche Recht insoweit sein, als es nicht schon dem Regelungsbereich eines Harmonisierungsakts unterfällt. Zuletzt kommt als Bezugspunkt der autonomen Rechtsangleichung sowohl gemeinschaftliches Primärrecht als auch Sekundärrecht sowie Konventionsrecht[121] in Betracht.

---

[118] *Schnorbus,* RabelsZ 65 (2001), 654, 656

[119] Die Begrifflichkeit divergiert teilweise, so wird beispielsweise auch von „interner Harmonisierung", „autonomer Harmonisierung" oder „freiwilliger Rechtsanpassung" gesprochen, inhaltlich ist jedoch dasselbe gemeint.

[120] Gegenstand der vorliegenden Untersuchung soll jedoch nur die autonome Rechtsangleichung durch die Legislative sein. Als Beispiel für eine sog. „autonome judikative Rechtsangleichung" kann das Urteil des BGH vom 28.2.1996 angeführt werden (NJW 1996, 1411). In diesem trägt der BGH dem vom EuGH (Urteil vom 27.9.1988, Rs. 189/87 – *Kalfelis)* herangezogenen Gesichtspunkt des Ausnahmecharakters der besonderen Gerichtsstände in entsprechender Weise auch außerhalb des unmittelbaren Anwendungsbereichs des EuGVÜ Rechnung und gelangt so zu einer einschränkenden Auslegung von § 32 ZPO, vgl. dazu *Gebauer,* Interne Harmonisierung durch autonome Rechtsangleichung, in: *Jud u.a.,* Prinzipien des Privatrechts und Rechtsvereinheitlichung (2001), S. 199, 209 f.

[121] Siehe unten Fn. 125

Hauptfall in der Praxis ist die sog. „überschießende Richtlinienumsetzung“[122]. Hier unterwirft der nationale Gesetzgeber – meistens anlässlich der Umsetzung einer konkreten Richtlinie – Sachverhalte, die vom Regelungsauftrag der Richtlinie an sich nicht erfasst werden, freiwillig den Regeln des Gemeinschaftsrechts und geht so über seine Umsetzungspflicht nach Art. 249 III EG hinaus. Dabei kann sich die „überschießende Tendenz“ einer nationalen Norm auch daraus ergeben, dass die Vorschrift von den nationalen Gerichten weiter ausgelegt wird als der Anwendungsbereich der Richtlinie reicht[123]. Daneben ist auch eine inhaltliche Anpassung des nationalen Rechts an Gemeinschaftsvorgaben unabhängig von einer konkreten Umsetzungspflicht möglich[124], so z.B. wenn ein Mitgliedstaat bewährte Vorschriften des angeglichenen Rechts später auf eine von der Richtlinie an sich nicht erfasste Materie ausdehnt.

Während die eben genannten Fälle der freiwilligen Rechtsangleichung immer einen – unmittelbaren oder mittelbaren – Bezug zur (möglicherweise auch schon länger zurückliegenden) Umsetzung einer Richtlinie aufweisen, ist im Gegensatz dazu jedoch auch eine „völlig autonome“ Anpassung des nationalen Rechts – d.h. die Übernahme von Gemeinschaftsvorschriften unabhängig von jeglicher gemeinschaftsrechtlicher Verpflichtung – möglich, beispielsweise durch die Übernahme von Bestimmungen aus dem Konventionsrecht[125], dem Primärrecht[126] oder aus Verordnungen.

---

[122] Ausführlich *Habersack/Mayer,* Die überschießende Umsetzung von Richtlinien, JZ 1999, 913 ff.; *Hommelhoff,* Die Rolle der nationalen Gerichte bei der Europäisierung des Privatrechts, in: FS Wiss. BGH II (2000), S. 889, 913 ff.; *Roth,* Europäisches Recht und nationales Recht, in: FS Wiss. BGH II (2000), S. 847, 880 ff.; *Kropholler/von Hein,* Eine Auslegungskompetenz des EuGH jenseits des EuGVÜ, in: FS Großfeld (1998), S. 615 ff.

[123] Beispiel hierfür ist § 1 HWiG a.F., dazu gleich unter II. 1. e), S. 33.

[124] Eine solche Konstellation lag im Fall der Reform des Umwandlungsrechts vor, vgl. dazu unten II. 1. c), S. 31. Ein Beispiel freiwilliger Rechts*vereinheitlichung* ohne jegliche Umsetzungsverpflichtung ist in der Anpassung des deutschen an das Europäische Kartellrecht durch die 6. GWB-Novelle 1998 zu sehen, dazu *Schnorbus,* RabelsZ 65 (2001), 654, 658 ff. Zur teilweise weiterreichenden Entwicklung in anderen Mitgliedstaaten vgl. *Dreher,* Gemeineuropäisches Kartellrecht, in: FS Söllner (2000), S. 217.

[125] Ein ähnlich gelagertes Beispiel für ein solches Vorgehen ist der Civil Jurisdiction and Judgement Act 1982, der teilweise nahezu wörtlich die Vorschriften des Brüsseler Übereinkommens (EuGVÜ) übernimmt und außerdem bestimmt, dass zur Entscheidung entsprechender Fragen die vom Gerichtshof aufgestellten Grundsätze und Entscheidungen zu berücksichtigen sind. Näher dazu und dem zugrunde liegenden Fall *Kleinwort Benson* (Rs. C-346/93, Slg. 1995 I, 615) unten Teil 4, A. II., S. 130.

[126] In diesem Zusammenhang kann die Warenverkehrsfreiheit des Art. 28 EG genannt werden. Diese kann dazu führen, dass nationale Normen, die handelsbeschränkend wirken, auf innergemeinschaftliche Sachverhalte nicht mehr anwendbar sind, wohl aber auf rein innerstaatliche Sachverhalte. Das kann den nationalen Gesetzgeber dazu veranlassen, zur Vermeidung einer Inländerdiskriminierung solch eine nationale Norm zu streichen und damit rein innerstaatliche Sachverhalte an die Warenverkehrsfreiheit anzugleichen. Auch ein solches

Ebenfalls in die zuletzt beschriebene Kategorie fallen Fallgestaltungen, in denen das nationale Recht zur Regelung bestimmter Sachverhalte auf gemeinschaftsrechtliche Vorschriften verweist und diese so im innerstaatlichen Bereich für anwendbar erklärt[127]. Auch diese Fallgruppe zeichnet sich dadurch aus, dass der Anwendungsbereich des Gemeinschaftsrechts allein aufgrund einer autonomen Entscheidung des nationalen Gesetzgebers – unabhängig von einer gemeinschaftsrechtlichen Verpflichtung – ausgedehnt wird. Darüber hinaus ist ein Verweis auf Gemeinschaftsrecht nicht nur durch nationale Rechtsnormen, sondern auch durch eine vertragliche Regelung möglich[128].

3. Hintergründe der autonomen Rechtsangleichung

Hinter dem Entschluss des nationalen Gesetzgebers zur autonomen Harmonisierung des innerstaatlichen Rechts können vielfältige Gründe stehen. Zum einen dient als Anregung häufig die Überzeugung, dass eine in der Vergangenheit bewährte Regel des Gemeinschaftsrechts auch für rein inländische Sachverhalte zweckmäßig ist[129] sowie unter Umständen die Erwägung, die eigene Rechtsordnung für potentielle ausländische Handelspartner, die eher mit dem Gemeinschaftsrecht als den jeweiligen nationalen Rechten vertraut sind, übersichtlicher und attraktiver zu gestalten[130]. Ausschlaggebend kann des Weiteren das Motiv sein, die europäische Integration nach eigenen Vorstellungen – autonom – voranzutreiben und so ohne Zwang ein gemeinsames Recht zu schaffen[131].
Zum anderen ist maßgebliche Triebkraft der autonomen Rechtsangleichung in vielen Fällen das Anliegen des Gesetzgebers, das Spannungsverhältnis zwischen meist nur punktuell ansetzender Gemeinschaftsrechtsakte und traditionell umfassender nationaler Kodifikation zu lösen und so gleichzeitig einer zu-

---

Vorgehen ist als autonome – da allein auf dem Willen des nationalen Gesetzgebers beruhend – Rechtsangleichung einzuordnen. Zur möglichen Pflicht des Gesetzgebers zur autonomen Harmonisierung vgl. unten III. 2. b)., S. 42.

Ein Beispiel freiwilliger Rechts*vereinheitlichung* ohne jegliche Umsetzungsverpflichtung ist in der Anpassung des deutschen an das Europäische Kartellrecht durch die 6. GWB-Novelle 1998 zu sehen, dazu *Schnorbus,* RabelsZ 65 (2001), 654, 658 ff. Zur teilweise weiterreichenden Entwicklung in anderen Mitgliedstaaten vgl. *Dreher,* in: FS Söllner (2000), S. 217.

[127] So z.B. § 21 II UStG, der für die Einfuhrumsatzsteuer auf die Regeln des Zollrechts und damit auch auf den gemeinschaftlichen Zollkodex und GZT verweist, dazu später ausführlich.

[128] Eine solche Konstellation lag sowohl der *„Fournier"*- als auch der *„Federconsorzi"*-Entscheidung zugrunde, dazu unten Teil 4, A. I. 4., S. 129.

[129] *Schulze,* Einführung, in: *ders.,* Auslegung europäischen Privatrechts und angeglichenen Rechts (1999), S. 9, 17 f.

[130] Dadurch kann eine gewisse Anpassung der unterschiedlichen wirtschaftlichen Rahmenbedingungen in den verschiedenen Mitgliedstaaten erreicht werden.

[131] *Schnorbus,* RabelsZ 65 (2001), 654, 662

nehmenden Rechtszersplitterung vorzubeugen[132]. Das gesetzgeberische Vorgehen hängt damit eng zusammen mit der Frage der Einheitlichkeit und möglichst weitgehenden Widerspruchsfreiheit der nationalen Rechtsordnung[133].
Ebenso kann der Normgeber sich – da er beim Erlass von Normen nicht nur an europäische Vorgaben gebunden ist, sondern auch die Vorgaben seiner Verfassung zu beachten hat – aus Gerechtigkeitserwägungen dazu veranlasst sehen, durch Erstreckung gemeinschaftsrechtlicher Regeln einer möglichen Inländerdiskriminierung entgegenzuwirken und so den innerstaatlichen Gleichheitsgrundsatz (Art. 3 I GG) zu verwirklichen[134]. Als möglicher weiterer Grund kann das Ziel dienen, das Programm einer europäischen Richtlinie vorzeitig zu übernehmen[135] und ebenso das Anliegen der Vereinfachung der Rechtsanwendung, die durch die Vielfalt der Rechtsquellen komplizierter wird[136].

4. Fragestellung

Da die im Wege der autonomen Rechtsanpassung angeglichenen Vorschriften auch nach der Harmonisierung nationales Recht darstellen, werden sie allein von nationalen Gerichten ausgelegt und angewandt.
Es stellt sich jedoch die Frage, ob – und falls ja, inwieweit – bei der Auslegung solcher Vorschriften der gemeinschaftsrechtliche Hintergrund zu berücksichtigen ist und somit die Möglichkeit (oder gar das Gebot) der richtlinien-/ gemeinschaftsrechtskonformen[137] Auslegung greift.
Im Fall der vom Regelungsauftrag der Gemeinschaftsvorschrift erfassten harmonisierten Normen ist bei Auslegungs- oder Gültigkeitszweifeln hinsichtlich des Gemeinschaftsrechts das Vorabentscheidungsverfahren nach Art. 234 EG eröffnet. Die vorliegende Untersuchung soll der Frage nachgehen, ob dagegen auch die überschießend umgesetzten Vorschriften des nationalen Rechts bzw. die „völlig autonom" angepassten nationalen Bestimmungen gerade hinsichtlich

---

[132] Im Rahmen dieser Abstimmung ist der Blick horizontal in die eigene Rechtsordnung, deren Systemkonformität gewahrt werden soll, gerichtet, vgl. *Gebauer,* Grundfragen, S. 205.

[133] Grundlegend zur Folgerichtigkeit und Einheitlichkeit von juristischen Entscheidungen vgl. *Bydlinski,* System und Prinzipien des Privatrechts (1996), S. 4 ff.; *Canaris,* Systemdenken und Systembegriff in der Jurisprudenz (1983), S. 13 ff. Auf die Frage, ob die anzustrebende Konformität der nationalen Kodifikation unter Umständen eine autonome Rechtsangleichung gebietet, soll unter III. 2. b) bb), S. 47 ff., näher eingegangen werden.

[134] *Schnorbus,* RabelsZ 65 (2001), 654, 669; *Gebauer,* Grundfragen, S. 206 f.; auch diese Frage soll im Zusammenhang mit einer möglichen innerstaatlichen Pflicht zur autonomen Rechtsangleichung vertieft werden, siehe unten III. 2. b) aa), S. 43.

[135] *Blaurock,* Europäisches Privatrecht, JZ 1994, 270, 276

[136] *Gebauer,* in: *Jud u.a.,* Prinzipien des Privatrechts und Rechtsvereinheitlichung (2001), S. 199, 213

[137] Dazu ausführlich unter C., S. 78 ff.

ihres über die Vorgaben des Gemeinschaftsrechtsakts hinausgehenden Teils „europäisiert“ sind, woran sich eine Reihe von Folgefragen anschließen[138].

II. Beispiele aus dem deutschen Recht

1. Überschießende Richtlinienumsetzung[139]

a) Registerrecht

Anzuführen ist zunächst § 15 III HGB[140], der den Grundsatz der positiven Publizität des Handelsregisters enthält. Die Vorschrift diente der Umsetzung der *Publizitäts-Richtlinie* (RL 68/151/EWG[141]), geht jedoch weit über deren Vorgaben hinaus[142]. Um den Richtlinienanforderungen zu genügen, hätte der deutsche Gesetzgeber die Umsetzung auf den Fall der Abweichung von richtiger Eintragung im Handelsregister und unrichtiger Bekanntmachung – in Bezug auf Kapitalgesellschaften – beschränken können. Stattdessen erfasst § 15 III HGB nicht nur diesen, sondern auch den viel wichtigeren Fall, dass Eintragung und Bekanntmachung unrichtig sind[143]. Des Weiteren gilt § 15 III HGB nicht nur – wie die Publizitätsrichtlinie[144] – für Kapitalgesellschaften. Vielmehr wirkt die positive Publizität der Bekanntmachung zu Lasten sämtlicher Kaufleute einschließlich der Personenhandelsgesellschaften[145].

---

138 So das Problem der („quasi“-) richtlinienkonformen Auslegung des überschießenden nationalen Rechts (dazu unter C.) und der diesbezüglichen Auslegungskompetenz des EuGH im Vorabentscheidungsverfahren nach Art. 234 EG (dazu Teil 4).

139 Zur Abgrenzung der überschießenden Umsetzung von ähnlichen Konstellationen *Mayer/Schürnbrand*, Einheitlich oder gespalten? – Zur Auslegung nationalen Rechts bei überschießender Umsetzung von Richtlinien, JZ 2004, 545, 547 f.; zu § 22 WpHG und § 30 WpÜG im Zusammenhang mit der Transparenzrichtlinie auch *Franck*, Die Stimmrechtszurechnung nach § 22 WpHG und § 30 WpÜG, BKR 2002, 709, 712 ff.

140 Eingeführt durch Art. 1 Nr. 2 lit. b) des Gesetzes vom 15.8.1969 (BGBl. I, S. 1146) mit Wirkung vom 1.9.1969.

141 ABl. 1968 Nr. L 65, S. 8

142 Dazu auch *Roth*, in: *Grundmann/Medicus/Rolland*, Europäisches Kaufgewährleistungsrecht (2000), S. 113, 121 f.

143 Vgl. *K. Schmidt*, Handelsrecht (1999), § 14 III., S. 404 ff.

144 Vgl. Art. 1 RL 68/151/EWG, der für Deutschland die AG, KGaA und GmbH nennt.

145 Somit nimmt das deutsche Recht in § 15 III HGB – obwohl vom Gemeinschaftsrecht nicht gefordert – eine Erweiterung in doppelter Richtung vor.

b) Bilanzrecht

Eine ähnliche Konstellation findet sich im Handelsbilanzrecht der §§ 238 ff. HGB. Die durch das Bilanzrichtliniengesetz vom 19.12.1985[146] umgesetzte *Bilanz-Richtlinie* (RL 78/660/EWG[147]) sowie die weiteren einschlägigen Richtlinien[148] regeln das Bilanzrecht der Kapitalgesellschaften und atypischen Personengesellschaften[149]. Dementsprechend erfolgte die Umsetzung ins deutsche Recht in erster Linie durch die den Kapitalgesellschaften vorbehaltenen §§ 264 ff. HGB. Darüber ist der Gesetzgeber aber noch hinausgegangen, indem er einige Bestimmungen der Bilanzrichtlinie auch in die allgemeinen Vorschriften des Handelsbilanzrechts (§§ 238 ff. HGB) übernommen hat. Diese enthalten die handelsrechtlichen Grundsätze ordnungsgemäßer Buchführung (GoB)[150] und gelten für sämtliche rechnungspflichtigen Unternehmen und damit auch für Personengesellschaften und Einzelkaufleute[151].

c) Umwandlungsrecht

Das Umwandlungsgesetz (UmwG) vom 28.10.1994[152] beruht in nicht unerheblichem Ausmaß auf Vorgaben von EG-Richtlinien, insb. auf solchen der *Verschmelzungs-* (RL 78/855/EWG[153]) und der *Spaltungs-Richtlinie* (RL 82/891/EWG[154]). Zwar war das Gesetz nicht unmittelbar durch diese Richtlinien veranlasst, da die Zweite[155] und Dritte gesellschaftsrechtliche Richtlinie bereits zuvor umgesetzt worden waren[156]. Obwohl es sich also – was den Anlass zum

---

146 BGBl. I, S. 2355

147 ABl. 1978 Nr. L 222, S. 11, in der Fassung der GmbH&Co.KG-Richtlinie 90/605/EWG, ABl. 1990 Nr. L 317, S. 60.

148 RL 83/349/EWG, ABl. 1983 Nr. L 193, S. 1; RL 84/253/EWG, ABl. 1984 Nr. L 126, S. 60; Abdruck aller Richtlinien bei *Lutter,* Europäisches Unternehmensrecht (1996), S. 147 ff., 207 ff.

149 Vgl. Art. 1 Abs. 1 RL 78/660/EWG, Art. 4 Abs. 1 lit. a) RL 83/349/EWG

150 Bis zum Inkrafttreten des Bilanzrichtliniengesetzes vom 19.12.1985 (oben Fn. 146) waren die GoB in Deutschland zum größten Teil nicht kodifiziert. Weiterführend zur Problematik der GoB *Müller,* Der Europäische Gerichtshof und die Grundsätze ordnungsgemäßer Buchführung, in: *Herzig,* Europäisierung des Bilanzrechts (1997), S. 87 ff.; *K. Schmidt,* Handelsrecht (1999), § 15, S. 413 ff.

151 Zur Verweisung des § 5 I EStG vgl. unten 2., S. 35.

152 BGBl. I, S. 3210

153 ABl. 1978 Nr. L 222, S. 11

154 ABl. 1982 Nr. L 378, S. 47. Der Hinweis auf die Dritte und Sechste gesellschaftsrechtliche Richtlinie findet sich auch in der Fußnote zum Titel des UmwG.

155 Art. 13 RL 91/77/EWG (Kapitalrichtlinie), ABl. 1977 Nr. L 26, S. 1, umgesetzt durch § 197 UmwG.

156 Die Vorgaben der Verschmelzungsrichtlinie (78/855/EWG) waren bereits durch das Verschmelzungsrichtlinie-Gesetz vom 25.10.1982 (BGBl. I, S. 1425) in den §§ 339 bis 353

Reformvorhaben[157] betrifft – um ein ausschließlich nationales Gesetzgebungsprojekt handelte, führte das neue UmwG dennoch zu einer weitergehenden europarechtlichen Durchdringung der nationalen Vorschriften als dies bisher der Fall war. Denn anders als derjenige der Richtlinien[158] ist der Anwendungsbereich der Umsetzungsvorschriften des UmwG nicht auf die Aktiengesellschaft beschränkt[159]. Zwar enthalten die §§ 60 ff. und §§ 141 ff. UmwG Sondervorschriften für die Verschmelzung oder Spaltung von Aktiengesellschaften. Doch darüber hinaus wurden einige Vorgaben der Richtlinien auch in die allgemeinen Vorschriften der §§ 2 bis 38 UmwG betreffend die Verschmelzung und die §§ 123 bis 137 UmwG betreffend die Spaltung aufgenommen[160]. Somit hat der Gesetzgeber die Richtlinienvorgaben in erheblichem Ausmaß verallgemeinert[161], so dass die jeweiligen Umsetzungsvorschriften nicht nur für die von der Richtlinie erfassten, sondern für *alle* Umwandlungsvorgänge gelten.
Wie bereits erwähnt, ändert die Tatsache, dass die Schaffung der nationalen Vorschriften nicht aus Anlass der Umsetzung einer konkreten Richtlinie erfolgte,

---

AktG a.F. umgesetzt worden. Dagegen kannte das bisherige deutsche Recht keine allgemeinen Spaltungsregelungen für Aktiengesellschaften mit Ausnahme der durch das „kleine Spaltungsgesetz" über die Spaltung der von der Treuhandanstalt verwalteten Unternehmen vom 5.4.1991 (BGBl. I, S. 854) zugelassenen Spaltung von Treuhandunternehmen in der Rechtsform der AG (dazu *Semler/Stengel,* UmwG, Einl. A, Rn. 34, 50). Dies resultierte daraus, dass die Spaltungsrichtlinie (82/891/EWG) – anders als die übrigen gesellschaftsrechtlichen Richtlinien – keine Pflicht zur Einführung entsprechender nationaler Vorschriften vorsieht, sondern die Mitgliedstaaten lediglich im Fall der Einführung zur Beachtung der Richtlinienvorgaben verpflichtet. Somit bestand bislang – mangels eines allgemeinen Rechtsinstituts der Spaltung – kein Anlass für den Gesetzgeber, die Richtlinie in deutsches Recht umzusetzen.

[157] Als Ziele der Reform nennt die Gesetzesbegründung die Zusammenfassung und Systematisierung der schon bestehenden Umwandlungsmöglichkeiten, die Erweiterung der Möglichkeiten zur Umstrukturierung und die Verbesserung des Anlegerschutzes, BT-Drucks. 12/6699, S. 71.

[158] Vgl. Art. 1 Abs. 1 RL 78/855/EWG i.V.m. Art. 1 Abs. 1 RL 82/891/EWG; vgl. dazu auch die Begründung zum Entwurf des Verschmelzungsrichtlinie-Gesetzes, BT-Drucks. 9/1065, S. 12.

[159] Vgl. § 3 UmwG

[160] Das UmwG verfolgt darüber hinaus eine besondere Regelungs- und Verweisungstechnik, durch die eine Verzahnung der verschiedenen Umwandlungsfälle bewirkt wird. So wird beispielsweise in den Sonderregeln über die Verschmelzung einzelner Gesellschaftsformen auf die allgemeinen Vorschriften über die Verschmelzung (§§ 2 ff. UmwG) verwiesen, vgl. beispielsweise § 44 UmwG hinsichtlich der Verschmelzung unter Beteiligung von Personengesellschaften oder § 48 UmwG hinsichtlich der Verschmelzung unter Beteiligung von Gesellschaften mit beschränkter Haftung. Verweise auf die allgemeinen Vorschriften finden sich auch in den Bestimmungen über die Vermögensübertragung (§§ 174 ff. UmwG) und über den Formwechsel (§§ 190 ff. UmwG), die vom europäischen Richtlinienprogramm überhaupt nicht erfasst sind.

[161] *Semler/Stengel,* UmwG, Einl. A, Rn. 43

nichts am Vorliegen eines Falls der „überschießenden Richtlinienumsetzung“[162]. Vielmehr kann der Gesetzgeber auch im Nachhinein bestimmte Regelungsbereiche des nationalen Rechts an das Konzept einer bereits umgesetzten Richtlinie anpassen[163]. Jedoch drängt sich die Frage auf, ob die Richtlinien bei der Auslegung der genannten allgemeinen Vorschriften auch dann zu berücksichtigen sind, wenn an der Umwandlung keine Aktiengesellschaften, sondern Gebilde anderer Rechtsform beteiligt sind.

d) Überweisungsrecht

Ein weiteres Beispiel bildet die *Richtlinie über grenzüberschreitende Überweisungen* (RL 97/05/EG[164]), die der Gesetzgeber durch das Überweisungsgesetz vom 21.7.1999[165] in den §§ 676 a ff. BGB umgesetzt hat. Dabei hat er die Umsetzung nicht auf grenzüberschreitende Überweisungen im Sinne der Richtlinie[166] beschränkt, sondern ihre Regelungen umfassend auch für inländische Überweisungen übernommen[167].

e) Haustürgeschäfte

Die *Haustürgeschäfte-Richtlinie* (RL 85/577/EWG[168]) wurde durch das Haustürwiderrufsgesetz vom 16.1.1986[169] in deutsches Recht umgesetzt. § 1 HWiG a.F. definierte die maßgebliche „Haustürsituation“ dahingehend, dass der Verbraucher „im Bereich einer Privatwohnung“ zum Vertragsschluss bestimmt worden sein muss. Diesen Begriff der Haustürsituation – für die Neuregelung des § 312 BGB muss dasselbe gelten – interpretiert die deutsche Rechtsprechung weiter als die Richtlinie vorgibt. Nach Art. 1 RL 85/577/EWG muss der Vertrag „in der Wohnung“ des Verbrauchers selbst abgeschlossen werden, wohingegen die Rechtsprechung zu § 1 HWiG a.F. es ausreichen lässt, dass der Vertragsschluss in einer Haustürsituation angebahnt wurde, auch wenn der eigentliche

---

[162] Siehe oben I. 2., S. 26

[163] Auf diese Art setzt das UmwG die Verschmelzungsrichtlinie „erneut“ und die Spaltungsrichtlinie „erstmals“ endgültig um, *Semler/Stengel,* UmwG, Einl. A, Rn. 54.

[164] ABl. 1997 Nr. L 43, S. 25

[165] Gesetz vom 21.7.1999, BGBl. I, S. 1642, in Kraft getreten am 14.8.1999 (Art. 3 S. 1 ÜG)

[166] Vgl. Art. 1 RL 97/5/EG

[167] Vgl. dazu auch *Roth,* in: *Grundmann/Medicus/Rolland,* Europäisches Kaufgewährleistungsrecht (2000), S. 113, 128. Gemäß Art. 228 II 1 EGBGB gelten die Regelungen seit 1.1.2002 nicht nur für Überweisungen in Länder der EU und die Vertragsstaaten des Europäischen Wirtschaftsraums, sondern auch für inländische Überweisungen sowie Transfers in Drittstaaten.

[168] ABl. 1985 Nr. L 372, S. 31

[169] BGBl. I, S. 122

Vertragsschluss sodann in den Geschäftsräumen des Unternehmers erfolgte[170]. Die Haustürsituation musste lediglich ursächlich für den späteren Vertragsschluss sein[171]. Somit liegt auch in diesem Fall „überschießendes" nationales Recht vor, wobei sich die überschießende Tendenz der innerstaatlichen Norm zum einen aus der „offenen" Umsetzung durch den Gesetzgeber, zum anderen aber auch aus der weiten Auslegung durch die deutschen Gerichte ergibt[172].

f) Verbraucherkredite

Die *Verbraucherkredit-Richtlinie* (RL 87/102/EWG[173]) wurde durch das Verbraucherkreditgesetz (VerbrKrG) vom 17.12.1990[174] in deutsches Recht umgesetzt, wobei der Anwendungsbereich des VerbrKrG weit über den der Richtlinie hinausgeht. Während die Richtlinie generell nur für Kredite bis 20 000 ECU gilt (Art. 2 Abs. 1 lit. f) RL 87/102/EWG), kannte das VerbrKrG eine Obergrenze (100 000 DM) nur für speziellen Fall des Existenzgründungsdarlehens, § 3 I Nr. 2 VerbrKrG a.F. Nachdem das VerbrKrG durch das Schuldrechtsmodernisierungsgesetz ins BGB integriert wurde[175], gilt generell keine Obergrenze mehr, so dass hier überschießendes nationales Recht vorliegt.
Auch bezüglich der genannten Gründerdarlehen ging das VerbrKrG durch ihre Einbeziehung (§§ 1 I 2, 3 I Nr. 2 VerbrKrG a.F.) über den Anwendungsbereich der Richtlinie, die diese Art von Darlehen nicht erfasst, hinaus[176]. Auch nach neuem Recht sind Gründerdarlehen bis 50 000 € von den Widerrufsvorschriften der §§ 491 ff., 355 ff. BGB erfasst, vgl. § 507 BGB.
Eine weitere Besonderheit gilt in Bezug auf Realkreditverträge. Auf diese ist die Richtlinie insgesamt nicht (Art. 2 Abs. 1 lit. a) RL) bzw. nur eingeschränkt anwendbar (Art. 2 Abs. 3 RL), wohingegen die §§ 491 ff., 355 ff. BGB n.F. auf Realkreditverträge voll anwendbar sind[177]. Schließlich nimmt Art. 2 Abs. 1 lit. b)

---

170 BGHZ 131, 385

171 Dazu *Habersack/Mayer,* WM 2002, 253, 257; *Piekenbrock/Schulze,* WM 2002, 521, 527; *Staudinger,* Der Widerruf bei Haustürgeschäften: eine unendliche Geschichte?, NJW 2002, 653, 655.

172 Siehe dazu bereits der Fall *Heininger,* Teil 1, A., S. 1 ff.

173 ABl. 1987 Nr. L 42, S. 48

174 BGBl. I, S. 2840

175 Das Gesetz wurde durch Art. 6 SMG mit Wirkung zum 1.1.2002 aufgehoben.

176 Dazu *Henrich,* Die Umsetzung der Richtlinie 87/102/EWG zur Harmonisierung des Verbraucherkredits in Deutschland und Italien, in: *Canaris/Zaccaria,* Die Umsetzung von zivilrechtlichen Richtlinien der Europäischen Gemeinschaft in Italien und Deutschland (2002), S. 25, 27. Der Grund für diese Einbeziehung lag in der besonderen Schutzbedürftigkeit, die vielfach beim Übergang von der unselbständigen zur selbständigen Tätigkeit besteht, *Scholz,* Anmerkungen zum neuen Verbraucherkreditgesetz, MDR 1991, 191 f.

177 Dagegen waren die Widerrufsvorschriften nach der alten Fassung des § 3 II Nr. 2 VerbrKrG bzw. nach § 491 III Nr. 1 BGB a.F. nur eingeschränkt anwendbar. In Folge des

RL Mietverträge vom Geltungsbereich der Richtlinie aus, es sei denn, das Eigentum an der gemieteten Sache geht letzten Endes auf den Mieter über. Damit fällt der sog. Leasingvertrag mit Kaufoption noch in den Anwendungsbereich der Richtlinie. Anders dagegen die Regelungen des VerbrKrG: Dieses wird auf sämtliche Finanzierungsleasingverträge angewandt, auch auf solche ohne Kaufoption. Lediglich die Anwendung bestimmter Vorschriften des Gesetzes wird ausgeschlossen, § 3 II Nr. 1 VerbrKrG a.F. Damit handelte es sich auch insoweit um eine überschießende Umsetzung durch den deutschen Gesetzgeber.

g) Schuldrechtsharmonisierung

Aktuelles Beispiel für eine – möglicherweise[178] – überschießende Richtlinienumsetzung ist die durch das Schuldrechtsmodernisierungsgesetz umgesetzte *Verbrauchsgüterkauf-Richtlinie*[179]. Der deutsche Gesetzgeber hat sich im Rahmen der Umsetzung weitgehend am Leitbild des Verbrauchsgüterkaufs orientiert. Muss damit künftig – überspitzt formuliert – in jedem Fall, in dem die Schlechterfüllung eines Kaufvertrags ein Rechtsproblem aufwirft, der EuGH nach Art. 234 EG angerufen werden?[180]

2. Verweis auf Gemeinschaftsrecht

Eng verbunden mit der überschießenden Umsetzung im Bereich des Handelsbilanzrechts sind Fragen des Steuerbilanzrechts: *§ 5 I EStG* verweist für die Ermittlung der Steuerbilanz auf die Grundsätze ordnungsgemäßer Buchführung (GoB)[181]. Nach dem in der Vorschrift verankerten Maßgeblichkeitsprinzip[182]

Heininger-Urteils des EuGH wurde die Vorschrift des § 491 III Nr. 1 BGB a.F. durch Art. 25 des OLG-Vertretungsänderungsgesetzes vom 23.7.2002 (BGBl. I, S. 2850) gestrichen. Dadurch wurde – über die gemeinschaftsrechtlichen Erfordernisse hinaus – ein Widerrufsrecht für alle Realkreditverträge eingeführt, auch wenn sie nicht als Haustürgeschäft abgeschlossen wurden, vgl. Palandt/*Putzo,* Vorb. v. §§ 491-498 BGB, Rn. 4.

[178] Die Umsetzung der Verbrauchsgüterkaufrichtlinie soll unten IV. 3., S. 62 ff., genau untersucht werden.

[179] Oben Fn. 18

[180] Ob das Vorabentscheidungsverfahren in Fällen dieser Art das geeignete Instrument ist, bezeichnet *Hakenberg* als „höchst zweifelhaft", Vorabentscheidungsverfahren und europäisches Privatrecht, RabelsZ 66 (2002), 367, 379. Schwerpunkt der vorliegenden Untersuchung soll jedoch nicht die praktische Eignung des Verfahrens sein, sondern die rein *rechtliche* Frage, ob im überschießend umgesetzten Bereich überhaupt eine Kompetenz des EuGH nach Art. 234 EG besteht.

[181] Siehe oben Fn. 150

[182] Die Verknüpfung zwischen Handelsrecht und steuerrechtlicher Gewinnermittlung wird mit dem Schlagwort „Maßgeblichkeit der Handels- für die Steuerbilanz" oder kurz „Maßgeblichkeitsgrundsatz" bezeichnet, weiterführend hierzu *Hennrichs,* Der steuerrechtliche sog. Maß-

muss ein buchführungspflichtiger Gewerbetreibender im Rahmen des für die steuerliche Gewinnermittlung durchzuführenden Vermögensvergleichs am Schluss eines Geschäftsjahres das Betriebsvermögen ansetzen, das nach den Grundsätzen ordnungsgemäßer Buchführung auszuweisen ist. Durch diese Bezugnahme auf die GoB verweist die Vorschrift auf die §§ 238 ff. HGB. Daraus resultiert die Frage, ob das Recht der steuerlichen Gewinnermittlung dadurch in die „Europäisierung des Handelsbilanzrechts" einbezogen ist, d.h. ob kraft des Maßgeblichkeitsgrundsatzes und der Regelungstechnik der §§ 238 ff., 264 ff. HGB die Bilanzrichtlinie auch für die Steuerbilanz – insb. der Einzelkaufleute und Personengesellschaften – beachtlich ist[183], obwohl die steuerliche Gewinnermittlung eigentlich außerhalb des Anwendungsbereichs der EG-Richtlinien liegt[184]. Gleiches gilt kraft Verweisung auf die Vorschriften über den handelsbilanziellen Gewinn auch für die Besteuerung des Einkommens der Kapitalgesellschaften[185] und für den Gewerbeertrag[186].

Ein weiterer Verweis deutschen Rechts auf Gemeinschaftsrecht jenseits von dessen Anwendungsbereich findet sich schließlich in *§ 21 II UStG*. Für die Einfuhrumsatzsteuer wird dort auf die Regeln des Zollrechts und damit auch auf den gemeinschaftsrechtlichen Zollkodex, insb. den Gemeinsamen Zolltarif (GZT) verwiesen[187], obwohl der Zollkodex an sich im Steuerrecht keine Gültigkeit beansprucht[188].

---

geblichkeitsgrundsatz gem. § 5 EStG, StuW 1999, 138 ff.

[183] Der Maßgeblichkeitsgrundsatz des § 5 EStG „transformiert" das allgemeine Handelsbilanzrecht in das Recht der Steuerbilanz. Nach einer Ansicht werden die handelsrechtlichen GoB durch § 5 EStG in steuerrechtliche GoB verwandelt, vgl. z.B. *Weber-Grellet,* Europäisiertes Steuerrecht? Stand und Entwicklung, StuW 1995, 336, 348. Wenn jedoch mit der überwiegenden Meinung angenommen wird, dass die Grundsätze ordnungsgemäßer Bilanzierung dennoch nach handelsrechtlichen Regeln zu interpretieren sind (zu Ausnahmen vgl. grundlegend BFH vom 3.2.1969, BStBl. II 1969, 291), so dass sie trotz der Inbezugnahme in § 5 EStG ihrer Rechtsqualität nach Handelsrecht bleiben (so z.B. *Groh,* Bilanzrecht vor dem EuGH, DStR 1996, 1206, 1209; *Hennrichs,* StuW 1999, 138, 144), zählt zu diesen Regeln unter Umständen auch der Grundsatz der richtlinienkonformen Auslegung. Dieser wäre damit auch in steuerrechtlicher Hinsicht maßgeblich, in diesem Sinne *Beisse,* Grundsatzfragen der Auslegung des neuen Bilanzrechts, BB 1990, 2007, 2011.

[184] Der Bereich der direkten Steuern ist mangels Kompetenz der Gemeinschaft kaum harmonisiert, lediglich im Anwendungsbereich der Fusionsrichtlinie (90/434/EWG) und der Mutter-Tochter-Richtlinie (90/435/EWG) hat eine Harmonisierung stattgefunden.

[185] Vgl. § 8 I KStG

[186] Vgl. § 7 GewStG; diese Konstellation war Gegenstand der Entscheidung *DE+ES Bauunternehmungs GmbH,* siehe unter Teil 4, A. IV. 3., S. 134.

[187] BFHE 161, 260

[188] Um diese Konstellation ging es in der Rechtssache *Gmurzynska-Bscher,* näher dazu unter Teil 4, A. I. 3., S. 128.

III. Zulässigkeit der autonomen Rechtsangleichung, insb. der überschießenden Richtlinienumsetzung

1. Europarechtliche Zulässigkeit

Bei der freiwilligen Rechtsanpassung stellt sich für den nationalen Gesetzgeber zunächst die Frage, ob die so vorgenommene Inkorporation von Gemeinschaftsrecht aus europarechtlicher Sicht überhaupt zulässig ist[189]. Zu verneinen wäre dies, wenn der EG-Vertrag und das harmonisierende Sekundärrecht als abschließend in dem Sinne anzusehen wären, als ihre Regeln ausschließlich im von ihnen selbst festgelegten Anwendungsbereich Eingang in die nationalen Rechtsordnungen der Mitgliedstaaten finden dürften, darüber hinaus aber keine Übernahme des gemeinschaftsrechtlichen Regelungskonzepts zulässig wäre.

a) Autonome Rechtsangleichung und Mindestharmonisierung

aa) Abgrenzung

Fraglich ist, ob in diesem Zusammenhang eine Parallele zum Fall des Hinausgehens über Mindestharmonisierungsvorschriften der Gemeinschaft durch den nationalen Gesetzgeber gezogen werden kann. Richtigerweise muss der Fall der Mindestharmonisierung jedoch klar von der Konstellation der autonomen Rechtsangleichung abgegrenzt werden[190]. Während im letztgenannten Fall das nationale Recht den Schutzbereich einer Gemeinschaftsnorm über deren – persönlichen oder sachlichen – Anwendungsbereich hinaus auf weitere Sachverhalte erstreckt und somit den *Regelungsrahmen* derselben erweitert[191], zielt die Mindestharmonisierung in eine andere Richtung. Hier findet – innerhalb der „vertikalen Ebene" der Richtlinie – eine Intensivierung der Regelungstiefe statt, indem die nationalen Vorschriften über den europarechtlichen Schutzstandard hinausgehen[192]. In diesem Bereich stellt sich zunächst die Frage, ob der nationale Gesetzgeber über die Vorgaben der Richtlinie hinausgehen darf, was – falls die Richtlinie keine ausdrückliche Anordnung trifft – durch Auslegung des Gemeinschaftsrechts zu ermitteln ist[193]. Diese Ebene der Regelungstiefe ist jedoch im Fall der autonomen Rechtsangleichung nicht betroffen, die Vorgaben

---

[189] Zur europarechtlichen Zulässigkeit der autonomen Rechts*vereinheitlichung* vgl. *Schnorbus,* RabelsZ 65 (2001), 654, 670 f.

[190] Siehe dazu auch die Schlussanträge von *GA Léger* in der Rechtssache *Berliner Kindl* sowie die Ausführungen unter Teil 4, B. VI. 2., S. 144.

[191] *Hommelhoff,* in: FS Wiss. BGH II, S. 889, 922

[192] Beispiel hierfür ist § 7 VerbrKrG a.F., dazu gleich unter bb).

[193] Näher zu diesem Punkt *Grundmann,* RabelsZ 64 (2000), 457, 471 ff.; *Merkt,* RabelsZ 61 (1997), 647 ff. Siehe dazu ausführlich bereits oben A. II. 4. c) bb), S. 15 ff.

der Richtlinie werden nicht erweitert oder anderweitig verändert[194]. Aus diesen Gründen ist stets eine klare Abgrenzung erforderlich.

bb) Beispiel

Zur Veranschaulichung soll dargelegt werden, inwieweit der deutsche Gesetzgeber die Richtlinie 87/102/EWG im VerbrKrG überschießend umgesetzt hat und wo er dagegen von seiner Befugnis nach Art. 15 der Richtlinie Gebrauch gemacht hat.

Wie bereits dargelegt[195], geht das Gesetz im Wege der überschießenden Umsetzung weit über den Anwendungsbereich der Richtlinie hinaus. Sowohl im generellen Verzicht auf eine Höchstbetragsregelung (Ausnahme: § 3 I Nr. 2 VerbrKrG a.F.), in der grundsätzlichen Einbeziehung der Gründerdarlehen in den Anwendungsbereich (§§ 1 I 2, 3 I Nr. 2 VerbrKrG a.F.), als auch in der (wenn auch nur eingeschränkten) Einbeziehung der Realkreditverträge (§ 3 II Nr. 2 VerbrKrG a.F.[196]) liegt überschießendes nationales Recht.

Zwar ging der Gesetzgeber auch durch die Einführung eines der Richtlinie unbekannten Widerrufsrechts über seine Verpflichtungen aus der Richtlinie hinaus, § 7 VerbrKrG a.F. (§§ 495 I, 355 BGB). Jedoch handelt es sich hierbei um keinen „überschießenden Bereich", da es sich hierbei um eine Schutzverstärkung in der „Regelungstiefe" handelt. Die Richtlinie sieht kein obligatorisches Widerrufsrecht vor, sondern nennt lediglich in Art. 4 Abs. 3 i.V.m. Anhang 1.2 vii als Beispiel für Angaben, deren Aufnahme in den Vertrag als wesentlich vorgeschrieben werden können, die Festlegung einer etwaigen Bedenkzeit. Durch die Einführung eines – umfassenderen Schutz gewährenden – Widerrufsrechts in § 7 VerbrKrG weitete der deutsche Gesetzgeber damit nicht den persönlichen oder sachlichen Anwendungsbereich der Richtlinie im nationalen Recht aus, sondern verstärkte das Schutzniveau, das dem Verbraucher nach nationalem Recht zukommen soll. Dabei bewegte er sich – und das ist der entscheidende Unterschied zur überschießenden Umsetzung – *innerhalb des Regelungsbereichs der Richtlinie,* der durch die Begriffe des Verbrauchers, des Kreditgebers und des Kreditvertrags bestimmt wird (Art. 1 RL) und intensivierte innerhalb dieses Rahmens lediglich die Regelungstiefe[197]. Damit machte er von seinem Recht

---

[194] Vielmehr wird das „Programm" der Richtlinie unverändert gelassen und lediglich weitere Sachverhalte des innerstaatlichen Rechts erstreckt.

[195] Siehe oben II. 1. f), S. 34

[196] Dagegen enthalten die neuen §§ 491 ff., 355 ff. BGB keine Einschränkungen hinsichtlich der Realkreditverträge, siehe bereits oben bei Fn. 177.

[197] Unklar insoweit *Remien,* in: *Everling/Roth,* Mindestharmonisierung im Europäischen Binnenmarkt (1997), S. 181, 185, der unter Bezugnahme auf das Widerrufsrecht bei Verbraucherkreditverträgen einen Vorteil von Mindestharmonisierungsklauseln darin sieht, dass sie „zudem die schwierige Abgrenzung [ersparen], ob eine Frage noch in den Anwendungsbereich einer Richtlinie fällt oder jenseits von diesem liegt."

nach Art. 15 RL Gebrauch, wonach die Richtlinie lediglich zwingende Mindeststandards vorschreibt, über die die Mitgliedstaaten zum Schutz der Verbraucher hinausgehen dürfen[198]. Allerdings sind die beiden „Ebenen" der Umsetzungstätigkeit des Gesetzgebers hier insoweit miteinander „verwoben", als das Widerrufsrecht des VerbrKrG auch für Existenzgründer und für den Fall der Realkreditverträge gilt, die ihrerseits überschießende Regelungen darstellen, was die genaue Abgrenzung etwas erschwert.

b) Mögliche Grenze: Beeinträchtigung der Einheit des Gemeinschaftsrechts

Fraglich ist, ob einer autonomen Übernahme von Gemeinschaftsregelungen auf von diesen nicht erfasste Sachverhalte durch den nationalen Gesetzgeber das Prinzip der einheitlichen Auslegung und Anwendung des Gemeinschaftsrechts entgegenstehen könnte (Art. 10 EG). Wie im Folgenden noch darzulegen sein wird[199], stellt sich im Rahmen der Auslegung des angeglichenen mitgliedstaatlichen Rechts die Frage, ob auch hinsichtlich der überschießend umgesetzten Bereiche das Gebot der (quasi-) richtlinienkonformen Auslegung des harmonisierten nationalen Rechts greift. Teilweise wird die Befürchtung geäußert, dass eine von der gemeinschaftsrechtlichen Deutung der Vorschriften (durch den EuGH) abweichenden Auslegung der überschießenden Vorschriften auf Sachverhalte abfärben könnte, die *im Anwendungsbereich* des Gemeinschaftsrechts liegen. Jedoch gehört diese Frage richtigerweise in den Problemkomplex der Auslegung des nationalen Rechts[200], nicht dagegen kann dies der freiwilligen Übernahme von gemeinschaftsrechtlichen Bestimmungen überhaupt entgegenstehen.

c) Fazit

Als Ergebnis lässt sich somit festhalten, dass die mitgliedstaatlich veranlasste autonome Rechtsangleichung grundsätzlich keinen gemeinschaftsrechtlichen Bedenken begegnet[201]. Solange der Gemeinschaftsgesetzgeber sich nicht allgemein oder im Einzelfall gegen die freiwillige Inkorporation von Gemein-

---

198 Vgl. dazu auch *Roth*, in: *Grundmann/Medicus/Rolland*, Europäisches Kaufgewährleistungsrecht (2000), S. 113, 123

199 Siehe unter C. IV. 2., S. 95 ff.

200 Insb. soll dort untersucht werden, ob aus der möglichen Beeinträchtigung der Einheitlichkeit des Gemeinschaftsrechts durch eine abweichende (sog. gespaltene) Auslegung eine (gemeinschaftsrechtlich bedingte) Pflicht der mitgliedstaatlichen Gerichte zur (quasi-) richtlinienkonformen Auslegung im überschießenden Bereich folgt.

201 Nach der Formulierung von *Roth* ist die freiwillige Rechtsangleichung aus europäischer Perspektive vielmehr „bisweilen erwünscht und in Einzelfällen vielleicht auch intendiert", in: *Grundmann/Medicus/Rolland*, Europäisches Kaufgewährleistungsrecht (2000), S. 113, 128.

schaftsrecht in die nationalen Rechtsordnungen entscheidet – was bisher nicht ersichtlich ist – bewegt sich die autonome Rechtsangleichung in zulässigen Bahnen[202].

2. Zulässigkeit nach nationalem Recht

a) Grundsätze

Im Hinblick auf das innerstaatliche Recht stellt sich die Frage, ob einer autonomen Harmonisierung durch die Inkorporation von Gemeinschaftsregeln verfassungsrechtliche Aspekte entgegenstehen, so z.B. der Gleichheitssatz des Art. 3 GG oder Gründe der Rechtssicherheit, Art. 20 III GG.

aa) Technik der Inkorporation

Im Rahmen der autonomen Rechtsangleichung bieten sich für den nationalen Gesetzgeber verschiedene Techniken, Gemeinschaftsregeln in sein innerstaatliches Recht zu inkorporieren. Zunächst hat er die Möglichkeit, den Wortlaut von Gemeinschaftsbestimmungen ganz oder teilweise in die autonomen Vorschriften zu übernehmen. In diesem Fall lehnt sich das nationale Recht zwar in der Formulierung an Gemeinschaftsvorgaben an, beruht aber rechtssetzungstechnisch allein auf dem Akt des nationalen Gesetzgebers, so dass sich insofern keine Besonderheiten ergeben.
Eine andere Konstellation liegt dagegen vor, wenn der Normgeber die Vorschrift nicht selbst formuliert, sondern sich darauf „beschränkt", auf fremdes – nicht originär von ihm formuliertes und in Kraft gesetztes – Recht zu verweisen. Grundsätzlich ist dem Gesetzgeber das Vorgehen im Wege der Verweisung nicht verwehrt[203]. Allerdings werden in Folge der Verweisung von einem anderen Normgeber in anderem Zusammenhang erlassene Bestimmungen für Sachverhalte maßgeblich, für die sie ursprünglich nicht vorgesehen waren[204]. In diesem Fall fordert die Rechtssicherheit als Postulat des grundgesetzlich verankerten Rechtsstaatsprinzips (Art. 20 III GG), dass derartige Verweisungen hinreichend bestimmt sind und damit klar erkennbar ist, welche Vorschriften im Einzelnen und in welchem Umfang sie jeweils gelten sollen[205]. Hinsichtlich der sich daraus

---

[202] So auch *Schnorbus*, RabelsZ 65 (2001), 654, 673

[203] BVerfGE 26, 338, 366; 78, 32, 35; so auch bereits *Ossenbühl*, Die verfassungsrechtliche Zulässigkeit der Verweisung als Mittel der Gesetzgebungstechnik, DVBl. 1967, 401 ff.

[204] Im Fall der Verweisung wird allerdings nicht die fremde Norm als solche, sondern ihr materieller Verweisungsgehalt in die verweisende Norm inkorporiert, vgl. *Schenke*, Die verfassungsrechtliche Problematik dynamischer Verweisungen, NJW 1980, 743; *Clemens*, Die Verweisung von einer Rechtsnorm auf andere Vorschriften, AöR 111 (1986), 63, 65.

[205] BVerfGE 5, 25, 31; 8, 274, 302; 22, 330, 346; 73, 261, 272; *Clemens*, AöR 111 (1986), 63, 83 f.

ergebenden Publikationsanforderungen an das Objekt der Verweisung ergeben sich jedoch im hier zu behandelnden Fall grundsätzlich keine Probleme, da EG-Rechtsakte regelmäßig im Amtsblatt zu veröffentlichen sind[206].
Im Rahmen dieser Vorgehensweise bieten sich wiederum zwei Alternativen, die sog. statische[207] und die dynamische[208] Verweisung, wobei die erstere grundsätzlich keinen Anlass zu verfassungsrechtlichen Bedenken gibt[209]. Diese können dagegen beim Vorgehen des Gesetzgebers im Wege der dynamischen Verweisung bestehen, da er in diesem Fall die Bestimmung des Inhalts der Gesetzesbestimmungen einem anderen Normgeber überlässt und sich damit originärer Rechtssetzungskompetenzen entledigt. So unterliegen dynamische Verweisungen nach der Rechtsprechung des BVerfG strengeren Voraussetzungen, insb. müssen sie den Prinzipien der Rechtsstaatlichkeit, der Demokratie und der Bundesstaatlichkeit genügen[210].

bb) Verfassungsrechtliche Überprüfbarkeit

Ein weiterer Aspekt der Zulässigkeit der autonomen Rechtsangleichung betrifft den von der Rechtsprechung des BVerfG aufgestellten Grundsatz, dass Gemeinschaftsrecht – im Gegensatz zu rein nationalem Recht – aufgrund Art. 23 I GG nur einer eingeschränkten verfassungsrechtlichen Überprüfung unterliegt[211]. Da jedoch bereits das der unmittelbaren Umsetzung von EG-Richtlinien dienende nationale Transformationsrecht uneingeschränkt der Kontrolle durch die deutsche Verfassungsgerichtsbarkeit unterliegt[212], muss dies erst recht für das autonom an EG-Vorgaben angeglichene nationale Recht gelten. Denn insoweit handelt es sich nicht um Rechtssetzungsakte einer supranationalen Organisation im Sinne von Art. 23 GG[213]. Vielmehr macht der nationale Gesetzgeber sich das

---

206 *Klindt,* Die Zulässigkeit dynamischer Verweisungen auf EG-Recht aus verfassungs- und europarechtlicher Sicht, DVBl. 1998, 373, 377 f.

207 Im Rahmen der statischen Verweisung macht sich der Normgeber den Inhalt der Rechtsvorschriften nur in der Fassung zu Eigen, wie sie bei Erlass seines Gesetzes bestanden.

208 Die dynamische Verweisung inkorpiert Vorschriften in ihrer jeweils geltenden Fassung und billigt damit gleichsam im Voraus spätere Änderungen des in Bezug genommenen Rechts.

209 BVerfGE 5, 25, 31; *Clemens,* AöR 111 (1986), 63, 100.

210 Vgl. im Einzelnen BVerfGE 78, 32, 35. Auch im Schrifttum werden Bedenken geäußert, siehe beispielsweise *Schenke,* NJW 1980, 743, 747; teilweise wird auch die Auffassung vertreten, dass zumindest dynamische Verweisungen auf *EG-Recht* grundsätzlich zulässig seien, vgl. *Klindt,* DVBl. 1988, 373, 377 ff.

211 BVerfGE 73, 339 *(Solange II);* BVerfGE 89, 155 *(Maastricht)*

212 A.A. *Habersack/Mayer,* JZ 1999, 913, 920; dagegen *Schnorbus,* RabelsZ 65 (2001), 654, 675.

213 Die zitierte Rechtsprechung des BVerfG bezieht sich allein auf diese Akte der Organe der Europäischen Gemeinschaft und ihre (eingeschränkte) Überprüfbarkeit anhand des Grundgesetzes.

in Bezug genommene Gemeinschaftsrecht insofern „zu Eigen", als es nach der Inkorporation originär national gesetztes Recht darstellt und demzufolge uneingeschränkt der verfassungsgerichtlichen Kontrolle unterliegt[214]. Damit steht der Grundsatz der vollen verfassungsrechtlichen Überprüfbarkeit nationalen Rechts der autonomen Rechtsangleichung nicht entgegen.

cc) Der Maßstab des Art. 3 I GG

Nach dem allgemeinen Gleichheitssatz des Art. 3 I GG ist es dem deutschen Gesetzgeber untersagt, „wesentlich Gleiches willkürlich ungleich" sowie „wesentlich Ungleiches willkürlich gleich" zu behandeln[215]. Die Konstellation der Ungleichbehandlung von wesentlich Gleichem stellt insofern kaum ein Problem dar, als der Gesetzgeber sich bei der freiwilligen Anpassung von zusätzlichen Bereichen des nationalen Rechts an Gemeinschaftsvorgaben in einem Großteil der Fälle gerade von solchen auf Art. 3 I GG beruhenden Gerechtigkeitserwägungen leiten lässt[216].

Allerdings kann Art. 3 I GG umgekehrt einer Inkorporation von Gemeinschaftsrecht gerade auch entgegenstehen, wenn nämlich der beschränkte Anwendungsbereich einer Richtlinie auf sachliche Gründe zurückgeht, die einer Verallgemeinerung nicht fähig sind. In einem solchen Fall kann der Gleichheitssatz gebieten, den Regelungsbereich der Richtlinie gerade nicht autonom auf weitere Sachverhalte des nationalen Rechts zu erstrecken, um nicht „wesentlich Ungleiches willkürlich gleich" zu behandeln. Somit hat der Gesetzgeber die Vorgaben des Art. 3 I GG in jedem Fall gründlich mit dem konkreten Regelungsanliegen und der Verallgemeinerungsfähigkeit des Gemeinschaftsrechtsakt abzuwägen, um sich nicht dem Vorwurf des verfassungswidrigen Handelns ausgesetzt zu sehen.

b) Gebotenheit der autonomen Rechtsangleichung

Im Rahmen der autonomen Rechtsangleichung geht es nicht nur um die Frage ihrer grundsätzlichen Zulässigkeit nach nationalem (Verfassungs-) Recht, sondern unter Umständen ergibt sich aus diesem sogar eine Pflicht des nationalen Gesetzgebers zur überschießenden Umsetzung eines gemeinschaftsrechtlichen Konzepts[217]. Eine solche Gebotenheit kann aus verschiedenen Gründen resultieren.

---

[214] Zur Inkorporation in die Verweisungsnorm siehe bereits oben Fn. 204.

[215] BVerfGE 49, 148, 165; 78, 104, 121

[216] Zu diesem Beweggrund, der unter Umständen sogar eine Pflicht zur autonomen Rechtsangleichung begründen kann, gleich unter b) aa).

[217] Dagegen besteht aus *gemeinschaftsrechtlicher* Perspektive keine Pflicht des nationalen Normgebers, einen rein innerstaatlichen Sachverhalt mit einem gemeinschaftsrechtlichen gleichzubehandeln, *Roth,* in: FS Wiss. BGH II (2000), S. 847, 881; siehe dazu im Zusammenhang mit der Problematik der Inländerdiskriminierung unten Fn. 219.

aa) Gerechtigkeitserwägungen, Art. 3 I GG

Die Gebotenheit der Erstreckung eines gemeinschaftsrechtlichen Konzepts auf weitere Bereiche des autonomen Rechts kann sich zunächst aus Art. 3 I GG ergeben. Der allgemeine Gleichheitssatz kann nicht nur in manchen Fällen einer Erweiterung entgegenstehen, sondern umgekehrt diese gerade gebieten[218]. Beschränkt sich der nationale Normgeber bei der Transformation einer Richtlinie auf die Angleichung der von ihrem – teilweise eng gefassten – Anwendungsbereich umfassten nationalen Vorschriften, so kann sich als Folge dieses Vorgehens eine Schlechterstellung von rein innerstaatlichen Sachverhalten ergeben. Da er aber seiner Umsetzungspflicht nach Art. 249 III EG nachzukommen hat, führt nichts an der Angleichung zumindest der vom Regelungsbereich der Richtlinie erfassten nationalen Normen vorbei. Allerdings kann er unter Umständen gezwungen sein, zur Vermeidung der Diskriminierung rein inländischer Sachverhalte[219] gesetzgeberisch in Form der überschießenden Umsetzung einzugreifen und den begrenzten Regelungsrahmen einer Richtlinie auf von dieser an sich nicht erfasste Sachverhalte des innerstaatlichen Rechts auszudehnen[220].

aaa) Anwendbarkeit des allgemeinen Gleichheitssatzes

(1) Die Problematik der Inländerdiskriminierung

Allerdings geht es in den „klassischen“ Fällen der Inländerdiskriminierung um die unterschiedliche Handhabung von grenzüberschreitenden und rein innerstaatlichen Sachverhalten, die sich aus der Wirkungsweise der Grundfreiheiten ergibt.

Zur Veranschaulichung soll die Warenverkehrsfreiheit des Art. 28 EG (Art. 30 EGV a.F.) dienen. Diese kann unter Umständen einer innerstaatlichen wettbewerbsbeschränkenden Regelung entgegenstehen, wenn diese bei Vorliegen eines grenzüberschreitenden Sachverhaltes eine Maßnahme mit gleicher Wirkung wie eine mengenmäßige Einfuhrbeschränkung darstellt, die geeignet ist, den innergemeinschaftlichen Handel unmittelbar oder mittelbar, tatsächlich oder potentiell zu behindern[221]. Dies führt in der Folge zur Unanwendbarkeit der nationalen Norm auf solche Auslandsberührungsfälle[222]. Dagegen steht Art. 28

[218] Die Fragestellung spricht auch *Bleckmann* an, ZGR 1992, 364, 371.

[219] Näher zum Begriff der Inländerdiskriminierung *Schilling*, Gleichheitssatz und Inländerdiskriminierung, JZ 1994, 8 f.

[220] Ähnlich *Roth*, in: FS Wiss. BGH II (2000), S. 847, 881: „Die unterschiedliche Behandlung ähnlicher Problemlagen schafft Rechtfertigungsdruck.“

[221] EuGH, Rs. 8/74 *(Dassonville)*, Slg. 1974, 837, Tz. 5; Rs. 220/81 *(Robertson)*, Slg. 1982, 2349, Tz. 9

[222] Grundsatz des Anwendungsvorrangs des Gemeinschaftsrechts, dazu *Schweitzer/Hummer*, Europarecht (1999), Rn. 49 ff. Beispiel hierfür ist das ehemalige Verbot des blickfangmäßigen

EG mangels Eröffnung seines Anwendungsbereichs dem rein innerstaatlichen Handel nicht entgegen, so dass die Handeltreibenden in diesem Bereich weiterhin den Beschränkungen der nationalen Norm unterliegen. Eine solche Inländerdiskriminierung ist gemeinschaftsrechtlich irrelevant. So sind zwar nach Art. 12 EG (Art. 6 EGV a.F.) grundsätzlich Diskriminierungen aus Gründen der Staatsangehörigkeit verboten, das allgemeine gemeinschaftsrechtliche Diskriminierungsverbot gilt jedoch wiederum nur im Anwendungsbereich des Gemeinschaftsrechts, in den eine Behandlung nicht fällt, „die einheimische gegenüber eingeführten Erzeugnissen oder Einzelhändler, die einheimische Erzeugnisse verkaufen, gegenüber solchen benachteiligt, die eingeführte Erzeugnisse verkaufen"[223].

Dagegen kann aus Sicht des nationalen Rechts unter Umständen ein Verstoß gegen den allgemeinen Gleichheitssatz vorliegen. Nach der Rechtsprechung des EuGH ist es allein Sache des nationalen Gerichts, das mit einer Frage des nationalen Rechts befasst ist, zu beurteilen, ob im Rahmen des jeweiligen nationalen Rechts eine Diskriminierung vorliegt, sowie ob und wie diese beseitigt werden muss[224]. Falls für die Ungleichbehandlung keine zwingenden Rechtfertigungsgründe im Sinne der „neuen Formel" des BVerfG[225] ersichtlich sind, liegt hierin eine Verletzung von Art. 3 I GG[226]. Dies kann in der Folge zur

---

Preisvergleichs des § 6 e UWG, das der EuGH durch Urteil vom 18.5.1993, Rs. C-126/91 *(Yves Rocher)*, Slg. 1993 I, 2361, als mit Art. 30 EGV a.F. unvereinbar erklärte, woran die deutschen Gerichte in der Folge in Sachverhalten des innergemeinschaftlichen Verkehrs gebunden waren, vgl. BGH, Urteil vom 14.10.1993 *(Yves Rocher II)*, ZiP 1993, 1725 f.

[223] EuGH, Rs. 80 u. 159/85 *(Nederlandse Bakkerij Stichting/Edah)*, Slg. 1986, 3359, Tz. 23. Dagegen gibt es auch Stimmen, die sich für eine Ausdehnung des Geltungsanspruchs des Gemeinschaftsrechts auch auf solche Fälle eintreten, die bisher allein dem nationalen Recht vorbehalten waren. So schlägt beispielsweise *Epiney* vor, der EuGH solle künftig, wenn er einen Verstoß nationalen Rechts gegen Primärrecht der EG feststellt, zugleich prüfen, ob die Regelung auch mit Wirkung für Inlandssachverhalte für ungültig zu erklären sei. In diesem Rahmen habe er in einer „abgestuften Verhältnismäßigkeitsprüfung" die gegensätzlichen nationalen und gemeinschaftlichen Interessen abzuwägen, *dies.*, Umgekehrte Diskriminierungen (1995), S. 527.

[224] Das Gemeinschaftsrecht hindere ein nationales Gericht nicht zu prüfen, ob eine innerstaatliche Rechtsvorschrift mit der Verfassung des betreffenden Mitgliedstaats vereinbar ist, vgl. EuGH, Rs. C-132/93 *(Steen)*, Slg. 1994 I, 2715, Tz. 10 f.

[225] Siehe unten Fn. 234

[226] Allerdings wird der Anwendung des allgemeinen Gleichheitssatzes zum Teil entgegengehalten, Art. 3 GG gelte nicht für die Konstellationen, in denen die Ungleichbehandlung auf der Normsetzung verschiedener Instanzen beruhe. Vielmehr sei die Vorschrift nur auf solche Ungleichbehandlungen anwendbar, die vom selben Normgeber stammten, vgl. z.B. *König*, Das Problem der Inländerdiskriminierung – Abschied von Reinheitsgebot, Nachtbackverbot und Meisterprüfung?, AöR 118 (1993), 591, 599 f. Kritisch in dieser Hinsicht *Schilling*, JZ 1994, 8, 10, 12: Der Gleichheitssatz des Art. 3 I GG sei grundsätzlich auf das Verhältnis von

Angleichung rein innerstaatlicher an grenzüberschreitende Sachverhalte führen[227]. Ein Extremfall liegt natürlich dann vor, wenn aufgrund der Unanwendbarkeit der nationalen Vorschriften auf Situationen mit Auslandsbezug nur noch ein nationaler „Gesetzestorso" zurückbleibt, an dessen Erhalt allenfalls in Ausnahmefällen ein Interesse besteht[228].

(2) Übertragbarkeit

Die geschilderte Problematik der nicht gerechtfertigten Ungleichbehandlung rein innerstaatlicher Sachverhalte ist jedoch nicht auf den speziellen Fall des Regelungscharakters der Grundfreiheiten beschränkt, sondern lässt sich grundsätzlich auf die Wirkung anderer Gemeinschaftsrechtsakte übertragen. Setzt der nationale Gesetzgeber eine – gewisse Verkehrskreise begünstigende – Richtlinie kongruent, d.h. nur innerhalb ihres Anwendungsbereich, in nationales Recht um, kann es wie im Fall der begünstigenden Wirkung der Grundfreiheiten zu einer – durch das Europarecht jedenfalls mitverursachten – Ungleichbehandlung rein innerstaatlicher Sachverhalte kommen[229]. Davon betroffen und damit benach-

---

deutschem Recht zu Gemeinschaftsrecht anwendbar. In diesem Zusammenhang werde nicht das Recht mehrerer Gesetzgeber verglichen, was möglicherweise die Unanwendbarkeit von Art. 3 I GG zur Folge haben könnte. Vielmehr unterscheide sich das Primärrecht zumindest aus Sicht des deutschen Rechts nicht in hier wesentlicher Weise von sonstigem Staatsvertragsrecht, bei welchem es nicht zweifelhaft sei, dass es als Bundes-Gesetzesrecht in einem Art. 3 GG genügendem Verhältnis zu anderem Bundesrecht stehen müsse.

[227] Anschaulich hierzu die Vorlagefrage des LG Passau an das BVerfG vom 27.10.1993, das sich im Rahmen eines bei ihm anhängigen Rechtsstreits vor die Frage der Vereinbarkeit einer Inländerdiskriminierung mit Art. 3 GG gestellt sah, EuZW 1994, 187 f.:

„Damit ergibt sich die Rechtslage, daß handeltreibende Inländer unter den Tatbestandsvoraussetzungen des § 6 e UWG dem Verbot der Eigenpreisvergleichung unterliegen, nicht aber importierende EG-Ausländer. (...) Die EG-Ausländer stehen damit im direkten Konkurrenzverhältnis zu den inländischen Handeltreibenden, ohne daß die unterschiedliche Behandlung aus erkennbaren gesetzgeberischen Absichten heraus erklärbar wäre. Damit ergibt sich eine Inkongruenz im Normenzusammenhang zwischen Art. 30 EWGV und § 6 e UWG, die gegen den rechtsstaatlich verbürgten Gleichheitsgrundsatz aus Art. 3 GG verstößt."

Mit der UWG-Novelle 1994 (BGBl. I, S. 1738) wurde § 6 e UWG ebenso wie das nicht weniger anfechtbare Verbot der mengenmäßigen Beschränkungen (§ 6 d UWG) ersatzlos gestrichen.

[228] Begriffsbildung von *Herdegen,* Europarecht (2004), Rn. 100. Dies wird regelmäßig nur im Bereich „kulturpolitisch" motivierter Maßnahmen vorkommen, ebenso *Hammerl,* Inländerdiskriminierung (1997), S. 201. Des Weiteren wird der nationalen Gesetzgeber inländerdiskriminierende Regelungen in der Praxis nur höchst selten gezielt erlassen, weiterführend dazu *Graser,* Zum Stand der Diskussion zur Inländerdiskriminierung, DÖV 1998, 1004 ff.

[229] Aus Sicht des europäischen Gesetzgebers liegt darin keine Besonderheit, da dieser beim Erlass von in die mitgliedstaatlichen Rechte umzusetzenden Richtlinien nicht die Vereinbarkeit derselben mit den einzelnen nationalen Grundrechtsordnungen prüft (was auch praktisch nicht möglich wäre). Die Behebung möglicher Inkongruenzen liegt vielmehr allein

teiligt sind in diesem Fall diejenigen, die nicht in den Regelungsbereich der Richtlinie fallen. Somit ist Art. 3 I GG grundsätzlich einschlägig.
Der Anwendung des allgemeinen Gleichheitssatzes des Art. 3 I GG steht auch nicht die zum Fall der Inländerdiskriminierung vereinzelt vertretene Auffassung entgegen, wonach Art. 3 GG nur auf solche Ungleichbehandlungen anwendbar sei, die vom selben Normgeber stammten[230]. Denn die überschießende Richtlinienumsetzung unterscheidet sich in dieser Hinsicht von der klassischen Konstellation der Inländerdiskriminierung im Zusammenhang mit den Grundfreiheiten. Während für diese die Überlagerung des nationalen durch das EG-Recht – woraus sich diskriminierende Wirkungen ergeben können – gerade charakteristisch ist, handelt es sich bei der überschießenden Richtlinienumsetzung um die Verhinderung möglicher Ungleichbehandlungen allein durch den nationalen Gesetzgeber[231]. Die Umsetzungspflicht hinsichtlich der Richtlinienvorgaben ergibt sich zwar aus Gemeinschaftsrecht (Art. 249 III EG), jedoch beruht das in Folge geschaffene nationale Transformationsrecht – und erst recht das überschießende Recht – allein auf der originären Rechtssetzungsgewalt des mitgliedstaatlichen Normgebers. Ein mögliches Schutzgefälle in Bezug auf rein inländische Sachverhalte geht somit nicht auf unterschiedliche Normsetzungsinstanzen zurück. Damit bleibt es grundsätzlich bei der Anwendbarkeit des Art. 3 I GG[232].

bbb) Prüfungsmaßstab

Des Weiteren ist nach dem bei der verfassungsrechtlichen Prüfung im Rahmen des Art. 3 GG anzulegenden Maßstab zu fragen. Nach der Rechtsprechung des BVerfG sind striktere Maßstäbe als das allgemeine Willkürverbot insb. dann anzuwenden, „wenn die zu beurteilende Regelung zugleich andere Verfassungsgrundsätze (...), im besonderen Grundrechte, berührt“[233]. Nach der in diesem Fall einschlägigen sog. „neuen Formel“ des BVerfG ist der allgemeine Gleichheitssatz dann verletzt, wenn eine Gruppe von Normadressaten im Vergleich zu anderen Normadressaten anders behandelt wird, obwohl zwischen beiden Gruppen keine Unterschiede von solcher Art und solchem Gewicht bestehen, dass sie die ungleiche Behandlung rechtfertigen können[234].

---

bei den nationalen Normgebern und Rechtsanwendern.

230 Siehe oben Fn. 226

231 *Schnorbus,* RabelsZ 65 (2001), 654, 680

232 So auch *Schilling,* JZ 1994, 8, 12

233 *Hesse,* Der Gleichheitssatz in der neueren deutschen Verfassungsentwicklung, AöR 109 (1984), 174, 190 f.; zum Beispiel des Art. 12 Abs. 1 GG vgl. BVerfGE 37, 342, 353 f.; 62, 256, 274.

234 St. Rspr., grundlegend BVerfGE 55, 72, 88

Allerdings könnte sich unabhängig davon die Notwendigkeit der Anlegung eines strengeren Maßstabs bereits daraus ergeben, dass es um einen Fall der Benachteiligung rein inländischer Sachverhalte geht. Das Grundgesetz weist allgemein eine Tendenz zur „Inländerbegünstigung" auf, woraus der Umkehrschluss gezogen werden kann, dass an eine Ungleichbehandlung von Inländern grundsätzlich ein strenger Maßstab anzulegen ist[235]. Zwar ist die Benachteiligung von Inländern möglich, jedoch müssen die Unterschiede von Art und Gewicht erheblich sein, so dass allein die Inländereigenschaft eine Schlechterstellung nicht zu rechtfertigen vermag[236].
Somit ist bei der Umsetzung von Gemeinschaftsregeln in innerstaatliches Recht im konkreten Einzelfall zu untersuchen, ob für die Beschränkung der Transformationsvorschriften auf den Anwendungsbereich einer Richtlinie Gründe sprechen, die auch einer – anhand des strikteren Maßstabs der sog. „neuen Formel" vorzunehmenden – Prüfung an Art. 3 I GG standhalten[237]. Bestehen solche, so lässt sich aus dem Gleichheitssatz keine Pflicht des nationalen Gesetzgebers zur überschießenden Umsetzung eines Richtlinienkonzepts ableiten.

bb) Systemkonformität im nationalen Recht

Ein weiterer Gesichtspunkt, unter dem die autonome Übernahme von Gemeinschaftsregeln in die nationale Rechtsordnung geboten erscheinen kann, liegt im Postulat der grundsätzlichen Widerspruchsfreiheit und Systemkonformität des nationalen Rechts.

aaa) Ausgangspunkt: Verfolgung verschiedener Regelungsziele[238]

In Bezug auf die Rechtssetzungsziele besteht eine grundlegende Diskrepanz: Bei den mitgliedstaatlichen Rechtsordnungen handelt es sich um traditionell gewachsene, umfassende Kodifikationen einzelner oder mehrerer Rechtsgebiete, die in sich stimmige und (im Idealfall) widerspruchsfreie Regelungen beinhalten. Dadurch bedingt ist gleichzeitig eine gegenseitige Abhängigkeit der einzelnen Teilbereiche, die sich teils überschneiden und wechselseitige Beschränkungen erzeugen[239]. Durch diese Interdependenz ist ein solch ausgereiftes System äußerst

---

[235] *Schilling*, JZ 1994, 8, 13

[236] *Nicolaysen*, Inländerdiskriminierung im Warenverkehr, EuR 1991, 95, 120; a.A. BVerwG, DVBl. 1970, 627 f.

[237] Weiterführend zu dieser Problematik *Schilling*, JZ 1994, 8 ff.

[238] Zur sog. Doppelfunktionalität des Gemeinschaftsprivatrechts vgl. bereits oben A. III. 3., S. 24.

[239] *Canaris*, Systemdenken und Systembegriff in der Jurisprudenz (1983), S. 40 ff.; vgl. auch *Larenz*, Methodenlehre der Rechtswissenschaft (1991), S. 474 ff.; *Bydlinski*, System und Prinzipien des Privatrechts (1996), S. 31 ff.

sensibel gegenüber Eingriffen „von außen", die sich unter Umständen – obwohl thematisch auf einen bestimmten Teilbereich begrenzt – auf das gewachsene Ganze auswirken können[240].

Im groben Gegensatz hierzu steht die Richtlinie mit ihrem meist nur punktuell problemorientierten Regelungsansatz[241]. Im Gegensatz zur nationalen Kodifikation strebt der Gemeinschaftsgesetzgeber beim Erlass von Richtlinien keine umfassende systematische Vereinheitlichung der Rechtsordnungen im erfassten Rechtsbereich an, sondern konzentriert sich einzig und allein auf die Förderung des Funktionierens des Binnenmarkts im vorgegebenen Bereich[242]. Ein Gesetzgebungskonzept im Sinne einer auch nur annähernd umfassenden Regelung bestimmter Bereiche lässt sich – wenn überhaupt[243] – oft erst nach längerer Zeit erahnen[244]. Insofern treffen hier grundlegend verschiedene Rechtssetzungsziele

---

240 Als Folge können sich sachlich nicht berechtigte Überschneidungen, Wertungswidersprüche und nicht beabsichtigte Wechselwirkungen innerhalb des nationalen Systems ergeben, *Tröger,* Zum Systemdenken im Europäischen Schuldvertragsrecht – Probleme der Rechtsangleichung durch Richtlinien am Beispiel der Verbrauchsgüterkaufrichtlinie, ZEuP 2003, 525.

241 *Müller-Graff* spricht in diesem Zusammenhang von einer „sachgebietlich zerstückelte[n] Form" und fehlender „privatrechtsdogmatische[r] und privatrechtssystematische[r] Gesamtkonzeption", von einem „punktuelle[n] Charakter mit einer zusammenhanglos wirkenden Streuung der aufgegriffenen Sachgegenstände und damit einhergehenden konzeptionellen Unabgestimmtheiten", NJW 1993, 13, 19. Ähnlich *Hauschka,* JZ 1990, 521, 523 f.: „in nationale Systeme eingestreute Fragmente rechtlicher Gestaltung".

242 Die Tätigkeit des Gemeinschaftsgesetzgebers – begrenzt durch das Prinzip der begrenzten Einzelermächtigung und das Subsidiaritätsprinzip (Art. 5 I, II EG) – orientiert sich dabei stets an der Verwirklichung eines konkreten Binnenmarktziels, sog. System der funktionalen Zuständigkeit. Kritisch zum behaupteten Bezug privatrechtlicher Richtlinien zum Funktionieren des Gemeinsamen Marktes i.S.d. Art. 94 EG (Art. 100 EGV a.F.) *Hauschka,* JZ 1990, 521, 527 ff.

243 Nach Einschätzung von *Schwartz* wird die Privatrechtsangleichung in der EG auch in Zukunft punktuell bleiben, keinen systematischen Charakter erlangen und aus innerstaatlicher Sicht „dogmatisch störend und unbefriedigend" bleiben, *ders.,* Perspektiven der Angleichung des Privatrechts in der Europäischen Gemeinschaft, ZEuP 1994, 559, 570.

244 Teilweise wird die Meinung vertreten, dass die bisher erlassenen EG-Richtlinien durchaus Konturen eines „europäischen Privatrechts" erkennen lassen, so z.B. *Micklitz,* Ein einheitliches Kaufrecht für Verbraucher in der EG?, EuZW 1997, 229, 236. Nach wohl überwiegender Auffassung ist jedoch zum bisherigen Zeitpunkt noch kein System im Sinne eines inneren Zusammenhangs zu erkennen, so stecke hinter Differenzierungen, die manche Richtlinien im Verhältnis zu anderen Gemeinschaftsakten vornehme, in der Regel „keine höhere Einsicht", *Roth,* in: *Grundmann/Medicus/Rolland,* Europäisches Kaufgewährleistungsrecht (2000), S. 113, 116 f. Ausschlaggebend für den Erlass einer Richtlinie sei in der Regel das praktische Bedürfnis, eine Situation, die binnenmarktrechtliche Probleme aufwirft, durch Harmonisierung zu verbessern, nicht dagegen sei Ausgangspunkt die allgemeine Vorstellung, durch jede einzelne Richtlinie einen Beitrag zur Entwicklung einer europäischen Privatrechtsordnung zu leisten, vgl. *Eckert,* Europäisierung des Privatrechts, in: FS Söllner (2000), S. 239, 250, 252. Dabei können derartige „konzeptionelle[n] Unabgestimmtheiten" sowohl im Verhältnis verschiedener Richtlinien untereinander, als auch im Verhältnis sekundärrechtlicher Akte zum

aufeinander, zum einen die an politischen Zielen ausgerichtete EG-Gesetzgebung, zum anderen die traditionell sachgebietsorientierte mitgliedstaatliche Rechtssetzung[245]. Der sektorielle Charakter der Richtlinie führt im Rahmen der Umsetzung häufig zu einem „Zusammenstoß“ mit den einem anderen Systemdenken folgenden nationalen Rechtsordnungen[246]. Dadurch sieht sich der nationale Normgeber vor die Frage gestellt, auf welche Weise er den begrenzten Ansatz der Richtlinie ohne Systembrüche in sein nationales System einfügt.

bbb) Unterschiedliche Alternativen der Umsetzung

Ausgangspunkt der Überlegungen ist dabei Art. 249 III EG, wonach die Richtlinie nur hinsichtlich des zu erreichenden Ziels, nicht aber bezüglich der dabei anzuwendenden Formen und Mittel verbindlich ist. Damit liegt es in der Entscheidungsgewalt des innerstaatlichen Normgebers, ob er seiner Umsetzungspflicht durch nur punktuelle „Nachbesserungen“ des nationalen Rechts – unter Umständen sogar abgetrennt in einem Sondergesetz[247] – oder durch weitergehende, tief greifende Änderungen seiner Rechtsordnung nachkommt. Diese relative Freiheit des nationalen Gesetzgebers birgt gleichzeitig die Gefahr der unterschiedlichen Umsetzung von Richtlinien – nicht nur hinsichtlich ihres Wortlauts, sondern auch hinsichtlich ihres Regelungsgehalts – in den einzelnen Mitgliedstaaten in sich, worin nicht einmal ein Verstoß gegen die Richtlinie liegen muss. In dieser Divergenz, verbunden mit dem meist nur punktuellen Ansatz der Richtlinie, der eine bruchlose Einfügung in umfassende nationale Rechtsordnungen erschwert, wird oft einer der Hauptnachteile der Richtlinie als Regelungsinstrument zur Angleichung von Kernbereichen des Privatrechts

---

Primärrecht bestehen, vgl. dazu *Müller-Graff*, NJW 1993, 13, 19 f.

245 Vgl. dazu *Roth*, in: *Grundmann/Medicus/Rolland*, Europäisches Kaufgewährleistungsrecht (2000), S. 113, 118.

246 *Zaccaria*, Einführung: Wege zu einer Harmonisierung des Privatrechts in Europa, in: *Canaris/ders.*, Die Umsetzung von zivilrechtlichen Richtlinien der Europäischen Gemeinschaft in Italien und Deutschland (2002), S. 9, 11. Andernorts findet sich die Formulierung, europäische Rechtsangleichung breche in „gewachsene“ Strukturen des nationalen Rechts ein, die kulturellen Eigenarten der Mitgliedstaaten seien bedroht, vgl. *Großfeld/Bilda*, Europäische Rechtsangleichung, ZfRV 1992, 421, 430 f. Allgemein zu diesem Problemkreis vgl. *Grundmann*, Das Thema Systembildung im Europäischen Privatrecht – Gesellschafts-, Arbeits- und Schuldvertragsrecht, in: *ders.*, Systembildung und Systemlücken in Kerngebieten des Europäischen Privatrechts (2000), S. 1 ff.

247 Oft verfolgt der nationale Gesetzgeber so – zumindest unausgesprochen – eine „Politik der Schadensbegrenzung“, wenn europäische Vorgaben mit tradiertem nationalen Recht konfligieren und sich so als „störender Einbruch“ in das überkommene nationale Recht mit seinen abweichenden Wertungen darstellen, *Roth*, in: *Grundmann/Medicus/Rolland*, Europäisches Kaufgewährleistungsrecht (2000), S. 113, 118.

gesehen, da sie teilweise systemsprengend in umfassend durchsystematisierte Kodifikationen eingreife[248].
Allerdings wird die Umsetzungsfreiheit des nationalen Gesetzgebers durch manche privatrechtliche Richtlinien bereits erheblich eingeschränkt, indem diese sehr detaillierte Vorgaben für die innerstaatlichen Regelungen enthalten, die kaum Umsetzungsspielräume lassen[249]. Die diesbezügliche Einschränkung des Handlungsspielraums des Gesetzgebers verstärkt wiederum die Gefahr von Wertungswidersprüchen bei der Einfügung in die nationale Kodifikation, was so unter Umständen den „Zwang" zur möglicherweise überschießenden Umsetzung erhöht.
Im Spezialfall des Eingreifens einer Richtlinie in Zentralbereiche des nationalen Privatrechts ist es mit Aspekten der Systematik und Wertungseinheit oft nicht vereinbar, die Regelung eines wesentlichen Teilstücks der Rechtsordnung einem von der allgemeinen Kodifikation abgespaltenen Sondergesetz zu überlassen. Bleibt damit – auch zur Vermeidung einer zunehmenden Rechtszersplitterung und –unsicherheit – nur die Einfügung der Richtlinienbestimmungen in die bereits bestehende Kodifikation, ist der nationale Normgeber beim Einpassen der Richtlinie aufgerufen, die neuen Regeln harmonisch in das System der Kodifikation zu integrieren[250] und damit das aus den unterschiedlichen Regelungsanliegen folgende Spannungsverhältnis zwischen Einheit der nationalen Kodifikation und fragmentarischem Ansatz der Richtlinie in befriedigender Weise aufzulösen.

Dabei führt die Koexistenz von verschiedene Ziele verfolgender Rechtsquellen – und auch die teils erhebliche Detailgenauigkeit, die kaum Abweichmöglichkeiten bei der Umsetzung lässt[251] – zu Problemlagen: Entweder kann der nationale Gesetzgeber zur Vermeidung von Systembrüchen im nationalen Recht seine gemeinschaftsrechtliche Umsetzungspflicht (Art. 249 III EG) vernachlässigen, was unter Umständen gemeinschaftsrechtliche Konsequenzen nach sich zieht[252].

---

[248] Damit ist jedoch ein grundlegender Aspekt der Eignung verschiedener Regelungsinstrumente zur europäischen Rechtsangleichung angesprochen, der hier nicht vertieft werden soll, vgl. dazu *Canaris,* Schlußwort: Aspekte der europäischen Rechtsangleichung mit Hilfe von Richtlinien, in: *ders./Zaccaria,* Die Umsetzung von zivilrechtlichen Richtlinien der Europäischen Gemeinschaft in Italien und Deutschland (2002), S. 129, 132 ff. Vielmehr interessieren die Möglichkeiten des nationalen Gesetzgebers, im Rahmen der Umsetzung einer Richtlinie – und damit auf „zweiter Stufe", nachdem eine EG-Richtlinie bereits erlassen wurde – auf die genannten Schwierigkeiten der stimmigen Einfügung der fragmentarischen Rege-lungen in nationales Recht zu reagieren.

[249] Dazu *Hauschka,* JZ 1990, 521, 524 ff.

[250] *Dörner,* Die Integration des Verbraucherrechts in das BGB, in: *Schulze/Schulte-Nölke,* Die Schuldrechtsreform vor dem Hintergrund des Gemeinschaftsrechts (2001), S. 177 f.; *Roth,* Europäischer Verbraucherschutz und BGB, JZ 2001, 475, 483.

[251] Oben Fn. 249

[252] In diesem Fall kann die Kommission bzw. andere Mitgliedstaaten ein Vertragsverletzungs-

Dabei muss in diesem Zusammenhang nicht zwingend ein vorsätzliches Zuwiderhandeln gegen die Richtlinienvorgaben gegeben sein. Vielmehr wird die konkrete Reichweite der Richtlinienvorgaben oft nicht eindeutig zu bestimmen sein, so dass der nationale Gesetzgeber unter mehreren Auslegungsalternativen diejenige wählt, die mit dem inneren System seiner Kodifikation weitgehend vereinbar ist, ohne sich dabei eines Verstoßes gegen seine Umsetzungspflicht bewusst zu sein[253]. Oder aber er kann aus Gründen der Gemeinschaftsrechtskonformität Brüche im nationalen Rechtssystem in Kauf nehmen[254], die jedoch auf Dauer zu einer „schleichenden De-Kodifikation“[255] führen können.

ccc) Überschießende Umsetzung als mögliche Lösung

Angesichts dieser – nicht befriedigenden – Alternativen kann sich der nationale Gesetzgeber gezwungen sehen, das Regelungskonzept einer Richtlinie überschießend in innerstaatliches Recht umzusetzen, wenn er sich nur auf diesem Wege die Systemkonformität seiner Kodifikation zu wahren imstande sieht[256]. Eine solche Dringlichkeit besteht insb. dann, wenn ein Sekundärrechtsakt in Zentralbereiche des nationalen Privatrechts – beispielsweise in das kaufrechtliche Gewährleistungsrecht[257] – eingreift. Aufgabe des Gesetzgebers ist es in diesem Fall, die Richtlinie ohne größere Unstimmigkeiten harmonisch in das nationale System – unter Erweiterung und evtl. unter teilweise Umgestaltung desselben – einzubinden. Dabei zeichnet sich das Vorgehen des Normgebers durch einen „horizontalen Blick[es] in die eigene Rechtsordnung“ aus[258], der gegebenenfalls eine Ergänzung oder Beschränkung bestehender Prinzipien im Sinne einer ausgewogenen Neuausrichtung erforderlich macht.
Allerdings darf eine Pflicht zur überschießenden Umsetzung nicht vorschnell angenommen werden. Vielmehr ist stets zu bedenken, dass die derzeitige Rechtsangleichung auf dem Gebiet des Privatrechts noch immer fragmentarischen

---

verfahren gegen den säumigen Mitgliedstaat einleiten (Art. 226, 227 EG).

[253] Überspitzt kann dies so formuliert werden, dass Auslegungsspielräume im Rahmen der Richtlinie im einzelstaatlichen Interesse (teils „unbewusst“) ausgenutzt werden.

[254] Nach *Zuleeg* sind solche auf der Umsetzung von Gemeinschaftsakten beruhenden Systembrüche als Ausdruck einer höherrangigen Gesetzgebungsgewalt hinzunehmen, *ders.*, Die gemeinschaftskonforme Auslegung und Fortbildung mitgliedstaatlichen Rechts, in: *Schulze*, Auslegung europäischen Privatrechts und angeglichenen Rechts (1999), S. 163, 174.

[255] *Tröger*, ZEuP 2003, 525, 535

[256] Zur Problematik auch *Kirchner*, in: *Grundmann/Medicus/Rolland*, Europäisches Kaufgewährleistungsrecht (2000), S. 95, 106; *Tröger*, ZEuP 2003, 525, 527

[257] Beispiel hierfür ist die Verbrauchsgüterkaufrichtlinie (99/44/EG), dazu gleich unter IV.

[258] Dabei wird das innerstaatliche Recht an Normen angeglichen, die der Rechtsordnung bereits an anderer Stelle gewissermaßen „von oben“ eingepflanzt wurden, *Gebauer*, in: *Jud u.a.*, Prinzipien des Privatrechts und Rechtsvereinheitlichung (2001), S. 199, 208.

Charakter hat[259] und (noch) kein in sich geschlossenes System darstellt, in das sich zukünftige EG-Rechtsakte bruchlos einfügen ließen. Vielmehr birgt die Tatsache des Fehlens eines systematischen Gesamtkonzepts europäischer Privatrechtsgesetzgebung immer auch die Gefahr zukünftiger Wertungswidersprüche in sich. Deshalb gewährt ein Vorgehen des nationalen Gesetzgebers im Wege der freiwilligen Angleichung und Umgestaltung seiner Rechtsordnung keine Garantie dafür, dass sich auch künftige Akte der Gemeinschaft ohne Wertungswidersprüche in die im Sinne des Gemeinschaftsrechts umgestaltete Kodifikation einfügen lassen werden[260]. In diesem Sinne sollte der Normgeber mit tiefgreifenden Umgestaltungen seiner Rechtsordnung eher zurückhaltend sein und die zugrunde liegenden EG-Richtlinien eingehend dahin überprüfen, ob ihnen eine Systematik zugrunde liegt, die ihre Einordnung in ein eventuell bereits (in Ansätzen) bestehendes Gesamtsystem europäischer Privatrechtsgesetzgebung erlaubt.
Damit verbunden ist gleichzeitig der Appell an den Gemeinschaftsgesetzgeber, sich neben der schrittweisen Fortentwicklung des Gemeinschaftsrechts im Rahmen der einzelnen Politiken und entsprechend den jeweiligen aktuellen Bedürfnissen um übergreifende Konzepte für Strukturen und Begriffe in Bereichen des Privatrechts zu bemühen[261]. Nur durch eine solche Abstimmung aller zu erlassenden Rechtsakte mit früheren und weiteren geplanten Rechtsakten kann an die Stelle des „Wildwuchses“ auf Dauer eine „innere Harmonisierung“ von Systematik und Begrifflichkeit der Normen des Gemeinschaftsrechts treten[262].

cc) Ergebnis

Der nationale Gesetzgeber ist bei der Wahl der konkreten Umsetzungsart grundsätzlich frei und nicht von vornherein an eine bestimmte Vorgehensweise gebunden. Jedoch kann sich diese Freiheit sowohl aufgrund des allgemeinen Gleichheitssatzes des Art. 3 I GG als auch aufgrund systematischer Erwägungen des innerstaatlichen Rechts zu einer *Pflicht* zur überschießenden Umsetzung verdichten.

---

[259] Zum Meinungsstand oben Fn. 244

[260] *Tröger*, ZEuP 2003, 525, 528

[261] Allerdings muss der Gemeinschaftsgesetzgeber im Rahmen dieser Entwicklung stets das Prinzip der begrenzten Einzelermächtigung (Art. 5 I EG) im Auge behalten, vgl. auch *Kirchner*, in: *Grundmann/Medicus/Rolland*, Europäisches Kaufgewährleistungsrecht (2000), S. 95, 102 f.

[262] *Mosiek-Urbahn*, Rechtsvereinheitlichung durch europäisches Privatrecht – eine Herausforderung für die Mitgliedstaaten der Europäischen Union, ZRP 2000, 297, 299.

IV. Das Schuldrechtsmodernisierungsgesetz[263]

1. Einführung

a) Reformgeschichte

Bereits im Jahre 1978 wurde das Projekt einer Schuldrechtsreform erstmals vom damaligen Justizminister im Bundestag und auf dem 52. Deutschen Juristentag vorgestellt, woraufhin das Bundesjustizministerium (BMJ) in der Folgezeit eine Reihe von wissenschaftlichen Gutachten in Auftrag gab, die 1981 und 1983 veröffentlicht[264] und auf zwei Tagungen der Zivilrechtslehrervereinigung besprochen wurden[265]. Seit Beginn der 80er Jahre wurde intensiv über die Reform wesentlicher Teile des allgemeinen Schuldrechts diskutiert. Die Reformvorschläge der am 2.2.1984 konstituierten Kommission zur Überarbeitung des Schuldrechts wurden 1992 in einem vom BMJ herausgegebenen Abschlussbericht zusammengefasst, der einen Entwurf zur Änderung des Verjährungsrechts, des allgemeinen Leistungsstörungsrechts, des Kaufrechts und des Werkvertragsrechts enthielt, sog. Kommissionsentwurf (BGB-KE)[266]. Dieser lehnte sich insb. im Leistungsstörungs- und im Kaufrecht an das UN-Kaufrecht (CISG)[267] an und sah außerdem ein gegenüber dem bisherigen Recht stärker vereinheitlichtes Verjährungsrecht vor. Die Vorschläge des Entwurfs wurden zwar beim 60. Deutschen Juristentag 1994 umfassend beraten[268], wohingegen eine breite Diskussion in der Öffentlichkeit nie stattgefunden hat. Erst im Jahr 2000 hat die Bundesregierung das Projekt wieder aufgenommen, das BMJ nahm eine umfassende Reform des Schuldrechts in Angriff. Dabei beschränkte sich der Reformgesetzgeber nicht darauf, die unmittelbar betroffenen Bereiche, also insb. das Kaufgewährleistungsrecht, zu reformieren, sondern entschied sich für die sog. „große Lösung"[269], nämlich die von der Schuldrechtskommission im Jahre 1992 vorgeschlagene umfassende Umgestaltung des allgemeinen Leistungsstörungsrechts, des Verjährungsrechts sowie der Gewährleistungsvorschriften bei Kauf- und Werkvertrag. Des Weiteren sollten die verbraucherschutzrechtlichen Nebengesetze ins BGB integriert werden. Im Rahmen der Reformbestrebungen

---

[263] Oben Fn. 17

[264] *BMJ*, Gutachten und Vorschläge zur Überarbeitung des Schuldrechts, 1981 (Band I und II) und 1983 (Band III)

[265] Vgl. AcP 182 (1982), 80 ff.; AcP 183 (1983), 327 ff.

[266] Vollständig abgedruckt bei *Staudinger/J. Schmidt*, Einl. zu §§ 241 ff., Rn. 574

[267] Übereinkommen der Vereinten Nationen über Verträge über den internationalen Warenkauf vom 11.4.1980, BGBl. 1989 II, S. 588

[268] Verhandlungen des 60. DJT, Bd. II/1, Teil K Beschlüsse K 103 ff.; Bericht in NJW 1994, 3069 f.

[269] Dazu auch unten 3. a), S. 62

legte das BMJ im August 2000 den Diskussionsentwurf eines Schuldrechtsmodernisierungsgesetzes (DiskE) vor, in dem es die Vorschriften des BGB-KE für das Leistungsstörungsrecht des allgemeinen Schuldrechts nahezu unverändert übernahm[270]. Nach zum Teil heftiger Kritik von Seiten der Wissenschaft[271] setzte das BMJ eine weitere Expertenkommission mit dem Auftrag ein, die im DiskE enthaltenen Vorschriften des Leistungsstörungsrechts zu überarbeiten. Die sog. Konsolidierte Fassung eines Entwurfs zum Schuldrechtsmodernisierungsgesetz vom 6. März 2001 wurde auf einer weiteren Zivilrechtslehrertagung in Berlin diskutiert[272] und sodann mit nur geringfügigen Änderungen als Regierungsentwurf in den Bundestag eingebracht[273]. Das Gesetz wurde schließlich am 11.10.2001 verabschiedet, passierte am 9.11.2001 den Bundesrat, wurde am 29.11.2001 verkündet[274] und trat zum 1.1.2002 in Kraft[275].

b) Gemeinschaftsrechtlicher Hintergrund

Neben zahlreichen weiteren Änderungen bringt die Reform v.a. eine Harmonisierung der Verjährungsvorschriften, eine klarere Systematik des allgemeinen Leistungsstörungsrechts, die Kodifizierung der Institute pVV, cic, WGG, die Vereinfachung des besonderen Leistungsstörungsrechts bei Kauf- und Werkver-

---

[270] Abgedruckt bei *Ernst/Zimmermann,* Zivilrechtswissenschaft und Schuldrechtsreform – Zum Diskussionsentwurf eines Schuldrechtsmodernisierungsgesetzes des Bundesministeriums der Justiz (2001), S. 613 ff.

[271] Vgl. dazu den Bericht zu der am 17./18.11.2000 in Regensburg abgehaltenen Sondertagung der Zivilrechtslehrer von *Gsell/Rüfner,* Symposium Schuldrechtsmodernisierung 2001, NJW 2001, 424 ff., sowie den Tagungsband von *Ernst/Zimmermann,* Zivilrechtswissenschaft und Schuldrechtsreform – Zum Diskussionsentwurf eines Schuldrechtsmodernisierungsgesetzes des Bundesministeriums der Justiz (2001). Deutlich konstruktivere Kritik erfuhr der Entwurf auf der Tagung in Münster im Januar 2001, siehe dazu den Tagungsbericht von *Artz,* Die Schuldrechtsreform vor dem Hintergrund des Gemeinschaftsrechts, NJW 2001, 1703 ff. sowie *Schulze/Schulte-Nölke,* Die Schuldrechtsreform vor dem Hintergrund des Gemeinschaftsrechts (2001).

[272] Sie wurde von *Canaris* am 31.3.2001 auf der Tagung der Zivilrechtslehrervereinigung in Berlin vorgestellt, siehe dazu die Veröffentlichung des Vortrags: Die Reform des Rechts der Leistungsstörungen, JZ 2001, 499 ff.; die weiteren Referate sind im selben Heft veröffentlicht: JZ 2001, S. 473 ff.

[273] Harsche Kritik an diesem übt beispielsweise *Altmeppen,* Nochmals: Schadensersatz wegen Pflichtverletzung, anfängliche Unmöglichkeit und Aufwendungsersatz im Entwurf des Schuldrechtsmodernisierungsgesetzes, DB 2001, 1821, 1824 (als Replik auf *Canaris,* DB 2001, 1815): „(...) die Verantwortungslosigkeit (...), mit der die Bundesjustizministerin offenbar allein aus politischen Motiven dem Bürgerlichen Recht durch eine überhastete Schuldrechtsreform (...) schweren, irreparablen Schaden zufügen will."

[274] BGBl. 2001 I, S. 3138

[275] Art. 9 Abs. 1 S. 3 SMG

trag sowie die Integration von verbraucherschutzrechtlichen Nebengesetzen in das BGB.
Gleichzeitig dient das Schuldrechtsmodernisierungsgesetz – was im Rahmen der vorliegenden Untersuchung besonders interessiert – der Umsetzung von drei EG-Richtlinien – der Verbrauchsgüterkaufrichtlinie[276], der Zahlungsverzugsrichtlinie[277] und der E-Commerce-Richtlinie[278]. Damit beruht es zu einem nicht unbeachtlichen Teil auf Vorgaben der Europäischen Union[279]. Zudem hat es Ausführungsvorschriften zu neun weiteren EG-Richtlinien geändert, was darauf zurückzuführen ist, dass zahlreiche verbraucherschützende Nebengesetze, die ihrerseits überwiegend auf EG-Vorgaben beruhen, in das BGB reintegriert wurden[280].
Im Folgenden wird sich die Frage stellen, wie diese Zielsetzungen – Reform des Schuldrechts als rein nationales Anliegen und gleichzeitig Umsetzung europäischer Richtlinien – zusammenwirken und welche Auswirkungen dies auf die Auslegung und Anwendung des neuen Rechts haben kann[281].

c) Vorgehensweise

Die Arbeit gibt zunächst einen kurzen Überblick über Zielsetzung und Regelungsbereiche der Verbrauchsgüterkaufrichtlinie. Jedoch beschränkt sich die Darstellung auf einen Überblick über Anwendungsbereich, Begriff der Vertragsmäßigkeit und grundlegende Fragen der durch die Richtlinie eröffneten Gewährleistungsrechte. In einem nächsten Schritt wird das Augenmerk auf die Umsetzung ins deutsche Recht gelegt, wobei am Ende die entscheidende Frage steht, ob und inwieweit die Verbrauchsgüterkaufrichtlinie überschießend ins deutsche Recht umgesetzt wurde.

---

276 RL 1999/44/EG, ABl. 1999 Nr. L 171, S. 12

277 RL 2000/35/EG, ABl. 2000 Nr. L 200, S. 35

278 RL 2000/31/EG, ABl. 2000 Nr. L 178, S. 1

279 Zu den Hintergründen *Schulze/Schulze-Nölke*, Schuldrechtsreform und Gemeinschaftsrecht, in: *dies.*, Die Schuldrechtsreform vor dem Hintergrund des Gemeinschaftsrechts (2001), S. 3 ff.; *Roth*, Die Schuldrechtsmodernisierung im Kontext des Europarechts, in: *Ernst/ Zimmermann*, Zivilrechtswissenschaft und Schuldrechtsreform (2001), S. 225 ff.

280 So z.B. das AGBG in den §§ 305 ff. BGB n.F., das HWiG und das FernAbsG u.a. in den §§ 312-312 f BGB n.F., das VerbrKrG in den §§ 355 ff. BGB n.F.

281 Dabei beschränkt sich die Untersuchung auf die Umsetzung der Verbrauchsgüterkaufrichtlinie (1999/44/EG).

2. Die Verbrauchsgüterkaufrichtlinie (1999/44/EG)

a) Allgemeines

Die Richtlinie des Europäischen Parlaments und des Rates zu bestimmten Aspekten des Verbrauchsgüterkaufs und der Garantien für Verbrauchsgüter wurde auf der Grundlage von Art. 95 EG[282] erlassen und ist am 7.7.1999 in Kraft getreten. Sie stellt insofern eine bedeutende Neuerung dar, als sie als erste europäische Richtlinie in einen Kernbereich des nationalen Privatrechts eingreift[283]. Damit erreicht die Europäisierung des Bürgerlichen Gesetzbuchs eine „neue Qualität"[284].

b) Zielsetzung

Die Zielsetzung der Richtlinie besteht zum einen darin, den Binnenmarkt beeinträchtigende Wettbewerbsverzerrungen durch unterschiedliches Recht beim Verbraucherkauf zu beseitigen, insb. betreffe der freie Warenverkehr nicht nur den gewerblichen Handel, sondern auch den Verbraucher[285]. Der Möglichkeit des Verbrauchers, Waren in einem anderen Mitgliedstaat als in seinem Wohnsitzland zu erwerben – und damit seiner „passiven Warenverkehrsfreiheit"[286] – komme im Rahmen der Vollendung des Binnenmarkts entscheidende Bedeutung zu[287]. Zum

---

282 Allerdings wurde lange bezweifelt, ob ein hinreichendes Regelungsbedürfnis und – im Anschluss an das Tabakwerbeurteil des EuGH vom 2.10.2000, Rs. C-376/98 – überhaupt die erforderliche Rechtssetzungskompetenz für eine derartige Richtlinie bestand, dazu *Junker*, Vom Bürgerlichen zum kleinbürgerlichen Gesetzbuch – Der Richtlinienvorschlag über den Verbrauchsgüterkauf, DZWiR 1997, 271, 275 ff.; *Kircher*, Zum Vorschlag für eine Richtlinie über den Verbrauchsgüterkauf und -garantien, ZRP 1997, 290; *Micklitz*, EuZW 1997, 229; *Roth*, JZ 2001, 475, 478 f.; *Honsell*, Die EU-Richtlinie über den Verbrauchsgüterkauf und ihre Umsetzung ins BGB, JZ 2001, 278 f.: „keine oder nur eine höchst fragwürdige EU-Kompetenz". Weiterführend dazu *Staudenmayer*, EG-Richtlinie 1999/44/EG zur Vereinheitlichung des Kaufgewährleistungsrechts, in: *Grundmann/Medicus/Rolland*, Europäisches Kaufgewährleistungsrecht (2000), S. 27, 28 ff.

283 Dazu *Staudenmayer*, Die Richtlinien des Verbraucherprivatrechts – Bausteine für ein europäisches Privatrecht?, in: *Schulte-Nölke*, Europäische Rechtsangleichung und nationale Privatrechte (1999), S. 63, 74 ff.; *ders.*, Die EG-Richtlinie über den Verbrauchsgüterkauf, NJW 1999, 2393; *Hondius*, Kaufen ohne Risiko: Der europäische Richtlinienentwurf zum Verbraucherkauf und zur Verbrauchergarantie, ZEuP 1997, 130, 140; *Kainer*, Die Verbrauchsgütergewährleistungsrichtlinie und ihre kaufrechtliche Umsetzung in das deutsche Recht, AnwBl. 2001, 380, 388.

284 So *Roth*, Die Europäisierung des Bürgerlichen Gesetzbuchs, in: *Dauner-Lieb/Konzen/Schmidt*, Das neue Schuldrecht in der Praxis (2003), S. 25 f.

285 Erwägungsgründe (2) bis (6)

286 Im Gegensatz dazu steht bei ausfuhrorientierten Richtlinien die „aktive" Warenverkehrs- oder Dienstleistungsfreiheit der anbietenden Unternehmen im Vordergrund.

287 So ausdrücklich Erwägungsgrund (4) der Richtlinie. Kritisch hinsichtlich der Relevanz der

anderen sollen die innerstaatlichen Rechte in Bezug auf den damit schon angesprochenen Verbraucherschutz auf hohem Niveau harmonisiert werden[288], dem Verbraucher müsse in der gesamten Gemeinschaft – unabhängig vom Ort des Kaufs – ein einheitlicher Mindeststandard an Rechten und Sicherheiten gewährleistet sein, um ihn zu ermutigen, auch im Hoheitsgebiet anderer Mitgliedstaaten frei einzukaufen[289].

Eine Besonderheit der Richtlinie liegt darin, dass sie den Aspekt des Verbraucherschutzes im Rahmen der Binnenmarktfunktionalität nicht als zusätzliche Zwecksetzung sieht, sondern ihn bereits als für die Funktionsfähigkeit des Binnenmarkts unverzichtbar und damit „selbst [als] das Instrument der Integration" ansieht[290]. Dies entspricht der Querschnittsfunktion des Verbraucherschutzes.

c) Regelungsbereiche

aa) Anwendungsbereich

Die Richtlinie hat die Gewährleistung beim entgeltlichen Erwerb beweglicher Sachen durch einen Verbraucher[291] zum Regelungsgegenstand. Auf Verkäuferseite muss eine natürliche oder juristische Person stehen, die im Rahmen ihrer beruflichen oder gewerblichen Tätigkeit Verbrauchsgüter verkauft (Art. 1 Abs. 2 lit. c) RL), als weiteres subjektives Kriterium nennt Art. 1 Abs. 2 lit. d) RL den Begriff des Herstellers[292]. Den sachlichen Anwendungsbereich legt Art. 1 Abs. 2 lit. b) RL mit dem Begriff des Verbrauchsgutes[293] fest. Dabei fallen unter den

---

Richtlinie für die Vollendung des Binnenmarkts *Ehmann/Rust,* Die Verbrauchsgüterkaufrichtlinie, JZ 1999, 853 f.

288 Vgl. Art. 153 I, III EG, den Erwägungsgrund (1) der Richtlinie ausdrücklich erwähnt. Die Richtlinie wurde jedoch ausschließlich auf Grundlage von Art. 95 EG erlassen, da sich Rat und Kommission im Gesetzgebungsverfahren entgegen des Vorschlags des Parlaments geweigert hatten, die Richtlinie auch auf Art. 153 EG zu stützen. Näher zur nur formalen Nachrangigkeit des Verbraucherschutzes: Grundmann/*Serrano,* Art. 1 RL, Rn. 1 ff.

289 Vgl. Erwägungsgründe (2) bis (5)

290 Grundmann/*ders.,* Einl. Rn. 17. Im Rahmen der Kaufrechtsrichtlinie treten erstmals Ziele nebeneinander, die „interdependent" sind, Grundmann/*Stijns/van Gerven,* Art. 7 RL, Rn. 3.

291 Denselben Verbraucherbegriff verwenden z.B. auch die Verbraucherkreditrichtlinie (87/102/EWG), die Richtlinie über missbräuchliche Klauseln in Verbraucherverträgen (93/13/EWG) und die Fernabsatzrichtlinie (97/7/EG). Zur grundsätzlich engen Auslegung des Verbraucherbegriffs im Gemeinschaftsrecht vgl. beispielsweise EuGH, Rs. C-269/95 *(Benincasa),* Slg. 1997 I, 3767; Rs. C-45/96 *(Dietzinger),* Slg. 1998 I, 1199.

292 Hier gilt ein weiter Herstellerbegriff, der nicht nur den eigentlichen Hersteller umfasst, sondern auch den Importeur und zuletzt auch jede andere Person, die sich durch Anbringen von Name oder Marke als solcher ausgibt. Wichtig ist die Definition v.a. für den Regress nach Art. 4 und den Fall der öffentlichen Äußerungen des Herstellers nach Art. 2 Abs. 2 lit. d) RL.

293 Aufgrund der weit gefassten Definition des Art. 1 Abs. 2 lit. b) RL (bewegliche körperliche

Anwendungsbereich nicht nur Gegenstände aus Kaufvertrag, sondern auch solche Verbrauchsgüter, die aufgrund eines Werk- oder Werklieferungsvertrages erst herzustellen sind, Art. 1 Abs. 4 RL.

bb) Vertragsmäßigkeit, Art. 2 RL

„Kernstück" der Richtlinie ist die Regelung der Vertragsmäßigkeit der Ware in Art. 2 RL[294].

aaa) Vertragsmäßigkeit als allgemeines Prinzip

Nach Abs. 1 der Vorschrift hat der Verkäufer dem Verbraucher dem Kaufvertrag gemäße Güter zu liefern. Die Festsetzung der Vertragsmäßigkeit als Primärleistungspflicht entspricht inhaltlich der Regelung des Art. 35 Abs. 1 CISG, wonach die Ware „den Anforderungen des Vertrages" entsprechen muss und wurde bewusst aus dem CISG übernommen[295]. Ebenso wie Art. 35 CISG spricht Art. 2 RL nicht alle möglichen Konstellationen der Abweichung von der zu fordernden Vertragsmäßigkeit an, jedoch führen jegliche inhaltlich abweichenden Leistungen zur Begründung der Rechte nach Art. 3 RL, sog. Einheitskonzept[296].

bbb) Vorrang der Parteiabrede

Der Inhalt des Begriffs der Vertragsmäßigkeit ist nach dem Vorbild von Art. 35 Abs. 1 und 2 CISG in erster Linie subjektiv, nur hilfsweise objektiv zu bestimmen. Im Vordergrund steht die Parteiabrede, Art. 2 Abs. 1 RL[297]. In Anlehnung an die Regelungstechnik des Art. 35 Abs. 2 CISG zählt Art. 2 Abs. 2 RL sodann Beispiele für die Vertragsmäßigkeit auf, bei deren Vorliegen vermutet wird, dass die Ware vertragsgemäß ist[298]. Art. 2 Abs. 4 RL enthält drei

---

Gegenstände) fallen unter den Begriff sowohl neue als auch gebrauchte Sachen (vgl. Art. 1 Abs. 3 und Art. 7 Abs. 1 S. 2 RL), vertretbare wie nicht vertretbare, dauerhafte wie verbrauchbare, Stück- wie Gattungsware.

[294] *Staudenmayer*, in: *Grundmann/Medicus/Rolland*, Europäisches Kaufgewährleistungsrecht (2000), S. 27, 33

[295] Grundlage der Gemeinschaftsregelung ist damit ein „umfassender subjektiver Fehlerbegriff", *Zimmer*, Das geplante Kaufrecht, in: *Ernst/Zimmermann*, Zivilrechtswissenschaft und Schuldrechtsreform (2001), S. 191, 198. Die Kommission ging bei der Wahl dieses Grundsatzes in ihrem Richtlinienvorschlag aus dem Jahr 1996 davon aus, dass dieser als gemeinsame Basis der Rechtsordnungen der Mitgliedstaaten angesehen werden kann, vgl. KOM (95) 520 endg., 12; vgl. auch Erwägungsgrund (7).

[296] Grundmann/*ders.*, Art. 2 RL, Rn. 5

[297] Art. 35 Abs. 1 und 2 CISG wurden schon immer im Sinne des Vorrangs der Parteiabrede verstanden, Staudinger/*Magnus*, Art. 35 CISG, Rn. 13 ff.

[298] Kritisch zur Vermutungskonstruktion der Richtlinie *Huber*, Kaufrecht - made in Europe!: die EG-Richtlinie über den Verbrauchsgüterkauf und ihre Folgen für das deutsche Gewähr-

Ausnahmen von der Zurechnung der Äußerungen der einbezogenen Personen an den Verkäufer, die Beweislast hierfür liegt jeweils beim Verkäufer. Art. 2 Abs. 5 RL stellt den Mangel infolge unsachgemäßer Montage durch den Verkäufer sowie die unsachgemäße Montage durch den Verbraucher wegen eines Mangels in der Montageanleitung der Vertragswidrigkeit des Kaufgegenstandes gleich, falls die Montage als kaufvertragliche Nebenpflicht vereinbart wurde.

cc) Gewährleistungsrechte des Verbrauchers

Als maßgeblichen Zeitpunkt für das Vorliegen der Vertragswidrigkeit legt Art. 3 Abs. 1 RL die Lieferung des Verbrauchsguts fest[299]. Für Vertragswidrigkeiten im Zeitpunkt der Lieferung haftet der Verkäufer auch dann, wenn diese erst später an den Tag treten, die Beweislast für die Tatsache des Vorliegens zum Lieferungszeitpunkt liegt grundsätzlich beim Käufer.

aaa) Nacherfüllung

Das für die Richtlinie charakteristische Zwei-Stufen-Prinzip der Gewährleistungsrechte beruht auf dem Grundsatz, den Vertrag nach Möglichkeit weitestgehend aufrechtzuerhalten und die Vertragserfüllung sicherzustellen[300].
Nach Art. 3 Abs. 3 RL soll sowohl der Käufer unentgeltlich Nacherfüllung fordern können, als auch der Verkäufer nach Art. 3 Abs. 5 RL zunächst die Form der Nacherfüllung anbieten dürfen[301]. Für beide Seiten gelten dabei Ausnahmetatbestände, so muss sich der Verkäufer nicht auf Nachbesserung oder Ersatzlieferung einlassen, wenn diese unmöglich oder unverhältnismäßig ist, Art. 3 Abs. 3 RL. Auf der anderen Seite kann der Verkäufer sich nach Art. 3 Abs. 5 RL nicht mehr auf sein vorrangiges Nacherfüllungsrecht berufen, wenn er nicht innerhalb einer angemessenen Frist nacherfüllt oder die Nacherfüllung mit erheblichen Unannehmlichkeiten für den Verbraucher verbunden ist, vgl. Art. 3 Abs. 3 S. 3 RL. Das Wahlrecht zwischen Nachbesserung und Ersatzlieferung soll nach dem

---

leistungsrecht, in: FS Henrich (2000), S. 297, 302 f.; Bamberger/*Faust*, § 434 BGB, Rn. 7; zu den Einzelheiten der einzelnen Tatbestände des Art. 2 Abs. 2 RL wird auf die einschlägigen Kommentierungen verwiesen.

[299] Die Regelung war während des Gesetzgebungsverfahrens lange umstritten, insb. passt sie nicht unbedingt auf den Liefervertrag mit Montageverpflichtung (Art. 2 Abs. 5 RL); kritisch ebenfalls *Ehmann/Rust*, JZ 1999, 853, 857.

[300] Sog. „Vertragserhaltungsprinzip"; auch Gründe der Kostenoptimierung für beide Seiten können angeführt werden, dazu *Grundmann*, Verbraucherrecht, Unternehmensrecht, Privatrecht - warum sind sich UN-Kaufrecht und EU-Kaufrechts-Richtlinie so ähnlich?, AcP 202 (2002), 40, 50 ff.

[301] Sog. „Recht der zweiten Andienung", *Gsell*, Kaufrechtsrichtlinie und Schuldrechtsmodernisierung, JZ 2001, 65, 67.

Konzept der Richtlinie nicht dem Verkäufer, sondern dem Verbraucher zustehen, Einschränkungen ergeben sich aber aus Art. 3 Abs. 3 RL.

bbb) Minderung, Vertragsauflösung

Nach Art. 3 Abs. 2 RL kann der Verbraucher als weitere Rechtsbehelfe die Minderung des Kaufpreises oder den Anspruch auf Vertragsauflösung geltend machen. Der Übergang zur zweiten Stufe der Gewährleistungsrechte ist nach Art. 3 Abs. 5 RL möglich, wenn der Käufer a) weder Anspruch auf Nachbesserung noch auf Ersatzlieferung hat, oder b) der Verkäufer nicht innerhalb einer angemessenen Frist Abhilfe geschaffen hat oder schließlich c) der Verkäufer nicht ohne erhebliche Unannehmlichkeiten für den Verbraucher Abhilfe geschaffen hat[302]. Als weitestgehendes Verbraucherrecht sieht die Richtlinie die Vertragsauflösung vor, allerdings unter der Einschränkung des Vorliegens einer nicht nur geringfügigen Vertragswidrigkeit, Art. 3 Abs. 6 RL.

ccc) Ausschluss der Gewährleistungsrechte

Hat der Verbraucher bei Vertragsschluss *Kenntnis* von der Vertragswidrigkeit, sind seine Gewährleistungsrechte nach Art. 2 Abs. 3, 1. Alt. RL ausgeschlossen. Der positiven Kenntnis des Käufers gleichgestellt wird der Fall, dass der Verbraucher „vernünftigerweise nicht in Unkenntnis" über den Mangel sein konnte, Art. 2 Abs. 3, 2. Alt. RL[303]. Zusätzlich räumt Art. 5 Abs. 2 RL den Mitgliedstaaten die Option ein, dem Verbraucher eine zweimonatige Anzeigepflicht ab positiver Kenntnis vom Mangel aufzuerlegen[304].

---

[302] Dabei folgt aus dem Wortlaut („oder"), dass die Bedingungen des Art. 3 Abs. 5 RL alternativ nebeneinander stehen. Zu möglichen Widersprüchen im Rahmen der Umsetzung ins deutsche Recht vgl. unten 3. b) aa), S. 62.

[303] Die herrschende Auslegung von Art. 35 Abs. 3 CISG, wonach nur grob fahrlässige Unkenntnis des Käufers schaden soll, spricht dafür, auch Art. 2 Abs. 3 RL in diesem Sinne zu verstehen, *Staudenmayer*, NJW 1999, 2393 in diesem Sinne auch *Huber*, in: *Huber/Faust*, Schuldrechtsmodernisierung (2002), S. 368, Rn. 160; a.A. *Kainer*, AnwBl. 2001, 380, 384: bereits einfache Fahrlässigkeit bezüglich der Kenntnis des Mangels soll die Käuferrechte ausschließen.

[304] Kritisch zur Einführung einer Rügeobliegenheit *Staudenmayer*, in: *Grundmann/Medicus/Rolland*, Europäisches Kaufgewährleistungsrecht (2000), S. 27, 41 f.; *Bird*, Directive 99/44EC on Certain Aspects of the Sale of Consumer Goods and Associated Guarantees: Its Impact on Existing Irish Sale of Goods Law, ERPL 2001, 279, 291. Ablehnend auch *Reich*, Die Umsetzung der Richtlinie 1999/44/EG in das deutsche Recht, NJW 1999, 2397, 2401.

Positive Bewertung der Option des Art. 5 Abs. 2 RL dagegen bei *Westermann*, Vorschlag für eine Einpassung der Kaufgewährleistungs-Richtlinie ins deutsche Recht, in: *Grundmann/Medicus/Rolland*, Europäisches Kaufgewährleistungsrecht (2000), S. 251, 274; *Gsell*, Die zeitlichen Grenzen der Gewährleistungsrechte des Verbrauchers nach der EU-Richtlinie zum Verbrauchsgüterkauf, ERPL 1999, 151, 163; *Grundmann*, Generalreferat: Internationalisie-

Zu den *kenntnisunabhängigen* Ausschlussgründen zählen die Ausschlussfristen des Art. 5 Abs. 1 RL. Die Richtlinie selbst regelt die Verjährung nicht, legt für diese aber eine Untergrenze von zwei Jahren ab Lieferung fest, Art. 5 Abs. 1 S. 2 RL[305]. Aufgrund der Unangemessenheit einer derart langen und unabdingbaren Frist im Falle des Kaufs gebrauchter Gegenstände bietet Art. 7 Abs. 1 S. 2 RL den Mitgliedstaaten die Möglichkeit einer fakultativen Verringerung der innerstaatlichen Verjährungsfrist bei gebrauchten Gütern bis zu einer Untergrenze von einem Jahr. Schließlich gilt für beide Gruppen zusätzlich der Ausschlussgrund der Setzung der Fehlerursache durch den Käufer selbst durch Lieferung eines mangelhaften Stoffes, Art. 2 Abs. 3, 3. Alt. RL.

ddd) Beweislastverteilung

Grundsätzlich trägt der Verbraucher die Beweislast dafür, dass der geltend gemachte Mangel bereits zum maßgeblichen Zeitpunkt der Lieferung (Art. 3 Abs. 1 RL) bestand. Allerdings wird nach Art. 5 Abs. 3 RL in den ersten sechs Monaten nach Übergabe vermutet, dass Mängel, die sich bis dahin zeigen, schon im Zeitpunkt der Lieferung bestanden, es sei denn, dies ist mit der Art des Gutes oder der Art der Vertragswidrigkeit unvereinbar[306]. Dadurch, dass der Verbraucher nach Ablauf dieses Zeitraums die volle Beweislast trägt, kann die faktische Dauer der Gewährleistung erheblich reduziert sein.

---

rung und Reform des deutschen Kaufrechts, in: *ders./Medicus/Rolland,* Europäisches Kaufgewährleistungsrecht (2000), S. 281, 318; *Ehmann/Rust,* JZ 1999, 853, 862; *Schmidt-Räntsch,* Zum Stand der Kaufrechtsrichtlinie, ZiP 1998, 849, 852; *Schwartze,* Perspektiven für eine zukünftige Sachmängelgewährleistung in Europa - Rechtsvergleichende und funktionale Betrachtung der Verbrauchsgüterkauf-Richtlinie vor ihrer Umsetzung in den Mitgliedstaaten, ZEuP 2000, 544, 572 f.

305 Da in den Mitgliedstaaten verschiedene Zeitpunkte für den Fristbeginn gelten, legt Art. 5 Abs. 1 RL die Mindestlaufzeit der Verjährung unabhängig vom Fristbeginn auf zwei Jahre ab Lieferung fest. Bezüglich möglicher Hemmungs- oder Unterbrechungsgründe konnte im Gesetzgebungsverfahren keine Einigung erzielt werden, nach Erwägungsgrund (18) werden solche Regelungen der Umsetzung durch den nationalen Gesetzgeber überlassen; kritisch hierzu *Gsell,* ERPL 1999, 151, 166.

306 *Staudenmayer* bewertet die Regelung als einen der Hauptfortschritte, den die Richtlinie bringt, The Directive on the Sale of Consumer Goods and Associated Guarantees – A Milestone in the European Consumer and Private Law, ERPL 2000, 547, 557. Kritisch jedoch *Ehmann/Rust,* JZ 1999, 853, 857: „Billigkeitsentscheidung zugunsten des Verbrauchers", die „in vielen Fällen zu einer unzumutbaren Belastung des Verkäufers" führt. Positiv dagegen *Kainer,* AnwBl. 2001, 380, 384 f.; *Schmidt-Räntsch,* Gedanken zur Umsetzung der kommenden Kaufrechts-Richtlinie, ZEuP 1999, 295, 296.

3. Die Umsetzung ins deutsche Recht

a) Die „Große Lösung"

Im Rahmen der Reformierung des Schuldrechts hat sich der Gesetzgeber nach langer und teils heftiger Diskussion in Wissenschaft und Praxis für die sog. „große Lösung" entschieden[307]. Zwar hätten die Vorgaben der Richtlinie(n) auch durch punktuelle Änderungen ohne eine umfassende Reform des allgemeinen und besonderen Leistungsstörungsrechts innerhalb oder außerhalb des BGB verwirklicht werden können[308], so wie auch bisher viele verbraucherschützende Richtlinien in Sondergesetzen außerhalb der großen Kodifikation ihren Niederschlag gefunden haben[309]. Der Gesetzgeber hat sich aber dazu entschlossen, die Umsetzung der Richtlinien zum konkreten Anlass einer seit längerem diskutierten umfassenden Modernisierung des allgemeinen und besonderen Schuldrechts sowie des Verjährungsrechts zu nehmen, ohne dass jedoch ein gemeinschaftsrechtlicher Zwang zu dieser „großen Lösung" bestanden hätte[310].

b) Beispiele für mögliche Systemwidersprüche zwischen Richtlinie und nationaler Kodifikation und ihre Handhabung im Rahmen der Umsetzung

aa) Kodifikationsgemäße, aber richtlinienwidrige Umsetzung

Zunächst kann es im Rahmen der Umsetzung zu Friktionen dergestalt kommen, dass der nationale Gesetzgeber aus Gründen der Systemgerechtigkeit seine Umsetzungsverpflichtung – bewusst oder unbewusst[311] – vernachlässigt, um die

[307] Zur Notwendigkeit der großen Lösung in Folge der erforderlichen Richtlinienumsetzung vgl. einerseits *Ernst/Gsell,* Kaufrechtsrichtlinie und BGB, ZiP 2000, 1410; *Medicus,* Ein neues Kaufrecht für Verbraucher?, ZiP 1996, 1925, 1930; andererseits *Canaris,* JZ 2001, 499, 524; *Medicus,* Verbraucherrecht und Verbrauchsgüterkauf in einem kodifikatorischen System – Bürgerrecht, Handelsrecht und Sonderprivatrecht, in: *Grundmann/ders./Rolland,* Europäisches Kaufgewährleistungsrecht (2000), S. 219, 221; *Westermann,* Das neue Kaufrecht einschließlich des Verbrauchsgüterkaufs, JZ 2001, 530, 539.

[308] Ansatzpunkt der sog. „kleinen Lösung" wäre lediglich das Gewährleistungsrecht des Kauf- und des Werkvertragsrechts gewesen, *Westermann,* in: *Grundmann/Medicus/Rolland,* Europäisches Kaufgewährleistungsrecht (2000), S. 251.

[309] Als Beispiele für dieses Vorgehen sind aus der Vergangenheit zu nennen die Umsetzung der Haustürgeschäfterichtlinie (85/577/EWG) im HWiG, die der Verbraucherkreditrichtlinie (87/102/EWG) im Verbraucherkreditgesetz und die der Time-Sharing-Richtlinie (94/47/EG) im Teilzeitwohnrechtegesetz.

[310] *Roth,* in: *Ernst/Zimmermann,* Zivilrechtswissenschaft und Schuldrechtsreform (2001), S. 225, 226 f.; *Flessner,* Die Einpassung der Kaufgewährleistungs-Richtlinie ins deutsche Recht, in: *Grundmann/Medicus/Rolland,* Europäisches Kaufgewährleistungsrecht (2000), S. 233, 249

[311] Oben bei Fn. 252

Einheit seiner Rechtsordnung zu wahren. Beispiele hierfür lassen sich auch im Zusammenhang mit der Umsetzung der Kaufrechtsrichtlinie ausmachen.

So ist beispielsweise fraglich, ob die primäre Abstellung auf den subjektiven Parteiwillen (übereinstimmend mit dem deutschen Verständnis) zur Bestimmung des Äquivalenzinteresses ohne weiteres mit dem Vermutungstatbestand des Art. 2 Abs. 2 lit. a) RL zu vereinbaren ist, wonach es auf die Übereinstimmung der Ware mit der Beschreibung durch den Verkäufer ankommen soll. Allerdings ist fraglich, ob die Vorschrift lediglich das Vorliegen einer bestimmten Parteiabsprache über die Sollbeschaffenheit vermutet, oder ob die einseitige Verkäuferbeschreibung bzw. die Vorlage von Proben und Mustern vom übereinstimmenden Parteiwillen gelöst ist[312]. Eine solch einseitige Festlegung der Vertragsmäßigkeit würde in Widerspruch zum deutschen Verständnis des Vorrangs der Parteivereinbarung stehen, eine entsprechende Regelung (falls man Art. 2 Abs. 2 lit. a) RL in diesem Sinne interpretiert[313]) wurde nicht in § 434 BGB übernommen[314].

Des Weiteren dienen nach deutschem Verständnis Rücktritt und Minderung dazu, die durch die Mangelhaftigkeit der Ware bedingte Störung des Äquivalenzinteresses zu beseitigen. Deshalb geben §§ 323 I, 440, 441 I 1 BGB nur dann ein Minderungs- bzw. Rücktrittsrecht, wenn dem Äquivalenzinteresse des Käufers durch die Nacherfüllung (§§ 437 Nr. 1, 439 BGB) nicht Rechnung getragen wurde. Dies zeigt sich zum einen am Wortlaut des § 323 I BGB, wonach der Gläubiger nur zurücktreten kann, wenn er dem Schuldner „erfolglos" eine angemessene Frist zur Leistung oder Nacherfüllung bestimmt hat. Zum anderen knüpft § 441 I BGB das Minderungs- an das Rücktrittsrecht („statt"), so dass es auch hier nicht zur Verschaffung einer mangelfreien Sache und damit zur Befriedigung des Gläubigerinteresses gekommen sein darf[315]. Dagegen wird zu Art. 3 Abs. 5 RL teilweise die Ansicht vertreten, dass der Verbraucher ein Minderungs- oder Auflösungsrecht[316] selbst dann noch geltend machen kann,

---

312 Dazu *Westermann,* JZ 2001, 530, 532; *Huber,* in: FS Henrich (2000), S. 297, 300; *Tröger,* ZEuP 2003, 525, 529 ff.

313 *Pfeiffer,* Unkorrektheiten bei der Umsetzung der Verbrauchsgüterkaufrichtlinie in das deutsche Recht, ZGS 2002, 94; *Staudenmayer,* ERPL 2000, 547, 551; Grundmann/*ders.*, Art. 2 RL, Rn. 21

314 Im Ergebnis wird hier regelmäßig kein Problem gegeben sein, da es im Falle der Beschreibung oder der Vorlage von Proben oder Mustern durch den Verkäufer typischerweise eine konkludente Beschaffenheitsvereinbarung zustande kommen wird, in diesem Sinne auch *Huber,* in: *Huber/Faust,* Schuldrechtsmodernisierung (2002), S. 298, Rn. 27

315 Auch nach §§ 439 III, 440 S. 1 BGB wird lediglich eine Ausnahme von der Pflicht zur Fristsetzung gemacht, so dass auch hier gilt, dass die Herstellung des geschuldeten Zustands jedenfalls nicht erfolgt sein darf.

316 Dieses allerdings unter der Einschränkung des Art. 3 Abs. 6 RL, wonach eine nicht nur

wenn die Nachbesserung oder Ersatzlieferung insofern erfolgreich war, als dem Käufer eine mangelfreie Sache zur Verfügung gestellt wurde[317]. Ein solches Verständnis legt der Wortlaut von Art. 3 Abs. 5, 2. und 3. Spstr. RL („hat") in der Tat nahe. Allerdings ließe zum einen insb. der Wortlaut von Art. 3 Abs. 5, 2. Spstr. RL eine Auslegung dahingehend zu, dass es innerhalb der Frist nicht zu einer erfolgreichen Nacherfüllung gekommen sein darf. Zum anderen spricht für diese Interpretation auch der 10. Erwägungsgrund, wonach der Verbraucher „bei Vertragswidrigkeit eines Gutes (...) das Recht haben [muss], die unentgeltliche Herstellung des vertragsgemäßen Zustands des Gutes zu verlangen" und „andernfalls (...) Anspruch auf Minderung des Kaufpreises oder auf Vertragsauflösung haben [muss]."[318] Jedenfalls ist nicht ausgeschlossen, dass die Richtlinie den Rücktritt bzw. die Minderung als Sanktion für die Verletzung anderer Interessen als des Äquivalenzinteresses vorsehen will, nämlich im Fall verspäteter oder mit erheblichen Unannehmlichkeiten verbundener Nacherfüllung. Ein solches Konzept wäre jedoch mit dem auf Beseitigung der Störung des subjektiven Äquivalenzverhältnisses ausgerichteten deutschen Verständnis nicht zu vereinbaren und ließe sich nicht ohne erhebliche Systembrüche in die nationale Kodifikation einfügen[319]. Insofern bliebe die Umsetzung aus Gründen der Systemkonformität hinter den Anforderungen der Richtlinie zurück[320].

bb) Nationale Systemwidrigkeit durch Richtlinienkonformität

Umgekehrt kann es auch zu der Konstellation kommen, dass der nationale Gesetzgeber in Verfolgung seiner Umsetzungsverpflichtung Brüche im System der nationalen Kodifikation hinnimmt.

Zunächst ist hier an § 434 I 3 BGB zu denken, der – in Umsetzung von Art. 2 Abs. 2 lit. d) RL – Werbeaussagen dritter Personen, die nicht Vertragspartner geworden sind, für maßgeblich erklärt. Dies widerspricht dem deutschen Verständnis, wonach primär die Parteivereinbarung für die Bestimmung des Äquivalenzinteresses ausschlaggebend ist und das auch § 434 I 1 BGB zugrunde

---

geringfügige Vertragswidrigkeit vorliegen muss.

[317] Diese Ansicht wird beispielsweise vertreten von *Gsell*, JZ 2001, 65, 70; *Roth*, in: *Ernst/Zimmermann*, Zivilrechtswissenschaft und Schuldrechtsreform (2001), S. 225, 243 ff. Dagegen sehen *Welser/Jud* in der Regelung ein bloßes Redaktionsversehen, Zur Reform des Gewährleistungsrechts, Vhdlg. des 14. österreichischen Juristentags, Band II/1 – Bürgerliches Recht (2000), S. 49, 86.

[318] In diesem Sinne auch *Kainer*, AnwBl. 2001, 380, 385, der ein derart weit gehendes Vertragslösungsrecht nicht für angemessen hält. Für dieses Verständnis der Vorschrift wohl auch Grundmann/*Bianca*, Art. 3 RL, Rn. 62.

[319] *Tröger*, ZEuP 2003, 525, 532

[320] *Pfeiffer*, Systemdenken im neuen Leistungsstörungs- und Gewährleistungsrecht, ZGS 2002, 23, 32; vgl. auch *Roth*, JZ 2001, 475, 489 bezüglich der Konsolidierten Fassung.

legt. Insofern kommt es durch die Übernahme des Richtlinienkonzepts zu einem Bruch im Rahmen des Sachmangelverständnisses.

Zuletzt sei § 434 II 1 BGB angeführt, der im Anschluss an Art. 2 Abs. 5 S. 1 RL die unsachgemäße Montage dem Sachmangel gleichstellt. Diese Gleichstellung widerspricht der Dogmatik des besonderen Schuldrechts des BGB, da es sich hierbei genau genommen um die Verletzung einer werkvertraglichen Nebenpflicht handelt und das BGB ansonsten grundsätzlich zwischen beiden Vertragstypen unterscheidet (§§ 433 ff., 631 ff. BGB). Die Ungereimtheit zeigt sich insb. dann, wenn es darum geht zu bestimmen, wann die Montage „unsachgemäß" vorgenommen wurde. Hier wird man aufgrund der werkvertraglichen Natur der Leistung nicht umhinkommen, die Maßstäbe des Werkvertragsrechts heranzuziehen, wie sie im Rahmen des § 633 II BGB gelten. Vor diesem Hintergrund kann die Systemkonformität der (richtlinienkonformen) Neuregelung durchaus in Frage gestellt werden[321].

c) Bereiche der überschießenden Umsetzung

Im Rahmen der Untersuchung interessiert nun die Frage, in welchen Bereichen die Verbrauchsgüterkaufrichtlinie tatsächlich eine überschießende Umsetzung erfahren hat. Dies interessiert insb. vor dem Hintergrund, dass das Schuldrechtsmodernisierungsgesetz die Umsetzung der von der Richtlinie vorgesehenen Käuferrechte mit einer umfassenden Reform des kauf- und werkvertraglichen Gewährleistungsrechts und deren Integration in das allgemeine Leistungsstörungsrecht des BGB verbunden hat.

aa) Überschießende Umsetzung und sog. große Lösung

Wie bereits ausführlich dargestellt, wird von „überschießender Umsetzung"[322] dann gesprochen, wenn der nationale Gesetzgeber das Regelungskonzept einer Richtlinie auf Sachverhalte des nationalen Rechts erstreckt, die von deren Anwendungsbereich an sich nicht erfasst sind. Ausschlaggebend für ein solches Vorgehen kann insb. das Anliegen sein, Wertungswidersprüche und Systembrüche[323] innerhalb der nationalen Rechtsordnung zu vermeiden.
Von der Frage einer überschießenden Umsetzung der Verbrauchsgüterkaufrichtlinie getrennt gesehen werden muss dagegen die Diskussion um die sog. große oder kleine Lösung im Rahmen der deutschen Schuldrechtsmodernisierung. Dabei ging es um die Frage, ob Ansatzpunkt der Reform lediglich das kauf- und

---

[321] Weiterführend hierzu *Tröger*, ZEuP 2003, 525, 533 f., mit weiteren Beispielen S. 535.
[322] Zu Begriff und Beispielen im deutschen Recht vgl. bereits oben I. und II., S. 25 ff.
[323] Zu möglichen Widersprüchen zwischen Richtlinie und deutscher Kodifikation vgl. oben b) bb), S. 64, die jedoch nicht zu einer überschießenden Umsetzung geführt haben.

werkvertragliche Gewährleistungsrecht sein sollte (kleine Lösung), oder ob zugleich eine umfassende Neugestaltung auch des allgemeinen Leistungsstörungsrechts, verbunden mit der Integration des Gewährleistungsrechts in das allgemeine Leistungsstörungsrechts, in Angriff genommen werden sollte[324].
Mit der Frage der überschießenden Richtlinienumsetzung steht diese Diskussion jedoch nicht unmittelbar in Zusammenhang[325]. Selbst wenn der Gesetzgeber sich auf die Reform nur des Gewährleistungsrechts beschränkt hätte, hätte sich in diesem Rahmen die Frage einer überschießenden Umsetzung der Richtlinie gestellt, zumindest im Bereich des Kaufgewährleistungsrechts. Dadurch, dass dieses in das allgemeine Leistungsstörungsrecht integriert wurde, verbunden mit einer umfassenden Umgestaltung desselben, erweitert sich lediglich die Fragestellung insofern, als nun *auch* das allgemeine Leistungsstörungsrecht als Gegenstand einer möglichen überschießenden Umsetzung in Betracht kommt. Gleichzeitig bleibt die Frage nach „überschießenden" Vorschriften im Bereich des Kaufgewährleistungsrechts aber dieselbe.

bb) Vorarbeiten der Schuldrechtskommission

Schon die Kommission zur Reform des Schuldrechts hat in ihrem Abschlussbericht aus dem Jahre 1992 vorgeschlagen, das kauf- und werkvertragliche Gewährleistungsrecht in das allgemeine Leistungsstörungsrecht des BGB zu integrieren, wobei insb. die internationalen Kaufrechte rechtsvergleichend herangezogen wurden[326]. Danach sollten – in Anschluss an das Konzept des UN-Kaufrechts – alle Arten der nicht vertragsgemäßen Leistung gleich zu behandeln sein, im Mittelpunkt stand die zentrale Figur der Pflichtverletzung[327]. Auf den Entwurf wurde im Rahmen des Gesetzgebungsverfahrens in großem Ausmaß zurückgegriffen. Viele Regelungsvorschläge des Kommissionsentwurfs ähneln der Richtlinie, ohne jedoch auf Verbraucherkäufe beschränkt zu sein, so dass diesem ein wesentlich größerer Anwendungsbereich zukommt[328]. Die Bedeu-

---

[324] Siehe oben bei Fn. 310

[325] Unklar die Darstellung bei *Lorenz/Riehm,* Lehrbuch zum neuen Schuldrecht (2002), Rn. 583.

[326] Zu diesem Zweck wurde ein weiteres rechtsvergleichendes Gutachten eingeholt, vgl. *Basedow,* Die Reform des deutschen Kaufrechts: rechtsvergleichendes Gutachten des Max-Planck-Instituts für Ausländisches und Internationales Privatrecht im Auftrag des Bundesministers der Justiz (1988).

[327] *BMJ,* Abschlussbericht (1992), S. 29 f. Gegen diese wenden sich auch die grundsätzlichen Einwände gegen den Entwurf, vgl. zu den kaufrechtlichen Regeln beispielsweise *Flume,* Gesetzesreform der Sachmängelhaftung beim Kauf? Zu dem Entwurf der Kommission zur Überarbeitung des Schuldrechts, AcP 193 (1993), 89; *ders.*, Zu dem Vorhaben der Neuregelung des Schuldrechts, ZiP 1994, 1497, zur gesamten Grundkonzeption beispielsweise *Ernst,* Kernfragen der Schuldrechtsreform, JZ 1994, 801.

[328] *Ehmann/Rust,* JZ 1999, 853 f.

tung des Entwurfs für die Schuldrechtsmodernisierung insgesamt zeigt sich auch daran, dass er die gröbsten Unstimmigkeiten zwischen allgemeinem Leistungsstörungsrecht und der Mängelhaftung – das Problem der unterschiedlichen Verjährungsfristen – zu beseitigen versucht, die die Richtlinie nicht erfasst. Daran anschließend versucht auch das Schuldrechtsmodernisierungsgesetz als einen Hauptregelungspunkt, die bisher divergierenden Verjährungsfristen des kauf- und werkvertraglichen Gewährleistungsrechts und des allgemeinen Leistungsstörungsrechts zu harmonisieren[329].

Im Folgenden soll geklärt werden, in welchen Bereichen das Konzept der Richtlinie für die Neuregelungen ausschlaggebend war und inwieweit von einer überschießenden Umsetzung gesprochen werden kann, wenn lediglich auf Vorgaben des Kommissionsentwurfs zurückgegriffen wurde. Nicht Gegenstand der Untersuchung soll dagegen die Frage sein, ob das Schuldrechtsmodernisierungsgesetz die Vorgaben der Richtlinie in manchen Bereichen nur unzureichend umgesetzt hat.

cc) Überschießende Bereiche

aaa) Allgemeine Struktur

Die Gewährleistungsregeln des neuen Kaufrechts finden sich im Wesentlichen in den §§ 433-445 BGB, diese verweisen wiederum in weitem Maße auf die Vorschriften des allgemeinen Leistungsstörungsrechts (§§ 280 ff., 323 ff., 311 a BGB). Dabei hat sich mit der Neuregelung die Struktur des Kaufgewährleistungsrechts grundlegend verändert. Statt die diesbezüglichen Rechte des Käufers weiterhin losgelöst vom allgemeinen Leistungsstörungsrecht selbständig zu regeln[330], hat der Reformgesetzgeber die Weichenstellung dahingehend vorgenommen, die Lieferung mangelhafter Ware als Unterfall der Pflichtverletzung auszugestalten und soweit wie möglich in das System des allgemeinen Leistungsstörungsrechts zu integrieren[331]. Jedoch wurden nicht alle Vorgaben der Verbrauchsgüterkaufrichtlinie für die Neuregelung des Kaufrechts insgesamt übernommen, vielmehr schließt sich an die allgemeinen Vorschriften (§§ 433 ff. BGB) und die Bestimmungen über besondere Arten des Kaufs (§§ 454 ff. BGB) ein Untertitel 3 speziell über den Verbrauchsgüterkauf an (§§ 474 ff. BGB).

---

[329] Auf die Verjährungsregelungen des Schuldrechtsmodernisierungsgesetzes soll jedoch nicht näher eingegangen werden.

[330] So die §§ 459 ff. BGB a.F.

[331] *Huber*, in: *Huber/Faust*, Schuldrechtsmodernisierung (2002), S. 290, Rn. 3

bbb) Kaufgewährleistungsrecht

Im kaufrechtlichen Gewährleistungsrecht erfolgte in mehrerer Hinsicht eine Anpassung an das System der Verbrauchsgüterkaufrichtlinie.

(1) Neuregelung des Sachmangelbegriffs

Im Mittelpunkt der Reform des Kaufgewährleistungsrechts steht die Neuregelung des Sachmangelbegriffs, der sich eng an Art. 2 RL anlehnt. § 434 I 1 BGB stellt ebenso wie Art. 2 Abs. 1 RL die vertragliche Vereinbarung der Parteien über die geschuldete Beschaffenheit der Kaufsache in den Vordergrund. Daneben wurden in § 434 I 2 Nr. 2 BGB die nach Art. 2 Abs. 2 lit. c) und d) RL in Vermutung gekleideten subsidiären Regeln der Beschaffenheitsbestimmung übernommen. So wie Art. 2 Abs. 2 RL im Falle der fehlenden Parteivereinbarung vier Fallgruppen nennt, bei deren Vorliegen die Vertragsmäßigkeit der Sache vermutet wird, bringt § 434 I 2 Nr. 2 BGB damit hilfsweise objektive Kriterien zur Anwendung[332]. Die Erheblichkeit der öffentlichen Äußerungen des Verkäufers und seiner Gehilfen (Art. 2 Abs. 2 lit. d) RL) fand ihren Niederschlag in § 434 I 3 BGB[333]. In Anlehnung an Art. 2 Abs. 4 RL setzt § 434 I 3, 2. HS BGB Ausnahmen von der Zurechnung der betreffenden Äußerungen an den Verkäufer fest, der jedoch hierfür die Beweislast trägt („es sei denn")[334]. In Anlehnung an Art. 2 Abs. 5 RL stellt § 434 II BGB den Mangel infolge unsachgemäßer Montage durch den Verkäufer sowie die unsachgemäße Montage durch den Verbraucher wegen eines Mangels in der Montageanleitung der Mangelhaftigkeit nach § 434 I BGB gleich, falls die Montage als kaufvertragliche Nebenpflicht vereinbart wurde.
Nach § 434 III BGB steht es einem Sachmangel gleich, wenn der Verkäufer eine andere Sache liefert[335], ebenso soll nach § 434 III, 2. Fall BGB die Lieferung einer zu geringen Menge einem Sachmangel gleichstehen[336].

Der entscheidende und an dieser Stelle interessierende Punkt ist aber nun, dass sich die Neuregelung im Kaufrecht des BGB nicht darauf beschränkt, die genannten Vorgaben nur für den Verbrauchsgüterkauf – auf den sich der Anwen-

---

[332] Vgl. Anwaltkommentar/*Büdenbender,* § 434 BGB Rn. 2

[333] Eine dem § 434 I 3 BGB entsprechende Regelung fehlte dagegen im Kommissionsentwurf.

[334] Regierungsentwurf, BT-Drucks. 14/6040, S. 214. Kritisch zur Ausnahme, dass die Äußerung „im Zeitpunkt des Vertragsschlusses in gleichwertiger Weise berichtigt war", *Westermann,* Das neue Kaufrecht, NJW 2002, 241, 245.

[335] Bereits im Rahmen der Richtlinie sprechen gute Gründe für eine Gleichbehandlung, dazu Grundmann/*ders.*, Art. 2 RL, Rn. 12.

[336] Auch § 435 II BGB-KE plädierte dafür, die Unterscheidung zwischen Fehler und aliud bzw. minus (zumindest für den Gattungskauf) aufzugeben. Zur Frage der Zuviellieferung vgl. *Pfeiffer,* Unkorrektheiten bei der Umsetzung der Verbrauchsgüterkaufrichtlinie in das deutsche Recht, ZGS 2002, 138 ff.

dungsbereich der Richtlinie beschränkt – zu übernehmen, sondern allgemein auf den Kauf nach den §§ 433 ff. BGB erstreckt[337]. Das Richtlinienkonzept gewinnt somit Maßgeblichkeit nicht nur für den Kauf zwischen Unternehmer und Verbraucher, sondern auch für den „normalen" Kauf unter Privatleuten und für den Handelskauf. Dieser weite Anwendungsbereich war dagegen von Richtlinie nicht gefordert, diese beschränkt ihren Regelungsbereich in Art. 1 RL auf den Kauf zwischen Verbraucher und Hersteller über ein Verbrauchsgut. Damit liegt im Fall der Neudefinition des Sachmangelbegriffs in § 434 BGB die typische Konstellation einer überschießenden Richtlinienumsetzung vor[338].

(2) Zweistufiges Rechtsbehelfssystem

Eine Übernahme des Richtlinienkonzepts erfolgte außerdem im Bereich der kaufrechtlichen Rechtsbehelfe, die nun grundsätzlich ein zweistufiges Vorgehen erfordern. Im Vordergrund steht das Recht auf Nacherfüllung, das dem deutschen Recht bisher – zumindest für den Fall des Stückkaufs – fremd war. Im Einklang mit der Richtlinie sehen §§ 437 Nr. 1, 439 BGB die Nacherfüllung als primäre Form der Gewährleistungsrechte an. Darüber hinaus liegt im Anschluss an das Richtlinienkonzept nach § 439 I BGB das Wahlrecht zwischen beiden Arten der Nacherfüllung beim Käufer. Allerdings gelten für das Wahlrecht des Käufers die Einschränkungen des § 439 III BGB, wonach der Verkäufer geltend machen kann, die gewählte Art der Nacherfüllung sei mit unverhältnismäßigen Kosten verbunden (vgl. Art. 3 Abs. 3 RL). Insgesamt ausgeschlossen ist der Nacherfüllungsanspruch des Käufers bei Unmöglichkeit (Art. 3 Abs. 3 RL). Art. 3 Abs. 2 und 4 RL (Anspruch des Verbrauchers auf „unentgeltliche" Nacherfüllung), wurden durch § 439 II BGB umgesetzt, wonach der Verkäufer die für die Nacherfüllung erforderlichen Aufwendungen zu tragen hat.
Zur zweiten Stufe der Gewährleistungsrechte (Minderung und Vertragsauflösung bzw. Rücktritt) kann erst nach erfolglosem Ablauf einer dem Verkäufer gesetzten Nachfrist übergegangen werden (vgl. Art. 3 Abs. 5 RL und §§ 437 Nr. 2, 440, 323 bzw. 441 BGB). Allerdings besteht eine leichte Abweichung: Art. 3 Abs. 5 RL sieht als Voraussetzung für den Übergang zu Minderung und Vertragsauflösung lediglich die nicht erfolgte Abhilfe innerhalb einer angemessenen Frist an, jedoch hat der Käufer keine Frist zu setzen[339].

---

337 MüKo/*Westermann*, § 434 BGB, Rn. 2; Staudinger/*Beckmann*, vor §§ 433 ff., Rn. 35; Bamberger/*Faust*, vor § 433 BGB, Rn. 7; Anwaltkommentar/*Büdenbender*, § 434 BGB, Rn. 2; *Roth*, in: *Dauner-Lieb/Konzen/Schmidt*, Das neue Schuldrecht in der Praxis (2003), S. 25, 29.

338 Die Übernahme dieses modifizierten Fehlerbegriffs für die allgemeine Regelung im BGB lag deshalb nahe, weil sich die Richtlinie insoweit weitgehend an das UN-Kaufrecht anlehnt und nicht spezifisches Verbraucherrecht normiert, so auch *Roth*, in: *Grundmann/Medicus/Rolland*, Europäisches Kaufgewährleistungsrecht (2000), S. 113, 137.

339 Teilweise wird in der Auferlegung der Nachfristsetzungspflicht ein Verstoß gegen die Richtlinie gesehen, vgl. dazu *Ernst/Gsell*, ZiP 2000, 1410, 1418; *Westermann*, in: *Grund-*

Im Einklang mit Art. 3 Abs. 6 RL schließt die Neuregelung das Rücktrittsrecht bei nur unerheblicher Pflichtverletzung aus (§§ 437 Nr. 2, 323 V 2 BGB), wohingegen die Minderung auch bei geringfügiger Vertragswidrigkeit zulässig ist (§§ 437 Nr. 2, 441 I 2 BGB). Ausgeschlossen sind Rücktritt und Minderung außerdem, wenn der Käufer für den Mangel allein oder weit überwiegend verantwortlich ist, § 323 VI BGB bzw. §§ 441 i.V.m. 323 VI BGB[340].

Da auch hier das von der Richtlinie vorgegebene Muster vom deutschen Gesetzgeber nicht auf den Fall des Verbrauchsgüterkaufs beschränkt wurde, liegt hinsichtlich der Ausgestaltung der kaufrechtlichen Gewährleistung als zweistufigem System mit prinzipiellem Vorrang der Vertragserhaltung eine überschießende Umsetzung ins deutsche Recht vor.

(3) Gewährleistungsfrist

In Umsetzung von Art. 5 Abs. 1 RL wurde für den Anspruch auf Nacherfüllung (§§ 437 Nr. 1, 439 BGB) eine zweijährige Verjährungsfrist eingeführt (§ 438 I Nr. 3 BGB), die von der allgemeinen dreijährigen Verjährungsfrist des § 195 BGB abweicht. Für die Gestaltungsrechte des Rücktritts und der Minderung (§ 437 Nr. 2 BGB) findet sich eine entsprechende zeitliche Begrenzung in Form einer Ausschlussfrist in § 218 BGB, auf den § 438 IV, V BGB verweisen. Von der Erlaubnis, für das Verbraucherrecht die Herabsetzung der Gewährleistungsfrist für gebrauchte Sachen auf ein Jahr zuzulassen (Art. 7 Abs. 1 S. 2 RL), hat der deutsche Gesetzgeber in § 475 II BGB Gebrauch gemacht. Eine Rügepflicht, die Art. 5 Abs. 2 RL fakultativ vorsieht, wurde dagegen nicht eingeführt.

Da § 438 I Nr. 3 BGB in Umsetzung von Art. 5 Abs. 1 RL die kaufrechtliche Gewährleistung für alle Käufe auf zwei Jahre verlängert, liegt auch in diesem Bereich eine überschießende Umsetzung der Richtlinienvorschrift ins deutsche Recht vor.

(4) Sonderregeln für den Verbrauchsgüterkauf

Manche Vorgaben der Richtlinie hat der Gesetzgeber nicht allgemein auf den BGB-Kauf erstreckt, sondern Sonderbestimmungen speziell für den Verbrauchsgüterkauf (§ 474 I BGB) geschaffen. Im Vordergrund steht dabei die Beschneidung der vertraglichen Gestaltungsfreiheit der Parteien (§§ 474 II, 475 BGB), die

---

mann/Medicus/Rolland, Europäisches Kaufgewährleistungsrecht (2000), S. 251, 267. Als Abhilfe wird z.T. vorgeschlagen, in den Fällen des Verbrauchsgüterkaufs im Wege richtlinienkonformer Auslegung auf das Erfordernis einer Fristsetzung völlig zu verzichten, so MüKo/*Ernst,* § 323 BGB, Rn. 248; *Canaris,* Schuldrechtsreform 2002 (2002), Einl. S. XXV f.

[340] Eine vergleichbare Regelung findet sich in Art. 2 Abs. 3, 3. Alt. RL (Setzung der Fehlerursache durch den Käufer selbst durch Lieferung eines mangelhaften Stoffes).

im Ergebnis dazu führt, dass die in § 475 I BGB erwähnten Bestimmungen zwingend und insb. nicht in AGB modifizierbar sind (vgl. Art. 7 Abs. 1 RL). Große praktische Bedeutung hat außerdem die in § 476 BGB vorgesehene Beweislastumkehr zugunsten des Verbrauchers, auch hier hat der deutsche Gesetzgeber die Vorgabe der Richtlinie (Art. 5 Abs. 3 RL) auf den Verbrauchsgüterkauf beschränkt umgesetzt[341].
In den §§ 474 ff. BGB hat der Gesetzgeber damit die Richtlinie beschränkt auf ihren eigentlichen Anwendungsbereich und damit *nicht* überschießend umgesetzt. Grund hierfür sind größtenteils die speziell auf Verbraucherinteressen zugeschnittenen Regelungen, die überwiegend nicht verallgemeinerungsfähig sind.

(5) Fazit

Dadurch, dass das von der Richtlinie geprägte Konzept für weite Bereiche dem allgemeinen Kaufrecht zugrunde gelegt wird, bleibt für den eigentlichen Verbrauchsgüterkauf, auf den allein sich der Anwendungsbereich der Richtlinie bezieht, ein umfangmäßig relativ beschränkter Abschnitt (§§ 474-479 BGB). Dagegen gelten die übrigen, ebenfalls auf die Richtlinie zurückgehenden Normen für alle Kaufverträge, d.h. auch für den Kauf für gewerbliche und berufliche Gebrauchszwecke und für den Kauf, der auf beiden Seiten im Rahmen der privaten Tätigkeiten und Bedürfnisse liegt. In diesen Bereichen hat die Richtlinie somit eine überschießende Umsetzung erfahren[342].

ccc) Allgemeines Leistungsstörungsrecht

(1) Fragestellung

Die Neuregelung des allgemeinen Leistungsstörungsrechts orientiert sich stark an den Vorschlägen der Schuldrechtskommission. Ausschlaggebend war das Bestreben, alle Arten der nicht vertragsgemäßen Leistung gleich zu behandeln. Insb. sollte das bisher geltende, stark auf die Unmöglichkeit der Leistung (§§ 275 ff. BGB a.F.) zugeschnittene System des Leistungsstörungsrechts[343] neu

[341] Gegen eine generelle Änderung der kaufrechtlichen Regeln im Sinne einer Beweislastumkehr zugunsten des Käufers bereits *Westermann*, in: *Grundmann/Medicus/Rolland*, Europäisches Kaufgewährleistungsrecht (2000), S. 251, 263 f.; ebenso *Flessner*, in: *Grundmann/ Medicus/Rolland*, Europäisches Kaufgewährleistungsrecht (2000), S. 233, 247. Allerdings weitet § 478 BGB die Vermutung des § 476 BGB im Rahmen des Regressanspruchs auf Verträge aus, an denen kein Verbraucher beteiligt ist.

[342] In diesem Sinne auch *Pfeiffer*, ZGS 2002, 23 f., 26: „Doppel- oder Hybridnatur" der Kaufrechtsvorschriften.

[343] Der Begriff der Unmöglichkeit stand im Mittelpunkt des bisherigen Leistungsstörungsrechts. Damit wurde ein Fall zum Ausgangspunkt der gesetzlichen Regelung gewählt, der zum

geordnet und dabei die praktisch wichtigen Fälle der Leistungsstörung (Verzögerung, Schlechtleistung) in den Vordergrund gestellt werden. Diesem Anliegen zufolge steht im Mittelpunkt der Neuregelung die zentrale Figur der Pflichtverletzung, § 280 I BGB[344]. Es stellt sich nun die Frage, ob die Umsetzung der Verbrauchsgüterkaufrichtlinie auch auf diesen Bereich Einfluss hatte, so dass auch das allgemeine Leistungsstörungsrecht als Gegenstand einer überschießenden Richtlinienumsetzung in Betracht kommt.

Ein Grundanliegen der Schuldrechtsreform war die Inkorporation des Kaufgewährleistungsrechts in das allgemeine Leistungsstörungsrecht, was im Wesentlichen durch die Technik der Verweisung erreicht wurde. So verweist § 437 Nr. 2, 3 BGB hinsichtlich des Rücktritts und des Schadensersatzes auf die entsprechenden Vorschriften des allgemeinen Leistungsstörungsrechts (§§ 323 ff., 280 ff. BGB). Damit stellt sich die Frage, ob der Gesetzgeber allein durch diesen Verweis auf die allgemeinen Vorschriften das Konzept und die Grundgedanken der Richtlinie auch auf das allgemeine Leistungsstörungsrecht übertragen hat.
So wird teilweise vertreten, dass nicht nur den im Fall des mangelbedingten Rücktritts vom Kaufvertrag zur Anwendung kommenden §§ 275, 323, 326 BGB die Funktion zufalle, die Richtlinie umzusetzen. Vielmehr seien mittelbar auch die Vorschriften über den Schadensersatz statt der Leistung (§§ 281, 283 BGB) durch die Richtlinie beeinflusst, so dass es sich auch hierbei um sog. Transformationsnormen handele[345]. Die Konsequenz sei, dass auch für die vorgenannten Normen das Gebot richtlinienkonformer Auslegung gelte – mit korrespondierender Zuständigkeit des EuGH nach Art. 234 EG -, dies sogar dann, wenn es sich um die Anwendung von Vorschriften des allgemeinen Leistungsstörungsrechts auf andere Vertragstypen (wie beispielsweise den Dienstvertrag) handele[346].

Richtigerweise muss hier zwischen verschiedenen Fragen unterschieden werden. Zunächst ist zu fragen, ob das allgemeine Leistungsstörungsrecht überhaupt der

---

einen im Verhältnis zu anderen Leistungsstörungen nur selten auftritt und zum anderen nur bei ganz bestimmten Schuldverhältnissen auftreten kann. Des Weiteren führte die Vorschrift des § 306 BGB a.F. zum Erfordernis, zwischen anfänglicher und nachträglicher, außerdem zwischen objektiver und subjektiver Unmöglichkeit (Unvermögen) zu unterscheiden. Zusammen mit der weiteren Unterscheidung zwischen vollständiger und teilweiser, endgültiger und vorübergehender, vom Schuldner, vom Gläubiger oder von beiden Parteien zu vertretender Unmöglichkeit führte dies zu einer komplizierten und unübersichtlichen Handhabung.

[344] Siehe bereits oben Fn. 327. Die Unmöglichkeit erfährt weiterhin eine gesetzliche Regelung (§ 275 BGB), dagegen wurde § 306 BGB a.F., wonach der Vertrag bei anfänglicher objektiver Unmöglichkeit nichtig ist, ersatzlos gestrichen, dafür hatte bereits die Schuldrechtskommission plädiert, vgl. *BMJ*, Abschlussbericht (1992), S. 16.

[345] MüKo/*Ernst*, vor § 275 BGB, Rn. 22

[346] MüKo/*Ernst*, vor § 275 BGB, Rn. 23

Umsetzung der Richtlinie dient. Des Weiteren ist die Auswirkung der Inkorporation des Kaufgewährleistungsrechts in das allgemeine Leistungsstörungsrecht auf andere Vertragstypen zu problematisieren.

(2) Verweis des § 437 Nr. 2 BGB

Zunächst ist somit zu prüfen, ob die Vorschriften des allgemeinen Leistungsstörungsrechts überhaupt – und welche Vorschriften konkret – der Umsetzung der Richtlinie dienen. Der Umsetzung dienen grundsätzlich alle Vorschriften des nationalen Rechts, die dazu beitragen, die von der Richtlinie geforderten Vorgaben in nationales Recht zu übertragen. Die Richtlinie sieht u.a. als Grundprinzip ein zweistufiges Rechtsbehelfssystem mit grundsätzlichem Vorrang der Nacherfüllung vor. Dieses hat der deutsche Gesetzgeber in die nationale Rechtsordnung übernommen, indem auf erster Stufe der kaufrechtlichen Gewährleistung die Nacherfüllung steht, dagegen die weitergehenden Rechte des Rücktritts und der Minderung erst nach Setzung einer Nachfrist ausgeübt werden können. Um diese Zweistufigkeit und gleichzeitig die schon von der Schuldrechtskommission vorgeschlagene Integration des Kaufgewährleistungsrechts ins allgemeine Leistungsstörungsrecht zu verwirklichen, hat der Gesetzgeber sich der Verweisungstechnik bedient. Im Fall einer mangelhaften Kaufsache kommen kraft Verweisung die §§ 275, 323, 326 BGB zur Anwendung. Somit dienen hier nicht nur die §§ 437 ff. BGB, sondern kraft Verweisung auch die §§ 275, 323, 326 BGB der Verwirklichung des von der Richtlinie vorgesehenen Konzepts[347].

Damit bleibt hinsichtlich der ersten Frage als Ergebnis festzuhalten, dass auch die Vorschriften des allgemeinen Leistungsstörungsrechts insoweit der Umsetzung der Richtlinie dienen, als bezüglich der von der Richtlinie umfassten Gewährleistungsrechte (Vertragsauflösung bzw. Rücktritt) auf das allgemeine Leistungsstörungsrecht des BGB verwiesen wird[348]. Dies gilt durch die überschießende Erstreckung des Richtlinienkonzepts auf alle Kaufverträge auch für den Fall des Nicht-Verbraucher-Kaufs. Auch hier dienen die besagten Vorschriften der (überschießenden) Umsetzung der Richtlinie.

---

347 So auch MüKo/*Lorenz*, vor § 474 BGB, Rn. 2; siehe auch der amtliche Hinweis in den Fußnoten zu §§ 275, 323, 326 BGB in der Textsammlung *Schönfelder*, Deutsche Gesetze.

348 Dasselbe gilt auch für die Vorschriften, die ebenso wie § 437 Nr. 2 BGB für die Durchführung des Rücktritts auf das allgemeine Leistungsstörungsrecht verweisen, so z.B. für § 439 IV BGB, der hinsichtlich der Rückgewähr der mangelhaften Sache auf die §§ 346 bis 348 BGB verweist. In diesem Zusammenhang kann sich insb. die Frage stellen, ob die Nutzungsherausgabepflicht des Käufers nach § 346 I BGB ohne weiteres mit Art. 3 Abs. 3 RL zu vereinbaren ist, wonach der Käufer „unentgeltliche" Ersatzlieferung verlangen können soll, dazu *Roth,* JZ 2001, 475, 489. Hier kommt unter Umständen eine (quasi-) richtlinienkonforme Auslegung in Betracht. Vgl. hierzu auch die Regierungsbegründung, BT-Drucks. 14/6040, S. 232 f., außerdem *Huber,* in: *Huber/Faust,* Schuldrechtsmodernisierung (2002), S. 334 f., Rn. 55 f.

(3) *Verweis des § 437 Nr. 3 BGB*

Schwieriger fällt die Beantwortung der folgenden Frage aus, ob auch die übrigen Vorschriften – insb. die schadensersatzrechtlichen Vorschriften – des allgemeinen Schuldrechts (§§ 280, 281, 283 BGB) durch die Verweisung des § 437 Nr. 3 BGB der Umsetzung der Richtlinie dienen.
Teilweise wird argumentiert, dass aufgrund der parallelen Ausgestaltung der Vorschriften über den Schadensersatz statt der Leistung mit denen des Rücktritts mittelbar auch die §§ 281, 283 BGB durch die Kaufrechtsrichtlinie beeinflusst seien[349], bzw. dass das Konzept der Richtlinie auf das gesamte Leistungsstörungsrecht erstreckt wurde[350].

Dem muss jedoch widersprochen werden. Zwar wurden die Vorschriften zum Schadensersatz statt der Leistung parallel zu denen des Rücktritts geregelt[351]. Allerdings regelt die Richtlinie den Schadensersatz gerade nicht, sondern stellt diesbezügliche Regelungen ausdrücklich in das Ermessen der Mitgliedstaaten. Somit können schadensrechtliche Regeln des nationalen Rechts nicht „der Umsetzung der Richtlinie" dienen[352]. Eine andere Sichtweise würde zu einer Ausdehnung des Anwendungsbereichs der Richtlinie führen, die von dieser ausdrücklich abgelehnt wird. Zwar liegt auch dem allgemeinen Leistungsstörungsrecht das Konzept der einheitlichen Behandlung aller Arten der nicht vertragsgemäßen Leistung zugrunde, jedoch war dies bereits das Anliegen des Kommissionsentwurfs, der sich seinerseits an Vorgaben des UN-Kaufrechts orientierte[353]. Dadurch, dass auch die Richtlinie sich stark an letzterem orientiert, nähert sich das allgemeine Leistungsstörungsrecht auch dieser an.
Entscheidend für die allgemeine Ausgestaltung der §§ 275 ff. BGB war jedoch das grundsätzliche, schon seit Jahren verfolgte Anliegen der Vereinheitlichung des Leistungsstörungsrechts. Insofern liegt hier die besondere Konstellation des Zusammentreffens von rein nationalem Reformanliegen (Kommissionsentwurf) und europarechtlich bedingter Richtlinienumsetzung zusammen[354]. Dennoch muss klar getrennt werden, auf welche Grundlage die jeweils neu geschaffenen innerstaatlichen Vorschriften zurückgehen.

---

[349] MüKo/*Ernst*, vor § 275 BGB, Rn. 22

[350] So *Pfeiffer*, ZGS 2002, 23 f.

[351] Dazu *Pfeiffer*, ZGS 2002, 23, 28

[352] Vgl. Staudinger/*Matusche-Beckmann*, § 437 BGB, Rn. 5; Bamberger/*Faust*, § 437 BGB, Rn. 3; auch *Lorenz* nennt im Zusammenhang mit dem Begriff „Transformationsnormen" nur die §§ 275, 323, 326 BGB, MüKo/*ders.*, vor § 474 BGB, Rn. 2.

[353] Siehe oben bb), S. 66

[354] So auch MüKo/*Ernst*, vor § 275 BGB, Rn. 22

Damit bleibt als Ergebnis festzuhalten, dass das allgemeine Leistungsstörungsrecht nicht insgesamt der Umsetzung der Richtlinie dient, sondern nur insoweit, als die von der Richtlinie umfassten Gewährleistungsrechte betroffen sind, d.h. im Fall des Rücktritts vom Kaufvertrag. Im Fall des Verbrauchsgüterkaufs handelt es sich begrifflich um eine „direkte" Umsetzung, im Fall des „normalen" Kaufs dagegen um eine „überschießende" Umsetzung.

Die Frage der Auswirkungen der Inkorporation des Kaufgewährleistungsrechts in das allgemeine Leistungsstörungsrecht auf andere Vertragstypen soll i.R.d. Auslegung des neuen Schuldrechts angesprochen werden[355].

ddd) Möglichkeit und Notwendigkeit der überschießenden Umsetzung im Fall der Verbrauchsgüterkaufrichtlinie

Im Rahmen der Umsetzung einer EG-Richtlinie kann sich für den nationalen Gesetzgeber – aus innerstaatlichen Gründen – die Notwendigkeit ergeben, diese entweder aus Gerechtigkeitsgesichtspunkten oder zur Vermeidung von Systembrüchen und Ungereimtheiten im Gefüge der nationalen Rechtsordnung ein Richtlinienkonzept über deren eigentlichen Regelungsbereich hinaus überschießend umzusetzen[356]. Ein solches Gebot steht speziell im Fall des Eingreifens europäischen Sekundärrechts in Kernbereiche der nationalen Privatrechtsordnungen im Raum.
Unter dieser Prämisse ist die Verbrauchsgüterkaufrichtlinie zu sehen, deren Ziel es ist, Kernbereiche des Zivilrechts – den Bereich des kaufrechtlichen Gewährleistungsrechts – unter Gesichtspunkten des Verbraucherschutzes zu harmonisieren. Die „Verbannung" der Richtlinienvorgaben in ein vom allgemeinen Kaufrecht getrenntes Sondergesetz bürge die Gefahr einer verstärkten Rechtszersplitterung und –unsicherheit in sich, bestünden in diesem Fall doch vier verschiedene Kaufrechtsregimes, deren Abgrenzung den Rechtsanwender vor erhöhte Anforderungen stellte und der Übersichtlichkeit und Eingängigkeit der anzuwendenden Rechtsregeln konträr entgegenstünde[357]. Die Geltung eines solch „gespaltenen Fehlerbegriffs" wollte der Gesetzgeber gerade vermeiden[358].

---

[355] Unten C. IV. 3., S. 107

[356] Ausführlich dazu oben III. 2. b) bb); *Tröger*, ZEuP 2003, 525

[357] Siehe bereits bei Fn. 308

[358] *Schmidt-Räntsch*, Das neue Schuldrecht (2002), Rn. 694; auch entschied sich der Gesetzgeber für die generelle Umsetzung der europarechtlichen Vorgaben, um Haftungslücken im Regressverhältnis zwischen Einzelhändlern und Lieferanten vorzubeugen (vgl. Art. 4 RL), BT-Drs. 14/6040, S. 211. Die Haftung für Sachmängel sollte zwischen Letztverkäufer und Verbraucher keine andere sein als zwischen Lieferant und Letztverkäufer und allen diesen vorgelagerten Handelsstufen in der Vertragskette.

Eine Verallgemeinerung der Richtlinienvorgaben im Sinne einer Erstreckung auf den allgemeinen bürgerlich-rechtlichen Kauf wird insb. durch die Tatsache ermöglicht, dass sie sich in weiten Teilen nicht auf die Formulierung von spezifisch verbraucherschützenden Regeln beschränkt, sondern in einem breiteren Kontext zu sehen ist[359]. Durch die enge Anlehnung an das Regime des UN-Kaufrechts statuiert die Richtlinie ein im Ansatz vom Verbraucherschutz unabhängiges Kaufgewährleistungsrecht[360]. Insofern kann von einer „wertungsmäßigen Eigenständigkeit“ des Sekundärrechtsakts gegenüber dem allgemeinen Kaufrecht des BGB, die eine isolierte Umsetzung gegebenenfalls rechtfertigen würde, „nicht uneingeschränkt“ gesprochen werden[361]. Durch die weitgehende Anlehnung der Richtlinie an das Modell des UN-Kaufrechts wird durch die Adaption des Richtlinienkonzepts gleichzeitig eine Annäherung an das CISG erreicht. Nur in Ausnahmefällen wird das Konzept von Richtlinie und CISG nicht auf die von den Regelwerken nicht unmittelbar erfassten verbleibenden Fälle passen. Damit bleibt angesichts der anzustrebenden einheitlichen Behandlung aller Kaufverträge für eine abweichende Regelung nur wenig Raum[362].

4. Zusammenfassung

Im Bereich der kaufrechtlichen Gewährleistung wurde die Verbrauchsgüterkaufrichtlinie vom deutschen Gesetzgeber überschießend in nationales Recht umgesetzt. Die überschießende Umsetzung bezieht sich dabei sowohl auf die kaufrechtlichen Vorschriften der §§ 437 ff. BGB als auch auf die den Rücktritt betreffenden Vorschriften der §§ 323 ff. BGB, die im Fall des Rücktritts vom Kaufvertrag zur Anwendung kommen.

5. Exkurs: Die Umsetzung der Richtlinie in den übrigen EU-Staaten

Die anderen Mitgliedstaaten – soweit eine Umsetzung bislang erfolgt ist – haben teilweise eine auf den Verbrauchsgüterkauf beschränkte Transformation der Richtlinie vorgenommen, teilweise aber die Vorgaben der Richtlinie auf alle Arten des Kaufs ausgeweitet. Eine mit dem Vorgehen des deutschen Gesetzgebers vergleichbare „große Lösung“, d.h. eine umfassende Reform des Rechts der Leistungsstörungen, wurde jedoch in den übrigen Mitgliedstaaten nicht vorgenommen.

---

359 *Tröger*, ZEuP 2003, 525 f.

360 Vgl. auch *Lorenz/Riehm*, Lehrbuch zum neuen Schuldrecht (2002), Rn. 462

361 *Tröger*, ZEuP 2003, 525 f.

362 *Grundmann* spricht von Richtlinie und CISG als den „beiden Fixpolen“, in: *ders./Medicus/Rolland*, Europäisches Kaufgewährleistungsrecht (2000), S. 281, 291.

Großbritannien hat sich beispielsweise darauf beschränkt, die Regelungen der Richtlinie in das nationale Rechtssystem zu integrieren und dabei den beschränkten Anwendungsbereich beibehalten. Die am 31.3.2003 in Kraft getretene „Sale and Supply of Goods to Consumers Regulation 2002“ integriert die Vorgaben der Richtlinie in den „Sales of Goods Act 1979“, begrenzt die Änderungen aber auf den Anwendungsbereich der Richtlinie. Damit kommen für Verbraucher und Nichtverbraucher unterschiedliche Vorschriften zur Anwendung[363].
In Österreich wurde die Richtlinie ähnlich dem deutschen Vorgehen durch Änderung des Kaufgewährleistungsrechts insgesamt (§§ 922 ff. ABGB) umgesetzt. Auch hier wurde der Großteil der Richtlinienbestimmungen auf alle Arten des Kaufs ausgedehnt, lediglich ein Teil wurde beschränkt auf den Verbrauchsgüterkauf im Konsumentenschutzgesetz umgesetzt[364].
Keine Umsetzung hat bislang stattgefunden in Frankreich[365], Belgien[366], und Luxemburg[367].

---

363 Zu den hiermit verbundenen Problemen vgl. *Howells*, Implementation of EC consumer Sales Directive in the United Kingdom, in: *Grundmann/Medicus/Rolland*, Europäisches Kaufgewährleistungsrecht (2000), S. 161 ff.; *ders.*: Interpretation of EC consumer law, in: *Schulze*, Auslegung europäischen Privatrechts und angeglichenen Rechts (1999), S. 115 ff.; *ders./Twigg-Flesner*: Much ado about nothing?: the implementation of directive 99/44/EC into English law, in: *Schermaier*, Verbraucherkauf in Europa (2003), S. 303 ff.

364 Dazu *Gruber*, Die Umsetzung der Verbrauchsgüterkaufrichtlinie in Österreich, in: *Schermaier*, Verbraucherkauf in Europa (2003), S. 153 ff.

365 Vgl. *Sefton-Green*, The implementation of the directive on guarantees in France (Die Umsetzung der Richtlinie über Gewährleistungen in Frankreich), in: *Schermaier*, Verbraucherkauf in Europa (2003), S. 225 ff.

366 Dazu *Gerkens*, Die Umsetzung der Kaufrechtsrichtlinie (1999/44/EG) in Belgien. Probleme - Ergebnisse – Perspektiven, in: *Schermaier*, Verbraucherkauf in Europa (2003), S. 169 ff.

367 Siehe dazu die Urteile des EuGH im Vertragsverletzungsverfahren, EuGH, Urteil vom 19.2.2004, Rs. C-312/03 *(Kommission/Belgien)*; Urteil vom 19.2.2004, Rs. C-310/03 *(Kommission/Luxemburg)*; Urteil vom 1.7.2004, Rs. C-311/03 *(Kommission/Frankreich)*, ABl. 2003 Nr. C 213 vom 6.9.2003. Eine ausführliche Dokumentation der Umsetzung in den Mitgliedstaaten findet sich bei *Schermaier*, Dokumentation: Die Umsetzung der Verbrauchsgüterkaufrichtlinie in Europa - Synopse der Umsetzungen in 12 Mitgliedstaaten und der Sprachfassungen der Richtlinie (En / Fr / It / De / Es), in: *ders.*, Verbraucherkauf in Europa (2003).

C. Die richtlinienkonforme Auslegung des nationalen Rechts

I. Einleitung

Nachdem bereits die Pflicht der Mitgliedstaaten zur frist- und ordnungsgemäßen Umsetzung einer Richtlinie (Art. 249 III EG) näher untersucht wurde, interessiert nun der Einfluss der Richtlinie auf das nationale Recht nach erfolgter Umsetzung. Eine Auslegung nationaler Transformationsnormen mit Hilfe von Richtlinien der Gemeinschaft wird als „richtlinienkonforme Auslegung" bezeichnet. Der Diskussionsstand insb. zur Einordnung der richtlinienkonformen Auslegung in die nationale Methodenlehre ist nur noch schwer zu überblicken.

Die wohl überwiegende Ansicht im Schrifttum misst der richtlinienkonformen Auslegung nur im Rahmen der herkömmlichen Auslegungsregeln eine Bedeutung zu, so dass sie nur zum Zuge kommt, wenn die klassischen nationalen Auslegungsmethoden Raum für eine gemeinschaftsrechtlich determinierte Interpretation lassen[368].

Dagegen räumt eine andere Auffassung im Schrifttum unter Hinweis auf den Anwendungsvorrang des Gemeinschaftsrechts der richtlinienkonformen Auslegung den absoluten Vorrang vor den klassischen Auslegungsmethoden ein[369]. Im vorliegenden Zusammenhang interessieren vor allem die Grenzen der richtlinienkonformen Auslegung und die Frage, ob und in welchem Umfang eine Rechtspflicht hierzu besteht, insb. im Bereich „überschießender" nationaler Umsetzungsnormen.

---

368 Vgl. dazu ausführlich *Brechmann,* S. 131 ff., 213 ff.; *Jarass,* Grundfragen der innerstaatlichen Bedeutung des EG-Rechts (1994), S. 93 ff.; *Gellermann,* Beeinflussung des bundesdeutschen Rechts durch Richtlinien der EG (1993), S. 107 ff.; *Franzen,* Privatrechtsangleichung durch die europäische Gemeinschaft (1999), S. 338 ff., 416 ff.; *Gebauer,* Grundfragen, S. 179 ff.

369 So beispielsweise *Lutter,* Die Auslegung angeglichenen Rechts, JZ 1992, 593, 604 f.; *Spetzler,* Die richtlinienkonforme Auslegung als vorrangige Methode steuerjuristischer Hermeneutik, RIW 1991, 579, 580 ff. *Canaris,* Die richtlinienkonforme Auslegung und Rechtsfortbildung im System der juristischen Methodenlehre, in: FS Bydlinski (2002), S. 47, 67 ff., differenziert zwischen „interpretatorischer Vorrangregel" und „interpretatorischer Abwägungslösung" und erkennt das Bestehen einer interpretatorischen Vorrangregel zugunsten der richtlinienkonformen Auslegung an.

II. Begriff / Rechtsgrundlage

1. Begriff

Teilweise wird der Begriff der richtlinienkonformen Auslegung als missverständlich angeprangert, da rechtsangleichende Richtlinien ihrerseits im Einklang mit dem gesamten Gemeinschaftsrecht ausgelegt werden müssten und folglich im Rahmen der richtlinienkonformen Auslegung auch gemeinschaftsrechtliche Bestimmungen außerhalb von Richtlinien zu berücksichtigen seien[370].
Diese Ansicht, die stattdessen den Begriff der „gemeinschaftsrechtskonformen Auslegung" bevorzugt, berücksichtigt jedoch nicht ausreichend, dass es im vorliegenden Fall ausschließlich um die Wirkung des Rechtsangleichungsinstruments der Richtlinie geht, nicht dagegen um die Wirkung anderer Rechtsformen von Gemeinschaftsrechtsakten wie Verordnungen oder Empfehlungen.
Der entscheidende Unterschied der beiden Auslegungsprinzipien liegt im jeweiligen Maßstab, an dem sie das nationale Recht messen[371]. Gemeinschaftsrechtskonforme Auslegung meint die Orientierung an Sinn, Zweck und Ziel des gesamten EG-Rechts. Die richtlinienkonforme Auslegung ist dagegen in ihrem Maßstab enger und erfasst nur die Auslegung nationalen Rechts im Lichte einer jeweils konkret nach Art. 249 III EG erlassenen Richtlinie[372]. Aus diesem Grund soll der Begriff der „richtlinienkonformen Auslegung" beibehalten werden.

2. Rechtsgrundlage

Nach gefestigter Rechtsprechung des EuGH[373] gilt für den nationalen Rechtsanwender das Gebot, innerstaatliche Rechtsvorschriften, die in Umsetzung einer EG-Richtlinie ergangen sind, im Lichte von Wortlaut und Zweck der Richtlinie auszulegen. Hinsichtlich der Rechtsgrundlage dieses Gebots werden jedoch in Rechtsprechung und Literatur unterschiedliche Auffassungen vertreten.

Teilweise wird ausschließlich auf innerstaatliche Aspekte abgestellt, nämlich den Willen des Gesetzgebers, den Inhalt der Richtlinie in nationales Recht umzusetzen. Wenn der nationale Gesetzgeber eine Richtlinie umsetze, spreche eine Vermutung dafür, dass er durch die Regelung seinen Umsetzungsauftrag aus der

---

[370] *Schmidt,* Privatrechtsangleichende EU-Richtlinien und nationale Auslegungsmethoden, RabelsZ 59 (1995), 569, 582.

[371] *Ehricke,* Die richtlinienkonforme und die gemeinschaftsrechtskonforme Auslegung nationalen Rechts, RabelsZ 59 (1995), 598, 603.

[372] Freilich ist die Richtlinie ihrerseits (auch) im Lichte und der Systematik des Gemeinschaftsrechts zu interpretieren.

[373] Zur Entwicklung dieser Rechtsprechung gleich unter III.

Richtlinie erfüllen wolle[374]. Diese Vorgehensweise der Anknüpfung an den Umsetzungswillen des Gesetzgebers lässt sich insb. in der Rechtsprechung der deutschen Obergerichte beobachten[375].
Jedoch werden bei einer ausschließlich auf die nationale Perspektive fokussierten Argumentation die Anforderungen des Gemeinschaftsrechts nur unzureichend berücksichtigt[376]. Ebenso bereitet die Sichtweise Schwierigkeiten, wenn es an einem nationalen Umsetzungsgesetz fehlt oder der nationale Gesetzgeber sich deutlich zu Abweichungen von der Richtlinie bekannt hat[377].

Nach der gemeinschaftsrechtlich orientierten Sichtweise des EuGH ergibt sich die Pflicht zur richtlinienkonformen Auslegung aus dem primären Gemeinschaftsrecht: Zum einen aus Art. 249 III EG, der alle nationalen Träger öffentlicher Gewalt zur Erreichung des in Abs. 3 vorgesehenen Ziels verpflichtet, zum anderen aus Art. 10 EG, der die Pflicht zur Gemeinschaftstreue enthält und die Mitgliedstaaten dazu anhält, „alle zur Erfüllung dieser Verpflichtung aus Art. 189 EWGV geeigneten Maßnahmen (...) zu treffen."[378] Aus dieser ständig wiederholten Formel geht hervor, dass der Gerichtshof die eigentliche Rechtspflicht in Art. 189 III EWGV verankert sieht, Art. 5 EWGV dagegen eher hilfsweise und unterstützend heranzieht[379].

---

[374] So beispielsweise BFH vom 5.4.1984, DStR 84, 378; vom 20.1.1988, DStR 88, 649; ebenso bereits BGHZ 63, 261; BGH vom 11.1.1996, EuZW 96, 220. Im Sinne der subjektiv-teleologischen Methode auch *Everling,* Rechtsvereinheitlichung durch Richterrecht in der Europäischen Gemeinschaft, RabelsZ 50 (1986), 224; *Dänzer-Vanotti,* Die richtlinienkonforme Auslegung deutschen Rechts hat keinen rechtlichen Vorrang, RIW 1991, 754 f. *Ehricke,* RabelsZ 59 (1995), 598, 616; *Jarass,* Grundfragen, S. 90; *Scherzberg,* Die innerstaatlichen Wirkungen von EG-Richtlinien, Jura 1993, 225, 231; kritisch *Nettesheim,* Auslegung und Fortbildung nationalen Rechts im Lichte des Gemeinschaftsrechts, AöR 1994, 261, 267. Teilweise wird zwischen dem (bloßen) *Gebot* zur richtlinienkonformen Auslegung, das das Gemeinschaftsrecht aufstelle, und der *Pflicht* des nationalen Richters zur richtlinienkonformen Auslegung unterschieden. Letztere ergebe sich allein aus dem nationalen Recht, vgl. *Ehricke,* RabelsZ 59 (1995), 598, 643; *Hommelhoff,* in: FS Wiss. BGH II (2000), 889, 892.

[375] Anders die Rechtsprechung des BVerwG, die nicht mit dem Umsetzungswillen des Gesetzgebers argumentiert, sondern den Vorrang des Gemeinschaftsrechts betont. Allerdings bezieht sich diese Rechtsprechung primär auf die Auslegung und Anwendung von unmittelbar wirkenden Gemeinschaftsvorschriften, vgl. BVerwGE 47, 60 f. Eine umfassende Darstellung bietet *Brechmann,* S. 86 ff.

[376] Ebenso *Brechmann,* S. 285 ff.; *Gellermann,* Beeinflussung, S. 105; *Franzen,* Privatrechtsangleichung, S. 314 ff., 320, der den Geltungsgrund richtlinienkonformer Auslegung kraft innerstaatlichen Rechts stattdessen in einer analogen Anwendung von Art. 36 EGBGB sehen will. Zu einer wichtigen Ausnahme siehe aber Fn. 383.

[377] *Scherzberg,* Jura 1993, 225, 231 f.; das gleiche Problem stellt sich bei Gesetzen, die älter sind als die betreffende Richtlinie.

[378] St. Rspr. des EuGH seit Rs. 14/83 *(Von Colson und Kamann),* Slg. 1984, 1891, Tz. 26

[379] *Grundmann,* Richtlinienkonforme Auslegung im Bereich des Privatrechts – insbesondere:

Diese Ansicht hat im Schrifttum und Rechtsprechung weitgehend Zustimmung gefunden[380], andere leiten die Pflicht wiederum vorrangig aus Art. 5 EWGV ab[381]. Letztendlich kann im Rahmen der vorliegenden Abhandlung eine Streitentscheidung dahinstehen, da die Pflicht sich jedenfalls aus Art. 249 III EG und Art. 10 EG[382], und damit (bereits) unmittelbar aus Gemeinschaftsrecht, ergibt[383].

III. Die richtlinienkonforme Auslegung in der Rechtsprechung des EuGH

Der EuGH hat in zahlreichen Urteilen zur Frage der richtlinienkonformen Auslegung des nationalen Rechts Stellung genommen. Dabei handelte es sich ganz überwiegend um Vorabentscheidungsverfahren nach Art. 234 EG[384].
Eine Untersuchung der wichtigsten Entscheidungen zeigt, dass sich die Ansicht des Gerichtshofs im Laufe der Jahre stetig weiterentwickelt und er die Pflicht zur richtlinienkonformen Auslegung in jeder Entwicklungsstufe weiter ausgedehnt hat[385].

---

der Kanon der nationalen Auslegungsmethoden als Grenze?, ZEuP 1996, 399, 401. Zu erwähnen ist jedoch, dass der EuGH im Urteil *Marleasing* die richtlinienkonforme Auslegung – allerdings ohne es ausdrücklich auszusprechen – möglicherweise auf eine neue Rechtsgrundlage – nämlich den Vorrang des Gemeinschaftsrechts – stellt, dazu gleich unter III. 3., S. 87.

[380] *Brechmann,* S. 247 ff.; *Jarass,* Grundfragen, S. 89; *Franzen,* Privatrechtsangleichung, S. 296 ff.; *Roth,* in: FS Wiss. BGH II, S. 847, 874

[381] *Everling,* Zur Auslegung des durch EG-Richtlinien angeglichenen nationalen Rechts, ZGR 1992, 376, 380; *Bleckmann,* Europarecht (1997), Rn. 390; ebenso ein Teil der Rechtsprechung.

[382] So auch *GA Darmon* in seinen Schlussanträgen in der Rechtssache C-87/90 *(Verholen),* Slg. 1991 I, 3757, Tz. 21: „Dieser Grundsatz leitet sich sowohl aus Art. 189 als auch aus Art. 5 EWG-Vertrag ab.“ Nach *Brechmann* ergibt sich die Pflicht zur richtlinienkonformen Auslegung allein aus der speziellen Vorschrift des Art. 249 III EG, Art. 10 EG könne als die generellere Norm „höchstens hilfsweise“ bemüht werden, S. 258.

[383] Lediglich in dem Fall, in dem der nationale Gesetzgeber eine Richtlinie schon vor Ablauf der dafür geltenden Frist umsetzt, führt die Sichtweise des allein gemeinschaftsrechtlichen Geltungsgrund nicht weiter. In dieser Konstellation kommt als solcher nur der Umsetzungswille des nationalen Gesetzgebers in Betracht, *Canaris,* in: FS Bydlinski, S. 47, 51.

[384] Im Rahmen von Vertragsverletzungsverfahren nach Art. 169 EGV/ Art. 226 EG spielte die richtlinienkonforme Auslegung nur eine untergeordnete Rolle, sie wurde von den betroffenen Mitgliedstaaten angeführt, um ihre fehlende Umsetzungstätigkeit zu rechtfertigen, vgl. z.B. Rs. 102/79 *(Kommission/Belgien),* Slg. 1980, 1473.

[385] Von mehreren Schritten in der EuGH-Rechtsprechung spricht auch *Everling,* ZGR 1992, 376, 378.

1. Erste Phase (bis 1984)

a) Das Urteil in der Rechtssache Haaga[386]

Im Verfahren in der Rechtssache *Haaga* wurde zum ersten Mal das Problem der richtlinienkonformen Auslegung aufgeworfen. Der EuGH beantwortete die Vorlagefrage nach Auslegung der Publizitätsrichtlinie inhaltlich, ging aber weder auf seine Zuständigkeit noch auf Umfang und Grenzen der richtlinienkonformen Auslegung näher ein. Auch in den Schlussanträgen von *GA Mayras* wird dies nicht problematisiert. Allein ausschlaggebend war für den Gerichtshof der Wunsch des vorlegenden Bundesgerichtshofs nach einer Auslegung der betreffenden Richtlinienbestimmungen[387].

b) Das Urteil in der Rechtssache Bonsignore[388]

Während *GA Mayras* im Verfahren Bonsignore entscheidend auf die unmittelbare Anwendbarkeit der konkreten Bestimmungen der Richtlinie 64/221/EWG[389] abhob, sprach der Gerichtshof diesen Vorschlag an keiner Stelle an. Vielmehr stellte er ähnlich wie im Urteil *Haaga* auf den Wunsch des vorlegenden Gerichts, eine Auslegung zu geben, ab[390] und befürwortete damit dessen Absicht, das nationale Recht richtlinienkonform auszulegen.

c) Das Urteil in der Rechtssache Mazzalai[391]

Die *Mazzalai*-Entscheidung brachte erstmals die Kompetenz des Gerichtshofs nach Art. 177 EGV a.F. zur Sprache. Der EuGH wies die Einwände gegen seine Zuständigkeit mit einem Verweis auf den Wortlaut von Art. 177 EGV a.F. und dem Argument zurück, dass das Vorabentscheidungsverfahren nicht davon abhängig sei, ob eine Gemeinschaftsnorm unmittelbar anwendbar sei oder nicht. Da das vorlegende Tribunal Trient seine Bereitschaft zur richtlinienkonformen Auslegung kundgetan hatte, erörterte der EuGH eine mögliche unmittelbare Wirkung der Richtlinie erst gar nicht. Allerdings ging er weiter als in den vorherigen Urteilen *Haaga* und *Bonsignore.* Anstatt wie bisher nur die nationalen Gerichte zu zitieren, sprach er den entscheidenden Satz selber aus, dass „eine Auslegung der Richtlinie unabhängig von ihren Wirkungen in Fällen der vorliegenden Art für das nationale Gericht zweckmäßig sein [kann], damit

[386] EuGH, Urteil vom 12.11.1974, Rs. 32/74, Slg. 1974, 1201

[387] EuGH, Slg. 1974, 1201, Tz. 3

[388] EuGH, Urteil vom 26.2.1975, Rs. 67/74, Slg. 1975, 297

[389] ABl. 1964 Nr. L 56, S. 50

[390] EuGH, Slg. 1975, 297, Tz. 4

[391] EuGH, Urteil vom 20.5.1976, Rs. 111/75, Slg. 1976, 657

sichergestellt wird, daß das zur Durchführung der Richtlinie erlassene Gesetz gemeinschaftskonform ausgelegt und angewendet wird."[392]
Über die Irrelevanz der unmittelbaren Anwendbarkeit der Richtlinie hinaus sind hier zwei grundlegende Aussagen hervorzuheben: Zum einen betonte der Gerichtshof zwar die Bedeutung einer „gemeinschaftskonformen Auslegung", legte jedoch keine ausdrückliche Pflicht hierzu fest. Zum anderen handelte es sich beim Ausgangsverfahren um einen Rechtsstreit zwischen Privatleuten, so dass mit dem Urteil des EuGH festgestellt war, dass die „gemeinschaftskonforme Auslegung" auch im horizontalen Verhältnis zur Anwendung kommt[393].

d) Das Urteil in der Rechtssache Verbond van Nederlandse Ondernemingen[394]

Das Urteil des EuGH enthält neben primären Ausführungen über die unmittelbare Wirkung von Richtlinienbestimmungen auch solche über die Frage der richtlinienkonformen Auslegung nationalen Durchführungsrechts. Der Begriff der „Investitionsgüter" werde durch die streitgegenständliche Umsatzsteuerrichtlinie[395] nicht präzise umschrieben, so dass den Mitgliedstaaten insofern ein Ermessensspielraum bei der Begriffsbestimmung verbleibe[396]. Eine unmittelbare Wirkung von Art. 11 RL komme dann in Betracht, wenn die Grenzen dieses den Mitgliedstaaten eingeräumten Ermessens überschritten seien[397]. Die Ausführungen des Gerichtshofs verdeutlichen die besonderen Zusammenhänge zwischen Richtlinienauslegung einerseits und Auslegung nationalen Durchführungsrechts andererseits: Oft verweisen Richtlinienbestimmungen entweder ganz auf mitgliedstaatliches Recht, oder sie können nur unter Heranziehung desselben konkretisiert werden. Somit verbleibe dem nationalen Rechtsanwender im Einzelfall ein nicht unerheblicher Spielraum bei der Auslegung und Anwendung nationaler Durchführungsbestimmungen[398].

e) Das Urteil in der Rechtssache Felicitas[399]

Interessant sind hier die Ausführungen des Gerichtshofs zur unmittelbaren Wirkung der betreffenden Richtlinie 69/335/EWG[400]. Er betonte ausdrücklich die

---

[392] EuGH a.a.O. Tz. 7/11

[393] Dieser Aspekt birgt einen potentiellen Widerspruch zur restriktiven Rechtsprechung des EuGH zur horizontalen Direktwirkung von Richtlinien, dazu näher unter IV. 1. b) bb), S. 94.

[394] EuGH, Urteil vom 1.2.1977, Rs. 51/76, Slg. 1977, 113

[395] RL 67/228/EWG, ABl. 1967 Nr. L 71, S. 1303

[396] EuGH, Rs. 51/76, Slg. 1977, 113, Ls. 1

[397] EuGH, Slg. 1977, 113, Tz. 20/29

[398] *Brechmann*, S. 40

[399] EuGH, Urteil vom 15.7.1982, Rs. 270/81, Slg. 1982, 2771

Unterscheidung zwischen der richtlinienkonformen Auslegung nationaler Rechtsvorschriften und der unmittelbaren Wirkung einer Richtlinie: Sei eine Richtlinie ordnungsgemäß umgesetzt, so scheide eine unmittelbare Wirkung von vornherein aus, es komme lediglich eine richtlinienkonforme Auslegung des nationalen Rechtssatzes in Betracht[401].

f) Fazit

Eine Zusammenschau dieser ersten Urteile des Gerichtshofs zum Problem der richtlinienkonformen Auslegung erlaubt erste Schlussfolgerungen:
Zum einen betont der EuGH die Bedeutung, die der Beurteilung der Erforderlichkeit einer Vorlage durch das nationale Gericht zukommt. Es sei allein Sache des nationalen Gerichts, die einheitliche Auslegung der innerstaatlichen Durchführungsregelungen sicherzustellen. In diesem Rahmen sei es zwar „zweckmäßig", Vorlagefragen nach Art. 177 EGV a.F. zu stellen, eine Pflicht zur richtlinienkonformen Auslegung sieht er jedoch noch nicht begründet.
Zum anderen hebt der Gerichtshof die Unterscheidung zwischen unmittelbarer Richtlinienwirkung und richtlinienkonformer Auslegung deutlich hervor. Für die Einschlägigkeit der richtlinienkonformen Auslegung sei es unerheblich, ob die Richtlinie unmittelbare Wirkung entfalte.

2. Zweite Phase (bis 1990)

a) Die Urteile von Colson und Kamann[402] und Harz[403]

Eines der bedeutendsten Urteile im Rahmen der Rechtsprechung zur richtlinienkonformen Auslegung ist das Urteil in der Rechtssache *von Colson und Kamann* betreffend die Auslegung der Gleichbehandlungsrichtlinie 76/207/EWG[404]. Gleichzeitig markiert die Entscheidung den Beginn einer neuen Phase in der EuGH-Rechtsprechung zum Problem der richtlinienkonformen Auslegung[405]. Der EuGH nahm die Vorlagefragen zum Anlass, erstmals Ausführungen zur Verpflichtung der nationalen Gerichte zur richtlinienkonformen Auslegung zu machen, welche zur Grundlage seiner gesamten späteren Rechtsprechung werden sollten.
Der nationale Richter habe bei der Anwendung des innerstaatlichen Rechts dieses im Lichte des Wortlauts und des Zwecks der Richtlinie auszulegen, um

---

400 ABl. 1969 Nr. L 249, S. 25

401 EuGH, Slg. 1982, 2771, Tz. 24 ff.

402 EuGH, Urteil vom 10.4.1984, Rs. 14/83, Slg. 1984, 1891

403 EuGH, Urteil vom 10.4.1984, Rs. 79/83, Slg. 1984, 1921

404 ABl. 1976 Nr. L 39, S. 40

405 *Brechmann*, S. 46

das in Art. 189 III EGV (Art. 249 III EG) festgelegte Ziel zu erreichen. Er habe das zur Durchführung der Richtlinie erlassene Gesetz „unter voller Ausschöpfung des Beurteilungsspielraums, den ihm das nationale Recht einräumt, in Übereinstimmung mit den Anforderungen des Gemeinschaftsrechts auszulegen und anzuwenden“[406]. Allerdings wurde die Frage nicht eindeutig beantwortet, ob sich diese Pflicht nur auf die konkreten Durchführungsregelungen oder auf das gesamte nationale Recht bezieht. Diese Ausführungen des EuGH, insb. zur Pflicht der nationalen Gerichte zur richtlinienkonformen Auslegung lösten eine intensive Diskussion in der Literatur aus[407].

b) Das Urteil in der Rechtssache Johnston[408]

Im Verfahren *Johnston* ging es erneut um die Auslegung und Anwendung der Richtlinie 76/207/EWG[409]. Der Gerichtshof wiederholte zunächst seine Aussagen zur Subsidiarität der unmittelbaren Wirkung, betonte dann erneut die Pflicht der nationalen Gerichte zur richtlinienkonformen Auslegung[410].

c) Das Urteil Kolpinghuis Nijmegen[411]

Zwar ist das Urteil *Kolpinghuis Nijmegen* primär wegen seiner Aussagen zur horizontalen Direktwirkung von Richtlinien bekannt, doch enthält es darüber hinaus auch Ausführungen zur richtlinienkonformen Auslegung. Entscheidend ist die vom Gerichtshof vorgenommene Einschränkung der Pflicht zur richtlinienkonformen Auslegung:

„Diese Verpflichtung des innerstaatlichen Gerichts, bei der Auslegung der einschlägigen Bestimmungen seines nationalen Rechts auf den Inhalt der Richtlinie abzustellen, findet jedoch ihre Grenzen in den allgemeinen Rechtsgrundsätzen, die Teil des Gemeinschaftsrechts sind, und insbesondere in dem Grundsatz der Rechtssicherheit und im Rückwirkungsverbot. So hat der Gerichtshof (...) für Recht erkannt, daß eine Richtlinie für sich allein und unabhängig von zu ihrer Durchführung erlassenen innerstaatlichen Rechtsvorschriften eines Mitgliedstaats nicht die Wirkung haben kann, die strafrechtliche Verantwortlichkeit derjenigen, die gegen die Vorschriften der Richtlinie verstoßen, festzulegen oder zu verschärfen.“[412]

---

[406] Slg. 1984, 1891, Tz. 28 *(von Colson und Kamann);* Slg. 1984, 1921, Tz. 28 *(Harz)*

[407] Das BAG kam seiner Verpflichtung zur Umsetzung des EuGH-Urteils dadurch nach, dass es § 611a II BGB a.F. dahingehend auslegte, dass die Vorschrift einem Schadensersatzanspruch nach § 823 I BGB wegen Verletzung des allgemeinen Persönlichkeitsrechts durch eine Diskriminierung nicht entgegenstehe, Urteil vom 14.3.1989, NJW 1990, 65 ff. 67 f.

[408] EuGH, Urteil vom 15.5.1986, Rs. 222/84, Slg. 1986, 1651

[409] Siehe oben Fn. 404

[410] EuGH, Slg. 1986, 1651, Tz. 53

[411] EuGH, Urteil vom 8.10.1987, Rs. 80/86, Slg. 1987, 3969

[412] EuGH, Slg. 1987, 3969, Tz. 13; im letzten Satz nimmt der Gerichtshof Bezug auf das Urteil

Für die dort vorliegende Konstellation bedeutete dies, dass der Grundsatz der Rechtssicherheit es verbietet, die belastende strafrechtliche Wirkung einer nicht umgesetzten Richtlinie über die richtlinienkonforme Auslegung einer nationalen Strafvorschrift zu begründen. Festzuhalten ist die Aussage des EuGH, dass die richtlinienkonforme Auslegung durch die allgemeinen Rechtsgrundsätze des Gemeinschaftsrechts – insb. Rechtssicherheit und Rückwirkungsverbot – begrenzt ist.

e) Das Urteil Nijman[413]

Neben der altbekannten Formulierung, dass die nationalen Gerichte verpflichtet sind, insb. die Durchführungsvorschriften im Sinne der Richtlinienbestimmungen auszulegen, machte der EuGH allerdings eine Einschränkung: Die Pflicht zur richtlinienkonformen Auslegung habe dort ihre Grenze, wo der Anwendungsbereich der Richtlinie selbst ende[414].

f) Fazit

Auch in dieser zweiten Phase der EuGH-Rechtsprechung zur richtlinienkonformen Auslegung lassen sich zentrale Entwicklungen festhalten.
Als wichtigste Neuerung ist die Statuierung einer *Pflicht* der nationalen Gerichte zur richtlinienkonformen Auslegung zu nennen. Während der Gerichtshof es in der ersten Phase seiner Rechtsprechung nur für „zweckmäßig" hielt, eine einheitliche Auslegung der nationalen Durchführungsvorschriften „sicherzustellen"[415], wird dies nun für alle innerstaatlichen Träger öffentlicher Gewalt zur Pflicht. Diese folgert der Gerichtshof zum einen aus der verpflichtenden Wirkung des Art. 189 III EWGV (Art. 249 III EG), zum anderen aus Art. 5 EWGV (Art. 10 EG) und der darin festgeschriebenen Pflicht zur Gemeinschaftstreue[416].
Mit der Begründung einer Pflicht zur richtlinienkonformen Auslegung stellt sich gleichzeitig die Frage nach deren Grenzen. Eine solche sieht der Gerichtshof zum einen in den Grenzen der Zuständigkeit und des Beurteilungsspielraums der nationalen Gerichte, welche diese jedoch selbst konkret festzulegen hätten. Zum anderen werde die Pflicht zur richtlinienkonformen Auslegung durch die allgemeinen Rechtsgrundsätze des Gemeinschaftsrechts begrenzt, hier nennt der EuGH insb. die Grundsätze der Rechtssicherheit und des Rückwirkungsver-

---

Pretore di Salò, Rs. 14/86, Slg. 1987, 2545.

[413] EuGH, Urteil vom 7.11.1989, Rs. 125/88, Slg. 1989, 3533

[414] EuGH, Slg. 1989, 3533, Tz. 7 f.

[415] EuGH, Rs. 32/74 *(Haaga)*, Slg. 1974, 1201, Tz. 3

[416] St. Rspr. seit EuGH, Rs. 14/83 *(von Colson und Kamann)*, Slg. 1984, 1891, Tz. 28; siehe bereits oben II. 2., S. 79.

bots[417]. Als dritte Einschränkung gilt schließlich, dass das Gebot zur richtlinienkonformen Auslegung nur so weit reicht wie der Anwendungsbereich der Richtlinie selbst[418].
Trotz dieser deutlichen Weiterentwicklung bleiben auch in der zweiten Phase der Rechtsprechung entscheidende Fragen offen, so z.B. die nach der genauen Reichweite der Pflicht zur richtlinienkonformen Auslegung, ebenso die nach dem Zeitpunkt des Einsetzens der Pflicht.

3. Das Urteil in der Rechtssache Marleasing[419]

Das Urteil *Marleasing* vom 13.11.1990 ist von ähnlich grundsätzlicher Bedeutung wie die schon erörterten Entscheidungen *von Colson und Kamann* und *Harz*[420]. Der Fall betraf die Auslegung der spanischen Rechtsvorschriften über die Nichtigkeit einer Aktiengesellschaft in Einklang mit der Richtlinie 68/151/EWG[421]. Die Besonderheit des Falles bestand darin, dass Spanien die betreffende Richtlinie erst verspätet umgesetzt hatte, die Anpassung des nationalen Rechts erfolgte tatsächlich erst mehrere Jahre nach Klageerhebung.
Der Gerichtshof wiederholte zunächst bereits bekannte Formulierungen aus den Urteilen *von Colson und Kamann* und *Harz,* ging aber in entscheidender Weise noch darüber hinaus: Nicht nur das konkrete Umsetzungsgesetz, sondern das gesamte nationale Recht, sofern es in den Anwendungsbereich der Richtlinie falle, sei vom Gebot der richtlinienkonformen Auslegung erfasst. Des Weiteren gelte die Pflicht zur richtlinienkonformen Auslegung unabhängig davon, ob es sich um vor oder nach der Richtlinie erlassene Vorschriften des nationalen Rechts handele[422].
Hierin liegt eine deutliche Ausweitung des Umfangs der richtlinienkonformen Auslegung. Hinsichtlich einer Begründung dieses Ergebnisses fällt das Urteil leider sehr mager aus, deshalb soll diesbezüglich kurz auf die Schlussanträge von *GA van Gerven* eingegangen werden. *Van Gerven* führte zur Rechtfertigung der genannten Ausweitung im Wesentlichen zwei Argumente an: Zum einen Art. 5 EWGV (Art. 10 EG), der die Anwendung „aller hierfür geeigneten Mittel" zur Erreichung des Richtlinienzieles vorschreibe, zum anderen die Tatsache, dass die Richtlinie von ihrem Erlass an Bestandteil des Gemeinschaftsrechts sei und deshalb grundsätzlich Vorrang vor allen Bestimmungen des nationalen Rechts

---

[417] EuGH, Rs. 80/86 *(Kolpinghuis Nijmegen),* Slg. 1987, 3969, Tz. 13
[418] EuGH, Rs. 125/88 *(Nijman),* Slg. 1989, 3533, Tz. 7 f.
[419] Urteil vom 13.11.1990, Rs. C-106/89, Slg. 1990 I, 4135
[420] Siehe oben III. 2. a), S. 84.
[421] ABl. 1968 Nr. L 65, S. 8
[422] EuGH, Slg. 1990 I, 4135, Tz. 8

habe[423]. Solange sich eine solche Vorschrift auf das durch die Richtlinie geregelte Rechtsgebiet beziehe, sei unerheblich, ob sie vor der Richtlinie und damit nicht zu ihrer Durchführung erlassen worden sei[424].
Der EuGH übernahm die Ausführungen des Generalanwalts zum Vorrang des Gemeinschaftsrechts nicht ausdrücklich, aber doch sinngemäß[425], indem er klarstellte, dass es dem nationalen Gericht verboten sei, eine dem Art. 11 der Richtlinie 68/151/EWG entgegenstehende Auslegung zu wählen[426].
Im Urteil *Marleasing* hat der Gerichtshof dem nationalen Gericht somit erstmals eine entgegenstehende Auslegung ausdrücklich verboten, während er sich in früheren Entscheidungen stets darauf beschränkt hatte, das nationale Gericht auf seine Pflicht zur richtlinienkonformen Auslegung hinzuweisen[427].

4. Weitere Urteile

In den folgenden Jahren nahm der Gerichtshof in weiteren Urteilen Bezug auf seine Formulierungen zur richtlinienkonformen Auslegung in *von Colson und Kamann, Harz* und *Marleasing*. Insb. die Entscheidungen *Wagner Miret* und *Faccini Dori* stellen klar, dass die Verpflichtung zur richtlinienkonformen Auslegung nicht so weit gehe, dass die nationalen Gerichte anstelle des Gesetzgebers positives Recht schaffen dürften, vielmehr seien die Grenzen der Pflicht dann erreicht, wenn das nationale Gesetz zur Begründung eines individuellen Rechts nicht über den entsprechenden Spielraum verfüge. Dies sei z.B. dann der Fall, wenn der Gesetzgeber es unter Verstoß gegen seine gemeinschaftsrechtlichen Verpflichtungen unterlassen hat, überhaupt eine privatrechtliche Anspruchsgrundlage mit auslegungsfähigen Tatbestandsmerkmalen im nationalen Recht zu schaffen[428].

---

[423] Damit begründet *van Gerven* die umfassende Pflicht zur richtlinienkonformen Auslegung mit den beiden grundlegenden Prinzipien des Gemeinschaftsrechts, nämlich zum einen dem „effet utile", zum anderen dem Vorrang des Gemeinschaftsrechts.

[424] Schlussanträge, Slg. 1990 I, 4135, 4147

[425] Auch *Schmidt*, RabelsZ 59 (1995), 569, 584, spricht in Bezug auf das *Marleasing*-Urteil ausdrücklich vom Anwendungsvorrang des Gemeinschaftsrechts. Allerdings ist fraglich, ob der EuGH damit das Gebot der richtlinienkonformen Auslegung auf den Vorrang des Gemeinschaftsrechts als neue dogmatische Grundlage gestellt hat. Dagegen *Franzen*, Privatrechtsangleichung, S. 294, anders wohl *Brechmann*, S. 74: die Argumentation des Gerichtshofs mit dem Vorrang des Gemeinschaftsrechts begründe die Pflicht zur richtlinienkonformen Auslegung. Gleichzeitig meldet *Brechmann* aber Bedenken bezüglich der dogmatischen Nachvollziehbarkeit dieser Konstruktion an, vgl. auch S. 247 ff.

[426] EuGH, Slg. 1990 I, 4135, Tz. 9

[427] Nach Einschätzung von *Schnorbus*, AcP 201 (2001), 860, 870, 873, ist der EuGH mit diesem Verbot „sehr weit, vielleicht sogar zu weit" gegangen. Im Übrigen werde die Bedeutung der Entscheidung *Marleasing* vom Schrifttum bei weitem überschätzt.

[428] In diesem Fall bleibt dem benachteiligten EG-Bürger nur der Staatshaftungsanspruch

IV. Reichweite / Grenzen der richtlinienkonformen Auslegung

1. Allgemeine Grenzen

Die Grenzen der richtlinienkonformen Auslegung können grundsätzlich von zwei Perspektiven aus betrachtet werden: Zum einen aus der Sicht des nationalen Rechts, und zwar im Zusammenhang mit dem Beurteilungsspielraum, den ein nationales Gericht nach der nationalen Methodenlehre für die Auslegung einer Norm besitzt. Zum anderen spielen gemeinschaftsrechtliche Erwägungen eine Rolle[429].

a) Nationale Grenzen

Zunächst interessieren die Grenzen, die das innerstaatliche Recht der richtlinienkonformen Auslegung setzt.

aa) Wortlaut und Zweck der nationalen Vorschrift

Nach allgemeiner – auch vom EuGH vertretener[430] – Auffassung kommt eine richtlinienkonforme Auslegung nur insoweit in Betracht, als die nationale Vorschrift dem Gesetzesanwender einen Auslegungsspielraum eröffnet[431]. Die Auslegungsfähigkeit einer Norm, die danach eine Interpretation anhand von Richtlinienvorgaben überhaupt erst ermöglicht, ist nach überwiegender Ansicht zunächst durch Wortlaut und Wortsinn der auszulegenden Norm begrenzt[432]. Einer nach Wortlaut und –sinn eindeutigen nationalen Regelung darf kein entgegengesetzter Sinn verliehen werden, ihr normativer Gehalt nicht völlig neu

---

wegen Nichtumsetzung einer Richtlinie, EuGH, Rs. C-91/92 *(Faccini Dori),* Slg. 1994 I, 3325, Tz. 20, 27; Rs. C-334/92 *(Wagner Miret),* Slg. 1993 I, 6911, Tz. 22 f.

429 Auf diese Unterscheidung weist insb. *Jarass* hin, Richtlinienkonforme bzw. EG-rechtskonforme Auslegung nationalen Rechts, EuR 1991, 211, 217.

430 EuGH, Rs. 14/83 *(von Colson und Kamann),* Slg. 1984, 1891, Tz. 28; Rs. 79/83 *(Harz),* Slg. 1984, 1921, Tz. 28

431 *Zuleeg,* in: *Schulze,* Auslegung europäischen Privatrechts und angeglichenen Rechts (1999), S. 163, 172; *Everling,* ZGR 1992, 376, 381, 388; *Roth,* in: FS Wiss. BGH II (2000), S. 847, 876

432 Zur Begrifflichkeit vgl. *Brechmann,* S. 161, Fn. 153; *Franzen,* Privatrechtsangleichung, S. 375 ff. Methodenrechtliche Zweifel an der Eignung des Wortlauts als Grenze einer möglichen Auslegung meldet *Depenheuer* an. Seiner Ansicht nach könne der Wortlaut an sich keine Grenze bilden, da das Wort nur von seinem Kontext her verständlich werde, und die Auslegung daher nur zum Ziel haben könne, den genauen Kontext der Norm zu bestimmen. Der Wortlaut sei jedoch für jeglichen Kontext offen, der ihm zugeordnet wird, so dass er per definitionem nicht als Grenze dienen könne, vgl. *Depenheuer,* Der Wortlaut als Grenze (1988), S. 38 ff.

bestimmt und ihr Ziel nicht in einem wesentlichen Punkt verfehlt werden[433]. Darüber hinaus wird die Auslegungsfähigkeit nach verbreiteter Auffassung weiterhin durch den gesetzgeberischen Zweck bzw. den Willen, der mit dem Erlass des Gesetzes verbunden ist, begrenzt[434], da die Entscheidungen des Gesetzgebers als dem demokratisch am stärksten legitimierten Organ durch jeden nachgeordneten Rechtsanwender zu beachten seien[435].
Andere dagegen betrachten als äußerste Grenze lediglich den Wortlaut einer Norm, wohingegen ein entgegengesetzter gesetzgeberischer Wille einer richtlinienkonformen Auslegung nicht entgegenstehe[436]. Die Entscheidung darüber,

---

[433] *Jarass,* EuR 1991, 211, 218, der mit dieser Formulierung an die durch das BVerfG gesetzten Grenzen einer verfassungskonformen Auslegung anknüpft, vgl. BVerfGE 71, 81, 105; *Gellermann,* Beeinflussung, S. 108.

[434] So auch die deutsche Rechtsprechung. Auch das BVerfG spricht im Hinblick auf die Grenzen einer verfassungskonformen Auslegung davon, dass diese ihre Grenze neben dem Gesetzeswortlaut im Zweck einer Regelung finde, welche der Gesetzgeber eindeutig mit ihr verfolgt habe, BVerfGE 8, 28, 34; 72, 278, 295. Allerdings hat das BVerfG die erhebliche Vagheit und Unbestimmtheit des Kriteriums des gesetzgeberischen Zwecks erkannt und verlangt insoweit *Eindeutigkeit.*

[435] Vgl. zu diesem staatstheoretischen Grundsatz *Neuner,* Die Rechtsfindung contra legem (1992), S. 86 ff., 103 ff. m.w.N. Diese Grenzen werden insb. im Rahmen der verfassungskonformen Auslegung behandelt.

[436] Vgl. beispielsweise *Nettesheim,* AöR 1994, 261, 275; *Steindorff,* EG-Richtlinien und Illusionen, in: FS Everling (1995), S. 1455, 1462 f.

Abweichend bzgl. der Beachtlichkeit der ratio legis auch die Sichtweise von *Everling,* ZGR 1992, 376, 381, 388, nach dem der Wille des nationalen Gesetzgebers nicht maßgeblich sein könne, da Grundlage der nationalen Regelung die Richtlinie sei. Im Rahmen der Auslegung müsse allein deren Sinn maßgebend sein, nicht dagegen die unterschiedlichen Vorstellungen der jeweiligen mitgliedstaatlichen Gesetzgeber. Auch *Lutter* sieht im möglicherweise entgegenstehenden Willen des nationalen Gesetzgebers keine Grenze der richtlinienkonformen Auslegung, indem er auf die Figur des „objektivierten Gesetzgebungswillens" zurückgreift. Diese Auslegungsmethode knüpft zwar einerseits an die vom historischen Gesetzgeber verfolgten Zwecke an, interpretiert diese aber gegebenenfalls im Lichte der gegenwärtigen Verhältnisse. In diesem Sinne wird die Norm weiterentwickelt und damit „objektiviert", vgl. *Bydlinski,* Juristische Methodenlehre und Rechtsbegriff (1982), S. 454. Nach *Lutter* folgt die Objektivierung des Gesetzgebungswillens unmittelbar aus der Höherrangigkeit der Richtlinie im Verhältnis zum innerstaatlichen Recht, so dass der Wille des nationalen Gesetzgebers unabhängig von seinem tatsächlichen Willen anhand der Anforderungen der Richtlinie zu bestimmen sei, *ders.,* Europäisches Unternehmensrecht (1996), S. 21 ff. Zur Grenzziehung zwischen Wortsinn und ratio legis (im Zusammenhang mit der Frage der Grenzen der gemeinschaftsrechtskonformen Auslegung) vgl. *Ehricke,* RabelsZ 59 (1995), 598, 635 ff.

Nach Ansicht von *Neuner* muss von der grundsätzlichen Beachtlichkeit der gesetzgeberischen Regelungsabsicht dann eine Ausnahme gemacht werden, wenn der Wortsinn einer Norm eindeutig ist und die Vorschrift darüber hinaus eine vernünftige und sachgerechte Regelung beinhaltet. In diesem Fall müsse sich der Bürger aus Gründen des Vertrauensschutzes und der Rechtssicherheit auf den eindeutigen Wortsinn verlassen können, so dass er mit einer entgegengesetzten Regelungsabsicht des Gesetzgebers nicht zu rechnen brauche. In dieser Konob die nationale Norm einen entsprechenden Beurteilungsspielraum gewährt, liegt dabei allein in der Kompetenz des nationalen Gerichts[437].

Allerdings befindet sich der Rechtsanwender hier schnell an der Grenze der richtlinienkonformen *Auslegung* zur richtlinienkonformen *Fortbildung* des nationalen Rechts[438], wobei als Abgrenzungskriterium nach überwiegender Auffassung der Spielraum dient, den der mögliche Wortsinn einer Norm dem Rechtsanwender gewährt[439]. Wird die so gezogene Grenze überschritten, handelt es sich nicht mehr um Auslegung, sondern um Rechtsfortbildung, um eine „schöpferische Rechtsfindung", bei der von der Rechtsprechung Wertvorstellungen, die der verfassungsmäßigen Rechtsordnung immanent, aber in den Texten der geschriebenen Gesetze nicht oder nur unvollkommen zum Ausdruck gelangt sind, in einem Akt des bewertenden Erkennens ans Licht gebracht und in der Entscheidung realisiert werden[440].

Zwar bejaht die überwiegende Auffassung in der Literatur im Grundsatz die Zulässigkeit einer richtlinienkonformen Rechtsfortbildung[441], fraglich ist allein deren zulässige Reichweite, des Weiteren ist eine genaue Grenzziehung oft nur schwer möglich[442].

---

stellation könne der Wortlaut eine eigenständige Grenzfunktion ausüben, *ders.*, Die Rechtsfindung contra legem (1992), S. 114 f.; ihm folgend *Brechmann*, S. 270.

437 Dementsprechend ist der EuGH im Urteil *Foster* zwar auf die unmittelbare Wirkung der betreffenden Richtlinie 76/207/EWG, nicht jedoch auf die Frage einer richtlinienkonformen Auslegung eingegangen, da nach Ansicht des *House of Lords* die britischen Rechtsvorschriften keinen entsprechenden Auslegungsspielraum gewährten, EuGH, Rs. 188/89 *(Foster)*, Slg. 1990 I, 3313; vgl. auch *Franzen*, Privatrechtsangleichung, S. 342 f.

438 Zum methodischen Hintergrund der Rechtsfortbildung praeter legem vgl. *Larenz*, Methodenlehre der Rechtswissenschaft (1991), S. 366 ff.; *Engisch/Würtenberger*, Einführung in das juristische Denken (1997), S. 73; *Canaris*, Die Feststellung von Lücken im Gesetz (1964), S. 19 ff.

439 *Franzen*, Privatrechtsangleichung, S. 378. Der EuGH greift diese dem deutschen Rechtskreis geläufige Unterscheidung nicht auf, sondern ist insofern stärker dem französischen Rechtsdenken verhaftet, vgl. hierzu *Fikentscher*, Methoden des Rechts in vergleichender Darstellung, Bd. I (1975), S. 545 f.

440 BVerfGE 34, 269, 287. Der Begriff wird ferner umschrieben werden als die „Interpretation von Entscheidungsnormen jenseits deskriptiv geleiteter Sinnfeststellung", so *Schnorbus*, AcP 201 (2001), 860, 887.

441 *Brechmann*, S. 269 ff.; *Everling*, ZGR 1992, 376, 388; *Lutter*, JZ 1992, 593, 598, 607

442 *Everling*, ZGR 1992, 376, 388; *Brechmann*, S. 266, weist darauf hin, dass auch das BVerfG den Unterschied von verfassungskonformer Auslegung und verfassungskonformer Rechtsfortbildung nicht hinreichend offen gelegt hat. Jedoch soll die Frage der Grenzen einer richterlichen Rechtsfortbildung in diesem Rahmen nicht vertieft werden, vgl. weiterführend dazu *Canaris*, in: FS Bydlinski (2002), S. 47, 81 ff.; *Schnorbus*, AcP 201 (2001), 860, 886 ff.

bb) Rechtsstaatliche Grundsätze

Neben Wortlaut bzw. –sinn und gesetzgeberischem Zweck einer Norm können auch rechtsstaatliche Grundsätze der richtlinienkonformen Auslegung Grenzen setzen, wobei zunächst Forderungen des nationalen Verfassungsrechts ins Auge zu fassen sind. Insb. die Prinzipien des Vertrauensschutzes und der Rechtssicherheit können die Möglichkeit der richtlinienkonformen Auslegung unter Umständen einschränken. Dies wird z.B. für den Fall diskutiert, dass der Wortlaut einer nationalen Umsetzungsvorschrift eindeutig ist und der Gesetzestext gleichzeitig eine vernünftige und sachgerechte Regelung bereithält[443]. Hier können die genannten Prinzipien eine andere Auslegung als diejenige, die durch den eindeutigen Wortlaut vorgezeichnet ist, verbieten, auch wenn dies dem Regelungszweck des Gesetzgebers zuwiderläuft[444].
Allerdings wird eine solche Einschränkung nur in Ausnahmefällen in Betracht kommen, da das Vertrauen des Bürgers auf unveränderte Auslegung einer Norm in aller Regel nicht schützenswert ist[445]. So führte auch der BGH in seiner *Heininger*-Entscheidung vom 9.4.2002 aus, dass der Gesichtspunkt des Vertrauensschutzes nicht gegen die richtlinienkonforme Auslegung des § 5 II HWiG a.F. spreche[446].

b) Gemeinschaftsrechtliche Grenzen

Neben Gründen des nationalen (Verfassungs-) Rechts können auch solche des Gemeinschaftsrechts einer richtlinienkonformen Auslegung Grenzen setzen.

aa) Allgemeine Grundsätze des Gemeinschaftsrechts

Nach allgemeiner Auffassung ergeben sich Grenzen der richtlinienkonformen Auslegung in erster Linie aus den allgemeinen Grundsätzen des Gemeinschaftsrechts[447]. Zu den besagten zählen der Grundsatz des Vertrauensschutzes, das Gebot der Rechtssicherheit und das Rückwirkungsverbot[448]. Allerdings greifen

---

443 Siehe bereits oben Fn. 436

444 *Brechmann*, S. 270

445 Nach *Everling*, ZGR 1992, 376, 384, ist die Frage, ob durch richtlinienkonforme Auslegung eine Lage entstehen kann, in der der Vertrauensschutz einen Ausgleich verlangt, „abstrakt schwer zu beantworten", das rechtlich geschützte Vertrauen der Betroffenen dürfte „in Einzelfällen" zu beachten sein, wobei er in diesem Zusammenhang wohl eher auf den gemeinschaftsrechtlichen Grundsatz des Vertrauensschutzes abstellt.

446 BGH NJW 2002, 1881, 1883

447 *Roth*, in: FS Wiss. BGH II (2000), S. 847, 875 f.; *Basedow*, Der Bundesgerichtshof, seine Rechtsanwälte und die Verantwortung für das europäische Privatrecht, in: FS Brandner (1996), S. 651, 657; *Zuleeg*, in: *Schulze*, Auslegung europäischen Privatrechts und angeglichenen Rechts (1999), S. 163, 172 f.; *Everling*, ZGR 1992, 376, 388

448 Zum strafrechtlichen Rückwirkungsverbot *Jarass*, EuR 1991, 223; *Everling*, ZGR 1992,

die nun zu erörternden Beschränkungen nur ein, wenn eine Richtlinie nicht oder nicht rechtzeitig durch den nationalen Gesetzgeber umgesetzt wurde, da im Fall des Bestehens einer nationalen Umsetzungsnorm der Grundsatz der Rechtssicherheit gewahrt ist[449].
Ausgangspunkt der Diskussion über das Verhältnis von allgemeinen Rechtsgrundsätzen des Gemeinschaftsrechts und richtlinienkonformer Auslegung war das Urteil des EuGH in der Rechtssache *„Kolpinghuis Nijwegen"*[450]. Der Gerichtshof warf hier erstmals den Gedanken einer möglichen Beschränkung des Gebots zur richtlinienkonformen Auslegung durch die allgemeinen Rechtsgrundsätze auf. Er führte aus, dass eine nicht umgesetzte Richtlinie für sich allein genommen nicht geeignet sei, die Strafbarkeit zu begründen oder zu verschärfen, was gerade auch für die richtlinienkonforme Auslegung des nationalen Rechts gelte[451]. Im Rahmen seiner Argumentation stützte sich der Gerichtshof dabei speziell auf die Grundsätze der Rechtssicherheit und des Rückwirkungsverbots[452]. Hinter seinen Ausführungen steht der Gedanke des Schutzes des Bürgers in seinem Vertrauen, dass ihn Maßnahmen, die auf einer Richtlinie beruhen, erst nach erfolgter gesetzlicher Umsetzung der Richtlinie in innerstaatliches Recht treffen. Allein durch eine richtlinienkonforme Auslegung darf dieses Ergebnis nicht zu erreichen versucht werden, so dass der Grundsatz der Rechtssicherheit und des Rückwirkungsverbots insoweit Vorrang vor der Pflicht zur richtlinienkonformen Auslegung hat[453].

Teilweise wird es abgelehnt, die vom EuGH aufgestellten rechtsstaatlichen Grenzen auch auf die Auslegung von Richtlinien anzuwenden, die Rechtsverhältnisse zwischen Privatpersonen betreffen, da insofern auf beiden Seiten Vertrauenstatbestände vorlägen, die prinzipiell gleichwertig seien. Anders als im vertikalen Verhältnis des Bürgers zum Staat – wo die Grundsätze der Rechts-

---

376, 384 f.

[449] *Brechmann*, S. 275

[450] Siehe oben Fn. 411; es handelte sich um einen Fall der nicht erfolgten Umsetzung einer Richtlinie in niederländisches Recht, zum Sachverhalt siehe bereits oben III. 2. c), S. 85.

[451] EuGH, Rs. 80/86, Slg. 1987, 3969, Ls. 2

[452] Siehe Fn. 417. Der Vertrauensschutzgedanke wird nicht ausdrücklich angesprochen, dürfte aber im Rückwirkungsverbot enthalten sein.

[453] Obwohl der Vertrauensschutz auch einen Bestandteil des nationalen Rechtsstaatsprinzip bildet, handelt es sich hier um den sog. gemeinschaftsrechtlichen Vertrauensschutzgedanken, da das Vertrauen zwar nationalen Organen entgegengebracht wird, allerdings in ihrer Funktion als „Ausführungsorganen der Gemeinschaftsrechtsordnung", vgl. *Brechmann,* S. 277, Fn. 80. Auf den – im Gemeinschaftsrecht fest verankerten – Grundsatz des Vertrauensschutzes stellt insb. *Everling* entscheidend ab, vermeidet allerdings Festlegungen hinsichtlich der konkreten Reichweite dieses Grundsatzes, ZGR 1992, 376, 384 f. Zur von dieser „vertikalen" Wirkung von Richtlinienbestimmungen abzugrenzenden Problematik im „horizontalen" Verhältnis gleich unter bb).

sicherheit und des Vertrauensschutzes Anwendung finden – stehen sich hier private Personen mit grundsätzlich gleichen Rechten und Pflichten gegenüber. Während der eine Teil auf die fristgemäße legislative Umsetzung der Richtlinie vertraut, da sie ihm Rechte gewährt, vertraut der andere Teil auf die Nichtanwendung einer Richtlinie vor ihrer Umsetzung, da seine Rechtsposition beschränkt würde. Da sich somit im Gegensatz zum einseitig vertikalen Verhältnis des (schutzbedürftigen) Bürgers zum Staat hier gleichermaßen schutzwürdige Interessen gegenüberstehen, könne auf Rechtssicherheits- und Vertrauensschutzgesichtspunkte insoweit nicht zurückgegriffen werden[454].

Des Weiteren spielen rechtsstaatliche Grundsätze insofern eine Rolle, als das Gebot der richtlinienkonformen Auslegung eine Transformation durch den nationalen Gesetzgeber nicht ersetzt, die Mitgliedstaaten auf diese Weise somit nicht die nötige Umsetzung der Richtlinie umgehen dürfen[455]. Vielmehr erfordern Rechtssicherheit und –klarheit, dass die Bürger ihre Rechte und Pflichten den geltenden Normen „möglichst eindeutig entnehmen können"[456].

bb) Verbot der horizontalen Direktwirkung

Das Gebot der richtlinienkonformen Auslegung bezieht sich nicht nur auf Richtlinien, die Rechte des Einzelnen im vertikalen Verhältnis zum Staat begründen, sondern auch auf solche, die ausschließlich Rechtsverhältnisse zwischen Privaten regeln. In diesem horizontalen Verhältnis ist nach ganz überwiegender Auffassung in der Literatur eine unmittelbare Wirkung von Richtlinienbestimmungen ausgeschlossen[457], da dies Sinn und Zweck der Richtlinie gemäß Art. 249 III EG widerspreche und die Grenze zur Rechtsform der Verordnung verwische[458]. Gegen die horizontale Direktwirkung werden des Weiteren Rechtssicherheitsüberlegungen ins Feld geführt: Private, die auf eine noch nicht angepasste nationale Norm vertrauten, dürften nicht durch unmittelbar wirkende Richtlinienbestimmungen belastet werden[459].

---

454 So *Brechmann*, S. 279 f., der eine strikte Trennung der beiden Konstellationen vornimmt.

455 *Roth*, in: FS Wiss. BGH II (2000), S. 847, 871; *Everling*, ZGR 1992, 376 f., 388

456 *Everling*, ZGR 1992, 376 f., 388 f.

457 *Ehricke*, RabelsZ 59 (1995), 598, 618 f.; *Jarass*, EuR 1991, 211, 222; *Everling*, in: FS Lukes, S. 359, 365. Damit unterscheidet sich die richtlinienkonforme Auslegung wesensmäßig von der verfassungskonformen Auslegung im Rahmen des nationalen Rechts. Denn im Rahmen der letzteren binden die Grundrechte nicht nur die drei Staatsgewalten als die klassischen Grundrechtsadressaten, sondern gelten als objektive Wertentscheidungen auch ohne weiteren Transformationsakt unmittelbar zwischen Privatrechtssubjekten, vgl. BVerfGE 89, 214, 229.

458 *Gellermann*, Beeinflussung, S. 148 ff.; *Ehricke*, RabelsZ 59 (1995), 598, 618 f.

459 *Müller-Graff*, NJW 1993, 13, 20 f.

Diese Ansicht teilt auch der EuGH, der im Urteil „*Marshall*" die bis dahin nicht ganz eindeutigen Grundsätze zur horizontalen Direktwirkung klargestellt hat[460].

Anders als die unmittelbare Wirkung der Richtlinie ist im Horizontalverhältnis dagegen die richtlinienkonforme Auslegung grundsätzlich nicht ausgeschlossen. Allerdings begründet das Gebot richtlinienkonformer Auslegung nach verbreiteter Ansicht eine innerstaatliche Wirkung der Richtlinie, die derjenigen der unmittelbaren Wirkung gleichkomme[461]. Dies führe mittelbar zu einer horizontalen Direktwirkung zu Lasten Privater[462], da die Richtlinie funktional betrachtet fast wie direkt anwendbar gelte[463].
Insb. das Urteil des Gerichtshofs in der Rechtssache *Marleasing* hat in dieser Hinsicht Kritik hervorgerufen[464]. Aufgrund dieser fragwürdigen Unterscheidung zwischen der Ablehnung einer horizontalen Wirkung auf der einen Seite und der extensiven Ausweitung der richtlinienkonformen Auslegung auf der anderen Seite finden sich im Schrifttum Vorschläge für eine Abwägung zwischen der Pflicht zur richtlinienkonformen Auslegung und den Geboten der Rechtssicherheit und des Vertrauensschutzes im Einzelfall[465]. Die richtlinienkonforme Auslegung dürfe nicht als Ersatz für die fehlende unmittelbare Anwendbarkeit dienen[466].

2. „Quasi-richtlinienkonforme Auslegung" im überschießenden Bereich

a) Grundüberlegungen

Durch die bis heute in weiten Teilen punktuell gebliebene europäische Privatrechtsangleichung im Bereich des Privatrechts drohen die nationalen Privat-

---

460 EuGH, Rs. 152/84, Slg. 1986, 723, Tz. 48

461 *Hilf,* Die Richtlinie der EG – ohne Richtung, ohne Linie, EuR 1993, 1, 11 f.; *Scherzberg,* Jura 1993, 225, 233; *Müller-Graff,* NJW 1993, 13, 21.

462 Die richtlinienkonforme Auslegung dient so als „Ersatz" für die fehlende Direktwirkung der Richtlinie im Horizontalverhältnis, *Everling,* ZGR 1992, 376, 383; *Brechmann,* S. 72 f.; *Grundmann,* JuS 2002, 768, 770.

463 *Jarass,* Grundfragen, S. 94; *Gellermann,* Beeinflussung, S. 145 ff.; *Gebauer,* Grundfragen, S. 162 ff.

464 Die Rechtsprechung des EuGH sei inkonsequent, unnötig kompliziert und führe in ihrer Anwendung zu willkürlichen Unterschieden zwischen den einzelnen Mitgliedstaaten. Die richtlinienkonforme Auslegung führe die eigentlich abgelehnte Direktwirkung „durch die Hintertür wieder ein", so ausdrücklich *Klauer,* S. 54 f.

465 Allerdings können an der Anwendbarkeit der rechtsstaatlichen Grundsätze auf diese Konstellation Zweifel angemeldet werden, siehe bereits oben bei Fn. 445.

466 Der BGH stellt in seiner Entscheidung vom 9.4.2002 ohne nähere Ausführungen fest, dass durch die richtlinienkonforme Auslegung von § 5 II HWiG a.F. eine horizontale Direktwirkung nicht begründet werde; kritisch hierzu *Piekenbrock/Schulze,* WM 2002, 521, 527 f.

rechtssysteme an Einheitlichkeit zu verlieren. Auf die Notwendigkeit, Richtlinienvorgaben überschießend in nationales Recht umzusetzen, um Systemkonformität und Widerspruchsfreiheit der Kodifikation zu wahren, wurde bereits eingegangen[467]. Hat der Gesetzgeber diesen Schritt getan, stellt sich für den Rechtsanwender im Folgenden die Frage des Umgangs mit dem über-schießend angeglichenen Recht.

Grundsätzlich bieten sich zwei Möglichkeiten: zum einen die Auslegung unter ausschließlicher Orientierung an nationalen Gesichtspunkten und Methodik, zum anderen eine Auslegung unter Berücksichtigung des (zwar nur „mittelbaren", aber doch gegebenen) gemeinschaftsrechtlichen Hintergrunds und damit eine Fortführung der vom Gesetzgeber initiierten freiwilligen Annäherung an das Gemeinschaftsrecht. Fraglich ist, ob auf diesem Weg nach und nach die grundlegenden Voraussetzungen für eine einheitliche Auslegung autonomen und transformierten Rechts entwickelt werden können.

In einem nächsten Schritt stellt sich somit die Frage, ob der Text ein und derselben Norm je nach Anwendungszusammenhang jeweils einem anderen Auslegungsregime unterliegen soll und sich die richtlinienkonforme Auslegung damit auf diejenigen Vorschriften des nationalen Rechts beschränken soll bzw. muss, die vom Regelungsbereich der Richtlinie umfasst sind.
Oder aber empfiehlt sich auch hinsichtlich der überschießenden Vorschriften[468] eine einheitliche Auslegung im Lichte von Sinn und Zweck der Richtlinie, sog. „quasi-richtlinienkonforme Auslegung"? Unter Umständen besteht gar eine Pflicht hierzu.

b) Zulässigkeit einer quasi-richtlinienkonformen Auslegung

Bevor auf eine möglicherweise bestehende Pflicht zur einheitlichen Auslegung des autonomen Rechts eingegangen wird, stellt sich zunächst die Frage der grundsätzlichen Zulässigkeit einer quasi-richtlinienkonformen Auslegung.

aa) Nach Gemeinschaftsrecht

Aus Sicht des Gemeinschaftsrechts ist es dem nationalen Rechtsanwender grundsätzlich nicht verwehrt, sich bei der Normauslegung an gemeinschafts-

---

[467] Siehe oben B. III. 2. b) bb), S. 47

[468] Teilweise wird für die freiwillig angepassten Vorschriften auch der Begriff der „Hybridnormen" verwendet, so beispielsweise *Dörner*, in: *Schulze/Schulte-Nölke*, Die Schuldrechtsreform vor dem Hintergrund des Gemeinschaftsrechts (2001), S. 177, 182 ff.; *Drexl*, Verbraucherrecht – Allgemeines Privatrecht – Handelsrecht, in: *Schlechtriem*, Wandlungen des Schuldrechts (2002), S. 97, 104.

rechtlichen Auslegungsmustern zu orientieren, selbst wenn die gegenständliche nationale Vorschrift nicht im eigentlichen Anwendungsbereich der Richtlinie liegt. Eine Beeinträchtigung der einheitlichen Auslegung des Gemeinschaftsrechts und damit letztlich der praktischen Wirksamkeit desselben (effet utile) ist nicht ersichtlich[469].
Allenfalls könnte daran gedacht werden, dass ein nationales Gericht, wenn es sich bei der Interpretation einer überschießenden Vorschrift für die quasi-richtlinienkonforme Auslegung entscheidet, Sinn und Zweck der dahinter stehenden Richtlinie fehlinterpretiert. Diese Auslegung könnte dann unter Umständen auf Sachverhalte abfärben, die innerhalb des Anwendungsbereichs der Richtlinie liegen. Jedoch erscheint diese Gefahr zum einen weit hergeholt, da für eine grundsätzliche Annahme des Eintretens dieses Falles keine Anhaltspunkte bestehen. Zum anderen handelt es sich dabei um ein stets vorhandenes „Risiko“, da auch in Fällen, in denen der Anwendungsbereich der Richtlinie eröffnet ist und das Gericht im Rahmen der vorzunehmenden richtlinienkonformen Auslegung die Richtlinie heranzieht, nicht ausgeschlossen ist, dass es Sinn und Zweck derselben fehlinterpretiert und sich gleichzeitig aber nicht veranlasst sieht, eine Vorlage an den EuGH nach Art. 234 EG anzustrengen.
Vielmehr wird das Gericht sich wohl eher dann zu einer Vorlage veranlasst sehen, wenn es erwägt, der Richtlinienauslegung durch ein anderes Gericht zu folgen. Entweder wird es in diesem Fall, wenn es mit der vom anderen Gericht vorgenommenen Auslegung nicht übereinstimmt, von sich aus die Richtlinie selbständig in einem anderen Sinn auslegen, andernfalls – bei Zweifeln hinsichtlich der korrekten Interpretation – an den EuGH vorlegen. Dass es dagegen die von einem anderen Gericht in einem überschießenden Bereich vorgenommene „falsche“ Auslegung unbesehen für innerhalb des Anwendungsbereichs der Richtlinie liegende Sachverhalte übernimmt, ist doch höchst unwahrscheinlich, so dass diese Gefahr vernachlässigt werden kann[470].

bb) Nach nationalem Recht

Ebenso wie bei der Frage der Zulässigkeit der freiwilligen Rechtsangleichung ist auch hier der Blick auf nationales (Verfassungs-) Recht, insb. auf Art. 3 GG, zu lenken. Der allgemeine Gleichheitssatz untersagt nicht nur dem Gesetzgeber, sondern auch dem Rechtsanwender (Art. 1 III GG), „wesentlich Gleiches will-

[469] Gegen eine solche Auslegung dürften aus gemeinschaftsrechtlicher Sicht keine Einwände bestehen, sofern nicht gegen allgemeine Grundsätze des Gemeinschaftsrechts verstoßen wird, *Brechmann*, S. 60.

[470] Eine ähnliche Frage stellt sich im Zusammenhang mit einer möglichen Pflicht des nationalen Gerichts zur quasi-richtlinienkonformen Auslegung, vgl. dazu unten c) aa), S. 100.

kürlich ungleich“ sowie „wesentlich Ungleiches willkürlich gleich“ zu behandeln[471].

Da der Richter sich jedoch bei der Entscheidung für eine einheitliche Auslegung im Sinne des Gemeinschaftsrechts häufig gerade von solchen Gerechtigkeitserwägungen leiten lassen wird, wirft die Alternative der Ungleichbehandlung von wesentlich Gleichem insofern kein Problem auf. Allerdings sind durchaus Ausnahmefälle denkbar, in denen Art. 3 GG durch sein Verbot der Gleichbehandlung von wesentlich Ungleichem einer quasi-richtlinienkonformen Auslegung gerade entgegenstehen kann.

Trotz der grundsätzlichen Übertragbarkeit der Wertungsmaßstäbe ist dennoch ein Unterschied zur Frage der verfassungsrechtlichen Zulässigkeit der autonomen Rechtsangleichung zu beachten. In jenem Fall steht der Gesetzgeber vor der Entscheidung, ein gemeinschaftsrechtliches Regelungsmuster überhaupt und erstmals freiwillig ins nationale Recht zu übernehmen, wobei diesem Vorgehen unter Umständen der beschränkte, auf fundierte sachliche Gründe zurückgehende Anwendungsbereich der Richtlinie entgegenstehen kann, der einer Verallgemeinerung nicht fähig ist[472]. Anders ist die Ausgangslage hier: Die grundsätzliche Entscheidung des Normgebers für die Übernahme von Gemeinschaftsvorgaben liegt in diesem Fall bereits vor, so dass hier der Schritt zur „zweiten Stufe“, nämlich der einheitlichen Auslegung im Sinne der Richtlinie, näher liegt.

Somit kann als Schlussfolgerung festgehalten werden, dass Art. 3 GG der quasi-richtlinienkonformen Auslegung von überschießendem Recht nur in Ausnahmefällen entgegensteht, so beispielsweise wenn das zugrunde liegende Richtlinienkonzept in keiner Weise auf die Umstände des konkreten Einzelfalls passt.

c) Pflicht zur quasi-richtlinienkonformen Auslegung

Nachdem damit die grundsätzliche Zulässigkeit der quasi-richtlinienkonformen Auslegung im überschießenden Bereich feststeht, ist zu prüfen, ob in bestimmten Fällen sogar eine Pflicht hierzu besteht.

aa) Aus Gemeinschaftsrecht

Im Schrifttum wird teilweise vertreten, aus dem Gemeinschaftsrecht folge das Gebot der einheitlichen Auslegung der überschießenden nationalen Transformationsnormen[473].

---

[471] BVerfGE 49, 148, 165; 78, 104, 121

[472] Dazu oben B. III. 2. a) cc), S. 42

[473] *Roth*, in: *Grundmann/Medicus/Rolland*, Europäisches Kaufgewährleistungsrecht (2000), S. 113, 129; *ders.*, in: FS Wiss. BGH II (2000), S. 847, 883 f.; MüKo/*Ernst*, vor § 275 BGB, Rn. 23; Anwaltkommentar/*Büdenbender*, vor §§ 433 ff. BGB, Rn. 20; *Lutter*, UmwG (2004), Einl.

aaa) Art. 249 III, Art. 10 EG

Eine solche Pflicht könnte sich zunächst aus Art. 249 III, Art. 10 EG[474] ergeben. Allerdings sind die betreffenden überschießend umgesetzten Normen gerade nicht vom Regelungsbereich der Richtlinie erfasst. Als Rechtsgrundlage einer Pflicht zur einheitlich richtlinienkonformen Auslegung scheiden damit die Art. 249 III, Art. 10 EG aus, da diese in ihrer verpflichtenden Wirkung nur so weit gehen können wie der Anwendungsbereich der Richtlinie selbst[475].

bbb) Zusammenhang mit Mindestharmonisierung

Zur Begründung einer Pflicht zur einheitlichen Auslegung des autonomen Rechts könnte auf den Zusammenhang mit dem Konzept der Mindestharmonisierung verwiesen werden. Dieser Gedankengang taucht auch in den Schlussanträgen von *GA Léger* in der Rechtssache *Berliner Kindl* auf, allerdings im Zusammenhang mit der Frage der Zuständigkeit des EuGH nach Art. 234 EG.
Léger argumentiert, dass der Gesetzgeber im Fall der Mindestharmonisierung die nationalen Regelungen nicht aufgrund einer autonomen und einseitigen Entscheidung erlasse, sondern „aufgrund der Richtlinie selbst und in vollem Einklang mit dem Willen des Gemeinschaftsgesetzgebers" handele[476]. Aus diesen Gründen sei die Zuständigkeit des Gerichtshofs nach Art. 234 EG unabhängig von seiner Rechtsprechung zur überschießenden Umsetzung im vorliegenden Fall zu bejahen[477].
Hier ist jedoch zunächst darauf hinzuweisen, dass die Konstellation der Mindestharmonisierung und die der überschießenden Umsetzung klar zu trennen sind[478], was die Schlussanträge von *GA Léger* nur unzureichend berücksichtigen. Während im Fall der autonomen Rechtsangleichung das nationale Recht den Schutzbereich einer Gemeinschaftsnorm über deren – persönlichen oder sachlichen – Anwendungsbereich hinaus auf weitere Sachverhalte erstreckt und somit den *Regelungsrahmen* derselben erweitert, zielt die Mindestharmonisierung in eine andere Richtung. Hier findet – innerhalb der „vertikalen Achse" der Richtlinie – eine Intensivierung der Regelungstiefe statt, indem die nationalen Vorschriften über den europarechtlichen Schutzstandard hinausgehen. Somit kann allein aus der Tatsache, dass eine Richtlinie Mindestharmonisierungsvorschriften vorsieht, nicht geschlossen werden, dass in Bereichen, in denen der nationale

---

Rn. 30

[474] Zur (nicht unumstrittenen) Rechtsgrundlage des Gebots zur richtlinienkonformen Auslegung vgl. oben II. 2., S. 79.

[475] Grabitz/*Nettesheim*, Art. 249 EG, Rn. 151; *Brechmann*, S. 273 ff.; *Schnorbus*, RabelsZ 65 (2001), 654, 685 f.; *Mayer/Schürnbrand*, JZ 2004, 548 f.

[476] *GA Léger*, Schlussanträge vom 28.10.1999, Rs. C-208/98, Slg. 2000 I, 1743, Tz. 26

[477] Slg. 2000 I, 1743, Tz. 28

[478] Siehe dazu bereits oben B. III. 1. a), S. 37

Gesetzgeber überschießend umsetzt, automatisch das Gebot der quasi-richtlinienkonformen Auslegung greift.

Schließlich könnte zur Begründung der Pflicht mit dem mutmaßlichen Willen des Gemeinschaftsgesetzgebers argumentiert werden, der es durch das Vorsehen von Mindestvorschriften förmlich darauf anlege, dass die Mitgliedstaaten das gemeinschaftliche Regelungskonzept auf andere nationale Fallgestaltungen ausdehnen und damit auch eine einheitliche Auslegung anstrebe[479].
Jedoch ist bereits fraglich, ob man dem Gemeinschaftsgesetzgeber einen solchen Willen trotz des verbleibenden Gestaltungsspielraums des nationalen Gesetzgebers unterstellen kann in dem Sinne, dass dieser beim Erlass solcher weitergehenden Vorschriften „in vollem Einklang mit dem Willen des Gemeinschaftsgesetzgeber[s]" handelt[480].
Des Weiteren ist wie bereits erwähnt in diesem Fall lediglich die Regelungstiefe einer Gemeinschaftsnorm betroffen, weshalb die Argumentation nicht unbesehen auf die Erweiterung des Regelungsrahmens übertragen werden kann. Somit kann allein aus der Einschlägigkeit eines Falles der Mindestharmonisierung nicht gefolgert werden, dass die weitergehenden Schutzvorschriften „in vollem Einklang mit dem Willen des Gemeinschaftsgesetzgeber[s]" handelt mit der Folge, dass automatisch auch eine quasi-richtlinienkonforme Auslegung zu erfolgen hat. Eine Schutzverstärkungsklausel in einem Sekundärrechtsakt, die dem nationalen Gesetzgeber ausdrücklich gestattet, weiterführende Vorschriften vorzusehen, könnte allenfalls als Indiz für die generelle Offenheit des Gemeinschaftsgesetzgebers hinsichtlich weiterführender nationaler Maßnahmen und damit als zusätzliches Argument für die quasi-richtlinienkonforme Auslegung dienen.

ccc) Einheit des Gemeinschaftsrechts

Oben wurde bereits angedeutet, dass eine unzutreffende Richtlinienauslegung im überschießenden Bereich auf die Auslegung derselben bei der Anwendung von Normen innerhalb des Regelungsbereichs der Richtlinie durch ein anderes Gericht abfärben könnte[481], jedoch konnte diese Gefahr als gering eingestuft werden.

Eine ähnliche Konstellation ist auch hier denkbar, aus der sich im vorliegenden Zusammenhang eine Pflicht zur quasi-richtlinienkonformen Auslegung ergeben könnte. Nach der Rechtsprechung des EuGH besteht ein „klares Interesse der

---

[479] In diesem Sinne *Heß,* Schuldrechtsreform und Zivilprozess, in: *Dauner-Lieb/Konzen/ Schmidt,* Das neue Schuldrecht in der Praxis (2003), S. 665, 680.
[480] So auch *Hommelhoff,* in: FS Wiss. BGH II (2000), 889, 922
[481] Vgl. oben b) aa), S. 96

Gemeinschaft" daran, dass Gemeinschaftsnormen, egal in welchem Zusammenhang sie Anwendung finden, stets einheitlich ausgelegt werden[482]. Unter dieser Prämisse könnte eine Gefahr für die Einheit des Gemeinschaftsrechts darin bestehen, dass sich eine abweichende Interpretation der nationalen Vorschriften im überschießenden Bereich (gespaltene Auslegung) auf Sachverhalte innerhalb des Anwendungsbereichs der Richtlinie auswirken könnte, und zwar in dem Sinne, dass ein anderes Gericht die gegebene Auslegung übernimmt und dadurch die gemeinschaftsrechtliche Herkunft der Normen verkennt[483].

Der Unterschied zur bereits erwähnten Konstellation des „Abfärbens" einer bestimmten Auslegung auf folgende Verfahren besteht darin, dass hier eine bestimmte Auslegung des nationalen Rechts – nämlich die gespaltene Auslegung im überschießenden Bereich – übernommen wird, nicht dagegen die „falsche" Auslegung einer Richtlinie, und es dadurch zu einer Beschneidung der Anwendung der Richtlinie durch das nationale Gericht kommt. Fraglich ist aber, ob die Gefahr für die einheitliche Auslegung des Gemeinschaftsrechts hier so groß ist, dass daraus eine gemeinschaftsrechtliche Pflicht abgeleitet werden kann, die Begriffe des Gemeinschaftsrechts nur in ihrer gemeinschaftsrechtlichen Bedeutung zu verwenden. Zwar ist dieses (berechtigte) Interesse der Gemeinschaft immer mit zu bedenken, wenn der nationale Richter vor der Frage der einheitlichen oder gespaltenen Auslegung steht, jedoch kann – ähnlich wie oben argumentiert wurde – von dem Ausnahmefall, dass der Rechtsanwender den gemeinschaftsrechtlichen Hintergrund eines Sachverhalts verkennt und eine gespaltene Auslegung durch ein anderes Gericht übernimmt, nicht auf eine generelle Pflicht zur quasi-richtlinienkonformen Auslegung geschlossen werden[484].
Zwar mag der noch zu erörternden *Dzodzi*-Rechtsprechung des EuGH im Grundsatz der Gedanke zugrunde liegen, dass die Mitgliedstaaten bei der Anwendung des zulässigerweise autonom angeglichenen Rechts dafür Sorge tragen müssen, dass hierdurch nicht die Zielsetzungen der Rechtsangleichung selbst in Frage gestellt werden, eine allgemein zwingende Interpretationsregel von Seiten des Gemeinschaftsrechts kann diese Erwägung jedoch nicht begründen.
Insofern bleibt es im Anschluss an die Rechtsprechung des EuGH dabei, dass die gemeinschaftsrechtliche Pflicht zur richtlinienkonformen Auslegung da endet, wo der Anwendungsbereich der Richtlinie endet[485].

---

[482] EuGH, Rs. C-297/88 *(Dzodzi)*, Slg. 1990 I, 3763, Tz. 36 f.

[483] Dazu auch *Roth*, in: *Dauner-Lieb/Konzen/Schmidt*, Das neue Schuldrecht in der Praxis (2003), S. 25, 36

[484] So im Ergebnis auch Staudinger/*Beckmann*, vor §§ 433 ff. BGB, Rn. 55; Palandt/*Heinrichs*, Einl. vor § 1 BGB, Rn. 44; MüKo/*Lorenz*, vor § 474 BGB, Rn. 4.

[485] EuGH, Rs. 125/88 *(Nijman)*, Slg. 1989, 3533, Tz. 7 f.; *Brechmann*, S. 72; *Hennrichs*, Die Bedeutung der EG-Bilanzrichtlinie für das deutsche Handelsbilanzrecht, ZGR 1997, 66, 76.

bb) Aus nationalem Recht

Anders sieht dies aus Sicht des nationalen Rechts aus. Hier sind durchaus Gründe denkbar, die im Einzelfall für eine quasi-richtlinienkonforme Auslegung sprechen können.

aaa) Aus dem autonomen Recht selbst

Erster Anhaltspunkt für die Frage, welchem Regime die Auslegung der überschießenden Vorschriften folgen soll, ist für den Rechtsanwender das autonome Recht selbst. Geht der Normgeber im Wege der autonomen Harmonisierung über Gemeinschaftsvorgaben hinaus, so kann er zunächst, um Auslegungsdivergenzen und –unklarheiten von vornherein zu verhindern, im betreffenden Rechtsakt ausdrücklich klarzustellen, ob sich die autonome Auslegung an der europäischen orientieren soll[486].
Als Beispiel für ein solches Vorgehen kann das italienische Kartellgesetz angeführt werden, das sich nicht nur von Wortlaut und Inhalt her an die europäischen Wettbewerbsregeln anlehnt[487], sondern darüber hinaus in Art. 1 Abs. 4 der gemeinschaftsrechtlichen Auslegung ausdrücklich den Vorrang einräumt[488]. Ebenso liegen die Dinge im Fall des britischen Kartellrechts, wo Section 60 Competition Act die Auslegung des nationalen Rechts ausdrücklich an das europäische Kartellrecht anbindet.

Schwieriger stellt sich die Lage dar, wenn der Gesetzgeber sich zur Frage der Auslegung nicht ausdrücklich geäußert hat. In diesem Fall bleibt nur die Erforschung des objektiven gesetzgeberischen Willens durch Auslegung des autonomen Rechts, wobei insb. Entstehungsgeschichte, Gesetzesbegründung[489], Systematik und Zweck des Gesetzes wichtige Anhaltspunkte liefern können.

---

[486] *Roth*, in: *Dauner-Lieb/Konzen/Schmidt*, Das neue Schuldrecht in der Praxis (2003), S. 25, 36

[487] Nach *Gebauer*, Grundfragen, S. 280, liegt bereits darin ein „Musterbeispiel interner Harmonisierung durch nationale Rechtsanpassung an primäres und sekundäres Gemeinschaftsrecht“.

[488] Wörtlich bestimmt die Vorschrift: „Die in den vorliegenden Absätzen aufgeführten Bestimmungen werden nach den Grundsätzen der EG-Wettbewerbsregeln ausgelegt“. Ausführlich hierzu *Gebauer*, Grundfragen, S. 277 ff.; *Hommelhoff* bezeichnet dieses Regelungskonzept als „vorbildlich und zugleich zukunftsweisend“ und wirft zugleich die rechtspolitische Frage auf, ob Art. 177 II EWGV nicht dahingehend geöffnet werden sollte, *ders.*, Das italienische Kartellrecht – Bemerkungen aus deutscher Sicht in: JbItR 6 (1993), S. 3, 12, 14.

[489] Falls der Gesetzgeber eine einheitliche Auslegung anstrebt, aber eine ausdrückliche Anordnung im Gesetzestext unterlässt, wäre zumindest ein entsprechender Hinweis in der Gesetzesbegründung hilfreich, vgl. *Dörner*, in: *Schulze/Schulte-Nölke*, Die Schuldrechtsreform vor dem Hintergrund des Gemeinschaftsrechts (2001), S. 177, 184.

Teilweise wird eine Pflicht zur quasi-richtlinienkonformen Auslegung erst dann angenommen, wenn aus der Auslegung der autonomen Norm folgt, dass das nationale Recht rein innerstaatliche Sachverhalte und Sachverhalte, die unter die Richtlinie fallen, *stets und zwingend* gleichbehandelt wissen will[490].

bbb) Gerechtigkeitserwägungen, Art. 3 I GG

Ähnlich wie bei der Problematik der verfassungsrechtlichen Gebotenheit der autonomen Rechtsangleichung stellt sich auch hier die Frage, ob der allgemeine Gleichheitssatz des Art. 3 I GG nicht nur in manchen Fällen einer einheitlichen Auslegung entgegensteht, sondern diese gar gebietet.

Wie bereits dargestellt, ist im Rahmen der autonomen Rechtsangleichung die Problematik der nicht gerechtfertigten Ungleichbehandlung rein innerstaatlicher Sachverhalte nicht auf den speziellen Fall des Regelungscharakters der Grundfreiheiten beschränkt (klassischer Fall der Inländerdiskriminierung), sondern lässt sich grundsätzlich auf die Wirkung anderer Gemeinschaftsrechtsakte übertragen. Setzt der nationale Gesetzgeber eine Richtlinie nur innerhalb ihres Anwendungsbereichs in nationales Recht um, kann es zu einer – durch das Europarecht jedenfalls mitverursachten – Ungleichbehandlung rein innerstaatlicher Sachverhalte kommen, die die Anwendbarkeit von Art. 3 GG rechtfertigt. Gilt der allgemeine Gleichheitssatz gleichermaßen für den staatlichen Rechtsanwender (Art. 1 III GG), so können die gezogenen Erkenntnisse im Grundsatz auf die Frage der einheitlichen Auslegung der Transformationsvorschriften und der überschießenden Vorschriften übertragen werden[491]. Beschränkt sich der Rechtsanwender bei der Auslegung der nationalen Vorschriften auf die richtlinienkonforme Auslegung allein der vom Regelungsbereich der Richtlinie umfassten Normen, so kann sich daraus eine Schlechterstellung von rein innerstaatlichen Sachverhalten ergeben.

Nach der über das allgemeine Willkürverbot hinausgehenden „neuen Formel“ des BVerfG ist Art. 3 I GG dann verletzt, wenn eine Gruppe von Normadressaten im Vergleich zu anderen Normadressaten anders behandelt wird, obwohl zwischen beiden Gruppen keine Unterschiede von solcher Art und solchem Gewicht bestehen, dass sie die ungleiche Behandlung rechtfertigen können[492]. Danach ist im Anschluss an die Problematik der autonomen Rechtsangleichung die Benachteiligung von rein inländischen Sachverhalten zwar möglich, jedoch müssen die Unterschiede von Art und Gewicht erheblich sein[493]. Sprechen nach

---

[490] *Hennrichs,* ZGR 1997, 66, 78; näher dazu unten ccc)

[491] Vgl. *Broer,* Vorlagepflicht des BFH beim EuGH in bilanzsteuerrechtlichen Fragen, RIW 2001, 756, 762 im Zusammenhang mit der Frage der Vorlagepflicht, dazu noch unten Teil 4, D. III., S. 178 ff.

[492] St. Rspr., grundlegend BVerfGE 55, 72, 88

[493] Vgl. die Ausführungen unter B. III. 2. b) aa), S. 43 ff.

der vom Rechtsanwender im Einzelfall vorzunehmenden Abwägung erhebliche Gründe gegen eine einheitliche Auslegung, so lässt sich aus dem Gleichheitssatz keine Pflicht des nationalen Richters zur quasi-richtlinienkonformen Auslegung des autonomen Rechts ableiten[494].

ccc) Rechtssicherheit / Einheit der nationalen Rechtsordnung

Kann im Einzelfall die fragliche Auslegungspflicht nicht aus Art. 3 GG abgeleitet werden, so kann in vielen Fällen auf den Willen des Gesetzgebers zur einheitlichen Auslegung und Anwendung des von ihm gesetzten Rechts zurückgegriffen werden.

Bereits angesprochen wurde die Möglichkeit des Normgebers, die von ihm beabsichtigte einheitliche Auslegung im Normtext ausdrücklich anzuordnen. Bei Fehlen einer konkreten Anordnung ist auf gesetzessystematische und teleologische Erwägungen zurückzugreifen und so der mit dem Gesetzeserlass verbundene Wille des Gesetzgebers zu erforschen.

Jedoch darf hier die Grenze nicht zu hoch gesteckt werden, denn bereits die freiwillige Übernahme der Gemeinschaftsregel für nicht zwingend anzugleichende Sachverhalte lässt auf die grundsätzliche Bereitschaft des Gesetzgebers schließen, eine einheitliche Anwendung im Sinne der Richtlinie anzustreben. Wenn aus Systematik oder beispielsweise auch weitgehender wortlautgleicher Rezeption der Wille hervorgeht, das Konzept bewusst übernommen zu haben, wäre die Annahme eines entgegengesetzten gesetzgeberischen Willens in sich widersprüchlich. Vielmehr sollte er in diesem Fall entweder bewusst eine andere Formulierung wählen, oder klarstellen, dass die Auslegung nicht den Gemeinschaftsvorgaben folgen soll. Tut er dies nicht und bestehen auch keine anderweitigen Anhaltspunkte für einen entgegengesetzten Willen, ist grundsätzlich davon auszugehen, dass eine einheitliche Auslegung des gesamten Normenkomplexes gewollt ist[495].

Als weiteres Argument spricht hierfür, dass der Gesetzgeber in der Regel eine Auslegung und Anwendung der von ihm erlassenen Rechtsvorschriften anstrebt, die zum einen den Rechtsunterworfenen die größtmögliche Rechtssicherheit bietet und zum anderen die Widerspruchsfreiheit und größtmögliche systematische Einheit der nationalen Rechtsordnung gewährleistet[496].

---

494 Zur Möglichkeit einer gespaltenen Auslegung gleich unter d).

495 In diesem Sinne auch *Schulze*, in: *ders.*, Auslegung europäischen Privatrechts und angeglichenen Rechts (1999), S. 9, 18; *Staudinger*, NJW 2002, 653, 655; *Roth*, in: *Dauner-Lieb/Konzen/Schmidt*, Das neue Schuldrecht in der Praxis (2003), S. 25, 35.

496 *Basedow*, in: FS Brandner (1996), S. 651, 662: „Ziel der einheitlichen Anwendung des betreffenden nationalen Gesetzes". Insoweit kann auf die Erwägungen zurückgegriffen werden, die für eine überschießende Umsetzung zur Wahrung der Systemkonformität des nationalen Rechts sprechen, vgl. oben B. III. 2. b) bb) ccc), S. 51.

Somit kann – mangels anderer Anhaltspunkte – von einer grundsätzlichen Pflicht der nationalen Gerichte zur quasi-richtlinienkonformen Auslegung des überschießenden Nationalrechts gesprochen werden[497]. Jedoch gilt dies nicht zwingend, so dass von diesem Grundsatz – in Anlehnung an die Ausführungen zu Art. 3 GG – Ausnahmen denkbar sind. Denn trotz der in der Regel anzustrebenden einheitlichen Auslegung können systematische oder teleologische Gründe es erfordern, im Rahmen der Interpretation von den Zielvorgaben der Richtlinie abzuweichen[498].

d) Möglichkeit einer gespaltenen Auslegung

Ergibt die vom Rechtsanwender vorzunehmende Abwägung zwischen der grundsätzlich anzustrebenden einheitlichen Anwendung der Rechtsnormen und der eventuell entgegenstehenden Gründe, dass das prinzipielle Interesse des Normgebers an der einheitlichen Auslegung der Vorschriften aufgrund der Besonderheiten des konkreten Falles zurücktritt, sieht er sich vor die Frage nach der Zulässigkeit einer von Sinn und Zweck der Richtlinie abweichenden Auslegung (sog. „gespaltene Auslegung") gestellt.

Aus gemeinschaftsrechtlicher Sicht bestehen hiergegen grundsätzlich keine Bedenken. Da zwar ein „klares Interesse" der Gemeinschaft an einer einheitlichen Auslegung besteht, das Gemeinschaftsrecht jedoch ein Gebot zur einheitlichen Auslegung des überschießenden Rechts gerade nicht aufstellt, steht es auch einer Auslegung nach allein nationalen Gesichtspunkten nicht entgegen[499].

Aus nationaler Perspektive ist nochmals hervorzuheben, dass grundsätzlich ein Wille des Gesetzgebers zur einheitlichen Auslegung im Sinne des Gemeinschaftsrechts anzunehmen ist, jedoch können im Einzelfall Gründe des nationalen Rechts – so z.B. Art. 3 GG oder gesetzessystematische Erwägungen – eine abweichende Auslegung erfordern. Somit ist die gespaltene Auslegung der überschießenden Vorschriften grundsätzlich zulässig[500], wenn auch aus Sicht der Einheit des nationalen Rechts und auch der Rechtssicherheit und Vorhersehbar-

---

[497] *Hommelhoff,* in: FS Wiss. BGH II (2000), S. 889, 925

[498] *Hommelhoff,* in: FS Wiss. BGH II (2000), S. 889, 924; *Roth,* in: FS Wiss. BGH II (2000), S. 847, 883, nennt als Beispiel die Regelungen der §§ 2-8 GWB.

[499] Der Gerichtshof selbst hat in seinem *„Fournier"*-Urteil dem nationalen Gericht die Möglichkeit einer abweichenden Auslegung eröffnet, allerdings stellt sich damit gleichzeitig die Frage der Bindungswirkung der von ihm gegebenen Auslegung, falls eine Vorlage erfolgt ist.

[500] So auch *Mayer/Schürnbrand,* JZ 2004, 545, 550; Grabitz/*Nettesheim,* Art. 249 EGV, Rn. 151

keit von gerichtlichen Entscheidungen „nicht wünschenswert"[501], weshalb im Interesse der einheitlichen Auslegung eine solche Interpretation nur erfolgen sollte, wenn gewichtige Gründe hierfür sprechen[502].
So hat sich auch der BGH in seiner *Heininger*-Entscheidung vom 9.4.2002 ausdrücklich gegen eine gespaltene Auslegung von § 5 II HWiG a.F. entschieden, da diese der durch das deutsche Recht geforderten Gleichbehandlung der verschiedenen Haustürsituationen widerspreche und die gesetzgeberische Zielsetzung unterlaufe[503].

e) Anwendungsbeispiele

Zur Veranschaulichung der gewonnenen Erkenntnisse soll neben der bereits erwähnten Auslegung von § 5 II HWiG a.F. in aller Kürze auf einige weitere Beispiele eingegangen werden.

Bei der Frage der Auslegung der die Bilanzrichtlinie 78/660/EWG überschießend umsetzenden §§ 238 ff. HGB spricht sich die wohl überwiegende Auffassung im Schrifttum für eine einheitliche Auslegung im Sinne der Richtlinie(n) aus[504]. Ob darüber hinaus eine *Pflicht* zur einheitlichen Auslegung angenommen werden kann, wird unterschiedlich beurteilt, müsste aber nach den bisherigen Ausführungen grundsätzlich zu bejahen sein[505].

Im Bereich des Steuerbilanzrechts steht der Rechtsanwender vor der Frage, ob über das Maßgeblichkeitsprinzip des § 5 I EStG und aufgrund der überschießenden Regelungen der §§ 238 ff. HGB die Bilanzrichtlinie auch im Fall der

---

[501] *Roth*, JZ 2001, 475, 483

[502] *Schulze*, in: *ders.*, Auslegung europäischen Privatrechts und angeglichenen Rechts (1999), S. 9, 18; anders wohl *Hommelhoff*, in: FS Wiss. BGH II (2000), 889, 924.

[503] BGH NJW 2002, 1881, 1884; ebenso *Hoffmann*, Realkredite im Europäischen Verbraucherschutzrecht, Besprechung des EuGH-Urteils vom 13.12.2001, Rechtssache C-481/99 „Heininger", ZiP 2002, 145, 149; die Entscheidung ausdrücklich begrüßend *Heß*, in: *Dauner-Lieb/Konzen/Schmidt*, Das neue Schuldrecht in der Praxis (2003), S. 665, 681; a.A. *Habersack/Mayer*, WM 2002, 253, 257; *Piekenbrock/Schulze*, WM 2002, 521, 527 f.

[504] Für eine Beachtung der Richtlinie, allerdings mit verschiedenen Einschränkungen *Beisse*, BB 1990, 2007, 2009, 2011; *Schulze-Osterloh*, Vorabentscheidungen des Europäischen Gerichtshofs zum Handelsbilanzrecht - zugleich Besprechung der Entscheidung BGH ZiP 1994, 1259, ZGR 1995, 170, 176 f.; *Basedow*, in: FS Brandner (1996), S. 651, 662

[505] Ebenso *Groh*, DStR 1996, 1206, 1208; ablehnend dagegen *Hennrichs*, ZGR 1997, 66, 82: Eine richtlinienkonforme Auslegung sei „nicht zwingend geboten", da eine solche zu systematischen Brüchen innerhalb des Dritten Buches des HGB führen könnte. Befürwortend auch *Schulze-Osterloh*, ZGR 1995, 170, 177: Auch im überschießenden Bereich müsse der europarechtliche Bezug berücksichtigt werden. Diese Ansicht hat er allerdings in DStZ 1997 ausdrücklich aufgegeben, vgl. *ders.*, Deutsches Bilanzrecht und Ertragsteuerrecht vor dem Europäischen Gerichtshof, DStZ 1997, 281, 283.

Steuerbilanz von Einzelkaufleuten und Personengesellschaften zu berücksichtigen ist. Hierzu gehen die Ansichten jedoch auseinander[506], überwiegend wird eine Pflicht zur richtlinienkonformen Auslegung im Bereich der steuerlichen Gewinnermittlung jedoch verneint[507].

Bei der Neuregelung des Umwandlungsrechts hat sich der deutsche Gesetzgeber an den europäischen Vorgaben orientiert, obwohl der Regelungsbereich der Richtlinien an sich gar nicht gegeben war. Bei der Frage der Auslegung der allgemeinen Vorschriften der §§ 2 ff., 123 ff. UmwG spricht sich die wohl überwiegende Auffassung für eine einheitliche richtlinienkonforme Auslegung derselben aus, selbst wenn an der Umwandlung Gebilde anderer Rechtsformen als die der Aktiengesellschaft beteiligt sind[508]. Allerdings sind vermehrt Gegenstimmen zu verzeichnen[509].

3. Zusammenfassung

Bei der Frage der Zulässigkeit der quasi-richtlinienkonformen Auslegung ist entscheidend auf den Willen des nationalen Gesetzgebers abzustellen. Hat sich dieser für eine überschießende Umsetzung entschieden, wird sein Wille in der Regel auch auf eine einheitliche Auslegung im Sinne der Richtlinie gerichtet sein. Von der grundsätzlichen – sich allein aus nationalem Recht ergebenden – Pflicht zur einheitlichen Auslegungen sind Ausnahmefälle denkbar, die unter Abwägung der verschiedenen Interessen vom nationalen Richter zu entscheiden

---

506 Eine einheitliche Auslegung befürwortend *Herzig/Rieck*, Europäisierung der handels- und steuerrechtlichen Gewinnermittlung im Gefolge der Tomberger-Entscheidung, IStR 1998, 309, 317; in diesem Sinne auch *Groh*, DStR 1996, 1206, 1209.

507 *Hennrichs*, StuW 1999, 138, 149; *Weber-Grellet*, StuW 1995, 336, 348 ff.; *Schulze-Osterloh* ging zunächst grundsätzlich von der Gebotenheit einer einheitlichen Auslegung im Sinne der Richtlinie aus, so dass eine „umfassende Zuständigkeit des Europäischen Gerichtshofs" gegeben sei, ZGR 1995, 170, 177; anders urteilt er jedoch in DStZ 1997, 281, 286, indem er eine Vorlagepflicht nach Art. 177 III EGV a.F. – und damit konkludent eine Pflicht zur einheitlichen Auslegung – verneint.

508 *Schwarz*, Das neue Umwandlungsrecht, DStR 1994, 1694, 1697; *Semler/Stengel*, UmwG, Einl. A Rn. 55; *Lutter*, UmwG (2004), Einl. Rn. 30, der allerdings abweichend von seiner in der Vorauflage vertretenen Ansicht die Pflicht zur richtlinienkonformen Auslegung der autonomen Vorschriften unmittelbar aus dem Europarecht entnehmen will.

509 *Schöne*, Das Aktienrecht als „Maß aller Dinge" im neuen Umwandlungsrecht?, GmbHR 1995, 325, 327; vgl. auch die Gesetzesbegründung zu den §§ 2 ff. UmwG, BT-Drucks. 12/6699, S. 81, sowie die Fußnote zum Titel des Gesetzes im amtlichen Gesetzestext, die darauf hinweist, dass das UmwG der Umsetzung der 3. und 6. gesellschaftsrechtlichen Richtlinie dient, soweit es Regelungen über Umwandlungen unter Beteiligung von Aktiengesellschaften enthält.

sind. Eine sog. gespaltene Auslegung ist sowohl aus Sicht des Gemeinschaftsrechts als auch des nationalen Rechts grundsätzlich zulässig.

In Bezug auf das neue Schuldrecht des BGB bedeutet dies, dass auch die überschießend umgesetzten Vorschriften der §§ 437 ff. und die kraft Verweis berufenen §§ 275, 323 ff. BGB[510] aufgrund der Entscheidung des deutschen Gesetzgebers für eine einheitliche Regelung des Kaufrechts grundsätzlich im Sinne der Richtlinie, d.h. quasi-richtlinienkonform, auszulegen sind[511].
Das hat zur Folge, dass sich sämtliche Streitfragen der richtlinienkonformen Auslegung auch im Fall des allgemeinen BGB-Kaufs stellen können. Als Beispiele seien genannt die Frage der richtlinienkonformen Auslegung von § 434 BGB in dem Sinne, dass auch die einseitige Verkäuferbeschreibung zur Bestimmung der Vertragsgemäßheit der Kaufsache ausreicht (Art. 2 Abs. 2 lit. a) RL)[512], die richtlinienkonforme Auslegung von §§ 437 Nr. 2, 441 I BGB in dem Sinne, dass trotz erfolgter Nacherfüllung innerhalb der gesetzten Frist ein Minderungsrecht besteht (Art. 3 Abs. 5 RL)[513] oder die richtlinienkonforme Auslegung von §§ 437 Nr. 2, 323, 326 V bzw. 441 I BGB in dem Sinne, dass eine Fristsetzung nicht erforderlich ist (Art. 3 Abs. 5 RL)[514].

Eine abweichende Auslegung bleibt jedoch möglich, so muss stets geprüft werden, inwieweit eine Richtlinienvorgabe Ausdruck von speziellen Verbraucherschutzbedürfnissen ist, die beispielsweise im Fall des Handelskaufs nicht greifen[515]. So wird im gerade genannten Beispiel der entbehrlichen Fristsetzung im Fall der §§ 437 Nr. 2, 323, 326 BGB die richtlinienkonforme Auslegung aufgrund der durch die Richtlinie spezifisch geschützten Verbraucherinteressen überwiegend auf den Verbrauchsgüterkauf beschränkt[516]. Im Einzelnen müssen hier konkrete Fallgruppen ausgearbeitet werden.

---

510 Dazu oben Teil 2, B. IV. 3. c), S. 71 ff.

511 *Roth*, in: *Dauner-Lieb/Konzen/Schmidt*, Das neue Schuldrecht in der Praxis (2003), S. 25, 35; *Pfeiffer*, ZGS 2002, 23, 26; Bamberger/*Faust*, vor § 433 BGB, Rn. 7; zurückhaltender MüKo/*Lorenz*, vor § 474 BGB, Rn. 4, für die Auslegung der kraft Verweis anwendbaren Normen des allgemeinen Schuldrechts.

512 Dazu *Pfeiffer*, ZGS 2002, 23, 25

513 Dazu *Gsell*, JZ 2001, 65, 70; *Pfeiffer* schlägt als „vorläufige Lösung" hierzu ein richtlinienkonformes Minderungsrecht aus § 242 BGB bzw. § 441 BGB analog vor, ZGS 2002, 23, 26.

514 Dazu *Canaris*, Schuldrechtsreform 2002 (2002), Einl. S. XXV f.; MüKo/*Ernst*, § 323 BGB, Rn. 248

515 Anwaltkommentar/*Pfeiffer*, Art. 11 RL, Rn. 6 f.; *ders.*, ZGS 2002, 23, 26 f. mit einem Beispiel zu § 439 III BGB; weiterführend *ders.*, a.a.O., S. 29 ff.; MüKo/*Lorenz*, vor § 474 BGB, Rn. 4; Bamberger/*Faust*, vor § 433 BGB, Rn. 7.

516 So ausdrücklich Bamberger/*Faust*, § 437 BGB, Rn. 19 ff.; a.A. *Buck*, Kaufrecht, in: *Westermann*, Das Schuldrecht 2002, S. 105, 144; unentschlossen MüKo/*Ernst*, § 323 BGB,

Zuletzt stellt sich die Frage nach den Auswirkungen der (quasi-) richtlinienkonformen Auslegung einzelner Vorschriften des allgemeinen Leistungsstörungsrechts auf andere Vertragstypen. Da die Rücktrittsvorschriften der §§ 275, 323, 326 BGB im Fall der Verweisung des § 437 Nr. 2 BGB im (evtl. überschießenden) Transformationsbereich der Richtlinie liegen und deshalb bei ihrer Auslegung die Vorgaben der Richtlinie zu berücksichtigen sind, stellt sich die Frage, ob dieselben Vorschriften auch im Fall der Anwendung z.B. auf einen Dienstvertrag im vorgenannten Sinne auszulegen sind[517].
Dies erscheint jedoch sehr fraglich. Der Fall des Rücktritts von einem Dienst- oder Mietvertrages hat mit dem Regelungsbereich der Kaufrechtsrichtlinie nichts zu tun, in diesem Fall stellen die betreffenden allgemeinen Vorschriften keine Transformationsvorschriften dar, auch nicht „mittelbar". Hier kann auf die obigen Ausführungen verwiesen werden[518], auch hier war für die Ausgestaltung der Vorschriften des allgemeinen Leistungsstörungsrechts das schon seit Jahren verfolgte Anliegen der Vereinheitlichung des Leistungsstörungsrechts ausschlaggebend.
Im Rahmen anderer Vertragstypen richtet sich die Auslegung der betreffenden Vorschriften des allgemeinen Leistungsstörungsrechts damit allein nach den nationalen Regeln.

Rn. 248

[517] In diesem Sinne wohl MüKo/*Ernst*, vor § 275 BGB. Rn. 23.

[518] Siehe oben Teil 2, B. IV. 3. c), S. 71 ff.

Teil 3: Prozessuale Grundlagen

A. Die Funktion des EuGH im Rahmen der europäischen Rechtsangleichung

I. Allgemeines zur Rolle des EuGH bei der Rechtsangleichung durch die Europäische Gemeinschaft

1. Ausgangspunkt: Art. 220 EG

Dem Gerichtshof kommt im europäischen Harmonisierungsprozess eine entscheidende Bedeutung zu. Seine Rolle unterscheidet sich jedoch grundsätzlich von der des wohl wichtigsten Harmonisierungsorgans, des Rates, dessen Hauptziel im Rahmen der legislativen Rechtsangleichung die Erreichung von Konsens und Kompromissen ist. Dies führt dazu, dass die Entscheidungsfindung stark von nationalen Interessen geprägt ist.
Der Gerichtshof dagegen entscheidet unabhängig von nationalen Vorbehalten allein aufgrund seiner Überzeugung, was er für Recht erkennt und leitet dieses aus allgemeinen Prinzipien ab, die er in den gemeinsamen Rechtsauffassungen der Mitgliedstaaten findet. Seine Mitglieder sind zwar aufgrund ihrer Nationalität durch unterschiedliche Rechtsordnungen geprägt und bringen unterschiedliche Rechtstraditionen, Rechtswerte und Rechtsmethoden in die interne Willensbildung ein, gleichwohl werden sie nicht durch die Verfolgung nationaler Positionen beeinflusst, sind somit „keine nationalen Richter im traditionellen Verständnis“[519].
Doch nicht nur der Gerichtshof, sondern primär die anderen Gemeinschaftsorgane und die Mitgliedstaaten wenden die gemeinschaftsrechtlichen Vorschriften an und legen sie zu diesem Zwecke aus. Die Hauptaufgabe des Gerichtshofs besteht darin, diese bei ihrer Tätigkeit zu kontrollieren und so für eine einheitliche Auslegung und Anwendung des Gemeinschaftsrechts zu sorgen. Er nimmt in diesem Rahmen primär eine „dienende“ Funktion wahr[520].

2. Verfahrensarten

Eine wesentliche Funktion des EuGH im Rahmen der europäischen Rechtsangleichung liegt in der Durchsetzung der europäischen Richtlinien mit Hilfe des Vertragsverletzungsverfahrens nach Art. 226 EG auf Antrag der Kommission

---

[519] *Everling*, in: FS Lukes (1989), S. 359, 361
[520] *Everling*, in: FS Lukes (1989), S. 359, 374

bzw. nach Art. 227 EG auf Antrag eines Mitgliedstaats. Zum anderen nimmt der EuGH seine Aufgabe insb. durch die Beantwortung von Vorabentscheidungsersuchen nationaler Gerichte nach Art. 234 EG wahr, um so die einheitliche Auslegung und Anwendung des Gemeinschaftsrechts sicherzustellen[521].

II. Justizielle Rechtsangleichung

Neben der „unmittelbar" rechtsangleichend wirkenden Tätigkeit des Gerichtshofs bei der Sicherung des Vollzugs der Richtlinien ergeben sich aus der Rechtsprechung des Gerichtshofs und dem von ihm geschaffenen „Richterrecht" auch „mittelbar" rechtsangleichende Wirkungen. Diese sog. „justizielle Rechtsangleichung" kann insb. dort konstatiert werden, wo der EuGH unmittelbar geltende Bestimmungen des Gemeinschaftsrechts – also v.a. klare und unbedingte Vorschriften des EG-Vertrags und Verordnungen – auslegt, aber auch im Bereich der Auslegung von EG-Richtlinien. Im Folgenden sollen kurz die verschiedenen rechtsangleichenden Wirkungsweisen der EuGH-Rechtsprechung dargestellt und einige Beispiele angeführt werden.

1. Grundsätze des Richterrechts in der Europäischen Gemeinschaft

a) Allgemeines zur richterlichen Rechtsfortbildung

Zunächst sollen einige einführende Hinweise auf Begriff und Funktion des Rechtsinstituts des Richterrechts (oder gleichbedeutend der richterlichen Rechtsfortbildung[522]) gegeben werden.

Nach der Definition von *Bydlinski* umfasst das Richterrecht „die in den Urteilen angewendeten generell-abstrakten rechtlichen Regeln, die nicht einfach in den Sätzen des Rechts bestehen, sondern z.B. Auslegungsergebnisse oder Produkte von Analogieschlüssen oder Konkretisierungen von Generalklauseln sind"[523]. Es geht um die Entwicklung neuer, im Gesetz nicht oder nur ansatzweise enthaltener Rechtssätze[524].

---

[521] Zu den verschiedenen Verfahrensarten vor dem EuGH vgl. *Hakenberg/Stix-Hackl*, Handbuch zum Verfahren vor dem Europäischen Gerichtshof (2000); *Niedermühlbichler*, Verfahren vor dem EuG und dem EuGH (1998).

[522] *Everling*, RabelsZ 50 (1986), 193, 197

[523] *Bydlinski*, Hauptpositionen zum Richterrecht, JZ 1985, 149

[524] *Wank*, Die Rechtsfortbildung durch den Europäischen Gerichtshof, in: FS Stahlhacke (1995), S. 633, 635; *Bleckmann*, Die Rolle der richterlichen Rechtsschöpfung im Europäischen Gemeinschaftsrecht, in: GS Constantinesco (1983), S. 61

Seit jeher gehen die Meinungen über Rechtsnatur, normative Geltung und Grenzen der richterlichen Rechtsfortbildung auseinander[525]. Es seien nur kurz zwei der wohl vorherrschenden Ansichten genannt:
Zum einen wird dafür plädiert, die Rechtsprechung zumindest mit ihren wohlbestätigten Regeln als Gewohnheitsrecht und damit als bindende Rechtsquelle anzuerkennen.
Nach entgegengesetzter, wohl herrschender Auffassung in der deutschen Lehre sind die durch die Rechtsprechung entwickelten Rechtsregeln ein „bloßes, rechtlich-normativ nicht relevantes Faktum", normativ bindend seien sie nur, „soweit sie schlüssig aus der geltenden Rechtsordnung abgeleitet wurden"[526].

Ausgangspunkt einer Begriffsklärung ist die Feststellung, dass Normtexte in aller Regel auslegungsfähig und auslegungsbedürftig sind. Enthalten die einschlägigen Rechtsvorschriften keine Regeln für den zu beurteilenden Sachverhalt, so reicht der bloße Subsumtionsschluss ebenso wenig aus wie die klassischen Auslegungsmethoden, um eine befriedigende Lösung des Rechtsstreits zu erreichen. Mangels einer griffigen Abgrenzungsformel ist auf die verschiedenen Elemente des Rechtsinstituts abzustellen: Die Gerichte haben stets vom gesetzten Recht auszugehen, das gleichzeitig die Grenze der richterlichen Rechtsfortbildung darstellt, die nur in extremen Ausnahmefällen überschritten werden darf[527]. Das Richterrecht ist zwar immer auf einen konkreten Fall bezogen, nichtsdestotrotz ist zugleich die Auswirkung auf gleichgelagerte Fälle im Wege der Abstraktion zu bedenken, so dass der richterlichen Entscheidung in gewissem Maße auch generalisierende Wirkung zukommt[528]. Auch bildet sich Richterrecht nicht schon durch ein einzelnes Urteil, vielmehr erst durch eine Kette von Entscheidungen in gleich oder ähnlich gelagerten Fällen, die von Diskussion in Lehre und Öffentlichkeit begleitet ist.

---

525 Umstritten ist beispielsweise, ob bereits der Wortlaut oder der Wille des Gesetzgebers die Grenze zwischen Auslegung und Rechtsfortbildung bildet, vgl. dazu *Koch/Rüssmann*, Juristische Begründungslehre (1982), S. 176 ff., 248 f., bzw. wo die Grenze zwischen zulässiger und unzulässiger Rechtsfortbildung verläuft. Auf diese Fragen kann im vorliegenden Rahmen nicht näher eingegangen werden, vgl. dazu die weiterführenden Literaturnachweise bei *Everling*, RabelsZ 50 (1986), 193, 197, Fn. 9 und *Möllers*, Doppelte Rechtsfortbildung contra legem?, EuR 1998, 20, 26 ff.

526 *Bydlinski*, JZ 1985, 149, 150

527 *Radbruch*, Rechtsphilosophie (1950), S. 353, dessen Formel vom BVerfG übernommen wurde, BVerfGE 6, 132, 198.

528 *Fischer*, Die Weiterbildung des Rechts durch die Rechtsprechung (1971), S. 24 f.

b) Rechtsfortbildung in der Europäischen Gemeinschaft durch den EuGH

Nach diesen generellen Hinweisen auf Komponenten der richterlichen Rechtsfortbildung sollen nun in der gebotenen Kürze einige Ausführungen zum Richterrecht speziell in der EG gemacht werden, dieses entsteht dort ebenso wie in den Mitgliedstaaten.

Die dem Gerichtshof nach Art. 220 EG auferlegte Aufgabe der Wahrung des Rechts bei Auslegung und Anwendung des Vertrages verleiht ihm die Legitimation zur Schaffung von Richterrecht in der Gemeinschaft[529]. Im Hinblick auf die Kompetenznorm des Art. 220 EG ist entscheidend, dass der EuGH von einem umfassenden Verständnis des Begriffs der „Wahrung des Rechts" ausgeht. Er unterscheidet, anders als die Gerichte in den meisten Mitgliedstaaten, nicht zwischen Interpretation des Rechts und Rechtsfortbildung, was der französischen Tradition entspricht[530]. Dabei stößt weniger die grundsätzliche Inanspruchnahme einer entsprechenden Kompetenz durch den Gerichtshof auf Kritik, vielmehr geht es primär um die Grenzen der Rechtsfortbildungskompetenz des EuGH, den vermeintlichen Kompetenzgebrauch „ultra vires"[531].

Entscheidender Unterschied des EG-Vertrags zu den hoch entwickelten Rechtsordnungen der Mitgliedstaaten ist seine häufig nur rudimentäre Regelung bestimmter Sachbereiche[532], bedeutende Grundsätze wie der Vorrang[533] und die unmittelbare Geltung[534] des Gemeinschaftsrechts, rechtsstaatliche Prinzipien, Grundrechte und Verfahrenssicherungen wurden erst vom Gerichtshof über Jahre entwickelt[535]. Aus der dynamischen Ausrichtung der Gemeinschaftsrechtsord-

---

[529] *Everling*, RabelsZ 50 (1986), 193, 206; Calliess/*Wegener*, Art. 220 EG, Rn. 16; *Möllers*, EuR 1998, 20, 25; BVerfGE 75, 223, 234 ff. *(Kloppenburg)*

[530] Vgl. *Schulze, V*ergleichende Gesetzesauslegung und Rechtsangleichung, ZfRV 1997, 183, 188; ausführlich *Anweiler*, Die Auslegungsmethoden des Gerichtshofs der Europäischen Gemeinschaften (1997).

[531] Kritisch zur Kompetenz des EuGH *Scholz*, Zum Verhältnis von europäischem Gemeinschaftsrecht und nationalem Verwaltungsverfahrensrecht, DÖV 1998, 261 ff.; *Dänzer-Vanotti*, Unzulässige Rechtsfortbildung des Europäischen Gerichtshofs, RiB 1992, 733 ff.; *von Danwitz*, Die gemeinschaftsrechtliche Staatshaftung der Mitgliedstaaten – Entwicklung, Stand und Perspektiven der europäischen Haftung aus Richterhand, DVBl. 1997, 1, 2; zu den Grenzen der Rechtsfortbildung durch den EuGH siehe auch *Calliess*, Grundlagen, Grenzen und Perspektiven europäischen Richterrechts, NJW 2005, 929, 932 f.

[532] Während in den Mitgliedstaaten nur vereinzelt Lücken in der Rechtsordnung auftreten, die nach Ausfüllung im Wege richterlicher Rechtsfortbildung verlangen, waren in der Gemeinschaft zu Beginn nur ansatzweise Regelungen vorhanden, die häufig in unbestimmten, offenen Formeln bestanden, die zunächst mit Inhalt gefüllt werden mussten.

[533] Grundsatzurteil des EuGH vom 15.7.1964, Rs. 6/66 *(Costa/ENEL)*, Slg. 1964, 1251; des Weiteren Urteil vom 9.3.1978, Rs. 106/77 *(Simmenthal)*, Slg. 1978, 629

[534] EuGH, Urteil vom 5.2.1963, Rs. 26/62 *(Van Gend&Loos)*, Slg. 1963, 1

[535] Vgl. in diesem Zusammenhang beispielsweise das Urteil des EuGH vom 12.11.1969 in der

nung auf stetige Weiterentwicklung werden höhere Anforderungen an den EuGH gestellt als sonst an Gerichte. Darüber hinaus findet er im Vergleich zu mitgliedstaatlichen Gerichten weniger Hilfestellung und Orientierung im gesetzten Recht. Daraus ergibt sich, dass der EuGH zur richterlichen Rechtsfortbildung in stärkerem Maße berufen ist als die nationalen Gerichte, da zur Wahrung des Rechtes im Gemeinschaftsrecht sehr häufig „Lückenfüllung" betrieben werden muss[536].

Was die weiteren oben angesprochenen Merkmale des Richterrechts betrifft, so ist auch das EG-Richterrecht fallbezogen, wobei der EuGH anders als die Gerichte der Mitgliedstaaten, die in einen Instanzenzug eingebunden sind, allein für die Schaffung von Richterrecht auf Gemeinschaftsebene verantwortlich ist. Hinsichtlich der Methode der richterlichen Meinungsfindung gilt die Besonderheit, dass das Gremium aus Richtern verschiedener Nationalität zusammengesetzt ist, die verschiedene Rechtstraditionen und –methoden in die Willensbildung einbringen[537].
Bei der Frage des im Rahmen der Entscheidungsfindung anzulegenden Maßstabes hat sich der Gerichtshof an den konkreten Integrationszielen des Vertrags zu orientieren, gleichzeitig bildet der rechtsvergleichende Rückgriff auf die Rechtsordnungen der Mitgliedstaaten eine wichtige Hilfe[538].
Schließlich stellt auch die „Befriedungsfunktion"[539] des Gerichtshofs, d.h. sein Beitrag zu Rechtsfrieden und allgemeiner Akzeptanz seiner Entscheidungen auf Gemeinschafts- und auf mitgliedstaatlicher Ebene, besondere Anforderungen. Jeder Mitgliedstaat sieht das Urteil zunächst aus der Perspektive seiner eigenen Rechtsordnung, die so auftretenden Akzeptanzprobleme können nur durch eine „ständige und beharrliche Spruchpraxis" beseitigt werden[540].

c) Beispiele für rechtsfortbildende Tätigkeit des EuGH

Die ersten beiden Bereiche, in denen der EuGH rechtsfortbildend tätig geworden ist, sind die Gemeinschaftsgrundrechte sowie die allgemeinen Rechtsgrundsätze des Gemeinschaftsrechts. Da sich der Gerichtshof bei der Entwicklung der

---

Rs. 29/69 *(Stauder)*, Slg. 1969, 419, über den Grundrechtsschutz in der Gemeinschaft.

536 *Hakenberg/Stix-Hackl*, Handbuch zum Verfahren vor dem EuGH (2000), S. 30

537 Entscheidend geprägt ist die Entscheidungsfindung auch durch die laufende Diskussion zwischen Richtern, Generalanwalt, Kommission und Vertretern der Mitgliedstaaten.

538 In diesem Rahmen entnimmt der EuGH den Verfassungen der Mitgliedstaaten, den von diesen abgeschlossenen Verträgen über Menschenrechte und den Gründungsverträgen allgemeine Rechtsgrundsätze, die er als zum Gemeinschaftsrecht gehörig ansieht und die der Rechtsfortbildung dienen.

539 *Everling*, RabelsZ 50 (1986), 193, 206, 213 f.

540 *Everling*, RabelsZ 50 (1986), 193, 214

genannten Rechtsinstitute im Sinne einer wertenden Rechtsvergleichung auf gemeinsame Grundsätze der mitgliedstaatlichen Rechtskulturen stützen konnte[541], hat diese Rechtsprechung nur wenig Kritik hervorgerufen.
Erheblich umstrittener war dagegen die Entwicklung der Voraussetzungen eines gemeinschaftsrechtlichen Staatshaftungsanspruchs in der *Francovich*-Entscheidung[542], der deshalb so interessant ist, weil er im EG-Vertrag in keiner Vorschrift zu finden ist[543].

2. Rechtsangleichende Wirkungen der EuGH-Rechtsprechung

Legt der Gerichtshof im Rahmen eines gerichtlichen Verfahrens eine nach den Grundsätzen seiner Rechtsprechung unmittelbar anwendbare Gemeinschaftsvorschrift aus, ist die von ihm gegebene Auslegung für die künftige Rechtsanwendung und –auslegung durch die Gemeinschaftsorgane und Mitgliedstaaten bindend, für letztere, wenn sie nicht Partei des Verfahrens sind, nach dem Gebot der Gemeinschaftstreue, Art. 10 I EG. Aus dieser Bindung an die Entscheidung des EuGH können sich verschiedene Wirkungen ergeben:

Der Auslegung widersprechende Bestimmungen des nationalen Rechts dürfen nicht mehr angewandt werden[544], im Fall der Zuwiderhandlung droht ein Vertragsverletzungsverfahren nach Art. 226, 227 EG. Durch die möglicherweise erforderliche Änderung nationaler Vorschriften hin zu einer mit der Auslegung durch den EuGH übereinstimmenden Fassung ergibt sich eine – indirekt auf das Urteil des EuGH zurückgehende – rechtsangleichende Wirkung, da die Änderung in allen Mitgliedstaaten in dieselbe Richtung und damit zu einer Konvergenz der Rechtsordnungen führt.

Oft führt die Auslegung unmittelbar geltender Vorschriften des Gemeinschaftsrechts jedoch lediglich zu einer Nichtanwendung entgegenstehender nationaler Bestimmungen und somit zu einer Rechtsangleichung durch Beseitigung, nicht durch Harmonisierung der innerstaatlichen Regelungen[545]. Insofern haben diese EuGH-Entscheidungen unmittelbar nur einen geringen Angleichungseffekt. Zu

---

541 *Wank*, in: FS Stahlhacke (1995), S. 633, 641 f.

542 EuGH, Rs. C-6 und 9/90, Slg. 1991 I, 5357

543 Zum Teil wurde dem Gerichtshof von den Kritikern Rechtsfortbildung contra legem vorgeworfen, vgl. z.B. *Ossenbühl*, Der gemeinschaftsrechtliche Staatshaftungsanspruch, DVBl. 1992, 993, 997; *von Danwitz*, DVBl. 1997, 1; *Ukrow*, Richterliche Rechtsfortbildung durch den EuGH (1995), S. 312 ff.; *Wank*, in: FS Stahlhacke (1995), S. 633, 646; *Dänzer-Vanotti*, Der Europäische Gerichtshof zwischen Rechtsprechung und Rechtsetzung, in: FS Everling (1995), Bd. 1, S. 205, 216. Vgl. dazu *Möllers*, EuR 1998, 20, 31 ff.

544 St. Rspr. des EuGH seit Rs. 6/64 *(Costa/ENEL)*, Slg. 1964, 1251.

545 *Everling*, RabelsZ 50 (1986), 193, 219

einer weitergehenden Harmonisierung kann es in dieser Konstellation aber kommen, wenn sich die Mitgliedstaaten aufgrund nationaler Grundsätze (Verbot der Inländerdiskriminierung) gezwungen sehen, die fraglichen Vorschriften ihres innerstaatlichen Rechts auch auf inländische Sachverhalte nicht mehr anzuwenden, was allerdings allein eine Frage des nationalen Rechts ist (Art. 3 I GG)[546].

Des Weiteren ist ein mittelbarer Einfluss der Entscheidungen des Gerichtshofs in der Weise denkbar, dass er durch eine bestimmte Rechtsprechung den Anstoß für weitere rechtsangleichende Tätigkeiten durch die Gemeinschaftsorgane gibt[547]. Die legislative Rechtsangleichung durch den Rat bleibt auch weiterhin erforderlich, da die durch Rechtsprechung veranlassten Änderungen des nationalen Rechts – insb. wenn ein ganzer Regelungskomplex betroffen ist – oft nur unvollkommen bleiben und so die weiterführende Angleichung durch den Rat nicht ersetzen, sondern allenfalls vorbereiten können[548].
Zusammenfassend ist festzustellen, dass die rechtsangleichenden Wirkungen der Rechtsprechung vor allem darin bestehen, dass nationale Bestimmungen unanwendbar sind oder geändert werden müssen. Daraus kann sich zugleich ein Anstoß für die rechtsetzenden Organe der Gemeinschaft ergeben, weitergehende Rechtsangleichungsmaßnahmen zu erlassen. Insofern führt die Rechtsprechung des EuGH mittelbar zur Rechtsangleichung.

B. Die Zuständigkeit des EuGH zur Auslegung von Gemeinschaftsprivatrecht

I. Das Vorabentscheidungsverfahren, Art. 234 EG

Eine Befassung des Gerichtshofs mit Fragen des Gemeinschaftsprivatrechts erfolgt in einem Großteil der Fälle im Rahmen eines Vorabentscheidungsersuchens nach Art. 234 EG[549], dessen Grundlagen im Folgenden kurz dargestellt werden sollen[550].

---

546 Beispiel hierfür ist Art. 28 EG (Art. 30 EGV a.F.).

547 Beispiele für diesen Zusammenhang zwischen EuGH-Rechtsprechung und Rechtsharmonisierung durch den Rat sind zum einen das Urteil des EuGH vom 4.12.1986, Rs. 205/84 *(Bundesrepublik Deutschland)*, Slg. 1986, 3755, in dem der EuGH die entscheidende Abgrenzung nicht selbst vorgenommen, sondern dem Gemeinschaftsgesetzgeber überlassen hat, was in der Folge zur Einigung über eine dementsprechende Richtlinie geführt hat.

548 *Everling*, in: FS Lukes (1989), S. 359, 369, 371

549 Maßgebende Grundentscheidungen zum Gemeinschaftsrecht sind im Vorabentscheidungsverfahren ergangen, so z.B. EuGH, Rs. 26/62 *(van Gend & Loos)*, Slg. 1963, 1; Rs. 6/64 *(Costa/ENEL)*, Slg. 1964, 1251; Rs. 106/77 *(Simmenthal)*, Slg. 1978, 629, zur unmittelbaren Wirkung und zum Vorrang des Gemeinschaftsrechts; Rs. 11/70 *(Internationale Handelsgesell-*

1. Rechtsnatur

Seiner Rechtsnatur nach ist das Vorabentscheidungsverfahren als prozessuales „Zwischenverfahren“[551] ausgestaltet. Das mitgliedstaatliche Gericht setzt sein Verfahren nach den Regeln des nationalen Prozessrechts aus[552] und legt die Auslegungs- oder Gültigkeitsfrage dem EuGH vor. Trotz des oft zitierten „Kooperationsverhältnisses“ besteht eine klare Trennung zwischen Ausgangsverfahren und Vorabentscheidungsverfahren: Allein das nationale Gericht entscheidet über den Ausgangsrechtsstreit, der Gerichtshof dagegen nur über Auslegung und Gültigkeit der vorgelegten Gemeinschaftsnormen[553]. Die Anwendung des Auslegungsergebnisses auf den konkreten nationalen Rechtsstreit ist wiederum allein Sache des nationalen Gerichts.

2. Funktion des Vorabentscheidungsverfahrens

Nach ständiger Rechtsprechung des EuGH dient das Vorabentscheidungsverfahren zum einen der einheitlichen Anwendung des Gemeinschaftsrechts durch die

schaft), Slg. 1970, 1125, zu den Grundlagen des Grundrechtsschutzes im System des Gemeinschaftsrechts; Rs. 120/78 *(Rewe – „Cassis de Dijon“),* Slg. 1979, 649, zur umfassenden Gewährleistung des freien Warenverkehrs.

550 Ähnliche Auslegungsbefugnisse wurden dem Gerichtshof nach Art. 3 des Auslegungsprotokolls zum EuGVÜ vom 3.6.1971 übertragen. Erhebliche Bedeutung wird in Zukunft die Auslegungskompetenz des EuGH nach Art. 68 i.V.m. 234 EG haben, siehe dazu auch Fn. 830.

551 Groeben/*Gaitanides,* Art. 234 EG, Rn. 4; *Geiger,* Art. 234 EGV, Rn. 23; *Heß,* Die Einwirkungen des Vorabentscheidungsverfahrens nach Art. 177 EGV auf das deutsche Zivilprozeßrecht, ZZP 108 (1995), 59, 62; *Prütting,* Das Vorabentscheidungsverfahren des EuGH, in: GS Arens (1993), S. 339, 343; *Dauses,* Das Vorabentscheidungsverfahren nach Art. 177 EGV (1995), S. 39; *Schweitzer/Hummer,* Europarecht (1999), Rn. 522

552 Sog. Grundsatz der „Verfahrensautonomie der Mitgliedstaaten“, vgl. EuGH, Rs. 33/76 *(Rewe),* Slg. 1976, 1989, 1998

553 Zwar liegt die Letztauslegungskompetenz hinsichtlich des primären und sekundären Gemeinschaftsrechts beim EuGH, jedoch bedeutet dies nicht, dass allein der EuGH das Gemeinschaftsrecht auszulegen und anzuwenden hat. Vielmehr sind primär die nationalen Gerichte als „dezentrale Gemeinschaftsgerichte“ *(Heß,* Rechtsfragen des Vorabentscheidungsverfahrens, RabelsZ 66 (2002), 470, 473) gehalten, gemeinschaftsrechtliche Normen selbständig anzuwenden und auszulegen. Dazu sind sie aufgrund der unmittelbaren Anwendbarkeit und des Anwendungsvorrangs des Gemeinschaftsrechts verpflichtet. Diese Prinzipien wurden vom EuGH in umfangreicher Rechtsprechung konkretisiert, EuGH, Rs. 26/62 *(van Gend & Loos),* Slg. 1963, 1 - seitdem st. Rspr.

Im Vorfeld der Regierungskonferenz von Nizza wurde insb. von der Kommission vorgeschlagen, aus Klarstellungsgründen diesen Grundsatz der primären Zuständigkeit der mitgliedstaatlichen Gerichte in den Wortlaut des Art. 234 EG zu übernehmen, was jedoch nicht erfolgte, siehe dazu „Due-Report“ der Reflexionsgruppe der Kommission, Sonderbeilage NJW 19/2000.

Gerichte der Mitgliedstaaten (siehe Art. 220 EG), zum anderen ist es ein Instrument des Individualrechtsschutzes[554]. Die Vorrangigkeit der Wahrung der Einheitlichkeit des Gemeinschaftsrechts kommt auch darin zum Ausdruck, dass der Gerichtshof in zahlreichen Fällen auf diesen Zweck verwiesen hat, um Zweifel an seiner Zuständigkeit nach Art. 234 EG aus dem Weg zu räumen[555]. Der EuGH charakterisiert das Vorabentscheidungsverfahren in ständiger Rechtsprechung als „Instrument der Zusammenarbeit" zwischen vorlegendem Gericht und EuGH[556]. Dabei trägt das nationale Gericht sowohl im Vorlage –, als auch im Umsetzungsstadium des Ersuchens eine große prozessuale Verantwortung[557]. Im Vorlagebeschluss muss es den EuGH hinreichend über die dem Ausgangsverfahren zugrunde liegende nationale Rechtslage informieren, das umfasst sowohl die tatsächlichen Umstände als auch den systematischen Kontext des nationalen Rechts[558]. Die prozessuale Verantwortung des vorlegenden Gerichts setzt sich im Stadium der Umsetzung des EuGH-Urteils fort, hier geht es nun darum, das Auslegungsergebnis des Gerichtshofs ohne Systembrüche in die Struktur und die Zusammenhänge des nationalen Rechts einzufügen.

3. Voraussetzungen der Vorabentscheidung

a) Gegenstand des Vorabentscheidungsersuchens

Die Auslegungskompetenz des Gerichtshofs beschränkt sich auf die Prüfung des Gemeinschaftsrechts, dagegen ist er nicht befugt, nationale Normen auszulegen

---

554 St. Rspr. seit Rs. 26/62 *(van Gend & Loos),* Slg. 1963, 1; Rs. 166/73 *(Rheinmühlen II),* Slg. 1974, 33, Tz. 2; Rs. 314/85 *(Foto-Frost),* Slg. 1987, 4199; Grabitz/*Wohlfahrt,* Art. 177 EGV, Rn. 1, 7, 9; Groeben/*Gaitanides,* Art. 234 EG, Rn. 3, 10, 12 f.; Calliess/*Wegener,* Art. 234 EG, Rn. 1; abgesehen von diesen beiden beherrschenden Zwecken hat das Vorabentscheidungsverfahren in starkem Maße zur Fortentwicklung des Gemeinschaftsrechts beigetragen.

555 Auch im Rahmen seiner Auslegungskompetenz im Fall überschießender Umsetzung argumentiert der Gerichtshof in erster Linie mit der Notwendigkeit der einheitlichen Auslegung des Gemeinschaftsrechts, siehe dazu ausführlich Teil 4, A., S. 127 ff. Dagegen hat er das Ziel des Schutzes individueller Rechte im Zusammenhang mit seiner Zuständigkeit bisher nicht herangezogen.

556 EuGH, Rs. 16/65 *(Schwarze),* Slg. 1965, 1152, 1165; Rs. C-297/88 *(Dzodzi),* Slg. 1990 I, 3763, Tz. 33; Rs. C-231/89 *(Gmurzynska-Bscher),* Slg. 1990 I, 4003, Tz. 18; Rs. C-130/95 *(Giloy),* Slg. 1997 I, 4291, Tz. 20. Auf diesen Gesichtspunkt hebt der EuGH auch entscheidend in seiner *Dzodzi*-Rechtsprechung im Zusammenhang mit seiner Auslegungskompetenz nach Art. 234 EG ab, dazu ausführlich unter Teil 4, A., S. 127 ff.

557 Vorlegendes Gericht als „Herr des Verfahrens", Grabitz/*Wohlfahrt,* Art. 177 EGV, Rn. 2; Groeben/*Gaitanides,* Art. 234 EG, Rn. 5; *Prütting,* in: GS Arens (1993), S. 339, 343

558 Groeben/*Gaitanides,* Art. 234 EG, Rn. 49; *Franzen,* Der EuGH und das Bürgerliche Recht - dargestellt am Beispiel der EuGH-Urteile „Dietzinger" und „Draehmpaehl", in: FS Maurer (2001), S. 889, 902; siehe auch *Hinweise des EuGH zur Vorlage von Vorabentscheidungsersuchen durch die innerstaatlichen Gerichte,* EuZW 1997, 142, beigefügt in Anhang 2.

oder gar anzuwenden. Auch prüft der EuGH nicht die Vereinbarkeit nationalen Rechts mit dem Gemeinschaftsrecht[559]. In der Praxis verliert diese Einschränkung jedoch weitgehend an Bedeutung, da derartige Vorlagefragen trotzdem beantwortet werden, indem der Gerichtshof entsprechende Fragen nationaler Gerichte in der Regel in dem Sinne umformuliert, dass das vorlegende Gericht eine Auslegung des Gemeinschaftsrechts begehrt[560].

b) Entscheidungserheblichkeit

Gem. Art. 234 II EG ist das Vorabentscheidungsverfahren nur dann zulässig, wenn das vorlegende Gericht eine Entscheidung des EuGH zum Erlass seines Urteils für erforderlich hält, d.h. der Ausgang des mitgliedstaatlichen Verfahrens muss von der Beantwortung der Frage abhängen. Die Entscheidungserheblichkeit ist eine Frage der nationalen Rechtsordnung und bestimmt sich allein aus Sicht des vorlegenden Gerichts[561], das dabei über einen erheblichen Beurteilungsspielraum verfügt. Eine „harte Zulässigkeitskontrolle" findet nicht statt, dem EuGH ist es grundsätzlich verwehrt, die Frage der Entscheidungserheblichkeit nachzuprüfen[562]. Der Gerichtshof lehnt eine Entscheidung nur in Ausnahmefällen ab, so, wenn offensichtlich kein Bezug des Ausgangsrechtsstreits zum Gemeinschaftsrecht besteht[563] oder wenn es sich um einen fiktiven Rechtsstreit handelt[564].

---

559 Hierin liegt ein entscheidender Unterschied zur konkreten Normenkontrolle vor dem BVerfG nach Art. 100 GG, ausführlich dazu *Ress,* Die Entscheidungserheblichkeit im Vorlageverfahren nach Art. 177 EWGV im Vergleich zum Vorlageverfahren nach Art. 100 GG, in: FS Jahr (1993), S. 339 ff.

560 EuGH, Rs. 6/64 *(Costa/ENEL),* Slg. 1964, 1251; Rs. 10/71 *(Muller),* Slg. 1971, 723; Rs. 78/70 *(Deutsche Grammophon/METRO),* Slg. 1971, 487; Rs. 83/78 *(Pigs Marketing Board),* Slg. 1978, 2347; Groeben/*Gaitanides,* Art. 234 EG, Rn. 28; *Heß,* RabelsZ 66 (2002), 470, 481, spricht kritisch von einer „informellen Handhabung" des Vorabentscheidungsverfahrens durch den Gerichtshof.

561 EuGH, Rs. 44/65 *(Singer/Hessische Knappschaft),* Slg. 1965, 1268; Rs. 5/77 *(Denkavit),* Slg. 1977, 1555; Rs. 83/78 *(Pigs Marketing Board),* Slg. 1978, 2347.

562 EuGH, Rs. 26/62 *(van Gend & Loos),* Slg. 1963, 1, 24; Rs. 13/68 *(Salgoil),* Slg. 1968, 679, 690; Rs. 53/79 *(Damiani),* Slg. 1980, 273, 281 f.; hierin liegt eine deutliche Abweichung zu den Vorlageverfahren des deutschen Rechts, im Rahmen derer vor einer Sachentscheidung die Erheblichkeit der Rechtsfrage für das Ausgangsverfahren geprüft wird, *Prütting,* in: GS Arens (1993), S. 339, 348.

563 EuGH, Rs. 93/75 *(Adlerblum),* Slg. 1975, 2147; Rs. 175/78 *(Saunders),* Slg. 1979, 1129; verb. Rs. 35,36/82 *(Morson und Jhanjan),* Slg. 1982, 3723; Rs. 180/83 *(Moser/Land Baden-Württemberg),* Slg. 1984, 2539; verb. Rs. 98/85, 162/85, 258/85 *(Bertini),* Slg. 1986, 1885; Rs. C-428/93 *(Monin Automobiles),* Slg. 1994 I, 1707; Groeben/*Gaitanides,* Art. 234 EG, Rn. 58

564 EuGH, Rs. 93/78 *(Mattheus/Doego),* Slg. 1978, 2203, 2210; Rs. 104/79 *(Foglia/Novello I),* Slg. 1980, 745; Rs. 244/80 *(Foglia/Novello II),* Slg. 1981, 3045; Rs. C-231/89 *(Gmurzynska-Bscher),* Slg. 1990 I, 4003; Rs. C-83/91 *(Meilicke),* Slg. 1992 I, 4871; Groeben/*Gaitanides,*

c) Vorlagerecht und Vorlagepflicht

aa) Gemeinschaftsrechtlicher Gerichtsbegriff

Vorlageberechtigt sind nach Art. 234 II EG die Gerichte der Mitgliedstaaten. Der Begriff des „Gerichts" wird vom EuGH autonom gemeinschaftsrechtlich definiert und muss nicht notwendig mit dem der nationalen Rechtssysteme übereinstimmen[565].

bb) Vorlagepflicht, Art. 234 III EG

Im Rahmen der Bestimmung des „letztinstanzlichen Gerichts" i.S.d. Art. 234 III EG stellt die sog. „konkrete Theorie"[566] darauf ab, ob im konkreten Fall gegen die Entscheidung noch Rechtsmittel eingelegt werden können, während die „abstrakte Theorie" die Vorlagepflicht auf die Revisionsgerichte der Mitgliedstaaten beschränkt. Der EuGH hat zu dieser Streitfrage noch keine klare Aussage getroffen, scheint aber eher der konkreten Betrachtungsweise zuzuneigen[567], was auch in einem jüngeren Urteil anklingt. Hier betont der Gerichtshof, dass die Tatsache, dass ein Urteil erst nach einer Zulassungserklärung durch das oberste Gericht in der Sache überprüft werden kann, nicht dazu führe, dass den Parteien das Rechtsmittel entzogen werde[568]. Allein die Möglichkeit der Einlegung eines Rechtsmittels bewirke, dass ein solches Gericht nicht als letztinstanzliches Gericht im Sinne von Art. 234 III EG anzusehen sei[569].

Art. 234 EG, Rn. 58; zur Nachprüfung durch den EuGH auch *Dauses*, Vorabentscheidungsverfahren, S. 102 ff.

[565] EuGH, Rs. 61/65 *(Vaassen-Goebbels)*, Slg. 1966, 584, 601 f.; Rs. 246/80 *(Broekmeulen)*, Slg. 1981, 2311; Rs. 14/86 *(Pretore di Salò)*, Slg. 1987, 2545; Rs. 338/85 *(Pardini)*, Slg. 1988, 2041; Rs. C-24/92 *(Corbiau)*, Slg. 1993 I, 1278. Ausgenommen vom Gerichtsbegriff i.S.d. Art. 234 II EG sind damit insb. private Schiedsgerichte i.S.d. §§ 1025 ff. ZPO, EuGH, Rs. 102/81 *(Nordsee)*, Slg. 1982, 1095; Rs. C-126/97 *(Eco Swiss)*, Slg. 1999 I, 3055 und jüngst EuGH, Rs. C-125/04 *(Denuit and Cordenier)*, noch nicht in der amtlichen Sammlung.

[566] Diese wird von der wohl überwiegenden Ansicht vertreten, vgl. beispielsweise Calliess/ *Wegener*, Art. 234 EG, Rn. 19; Grabitz/*Wohlfahrt*, Art. 177 EGV, Rn. 49; Groeben/ *Gaitanides*, Art. 234 EG, Rn. 63; Lenz/*Borchardt*, EU- und EG-Vertrag: Kommentar zu dem Vertrag über die Europäische Union und zu dem Vertrag zur Gründung der Europäischen Gemeinschaft (2003), Art. 234 EG, Rn. 36; *Schweitzer/Hummer*, Europarecht (1999), Rn. 530.

[567] EuGH, Rs. 6/64 *(Costa/ENEL)*, Slg. 1964, 1251, 1268

[568] EuGH, Urteil vom 4.6.2002, Rs. C-99/00 *(Lyckeskog)*, Slg. 2002 I, 4839, Tz. 16 ff.; vgl. dazu *Groh*, Auslegung des Gemeinschaftsrechts und Vorlagepflicht nach Art. 234 EG, EuZW 2002, 460 ff.

[569] Neben der Frage der Vorlagepflicht nach Art. 234 III EG wird dieser Aspekt insb. im Rahmen des durch den Amsterdamer Vertrag neu eingeführten Art. 68 EG von Bedeutung sein, der nicht nur die Vorlagepflicht, sondern bereits das Vorlagerecht auf Gerichte beschränkt, deren Entscheidungen nicht mehr mit Rechtsmitteln des innerstaatlichen Rechts

Die Vorlagepflicht entfällt weitgehend unbestritten, wenn die Frage bereits in einem anderen Verfahren Gegenstand einer Vorlage war[570] oder wenn bereits eine gefestigte Rechtsprechung des Gerichtshofs besteht. Der EuGH hat in seiner Grundsatzentscheidung „C.I.L.F.I.T." vom 6.10.1982 die Voraussetzungen der Vorlagepflicht erstmals detailliert herausgearbeitet. Angesichts der Bedeutung des Vorabentscheidungsverfahrens für die einheitliche Geltung des Gemeinschaftsrechts stellte der Gerichtshof strenge Anforderungen an die Ausnahme von der Vorlagepflicht, die richtige Anwendung des Gemeinschaftsrechts müsse derart offenkundig sein, dass keinerlei Raum für vernünftige Zweifel an der Entscheidung der gestellten Frage bleibe[571].
Die vom EuGH formulierten Kriterien der Ausnahme von der Vorlagepflicht werden zu Recht als zu eng kritisiert[572], die Umsetzung der CILFIT-Kriterien müsste praktisch immer zur Vorlage führen, da sich die vom EuGH geforderte Gewissheit nie erreichen lasse[573]. So ist die höchstrichterliche Praxis auch weiterhin von einem freimütigen Umgang mit der „acte clair"-Fallgruppe gekennzeichnet, die Kriterien werden in der Sache nicht befolgt[574].
Die Verletzung der Vorlagepflicht stellt auf Gemeinschaftsebene eine dem betreffenden Mitgliedstaat zuzurechnende Vertragsverletzung dar, die im Wege des Vertragsverletzungsverfahrens nach Art. 226, 227 EG gerügt werden kann. Jedoch können die Parteien vor dem EuGH keinen Anspruch auf die Einleitung eines solchen Verfahrens geltend machen[575].

---

angefochten werden können, weiterführend hierzu, insb. im Zusammenhang mit § 545 II ZPO, *Heß/Müller*, Zur Voraussetzung der Aufrechnung für die internationale Zuständigkeit des Prozeßgerichts für die Gegenforderung, JZ 2002, 607 ff.; siehe auch Fn. 830.

[570] So z.B. EuGH, Rs. 28-30//62 *(Da Costa & Schaake)*, Slg. 1963, 63

[571] EuGH, Rs. 283/81, Slg. 1982, 3415, Tz. 16, 17 ff. Im Ergebnis entschied sich der Gerichtshof für eine „eingeschränkte acte clair-Theorie". *Rasmussen* bezeichnet *CILFIT* treffend als eine Strategie von „give and take": Der Gerichtshof gesteht den nationalen Gerichten etwas zu – nämlich das Recht, von einer Vorlage abzusehen. Im Gegenzug fasst er die Ausnahmevoraussetzungen jedoch so eng, dass seine Autorität im Kern erhalten bleibt, vgl. *ders.*, The European Court's Acte Clair Strategy in CILFIT, ELR 1984, 342 ff.; dazu auch *Mancini/Keeling*, From CILFIT to ERT: the Constitutional Challenge facing the European Court, YbEuL 11 (1991), 1 ff.

[572] *Rasmussen*, Remedying the Crumbling EC Judicial System, CMLR 37 (2000), 1071, 1107 ff.

[573] So *Heß*, ZZP 108 (1995), 59, 81; ähnlich *Beisse*, Funktion und praktische Auswirkung der richterlichen Vorlagen an den EuGH aus der Sicht des BFH, RiB 24 (1989), 19, 32 f.

[574] Bsp.: BGHZ 110, 47, 68 ff.; dem 2. Zivilsenat wird hier (zu Recht) vorgehalten, dass es widersprüchlich sei, wenn man, auf mehreren Seiten begründen müsse, warum eine Rechtsfrage offenkundig in dem einen oder anderen Sinne zu entscheiden sei. Weiteres Bsp.: BFHE 172, 462; vgl. zu diesem Problem auch *Heß* a.a.O.; *Franzen*, Privatrechtsangleichung, S. 283 f.; *Basedow*, in: FS Brandner (1996), 651, 665.

[575] EuGH, Rs. 247/87 *(Star Fruit Company)*, Slg. 1989, 291; zur Ungeeignetheit des Vertragsverletzungsverfahrens für die Kooperation zwischen EuGH und den nationalen Ge-

Auf der Ebene des deutschen Verfassungsrechts bleibt die Anrufung des BVerfG wegen Verletzung von Art. 101 I 2 GG[576]. Jedoch führt nur die „willkürliche" Nichtvorlage zur Verletzung des Rechts auf den gesetzlichen Richter[577].
Noch nicht abschließend geklärt ist, ob die Nichtvorlage entgegen Art. 234 III EG einen Verstoß gegen europäisches Recht darstellt, der Schadensersatzansprüche auf der Basis der *Francovich*-Rechtsprechung des EuGH nach sich ziehen kann[578].

4. Rechtswirkungen des Urteils

Eine rechtliche Bindungswirkung besteht zunächst für das vorlegende Gericht[579], diese ergibt sich sowohl aus Sinn und Zweck des Vorabentscheidungsverfahrens, als auch aus Art. 10 EG. Des Weiteren erfasst die Bindungswirkung auch alle weiteren im Ausgangsverfahren entscheidenden Gerichte[580]. Sofern weitere Zweifel bestehen, kann das Gericht, an das das Urteil gerichtet ist, erneut nach Art. 234 EG vorlegen[581]. Eine Bindung über den konkreten Ausgangsrechtsstreit hinaus lehnt der EuGH dagegen in ständiger Rechtsprechung ab, allerdings mit der Ausnahme der Ungültigerklärung von Sekundärrecht durch den EuGH: Diese Feststellung ist allgemein verbindlich[582].
In zeitlicher Hinsicht kommt den Vorabentscheidungsurteilen des EuGH grundsätzlich ex tunc-Wirkung zu, die Gerichte sind verpflichtet, die vom Gerichtshof gegebene Auslegung auch auf in der Vergangenheit begründete

---

richten vgl. *Lenski/Mayer*, Vertragsverletzung wegen Nichtvorlage durch oberste Gerichte?, EuZW 2005, 225.

576 Zum EuGH als gesetzlichem Richter grundlegend BVerfG, Urteil vom 8.4.1987, E 75, 223.

577 Zuletzt bejaht von BVerfG, JZ 2001, 923 ff. m.Anm. *Vosskuhle;* BVerfG, NJW 1988, 1456 f.; BVerfGE 82, 359, 392 f.

578 Dazu jüngst das *Köbler*-Urteil des EuGH vom 30.9.2003, Rs. C-224/01, Slg. 2003 I, 10239; kritisch hierzu beispielsweise *Radermacher*, Gemeinschaftsrechtliche Staatshaftung für höchstrichterliche Entscheidungen, NVwZ 2004, 1415 ff.; *Obwexer*, Staatshaftung für offenkundig gegen Gemeinschaftsrecht verstoßendes Gerichtsurteil, EuZW 2003, 726 ff.; vgl. auch *Hakenberg*, Zur Staatshaftung von Gerichten bei Verletzung von europäischem Gemeinschaftsrecht, DRiZ 2004, 113 ff.; *Schulze*, Gemeinschaftsrechtliche Staatshaftung für judikatives Unrecht, ZEuP 2004, 1051 ff.

579 EuGH, Rs. 52/76 *(Benedetti)*, Slg. 1977, 163, Tz. 26 f.; Rs. 69/85 *(Wünsche III)*, Slg. 1986, 947.

580 EuGH, Rs. 29/68 *(Milchkontor)*, Slg. 1969, 165; Rs. 52/76 *(Benedetti)*, Slg. 1977, 163; BVerfGE 75, 223 *(Kloppenburg)*; *Dauses*, Vorabentscheidungsverfahren, S. 148.

581 Bsp.: EuGH, Rs. 148/77 *(Hansen)*, Slg. 1978, 1787; Rs. 38/82 *(Hansen)*, Slg. 1983, 1271; dazu auch Rs. 69/85 *(Wünsche III)*, Slg. 1986, 947, Tz. 15; Grabitz/*Wohlfahrt*, Art. 177 EGV, Rn. 64. Zur erweiterten Bindungswirkung bei parallelen Vorabentscheidungsersuchen siehe *Heß*, ZZP 108 (1995), 59, 96.

582 EuGH, Rs. 66/80 (International Chemical Corporation), Slg. 1981, 1191

Rechtsverhältnisse anzuwenden[583]. Im Einzelfall kann der Gerichtshof jedoch aus Gründen der Rechtssicherheit gezwungen sein, die Urteilswirkungen auf die Zukunft zu begrenzen[584].

II. Die bisherige Rechtsprechungsentwicklung

Der Gerichtshof begann seine Rechtsprechung zum Gemeinschaftsprivatrecht in den 70er Jahren mit mehreren Entscheidungen zum Verhältnis des Immaterialgüterrechts zu den Grundfreiheiten. Dagegen kam es trotz des Erlasses der Publizitätsrichtlinie[585] im Jahre 1968 jahrzehntelang zu keinem EuGH-Urteil zum harmonisierten Gemeinschaftsprivatrecht, die Rechtsprechung hierzu entwickelte sich vielmehr erst in den 90er Jahren[586]. Innerhalb des harmonisierten Gemeinschaftsprivatrechts war die Dichte der ergangenen EuGH-Rechtsprechung durchaus unterschiedlich. Insb. im Arbeitsrecht kam es bald zu einer umfangreichen Nichtdiskriminierungsrechtsprechung des Gerichtshofs[587], ebenso ergingen zahlreiche Entscheidungen im Markenrecht[588]. Auch im Bereich des Gesellschaftsrechts und des gewerblichen Rechtsschutzes waren Vorlagen zum Inhalt von Harmonisierungs-Richtlinien nie ein großes Problem[589]. Während diese privatrechtsrelevanten Gebiete europäischer Rechtsangleichung stark durch die EuGH-Rechtsprechung vorstrukturiert wurden, führen die harmonisierten Bereiche des allgemeinen Zivilrechts, insb. das Verbraucherrecht, bis heute ein eher „schneewittchenhafte[s]“ Dasein[590].

---

[583] Der EuGH sieht hierin keine unzulässige Rückwirkung, Rs. 66/79 *(Salumi)*, Slg. 1980, 1237.

[584] EuGH, Rs. 43/75 *(Defrenne II)*, Slg. 1976, 455, 480; Rs. C-200/90 *(Denkavit)*, Slg. 1992 I, 2217, Tz. 21; Rs. C-224/89 *(Legros)*, Slg. 1992 I, 4625, Tz. 29; Rs. C-262/88 *(Barber)*, Slg. 1990 I, 1889, Tz. 41 ff.; Rs. 309/85 *(Barra)*, Slg. 1988, 355, 375; Rs. C-415/93 *(Bosman)*, Slg. 1995 I, 4921, Tz. 142; Rs. 43/75 *(Defrenne II)*, Slg. 1976, 455, Tz. 74 ff.; Rs. C-228/92 *(Roquette Frères)*, Slg. 1994 I, 1445; vgl. hierzu ausführlich *Weiß*, Die Einschränkungen der zeitlichen Wirkungen von Vorabentscheidungen nach Art. 177 EGV, EuR 1995, 377 ff.

[585] RL 68/151/EWG, ABl. 1968 Nr. L 65, S. 8

[586] Siehe dazu die Statistik bei *Klauer*, S. 31 ff.

[587] Dazu *Reich*, Bürgerrechte in der EU (1999), S. 212 ff.; *Schiek*, Differenzierte Gerechtigkeit (2000), S. 81 ff.; *Martiny*, Ausländerdiskriminierung und Vertragsabschluß, ZEuP 2001, 563 ff.

[588] In diesem Bereich aktuell beispielsweise EuGH, Urteil vom 17.3.2005, Rs. C-228/03; Urteil vom 30.11.2004, Rs. C-16/03; Urteil vom 16.9.2004, Rs. C-404/02; alle zur Markenrichtlinie 89/104/EWG.

[589] *Hakenberg*, RabelsZ 66 (2002), 367, 369 f., auch zum diesbezüglichen Ausnahmefall der Handelsvertreter-Richtlinie (86/653/EWG).

[590] *Reich*, Die Vorlagepflicht auf teilharmonisierten Rechtsgebieten am Beispiel der Richtlinien zum Verbraucherschutz, RabelsZ Bd. 66 (2002), 531, 534. Auch *Hakenberg* konstatiert eine nur zögerliche Befassung mit den gemeinschaftsrechtlichen Vorgaben durch die nationa-

Exemplarisch sei hier die Produkthaftungsrichtlinie[591] angeführt: Während die Richtlinie bereits im Jahr 1989 durch das Produkthaftungsgesetz[592] umgesetzt wurde, befassen sich in Deutschland bisher nur sehr wenige Urteile überhaupt mit dem genannten Gesetz, wohingegen die Großzahl der Fälle nach wie vor anhand der BGH-Rechtsprechung aus den 60er Jahren gelöst wird[593].
Der Gerichtshof fällte im Mai 2001 die erste Vorabentscheidung zu dieser Richtlinie überhaupt[594], bezeichnenderweise stammte die Vorlage zur Auslegung der Art. 7 a), c) und Art. 9 der Richtlinie nicht von einem deutschen, sondern von einem dänischen Gericht. Ein neueres Vorabentscheidungsurteil zur Produkthaftungsrichtlinie ist das in der Rechtssache *Gonzáles Sanchéz*[595], in diesem Fall hatte ein spanisches Gericht Fragen zur Auslegung von Art. 13 der Richtlinie und ihrem Verhältnis zu anderen Haftungsregelungen vorgelegt[596].
Doch auch auf dem Gebiet des übrigen harmonisierten Zivilrechts ist die Anzahl der Vorlagen außerordentlich gering[597]. So lässt sich zum derzeitigen Entwicklungsstand noch nicht sagen, dass das Vorabentscheidungsverfahren entschei-

---

len Richter im Bereich des zivilrechtlichen Verbraucherschutzes, RabelsZ 66 (2002), 367, 370 f., 387 ff.

591 RL 85/374/EWG, ABl. 1985 Nr. L 210, S. 29; ausführlich hierzu: Wie geht es weiter mit der Produkthaftung?: Wissenschaftliches Kolloquium anlässlich des 70. Geburtstages von Herrn Prof. Dr. Hans Claudius Taschner, ZEuS 2002, 5 ff.; *Jann,* Die Harmonisierung des nationalen Zivilrechts am Beispiel der Produkthaftung, in: FS Barfuß (2002), S. 127 ff.

592 BGBl. I, S. 2198; die Umsetzungsfrist war schon im Juli 1988 abgelaufen, vgl. Art. 19 I RL 85/374/EWG.

593 Sog. *Hühnerpest*-Rechtsprechung, als Anspruchsgrundlage zieht der BGH weiterhin § 823 I BGB heran, *Jann,* in: FS Barfuß (2002), S. 127, 133.

594 EuGH, Urteil vom 10.5.2001, Rs. C-203/99 *(Veedfald),* Slg. 2001 I, 3569. Davor hatte der Gerichtshof bereits im Jahre 1997 die Gelegenheit, sich im Rahmen des Vertragsverletzungsverfahrens *Kommission/Vereinigtes Königreich,* Rs. C-300/95, Slg. 1997 I, 2649, mit der Exkulpationsmöglichkeit des Herstellers nach Art. 7 der Richtlinie zu befassen. Im Ergebnis sah er die behauptete Vertragsverletzung als nicht erwiesen an.

595 Urteil vom 25.4.2002, Rs. C-183/00, Slg. 2002 I, 3901

596 Kernfrage war, ob die Richtlinie eine vollständige oder eine Mindestharmonisierung der Produkthaftung in der Gemeinschaft bezweckt, vgl. auch die Vertragsverletzungsverfahren gegen Frankreich und Griechenland, Rs. C-52/00 und C-154/00, des Weiteren die Schlussanträge von *GA Geelhoed* im Verfahren C-402/03 *(Skov)* vom 20.1.2005 (Vorabentscheidungsersuchen eines dänischen Gerichts).

597 *Hakenberg* nennt als mögliche Gründe für die Zurückhaltung u.a. ein erhebliches Informationsdefizit hinsichtlich Inhalt und Wirkungsweise der Richtlinien, außerdem bzgl. der Grundsätze richtlinienkonformer Auslegung, *dies.,* RabelsZ 66 (2002), 367, 371; ähnlich *Jann,* in: FS Barfuss (2002), S. 127, 138. Ein weiterer wichtiger Faktor ist die Tatsache, dass für den nationalen Rechtsanwender oft nicht erkennbar ist, dass dem innerstaatlichen Recht eine europäische Richtlinie zugrunde liegt.

dend zur einheitlichen Auslegung des harmonisierten Zivilrechts beigetragen hat[598].

Während es in der Anfangszeit der EuGH-Rechtsprechung zum Gemeinschaftsprivatrecht v.a. darum ging, allgemeine Grundsätze zur Modifikation des nationalen Rechts durch europäisches Recht, insb. die Grundfreiheiten, zu entwickeln, kam es mit fortschreitender Harmonisierung zu einer Verlagerung des Schwerpunkts. Ähnlich wie bei der Verschiebung von der Negativ- zur Positiv-Integration[599] verläuft auch hier die Entwicklung: Dem Gerichtshof stellen sich immer mehr Einzelprobleme aus dem jeweiligen Privatrechtsgebiet, wohingegen die Rechtsprechung zu den Grundfreiheiten in den Hintergrund tritt[600]. So gewinnt die Tätigkeit des EuGH immer größere Ähnlichkeit mit der eines nationalen Zivilrichters[601].

---

598 *Hakenberg,* RabelsZ 66 (2002), 367, 377; Vorabentscheidungsurteile aus jüngerer Zeit sind beispielsweise: Urteil vom 10.3.2005, Rs. C-336/03 *(Easy Car)* betreffend RL 97/7/EG; Urteil vom 4.3.2004, Rs. C-264/02 *(Cofinoga)* betreffend RL 87/102/EWG; Urteil vom 1.4.2004, Rs. C-237/02 betreffend RL 93/13/EWG

599 Vgl. unter Teil 2, A. III. 2. d), S. 23

600 *Klauer*, S. 33

601 *Heß,* in: *Dauner-Lieb/Konzen/Schmidt,* Das neue Schuldrecht in der Praxis (2003), S. 665, 678, 681; *Klauer,* S. 25

Teil 4: Die Auslegungskompetenz des EuGH bei überschießender Umsetzung

A. Die Rechtsprechung des Gerichtshofs

Der EuGH musste sich schon in mehreren Entscheidungen mit der Problematik seiner Zuständigkeit bei überschießender Umsetzung auseinandersetzen.

I. Entwicklung der sog. Dzodzi-Rechtsprechung

1. Das Urteil Thomasdünger[602]

Eingeleitet wurde die Rechtsprechung durch das Urteil in der Rechtssache *Thomasdünger*. Im Rahmen des von der im Ausgangsverfahren betroffenen Firma geführten Rechtsstreits legte der Bundesfinanzhof dem EuGH Fragen nach der Auslegung von Tarifstellen des Gemeinsamen Zolltarifs (GZT) vor. Dieser war jedoch im konkreten Fall nicht unmittelbar anwendbar, da es sich um einen (zollfreien) Warenimport innerhalb des gemeinsamen Marktes handelte, Art. 25 EG. Ausschlaggebend war vielmehr die Tatsache, dass die Beförderungstarife der Deutschen Bundesbahn damals an die Vorschriften des GZT anknüpften und damit autonom Bezug auf gemeinschaftsrechtliche Vorschriften nahmen.
Der EuGH stellte lapidar in einem Satz fest, dass Art. 234 EG ein „Instrument der Zusammenarbeit" zwischen den nationalen Gerichten und dem Gerichtshof sei und es allein in die Zuständigkeit des vorlegenden Gerichts falle, „anhand des Sachverhalts zu prüfen, ob die Beantwortung der zur Vorabentscheidung gestellten Frage zur Entscheidung des bei ihm anhängigen Rechtsstreits erforderlich ist"[603].

2. Das Urteil Dzodzi[604]

Streitgegenstand der verbundenen Rechtssachen *Dzodzi* war die Auslegung von Art. 8 und 9 der RL 64/221/EWG[605]. Allerdings handelte es sich im Ausgangsrechtsstreit um einen rein innerstaatlichen Sachverhalt. Das Gemeinschaftsrecht

---

[602] Rs. 166/84, Slg. 1985, 3001

[603] EuGH, Slg. 1985, 3001, 3009, Tz. 11 a.E.

[604] EuGH, Urteil vom 18.10.1990, Rs. C-297/88, Slg. 1990 I, 3763

[605] Richtlinie 64/221/EWG vom 25.2.1964 zur Koordinierung der Sondervorschriften für die Einreise und den Aufenthalt von Ausländern, soweit sie aus Gründen der öffentlichen Ordnung, Sicherheit oder Gesundheit gerechtfertigt sind, ABl. 1964 Nr. P 56, S. 850

war nur aufgrund von Art. 40 des belgischen Ausländergesetzes anwendbar, der zur Vermeidung von Inländerdiskriminierung bestimmte, dass ausländische Staatsbürger, die mit einem Belgier verheiratet waren, ein Aufenthaltsrecht für Belgien bekommen sollten, wenn ein Ehegatte eines in Belgien lebenden EU-Ausländers ein solches aufgrund Gemeinschaftsrecht erhalten müsste.
Der Gerichtshof bejahte seine Zuständigkeit für die Auslegung der gemeinschaftsrechtlichen Vorschriften und führte dazu aus:

„Weder aus dem Wortlaut des Artikels 177 noch aus dem Zweck des durch diesen Artikel eingeführten Verfahrens ergibt sich, daß die Verfasser des Vertrages solche Vorlagen von der Zuständigkeit des Gerichtshofes ausschließen wollten, die eine Gemeinschaftsbestimmung in dem besonderen Fall betreffen, daß das nationale Recht eines Mitgliedstaates auf den Inhalt dieser Bestimmung verweist, um die auf einen rein nationalen Sachverhalt dieses Staates anwendbaren Vorschriften zu bestimmen. Es besteht im Gegenteil für die Gemeinschaftsrechtsordnung ein offensichtliches Interesse daran, daß jede Bestimmung des Gemeinschaftsrechts unabhängig davon, unter welchen Voraussetzungen sie angewandt werden soll, eine einheitliche Auslegung erhält, damit künftige unterschiedliche Auslegungen verhindert werden“[606].

Eine Ausnahme sei nur dann zu machen, wenn offensichtlich sei, dass das Gemeinschaftsrecht auf den zugrunde liegenden Sachverhalt nicht anwendbar sei.

3. Das Urteil Gmurzynska-Bscher[607]

Dem Verfahren in der Rechtssache *Gmurzynska-Bscher* lag erneut ein Streit um die Auslegung des GZT zugrunde. Das deutsche Steuerrecht (§ 21 II UStG) verweist für die Einfuhrumsatzsteuer hinsichtlich der Gewährung von Befreiungen oder Ermäßigungen auf die Regeln des Zollrechts und damit auch auf die Nomenklatur des GZT, obwohl der Zollkodex an sich im Steuerrecht keine Gültigkeit beansprucht. Vor diesem Hintergrund legte der Bundesfinanzhof dem EuGH gem. Art. 177 EGV a.F. Fragen nach der Auslegung verschiedener Tarifpositionen des GZT vor.
Der Gerichtshof wiederholte seine aus dem Urteil *Dzodzi* bekannten Ausführungen, indem er wiederum den Charakter des Vorabentscheidungsverfahrens als „Instrument der Zusammenarbeit zwischen dem Gerichtshof und den nationalen Gerichten“ betonte, wobei es allein Sache der letzteren sei, sowohl die Notwendigkeit einer Vorabentscheidung für den Erlass ihres Urteils als auch die Rechtserheblichkeit der Fragen zu beurteilen[608]. Wiederum sei die einheitliche Auslegung und Anwendung des Gemeinschaftsrechts primäres Ziel, gleich unter welchen Voraussetzungen es zur Anwendung komme, weder aus Wortlaut noch

---

606 Rs. C-297/88 *(Dzodzi)*, Slg. 1990 I, 3763, Tz. 36 f.
607 Rs. C-231/89, Slg. 1990 I, 4003
608 EuGH, Slg. 1990 I, 4003, Tz. 18 f.

Zweck des Art. 177 EGV a.F. ergebe sich Gegenteiliges[609]. Aus diesen Erwägungen heraus bejahte der Gerichtshof seine Zuständigkeit.
Diese Argumentation wurde vom EuGH in einer Reihe weiterer Entscheidungen aufgegriffen und bestätigt[610].

4. Die Urteile Federconsorzi und Fournier

Ferner bejahte der EuGH seine Zuständigkeit auch in vergleichbaren Konstellationen, in denen nicht nationale Rechtsnormen, sondern vertragliche Regelungen auf Vorschriften des Gemeinschaftsrechts verwiesen. Im Fall *Federconsorzi*[611] ging es um eine vertragliche Regelung zur Feststellung der Grenzen der finanziellen Haftung der Vertragsparteien, die auf eine Gemeinschaftsbestimmung verwies[612]. Der Gerichtshof führte hierzu aus:

„Da für die Gemeinschaftsrechtsordnung ein offensichtliches Interesse daran besteht, daß jede Bestimmung des Gemeinschaftsrechts unabhängig davon, unter welchen Voraussetzungen sie angewandt werden soll, eine einheitliche Auslegung erhält, (...) muß der Gerichtshof seine Zuständigkeit für die Entscheidung über eine Vorlagefrage bejahen, die im Zusammenhang mit einer vertraglichen Bestimmung gestellt wird, die zur Festlegung der Grenzen, in denen eine der Parteien finanziell verantwortlich sein kann, auf den Inhalt der Gemeinschaftsvorschriften verweist."

In der Rechtssache *Fournier*[613] war Gegenstand des Verfahrens ein Abkommen der Zentralbüros der Versicherungsgesellschaften, das das auszulegende Gemeinschaftsrecht wörtlich wiedergab. Konkret ging es um den Begriff des „gewöhnlichen Standorts", dessen Festlegung sich in Art. 1 Abs. 4 RL 72/166/EWG[614] findet. Gleichzeitig war nach dem Versicherungsübereinkommen für die Frage, wem die Entschädigung von Opfern eines Verkehrsunfalls, der von einem gestohlenen und mit einem falschen amtlichen Kennzeichen versehenen privaten Kraftfahrzeug verursacht wurde, endgültig angelastet wird, u.a. ausschlaggebend, wo das unfallverursachende Kfz seinen „gewöhnlichen Standort" hat. Während das vorlegende Gericht davon ausging, dass der Begriff im

---

609 EuGH, Slg. 1990 I, 4003, Tz. 21, 25

610 Bsp.: EuGH, Rs. C-384/89 *(Tomatis)*, Slg. 1991 I, 127 (Verweisung einer nationalen Norm auf GZT)

611 EuGH, Urteil vom 25.6.1992, Rs. C-88/91, Slg. 1992 I, 4035

612 Der zwischen den Parteien geschlossene Submissionsvertrag enthielt einen Art. 3, der lautete: „Der Auftragnehmer haftet für (...) Verluste, die aufgrund von Tatsachen eintreten, die er zu vertreten hat, in Höhe des Wertes, der in den zu diesem Zeitpunkt geltenden gemeinschaftsrechtlichen Vorschriften festgelegt ist." Damit verwies die vertragliche Regelung auf Bestimmungen der Verordnungen 3247/81/EWG (ABl. 1981 Nr. L 327, S. 1), 136/66/EWG (ABl. 1966 Nr. P 172, S. 3025) und 3472/85/EWG (ABl. 1985 Nr. L 333, S. 5).

613 EuGH, Urteil vom 12.11.1992, Rs. C-73/89, Slg. 1992 I, 5621

614 ABl. EG 1972 Nr. L 103, S. 1

Rahmen des Übereinkommens in gleicher Weise wie der in Art. 1 der Richtlinie ausgelegt werden müsse und daraufhin dem EuGH diesbezügliche Auslegungsfragen vorlegte, eröffnete der Gerichtshof selbst dem nationalen Gericht den Weg zu einer abweichenden Auffassung bzgl. der Auslegung der im Abkommen verwendeten Begriffe im Verhältnis zur Richtlinie:

„Die in dem Abkommen verwendeten Begriffe müssen also nicht unbedingt dieselbe Bedeutung haben wie die in der Richtlinie verwendeten. Es ist deshalb Sache des vorlegenden Gerichts, das allein für die Auslegung des zwischen den nationalen Büros geschlossenen Abkommens zuständig ist, die darin verwendeten Begriffe in dem von ihm für angemessen erachteten Sinne auszulegen, ohne daß es dabei an die Bedeutung gebunden wäre, die dem identischen Ausdruck der Richtlinie zukommt."[615]

Fraglich ist jedoch, ob der Gerichtshof das nationale Gericht dadurch ermächtigt, sich auch nach erfolgter Vorlage und gegebener Auslegung noch für eine abweichende Auslegung zu entscheiden. Damit ist die Frage der Bindungswirkung als Voraussetzung für eine Vorlage angesprochen[616].

II. Das Urteil in der Rechtssache *Kleinwort Benson*[617]

Die Entscheidung *Kleinwort Benson* erging nicht im Rahmen des Vorlageverfahrens nach Art. 177 EGV a.F., sondern aufgrund von Art. 3 des Auslegungsprotokolls zum EuGVÜ[618]. Ausgangspunkt war ein Grundsatzurteil des *House of Lords* aus dem Jahr 1991, das die Nichtigkeit von sog. „Zinsswap-Vereinbarungen" zwischen britischen Kommunen und Investmentbanken betraf[619]. Die Londoner Investmentbank *Kleinwort Benson* hatte u.a. mit dem Glasgow City Council mehrere Verträge mit solchen „Zinsswap-Vereinbarungen" geschlossen und wollte nun die in Erfüllung der Verträge überwiesenen Beträge zurückerstattet haben, wobei für die betroffene Bank eine Klage vor englischen Gerichten günstiger als eine solche vor schottischen Gerichten war. Die Zuständigkeitsfrage richtete sich nach dem Civil Jurisdiction and Judgements Act von 1982, der einigen Bestimmungen des EuGVÜ beinahe wörtlich nachgebildet ist[620] und ausdrücklich festlegt, dass zur Entscheidung entsprechen-

---

615 EuGH, Rs. C-73/89, Slg. 1992 I, 5621, Tz. 22 f.

616 Zur Bindungswirkung von EuGH-Urteilen im überschießenden Bereich unten D. II. 3. c), S. 164

617 EuGH, Urteil vom 28.3.1995, Rs. C-346/93, Slg. 1995 I, 615

618 Protokoll betreffend die Auslegung des Übereinkommens über die gerichtliche Zuständigkeit und die Vollstreckung gerichtlicher Entscheidungen in Zivil- und Handelssachen durch den Gerichtshof vom 3. Juni 1971, ABl. 1975 Nr. L 204, S. 28

619 Hazell v. Hammersmith and Fulham London BC [1991] 1 All ER 54, [1992] 2 AC 1

620 So sieht Art. 2 des Gesetzes in Anlehnung an Art. 2 des Brüsseler Übereinkommens den Grundsatz der Zuständigkeit der Gerichte des Wohnsitzes des Beklagten vor.

der Fragen die vom Gerichtshof aufgestellten Grundsätze und Entscheidungen zu berücksichtigen sind[621]. Streitentscheidend war Art. 5 Nr. 1 und 3 von Anhang 4 der Sect. 16 des Gesetzes[622], woraufhin der mit dem Rechtsstreit befasste *Court of Appeal* dem EuGH Fragen zur Auslegung der betreffenden Vorschriften des EuGVÜ vorlegte.

Anders als in den vorangegangenen Entscheidungen verneinte der Gerichtshof im Ergebnis seine Zuständigkeit, woraufhin viele eine „Kehrtwende" in der *Dzodzi*-Rechtsprechung zu Art. 177 EGV a.F. vorhersagten[623]. Der EuGH folgte jedoch nicht der Aufforderung *GA Tesauros* zu einer generellen Verwerfung der *Dzodzi*-Rechtsprechung[624], sondern hob die Besonderheiten des zugrunde liegenden Sachverhalts hervor. Er verwies darauf, dass der Civil Jurisdiction Act keine *unmittelbare und unbedingte Verweisung* auf das Gemeinschaftsrecht enthalte, sondern dieses lediglich als *Muster* für die nationale Norm gebrauche. Zudem biete das in Frage stehende britische Gesetz den Behörden ausdrücklich die Möglichkeit, Änderungen vorzunehmen, die eine Divergenz zwischen den dem EuGVÜ angeglichenen Vorschriften und dem Übereinkommen selbst herbeiführen sollten, so dass der Auslegung des Übereinkommens durch den Gerichtshof für das nationale Gericht *keine Bindungswirkung* zukomme. Die britischen Gerichte seien nach dem Gesetz von 1982 nicht verpflichtet, bei der Entscheidung der bei ihnen anhängigen Rechtsstreitigkeiten die Auslegung des Übereinkommens durch den EuGH absolut und unbedingt anzuwenden[625].

Somit sah der EuGH in *Kleinwort Benson* die entscheidende Voraussetzung für seine Zuständigkeit in der aus einer unmittelbaren und unbedingten Verweisung folgenden Bindungswirkung[626]. Fehle diese, so hätten die Antworten des Ge-

---

[621] Civil Jurisdiction and Judgements Act, S. 16 (3) (a)

[622] Art. 5 Nr. 1 und 3 weisen dann, wenn ein Vertrag oder Ansprüche aus einem Vertrag den Gegenstand des Verfahrens bilden, dem Gericht des Ortes, an dem die Verpflichtung erfüllt worden ist oder zu erfüllen wäre, und dann, wenn eine unerlaubte Handlung oder eine Handlung, die einer unerlaubten Handlung gleichgestellt ist, oder wenn Ansprüche aus einer solchen Handlung den Gegenstand des Verfahrens bilden, dem Gericht des Ortes, an dem das schädigende Ereignis eingetreten ist oder an dem es im Fall einer drohenden Schädigung wahrscheinlich eintreten wird, eine besondere Zuständigkeit zu. Die Vorschriften entsprechen damit beinahe wortgleich denjenigen von Art. 5 EuGVÜ.

[623] *Holl*, Kehrtwende in der Rechtsprechung des EuGH zur Auslegungszuständigkeit im Vorabentscheidungsverfahren?, Anmerkung zu EuGH, 28.3.1995 – Rs. C-346/93, IPRax 1996, 174, 177; *Betlem*, Casenote: Kleinwort Benson Ltd. v. City of Glasgow District Council, Rs. C-346/93, CMLR 33 (1996), 137, 147; ähnlich *Kohler*, Gemeinschaftsrecht und Privatrecht, zur Rechtsprechung des EuGH im Jahre 1995, ZEuP 1996, 452, 457.

[624] Schlussanträge vom 31.1.1995, Slg. 1995 I, 615, 617, Tz. 27

[625] EuGH, Slg. 1995 I, 615, Tz. 18 ff.

[626] Anders noch die Ausführungen des Gerichtshofs in der Rechtssache *Fournier*, hier hatte er dem vorlegenden Gericht ausdrücklich die Möglichkeit eröffnet, bei der Auslegung der Bestimmungen des Übereinkommens von der Bedeutung abzuweichen, die den betreffenden

richtshofs lediglich beratende Funktion, seine Aufgabe als die eines Gerichts, dessen Entscheidungen verbindlich sind, würde verfälscht[627].

III. Auswirkungen von Kleinwort Benson auf die Dzodzi-Rechtsprechung: Die Urteile *Leur-Bloem* und *Giloy*

Der EuGH hat sich den Folgeentscheidungen nicht von seiner *Dzodzi*-Rechtsprechung abgekehrt, sondern in den Rechtssachen *Leur-Bloem*[628] und *Giloy*[629] an seiner bisherigen Linie festgehalten und in beiden Fällen seine Zuständigkeit bejaht[630]. Im Fall *Leur-Bloem* hatte der EuGH über ein Vorabentscheidungsersuchen des Amsterdamer Gerechtshofs hinsichtlich der Auslegung von Art. 2 d) und h) der Fusionsbesteuerungsrichtlinie[631] zu entscheiden. Es handelte sich um einen rein innerstaatlichen Sachverhalt, jedoch sah das niederländische EStG in § 40 I i.V.m. Art. 14 b) II a) eine gleichlautende Definition für innergemeinschaftliche und innerstaatliche Fusionen vor, die größtenteils derjenigen der Richtlinie entsprach. Mithin lag ein klassischer Fall überschießender Umsetzung vor: Die nationalen Normen sollten nicht nur die allein in den Anwendungsbereich der Richtlinie fallenden innergemeinschaftlichen Sachverhalte erfassen, sondern – um eine Inländerdiskriminierung zu vermeiden – die steuerlichen Privilegien auch auf rein niederländischen Fusionen erstrecken.

In der Rechtssache *Giloy* ging es um die Auslegung einer Vorschrift der Verordnung zur Festlegung des Zollkodex der Gemeinschaften[632]. Dabei betraf der Ausgangsrechtsstreit nicht die Erhebung von Zöllen, sondern von Umsatzsteuern, so dass die Bestimmungen des Zollkodexes nur aufgrund innerstaatlichen Rechts (§ 21 II UStG) anwendbar waren.

Zunächst wiederholte der EuGH die dargestellten Grundsätze der *Dzodzi*-Rechtsprechung und betonte nochmals die Besonderheiten des Falles *Kleinwort Benson*. Entscheidende Voraussetzung für die eigene Kompetenz sei die Bindungswirkung des EuGH-Urteils für das vorlegende Gericht. Seine Aussagen

---

Richtlinienbestimmungen zukommt.

[627] EuGH, Slg. 1995 I, 615, Tz. 24; zur Folgeentscheidung des *House of Lords* siehe unten Fn. 753.

[628] EuGH, Urteil vom 17.7.1997, Rs. C-28/95, Slg. 1997 I, 4161

[629] EuGH, Urteil vom 17.7.1997, Rs. C-130/95, Slg. 1997 I, 4291

[630] Den Urteilen kommt auch deshalb besondere Bedeutung zu, weil beide Entscheidungen vom großen Plenum des EuGH getroffen wurden, dazu *Borchardt*, Die rechtlichen Grundlagen der Europäischen Union (2002), S. 122.

[631] RL 90/434/EWG, ABl. EG 1990 Nr. L 225, S. 1; Zweck der Richtlinie ist in erster Linie, Steuerhindernissen bei grenzüberschreitenden Fusionen entgegenzuwirken, indem sie die Mitgliedstaaten verpflichtet, eine steuerneutrale Einbringung von Beteiligungen zum Zweck der Verschmelzung zu ermöglichen.

[632] VO 2913/92/EWG, ABl. EG 1992 Nr. L 302, S. 1

in *Dzodzi* und *Gmurzynska-Bscher,* dass ein Ersuchen nur dann zurückgewiesen werden könne, wenn offensichtlich sei, dass das Gemeinschaftsrecht nicht anwendbar sein könne, formulierte er nunmehr mit den Worten, es müsse auf der Hand liegen, dass das Gemeinschaftsrecht *„weder unmittelbar noch mittelbar"* anwendbar sein könne[633]. Entscheidend ist demnach nicht mehr die „Unmittelbarkeit" oder „Mittelbarkeit" der Verweisung, wie dies nach *Kleinwort Benson* noch den Anschein hatte, sondern die *Bindungswirkung* der EuGH-Entscheidung für das nationale Gericht[634].

IV. Weitere Entscheidungen

1. Das Urteil Imperial Chemical Industries (ICI)[635]

Im Ausgangsrechtsstreit der Rechtssache *ICI* ging es um die Auslegung von Vorschriften des englischen Income and Corporation Taxes Act 1972, wobei fraglich war, ob die von der Finanzverwaltung vorgenommene Auslegung mit den gemeinschaftsrechtlichen Regeln über die Niederlassungsfreiheit vereinbar war. Die Besonderheit des Falles lag freilich darin, dass die Mehrzahl der Tochtergesellschaften der Holding ihren Sitz in Drittländern hatten, so dass der Anwendungsbereich von Art. 43 EG (Art. 52 EGV a.F.) gar nicht eröffnet war.
Das *House of Lords* legte dem Gerichtshof die Frage vor, ob ein nationales Gericht aus Gründen des Gemeinschaftsrechts (Art. 10 EG, Art. 5 EGV a.F.) gehalten sei, eine nationale Norm immer, d.h. auch in Fällen außerhalb des Anwendungsbereichs der Gemeinschaftsvorschrift, einheitlich auszulegen. Im konkreten Fall hieß das, ob die nationalen Vorschriften auch außerhalb des Anwendungsbereichs des Art. 43 EG in dessen Licht auszulegen sind.
Zunächst stellte der Gerichtshof klar, dass es allein in der Kompetenz des erkennenden Gerichts liege, Erforderlichkeit der Vorlage und Erheblichkeit der Frage zu beurteilen[636]. Weiter führte er aus, dass das nationale Gericht bei Vorliegen eines Sachverhalts, der nicht in den Anwendungsbereich des Gemeinschaftsrechts falle, nicht zu einer gemeinschaftsrechtskonformen Auslegung dieses Rechts verpflichtet sei. Allerdings schloss er in einem abschließenden obiter dictum nicht aus, dass unter Umständen die nationale Norm außerhalb des Anwendungsbereichs des Gemeinschaftsrechts doch aufgrund einer Gemein-

---

633 EuGH, Rs. C-28/95, Slg. 1997 I, 4161, Tz. 26; Rs. C-130/95, Slg. 1997 I, 4291, Tz. 22; hierin liegt wohl die Klarstellung, dass der Gerichtshof nicht nach gesetzgebungstechnisch bedingten Zufälligkeiten differenziert – dies hatten die Generalanwälte ihm vorgeworfen.

634 Fraglich könnte allerdings sein, ob die Bindungswirkung in *Leur-Bloem* zu Recht bejaht wurde, was aber hier dahingestellt bleiben kann.

635 EuGH, Urteil vom 16.7.1998, Rs. C-264/96, Slg. 1998 I, 4695

636 Slg. 1998 I, 4695, Tz. 15

schaftsvorschrift unangewendet bleiben müsse, falls ansonsten die Gemeinschaftsrechte beeinträchtigt würden:

„Falls ein und dieselbe Vorschrift in einer in den Anwendungsbereich des Gemeinschaftsrechts fallenden Situation unangewendet bleiben müßte, in einer nicht in diesen Anwendungsbereich fallenden Situation jedoch weiterhin angewandt werden könnte, wäre das zuständige Organ des betreffenden Staates verpflichtet, diese Rechtsunsicherheit zu beseitigen, soweit sie die sich aus Gemeinschaftsvorschriften ergebenden Rechte beeinträchtigen könnte."[637]

Allerdings ging es hier nicht um die Frage der Zulässigkeit einer gespaltenen Auslegung im Fall der überschießenden Umsetzung, da eine solche durch den englischen Gesetzgeber nicht vorlag. Vielmehr ging es allein um die Frage, ob die Auslegung nationaler Normen im Sinne der Niederlassungsfreiheit (Art. 43 EG) auch auf Sachverhalte außerhalb des Anwendungsbereichs der Grundfreiheit zu erstrecken ist[638]. Dagegen wird das Urteil von anderen im Zusammenhang mit der europarechtlichen Zulässigkeit der gespaltenen Auslegung gesehen[639].

2. Das Urteil Schoonbroodt[640]

In der Rechtssache *Schoonbroodt* legte die Cour de cassation dem Gerichtshof Fragen zur Auslegung der Verordnung 918/83/EWG über das gemeinschaftliche System der Zollbefreiungen[641] vor. Im Ausgangsverfahren ging es jedoch nicht um Zölle, so dass die gemeinschaftsrechtlichen Vorschriften nur nach Maßgabe des innerstaatlichen belgischen Rechts Anwendung fanden. Der EuGH bejahte seine Zuständigkeit mit einem Hinweis auf die *Dzodzi*-Rechtsprechung, ohne die Frage näher zu problematisieren[642].

3. Das Urteil DE+ES Bauunternehmung GmbH[643]

In der Rechtssache *DE+ES Bauunternehmungs GmbH* legte das Finanzgericht Köln dem EuGH Fragen zur Auslegung der Richtlinie 78/660/EWG[644] zur Entscheidung vor. Die einschlägigen deutschen Steuervorschriften des Körperschaftsteuer-, Einkommensteuer- und Gewerbesteuergesetzes über die Ermitt-

[637] Slg. 1998 I, 4695, Tz. 34

[638] So richtigerweise *Roth,* in: FS Wiss. BGH II (2000), S. 847, 884

[639] So von *Habersack/Mayer,* JZ 1999, 913, 918 f.

[640] EuGH, Urteil vom 3.12.1998, Rs. C-247/97, Slg. 1998 I, 8095

[641] ABl. 1983 Nr. L 105, S. 1, in der Fassung der VO 1315/88/EWG, ABl. 1988 Nr. L 123, S. 2

[642] EuGH, Slg. 1998 I, 8095, Tz. 14

[643] EuGH, Urteil vom 14.9.1999, Rs. C-275/97, Slg. 1999 I, 5331

[644] ABl. 1978 Nr. L 222, S. 11

lung der Bemessungsgrundlage für direkte Steuern verweisen auf die handelsbilanzrechtlichen Vorschriften des HGB. Die §§ 238 ff. HGB wiederum setzen die Bilanzrichtlinie über ihren eigentlichen Anwendungsbereich hinaus überschießend um[645]. Der EuGH entschied über das Vorabentscheidungsersuchen, ohne auf das Zuständigkeitsproblem einzugehen.

4. Das Urteil Berliner Kindl[646]

Im Ausgangsverfahren vor dem LG Potsdam ging es um die Frage der Anwendbarkeit des VerbrKrG auf eine Bürgschaftserklärung nach deutschem Recht, woraufhin das Landgericht dem EuGH eine Frage nach der Auslegung der Richtlinie 87/102/EWG vorlegte. Auch hier lag ein Fall überschießenden nationalen Rechts vor[647]: Der Beklagte des Ausgangsverfahren hatte gegenüber der Klägerin eine Bürgschaft in Höhe von 90 000 DM übernommen, womit (betragsmäßig) zwar der Anwendungsbereich des VerbrKrG, nicht aber der der Richtlinie eröffnet war. Der Gerichtshof entschied, dass ein Bürgschaftsvertrag, der zur Sicherung der Rückzahlung eines Kredits geschlossen werde, auch dann nicht in den Anwendungsbereich der Richtlinie 87/102/EWG falle, wenn weder der Bürge noch der Kreditnehmer im Rahmen ihrer Erwerbstätigkeit gehandelt haben[648]. Auf das Problem der Nichtanwendbarkeit der Richtlinie aufgrund Überschreitung des Höchstbetrages und damit auf seine Zuständigkeit nach Art. 234 EG ging der EuGH dagegen gar nicht ein.

5. Das Urteil Kofisa Italia Srl[649]

In der Rechtssache C-1/99 *(Kofisa Italia Srl)* ging es um die Auslegung der Art. 243 und 244 der Verordnung 2913/92/EWG[650] zur Festlegung des Zollkodex der Gemeinschaften, auf die Art. 70 des italienischen Mehrwertsteuergesetzes von 1972 im Zusammenhang mit Einfuhrmehrwertsteuern verwies[651]. Der EuGH bejahte seine Zuständigkeit unter Hinweis auf seine Ausführungen im Urteil *Giloy*

---

645 Siehe dazu schon oben Teil 2, B. II. 1. b), S. 31

646 EuGH, Urteil vom 23.3.2000, Rs. C-208/98, Slg. 2000 I, 1741

647 Dazu bereits ausführlich oben Teil 2, B. II. 1. f), S. 34

648 EuGH, Rs. C-208/98, Slg. 2000 I, 1741, Tz. 27

649 EuGH, Urteil vom 11.1.2001, Rs. C-1/99, Slg. 2001 I, 207

650 ABl. 1992 Nr. L 302, S. 1

651 Nach Ansicht der italienischen Regierung war der Gerichtshof nicht zuständig, da sich die Verweisung in Art. 70 auf nationale Vorschriften über Ein- und Ausfuhrabgaben beschränke und auf eine Vorschrift aus dem Jahr 1972 zurückgehe, als es weder den Zollkodex noch Gemeinschaftsbestimmungen über die Zollpflichten gegeben habe. Auch die Kommission bestritt eine Vergleichbarkeit mit der Rechtssache *Giloy*.

und stellte ausdrücklich klar, dass ein Ausnahmefall wie der in der Rechtssache *Kleinwort Benson* nicht vorliege[652].

6. Das Urteil Adam[653]

Ebenso zur Bejahung seiner Zuständigkeit kam der Gerichtshof in seinem Urteil in der Rechtssache *Adam,* in der das Tribunal d'arrondissement Luxemburg Fragen zur Auslegung des Anhangs F Nummer 2 der Richtlinie 77/388/EWG[654] vorgelegt hatte. Die Verwaltung machte unter Berufung auf die *Dzodzi*-Rechtsprechung geltend, die Richtlinienbestimmungen, um deren Auslegung ersucht werde, seien im Ausgangsverfahren nicht einschlägig, da sie Befreiungen von der Mehrwertsteuer und nicht die Anwendung eines ermäßigten Mehrwertsteuersatzes durch die Mitgliedstaaten regelten. Zudem enthalte das im Ausgangsverfahren anwendbare luxemburgische Recht keine Verweisung auf das Gemeinschaftsrecht, so dass dieses im Ausgangsverfahren offensichtlich nicht anwendbar sei.
Dennoch entschied der Gerichtshof, dass auch im vorliegenden Fall ein klares Interesse der Gemeinschaft an der einheitlichen Auslegung der Gemeinschaftsbegriffe bestehe. Dies gelte erst recht dann, wenn die nationalen Vorschriften erlassen wurden, um die Richtlinie, zu der die Bestimmung gehört, in nationales Recht umzusetzen. Des Weiteren führte er aus, dass

„in einem solchen Fall der Umstand, dass der gemeinschaftsrechtliche Begriff, um dessen Auslegung ersucht wird, im Rahmen des nationalen Rechts unter anderen Voraussetzungen als den in der entsprechenden Gemeinschaftsbestimmung vorgesehenen angewandt werden soll, nicht geeignet [sei], jeden Zusammenhang zwischen der erbetenen Auslegung und dem Gegenstand des Ausgangsrechtsstreits auszuschließen."[655]

V. Neuere Entscheidungen

1. Das Urteil in der Rechtssache Heininger[656]

Ein neueres Urteil liegt mit der Entscheidung des Gerichtshofs in der Rechtssache *Heininger* vor. Gegenstand des Vorlageersuchens des BGH war die

[652] EuGH, Rs. C-1/99, Slg. 2001 I, 207, Tz. 29 ff.
[653] EuGH, Urteil vom 11.10.2001, Rs. C-267/99, Slg. 2001 I, 7467
[654] ABl. 1977 Nr. L 145, S. 1
[655] EuGH, Rs. C-267/99, Slg. 2001 I, 7467, Tz. 28 f.
[656] EuGH, Urteil vom 13.12.2001, Rs. C-481/99, Slg. 2001 I, 9945; dazu bereits oben Teil 1, A. II., S. 2

Anwendbarkeit der Haustürgeschäfterichtlinie[657] auf Realkreditverträge i.S.d. § 3 II Nr. 2 VerbrKrG a.F. sowie die Frage der Zulässigkeit der Befristung des Widerrufsrechts für den Fall der fehlenden Belehrung des Verbrauchers. Auch hier lag eine überschießende Umsetzung durch den nationalen Gesetzgeber vor, da die deutsche Rechtsprechung den Begriff der „Haustürsituation" i.S.d. § 1 HWiG a.F. weiter interpretierte als Art. 2 der zugrunde liegenden Richtlinie[658]. Auch im vorliegenden Fall war der Vertrag zwar in einer Haustürsituation angebahnt worden, der eigentliche Vertragsschluss erfolgte dann aber in den Geschäftsräumen der beklagten Bank. Der EuGH ging nicht auf die Zulässigkeit der Vorlage ein, wobei ihm die Problematik nicht verborgen blieb. Dies belegt der Hinweis,

> „dass die dem Gerichtshof vom Bundesgerichtshof vorgelegte Frage davon ausgeht, dass der Realkreditvertrag zwischen den Klägern und der Beklagten unter den in Art. 1 dieser Richtlinie genannten Tatbestandsvoraussetzungen geschlossen wurde" und „die erste Frage daher ausgehend von dieser Prämisse zu beantworten [sei]"[659].

2. Das Urteil in der Rechtssache BIAO[660]

Streitgegenstand des Verfahrens war die Bilanzierung einer Rückstellung in der Bilanz eines Kaufmanns, der nicht in den Anwendungsbereich der Vierten Gesellschaftsrechtsrichtlinie über den Jahresabschluss von Gesellschaften[661] fällt. Vielmehr waren die Vorschriften der Richtlinie nur aufgrund einer Reihe von komplexen Verweisungen und Annahmen des innerstaatlichen Rechts anwendbar. Eine Besonderheit der Vorlage lag darin, dass das vorlegende FG Hamburg den Gerichtshof ausdrücklich um eine Entscheidung über seine Zuständigkeit ersuchte. Die Kommission bezeichnete dies in der mündlichen Verhandlung als eine „glänzende Gelegenheit" für den Gerichtshof, seine Entscheidungen in den Rechtssachen *Leur-Bloem* und *Giloy* zu überdenken[662].
Der EuGH leitete seine (insgesamt doch recht spärlichen[663]) Ausführungen mit dem gewohnten Hinweis auf den Charakter des Vorabentscheidungsverfahrens als Verfahren der Zusammenarbeit zwischen Gerichtshof und vorlegendem

657 RL 85/577/EWG, ABl. 1985 Nr. L 372, S. 31

658 Dazu bereits oben Teil 2, B. II. 1. e), S. 33

659 EuGH, Slg. 2001 I, 9945, Tz. 25

660 EuGH, Urteil vom 7.1.2003, Rs. C-306/99, Slg. 2003 I, 1

661 RL 78/660/EWG des Rates vom 25. Juli 1978, ABl. 1978 Nr. L 222, S. 11

662 Das vorlegende Gericht und die deutsche Regierung sprachen sich unter Bezugnahme auf das Urteil des Gerichtshofs in der Rs. C-28/95 *(Leur-Bloem)* für eine Zuständigkeit des Gerichtshofs aus.

663 Insb. erwähnt der Gerichtshof die (abweichenden) Äußerungen des Generalanwalts mit keinem Wort, dazu unten B. V. 2., S. 142.

Gericht ein, wobei es ausschließlich Sache des nationalen Gerichts sei, die Frage der Erforderlichkeit der Vorlage und der Erheblichkeit der vorgelegten Fragen zu beurteilen. Zwar beträfen die Vorlagefragen die nationale steuerrechtliche Lage, jedoch liege einer der Ausnahmefälle, in denen dem EuGH ein konstruierter Rechtsstreit präsentiert werde oder er zur Abgabe eines Gutachtens über allgemeine oder hypothetische Fragen veranlasst werden sollte, nicht vor. Denn die Probleme der Auslegung des nationalen Rechts bezögen sich auf das nach der Richtlinie verlangte Rechnungslegungskonzept und die Antwort auf diese Fragen hänge nicht von der Unterscheidung zwischen Kapitalgesellschaften und anderen Einheiten ab. Er stellte darüber hinaus klar, dass ein Ausnahmefall wie der in der Sache *Kleinwort Benson* hier nicht vorliege und aus diesen Gründen seine Auslegungskompetenz bezüglich der vorgelegten Fragen zu bejahen sei[664].

B. Die Gegenposition der Generalanwälte

Im Gegensatz zum EuGH stehen die Generalanwälte der Bejahung seiner Zuständigkeit überwiegend sehr kritisch gegenüber.

I. Thomasdünger, Dzodzi, Gmurzynska-Bscher

Schon im Ausgangsfall *Thomasdünger* widersprach *GA Mancini* dem Gerichtshof deutlich, der die Frage der Zuständigkeit gar nicht thematisierte, sondern gleich zur Sache entschied. *Mancini* argumentierte, dass sich die nationale Stelle freiwillig und einseitig für die Anwendung des Gemeinschaftsrechts entschieden habe, so dass der Gerichtshof nur „scheinbar" die Gemeinschaftsnormen auslegen würde, es sich in Wirklichkeit aber um die Beurteilung rein innerstaatlicher Normen handele. Somit beträfen die vorgelegten Fragen nicht die Auslegung von Gemeinschaftsrecht und fielen daher nicht in die Zuständigkeit des Gerichtshofs[665].
Ausführlicher äußerte sich *GA Darmon* in den verbundenen Rechtssachen *Dzodzi:* Zweck des Vorabentscheidungsverfahrens sei die Gewährleistung der Einheitlichkeit des Gemeinschaftsrechts, dieser Zweck könne aber nur den Anwendungsbereich des Gemeinschaftsrechts betreffen und nur in diesem selbst definiert werden. Eine nationale Verweisungsnorm könne durch einen einseitigen, autonomen Vorgang den Anwendungsbereich des Gemeinschaftsrechts nicht ausdehnen. Es gebe „kein Gemeinschaftsrecht außerhalb des Anwendungs-

---

[664] EuGH, Slg. 2003 I, 1, Tz. 88 ff.
[665] Schlussanträge vom 15.5.1985, Rs. 166/84, Slg. 1985, 3002, Tz. 2 f.

bereichs des Gemeinschaftsrechts“[666]. Es sei nicht Aufgabe des EuGH, Stellungnahmen oder Beratungen zu liefern, *Darmon* warnte vor einer solchen „Zusammenarbeit mit ungewissen Konturen“, aus der sich „schwerwiegende Nachteile“ ergeben könnten. Gleichzeitig warf er einige Fragen auf, die aus einer Bejahung der Zuständigkeit des EuGH folgen könnten, so z.B. ob in diesem Fall auch eine Vorlagepflicht der letztinstanzlichen Gerichte bestehe, oder ob der EuGH auch über Gültigkeitsfragen zu entscheiden hätte, außerdem sei eine eventuelle Bindungswirkung fraglich[667].
Dieselbe Ansicht vertrat *GA Darmon* in der darauf folgenden Rechtssache *Gmurzynska-Bscher* und kam erneut zur Verneinung der Zuständigkeit des EuGH. Er betonte, dass es zwar richtig sei, dass das vorlegende Gericht über die Rechtserheblichkeit und Notwendigkeit der Vorlage entscheide, jedoch müsse der Gerichtshof seine eigene Zuständigkeit sehr wohl prüfen[668].

II. Kleinwort Benson, Leur-Bloem / Giloy

Zu einem „Rundumschlag“ gegen die *Dzodzi*-Rechtsprechung holte *GA Tesauro* in seinen Schlussanträgen vom 31.1.1995 in der Rs. C-346/93 *(Kleinwort Benson)* aus. Er nutzte die Gelegenheit, um die genannte Rechtsprechung einer generellen Überprüfung zu unterziehen. Unter der Prämisse, dass es „kein Gemeinschaftsrecht außerhalb des Anwendungsbereichs des Gemeinschaftsrechts“ gebe, stellte er – unter Bezugnahme auf die Rechtsprechung des Gerichtshofs zu hypothetischen Fragen[669] – entscheidend auf den Aspekt der fehlenden Bindungswirkung des EuGH-Urteils ab. Eine solche könne sich im Übrigen nicht aus der nationalen Norm, sondern nur aus dem Übereinkommen selbst ergeben[670]. Als weiteren Punkt brachte er den Grundsatz der begrenzten Ermächtigung im Gemeinschaftsrecht an: Aus der Tatsache, dass manche Fälle von der Zuständigkeit des Gerichtshofs nicht ausdrücklich ausgeschlossen sind, dürfe nicht gefolgert werden, dass sie damit eingeschlossen seien[671]. Der Gerichtshof verneinte im Ergebnis seine Zuständigkeit, ohne jedoch der Aufforderung *Tesauros* zu einer generellen Verwerfung der *Dzodzi*-Rechtsprechung nachzukommen.
GA Jacobs führte diese Kritik an der EuGH-Rechtsprechung in seinen verbundenen Schlussanträgen in den Rechtssachen *Leur-Bloem* und *Giloy* vom 17.9.1996

---

666 Schlussanträge vom 3.7.1990, verb. Rs. C-297/88 und C-197/89, Slg. 1990 I, 3778, Tz. 8 f., 11

667 Slg. 1990 I, 3778, Tz. 12

668 Schlussanträge vom 3.7.1990, Rs. C-231/89, Slg. 1990 I, 4009, Tz. 4

669 *GA Tesauro,* Rs. C-346/93, Slg. 1995 I, 617, Tz. 25

670 Slg. 1995 I, 617, Tz. 23 ff.

671 Slg. 1995 I, 617, Tz. 25

fort und lehnte die Zuständigkeit des EuGH ab. Zunächst stellte er fest, dass es durch die falsche Anwendung einer Gemeinschaftsvorschrift in einem außergemeinschaftlichen Zusammenhang allenfalls zu einer „mittelbar[en] und vorübergehend[en]“ Gefahr für die Einheit des Gemeinschaftsrechts kommen könne[672]. Entscheidende Bedeutung maß *Jacobs* dem unterschiedlichen Rahmen von Vorschriften des Gemeinschafts- und des nationalen Rechts zu. Jenseits des Regelungszwecks einer Gemeinschaftsbestimmung werde der Gerichtshof hypothetisch um die Auslegung der Bestimmung außerhalb ihres eigentlichen Rahmens ersucht[673]. Eine solch abstrakte Auslegung begründe erhebliche Schwierigkeiten, insb. zeige die jüngere Rechtsprechung des EuGH eine größere Strenge bei der Beurteilung der Zulässigkeit einer Vorlage, der tatsächliche Rahmen des Rechtsstreits werde vermehrt berücksichtigt. Entscheide der Gerichtshof in solch einem Fall, bestehe die Gefahr, dass er erhebliche Punkte übersehen oder durch sachfremde Faktoren irregeleitet werden könnte[674]. Des Weiteren stellte er entscheidend auf die von ihm als unabdingbar angesehene Bindungswirkung des Urteils ab, in dieser Hinsicht bereite der in der Rechtssache *Kleinwort Benson* gefundene „Kompromiß“ ein „gewisses Unbehagen“[675].

III. Federconsorzi, Fournier

Eine Ausnahme in dieser Reihe stellen die Schlussanträge von *GA van Gerven* in der Rechtssache *Federconsorzi* dar, der sich auf die seit *Dzodzi* gefestigte Rechtsprechung des Gerichtshofs berief und die Zuständigkeit des EuGH bejahte. In Anbetracht der Verhinderung künftiger Auslegungsdiskrepanzen sei es folgerichtig, dass der EuGH nicht nur zur Entscheidung über Vorlagen betreffend Gemeinschaftsbestimmungen zuständig sei, auf die nationale Normen verweisen, sondern ebenso für solche, auf die in einer Vertragsbestimmung verwiesen wird. Jedoch hob *van Gerven* hervor, dass sich die Zuständigkeit des Gerichtshofs in jedem Fall auf die Prüfung der Bestimmungen des Gemeinschaftsrechts beschränke, nicht dagegen dürften die Bestimmungen des nationalen Rechts berücksichtigt werden[676].

Ebenfalls zur Bejahung der Zuständigkeit des EuGH kam *GA Jacobs* in seinen Schlussanträgen vom 20.5.1992 in der Rechtssache *Fournier.* Jedoch schloss sich Jacobs nicht uneingeschränkt der bisherigen Rechtsprechung des EuGH an, vielmehr hob er die Besonderheiten des Falles hervor. Diese lägen darin, dass es sich um keinen gewöhnlichen privatrechtlichen Vertrag handele, sondern das

---

672 *GA Jacobs*, Rs. C-28/95 und C-130/95, Slg. 1997 I, 4165, Tz. 49

673 *GA Jacobs*, Slg. 1997 I, 4165, Tz. 52 ff.

674 Slg. 1997 I, 4165, Tz. 51 f.

675 Slg. 1997 I, 4165, Tz. 67 ff.

676 *GA van Gerven*, Schlussanträge vom 8.4.1992, Rs. C-88/91, Slg. 1992 I, 4047, Tz. 9

vorliegende Abkommen einen wesentlichen Teil des von der Richtlinie eingeführten Systems darstelle. Darüber hinaus war das Abkommen in der Richtlinie vorgesehen, sein Abschluss war Bedingung für das Inkrafttreten der meisten ihrer Vorschriften[677]. Auch führte *Jacobs* – wie später in zweifelhafter Weise der Gerichtshof – aus, dass die in Abkommen und Richtlinie verwendeten Begriffe nicht unbedingt dieselbe Bedeutung haben müssten, diese Beurteilung liege allein in der Zuständigkeit des nationalen Gerichts[678].

IV. Weitere Entscheidungen

In seinen Schlussanträgen in der Rechtssache *ICI* äußerte *GA Tesauro* zwar Zweifel an der Erforderlichkeit der Auslegung für den Ausgangsrechtsstreit, wies aber auf die ständige Rechtsprechung des EuGH hin, nach der die Beurteilung der Erheblichkeit und der Erforderlichkeit der Vorlagefragen grundsätzlich Sache des vorlegenden Gerichts sei, und hielt es für „zweckdienlich", dem vorlegenden *House of Lords* eine Antwort auf die Vorlagefrage zu geben[679].
GA Jacobs beschränkte sich in seinen Schlussanträgen vom 25.6.1998 in der Rechtssache *Schoonbroodt* auf einen Hinweis auf die *Dzodzi*-Rechtsprechung, wonach eine Zuständigkeit auch dann gegeben sei, wenn Gemeinschaftsvorschriften durch das nationale Recht für anwendbar erklärt würden[680].
Zum gleichen Ergebnis kam *GA Léger* in der Rechtssache *DE+ES Bauunternehmung GmbH,* indem er unter Berufung auf die *Leur-Bloem*-Rechtsprechung die Zuständigkeit des Gerichtshofes bejahte. Dass die Entscheidung im Ausgangsverfahren nicht unmittelbar von der Anwendung der Gemeinschaftsbestimmungen abhänge, könne im vorliegenden Fall keine Zweifel an der Zuständigkeit des Gerichtshofs begründen[681].
GA Colomer riet dem Gerichtshof in der Rechtssache *Kofisa Italia Srl,* sich für unzuständig zu erklären. Hauptargument war zum einen der ansonsten drohende Widerspruch zur Rechtsprechung des Gerichtshofs zu hypothetischen Fragen. Nach Ansicht des Generalanwalts laufe der Gerichtshof Gefahr, die Zulässigkeit von Vorlagefragen innerhalb des Anwendungsbereichs des Gemeinschaftsrechts

---

[677] *GA Jacobs*, Rs. C-73/89, Slg. 1992 I, 5640, Tz. 19
[678] Slg. 1992 I, 5640, Tz. 20
[679] *GA Tesauro,* Schlussanträge vom 16.12.1997, Rs. C-264/96, Slg. 1998 I, 4698, Tz. 13 f.
[680] *GA Jacobs*, Rs. C-247/97, Slg. 1998 I, 8097, Tz. 19 f.
[681] *GA Léger*, Schlussanträge vom 26.11.1998, Rs. C-275/97, Slg. 1999 I, 5334, Tz. 26-31. *Hoffmann* kritisiert diesen Standpunkt des Generalanwalts und die Entscheidung des EuGH aus rechtspraktischen Gründen und warnt vor einer Überlastung des Gerichtshofs und einem erheblichen Anstieg der Prozessdauer, *ders.*, Der EuGH als Mentor des deutschen Bilanzsteuerrechts – Anmerkungen zum EuGH-Urteil vom 14.9.1999, DStR 1999, 1686 f.

strenger zu prüfen als die von Fragen, in denen der Gegenstand des Ausgangsrechtsstreits außerhalb desselben liege. Zum anderen stehe einer Bejahung der Zuständigkeit das Prinzip der begrenzten Einzelermächtigung entgegen, Art. 5 I EG. Des Weiteren spreche die fehlende Bindungswirkung der Urteile und die Abhängigkeit der Zuständigkeit von der jeweiligen nationalen Regelung klar gegen eine Kompetenz des EuGH[682].
Ebenfalls zur Verneinung der Zuständigkeit nach Art. 234 EG kam *GA Tizzano* im Fall *Adam,* allerdings stellte er schon die Einschlägigkeit der *Dzodzi*-Rechtsprechung in Frage. Ein Zusammenhang zwischen der im Ausgangsverfahren erörterten Frage und der Gemeinschaftsbestimmung könne nicht auf den – zufälligen – Umstand gestützt werden, dass die nationale Vorschrift und die Gemeinschaftsvorschrift beide die Mehrwertsteuer betreffen. Somit enthalte die nationale Regelung keine unmittelbare und unbedingte Verweisung im Sinne von *Kleinwort Benson.* Eine Entscheidung des Gerichtshofs laufe Gefahr, rein hypothetisch und abstrakt zu bleiben, weshalb eine Prüfung seine Unzuständigkeit ergeben müsse[683].

V. Neuere Verfahren

1. Die Rechtssache Heininger

GA Léger ging in der Rechtssache *Heininger* in einer Eingangsbemerkung kurz auf die Frage der Anwendbarkeit der Haustürgeschäfterichtlinie auf den Ausgangsfall ein, da die Beklagte in der mündlichen Verhandlung auf dieses Problem ausdrücklich hingewiesen hatte. Im Folgenden betonte er jedoch den Grundsatz der klaren Aufgabentrennung zwischen vorlegendem Gericht und Gerichtshof, aus dem folge, dass für die Würdigung und Ermittlung des Sachverhalts und damit für die Beurteilung der Erforderlichkeit der Vorlage ausschließlich das vorlegende Gericht zuständig sei. Da der BGH in seinem Vorlagebeschluss diesen Problemkreis nicht angesprochen hatte, riet *GA Léger* dem Gerichtshof, sich an die vorliegenden Ausführungen zu halten und seine Zuständigkeit zu bejahen[684].

2. Die Rechtssache BIAO

GA Jacobs rekapitulierte in seinen Schlussanträgen vom 15.11.2001 die Grundsätze, die der EuGH in den Entscheidungen *Leur-Bloem, Giloy* und *Kleinwort*

[682] *GA Colomer,* Schlussanträge vom 26.9.2000, Rs. C-1/99, Slg. 2001 I, 210, Tz. 30, 33 ff.
[683] *GA Tizzano,* Schlussanträge vom 29.3.2001, Rs. C-267/99, Slg. 2001 I, 7471, Tz. 33 ff.
[684] *GA Léger,* Schlussanträge vom 12.7.2001, Rs. C-481/99, Slg. 2001 I, 9948, Tz. 23 f.

Benson entwickelt hatte. Im Folgenden sprach er sich deutlich gegen die Zuständigkeit des Gerichtshofs aus und trat zunächst dem Anschein entgegen, die mittlerweile als gefestigt geltende, durch die Urteile *Leur-Bloem* und *Giloy* bestätigte *Dzodzi*-Rechtsprechung sei durch neuere Urteile[685] bekräftigt worden. Die angenommene Geschlossenheit dieser Rechtsprechung bestehe „nur scheinbar und nicht in Wirklichkeit". Die neueren Urteile sprächen teilweise die Frage der Zuständigkeit überhaupt nicht an oder würden größtenteils nur auf die früheren Entscheidungen als Beleg für die Annahme der Zuständigkeit verweisen, ohne nach der sachlichen Berechtigung dieser Entscheidungen zu fragen. Der oft behaupteten Geschlossenheit der *Dzodzi*-Rechtsprechung stehe insb. die Entscheidung im Fall *Kleinwort Benson* entgegen, da der Gerichtshof hier seine Zuständigkeit mangels unmittelbarer und unbedingter Verweisung und Bindungswirkung verneint hatte.
Ein entscheidend gegen die Zulässigkeit der Vorlagefragen sprechender Punkt sei der unterschiedliche Kontext, in dem der zugrunde liegende Sachverhalt im Gegensatz zu dem von der Richtlinie erfassten stünde, so könnten anscheinend identische Vorschriften in unterschiedlichen Zusammenhängen verschiedene Bedeutungen haben.
Weiter bestehe nach Gemeinschaftsrecht für das vorlegende Gericht keine Bindungswirkung an das Urteil, was diesem einen rein gutachtlichen Charakter verleihe und die dem Gerichtshof durch den EG-Vertrag zugewiesene Aufgabe eindeutig verfälsche[686]. Richte sich die Bindungswirkung ausschließlich nach innerstaatlichem Recht, so müsse der EuGH bei der Prüfung seiner Zuständigkeit über nationale Vorschriften entscheiden, was wiederum nicht in seine vertragliche Zuständigkeit falle[687]. Zwar bestehe ein klares Interesse der Gemeinschaft an der einheitlichen Auslegung, jedoch könne es nicht in diesem Interesse liegen, dass die Zuständigkeit des Gerichtshofs allein vom nationalen Recht abhänge oder dass das innerstaatliche Gericht nicht zur Beachtung der Entscheidung verpflichtet sei[688].
Des Weiteren fehle den in den Urteilen *Leur-Bloem* und *Giloy* aufgestellten Grundsätzen die rechtliche Bestimmtheit. Als alternative Vorgehensweise erachtet *GA Jacobs* die Bekräftigung der in *Kleinwort Benson* aufgestellten Voraussetzungen, nämlich die unmittelbare und unbedingte Verweisung auf Gemeinschaftsrecht und die durch das nationale Recht zwingend angeordnete Bin-

685 Er nennt die Urteile *Schoonbroodt* (Rs. C-247/97), *DE+ES Bauunternehmung* (Rs. C-275/97), *Kofisa* (Rs. C-1/99), *Adam* (Rs. C-267/99); vgl. Schlussanträge, Rs. C-306/99, Slg. 2003 I, 5, Tz. 48.
686 Slg. 2003 I, 5, Tz. 60 f.
687 Slg. 2003 I, 5, Tz. 57, 59: Die Annahme einer Zuständigkeit durch den Gerichtshof sehe „ganz bedenklich so aus, als würde er sich Aufgaben anmaßen, die durch die Verträge nicht vorgeschrieben sind, (...)".
688 Slg. 2003 I, 5, Tz. 62 f.

dungswirkung. Im Ergebnis führe auch dieses Vorgehen zur Unzulässigkeit der Vorlage, da keine der beiden Voraussetzungen im vorliegenden Fall gegeben sei[689].

VI. Berliner Kindl

1. Die Schlussanträge von GA Léger vom 28.10.1999

Eine bisher noch nicht vorgebrachte Argumentationsweise entwickelte *GA Léger* in der Rechtssache *Berliner Kindl,* in der es um das Problem der Anwendbarkeit des VerbrKrG und der zugrunde liegenden Richtlinie 87/102/EWG auf die Bürgschaft nach deutschem Recht ging. Er verneinte die Einschlägigkeit eines Falles der *Dzodzi*-Rechtsprechung und sah die streitgegenständlichen Kreditverträge als vom Anwendungsbereich der Richtlinie erfasst. Dabei argumentierte er folgendermaßen: Die Richtlinie sehe einen Fall der Mindestharmonisierung vor, indem sie in Art. 15 die Mitgliedstaaten ausdrücklich ermächtige, weitergehende Schutzvorschriften zugunsten der Verbraucher zu erlassen. Deshalb habe der deutsche Gesetzgeber die Anwendung der Richtlinie nicht autonom und einseitig auf andere nationale Sachverhalte ausgedehnt, vielmehr habe er „aufgrund der Richtlinie selbst und in vollem Einklang mit dem Willen des Gemeinschaftsgesetzgebers“ gehandelt. Aus diesen Gründen sei die Zuständigkeit des Gerichtshofs nach Art. 234 EG unabhängig von seiner Rechtsprechung zur überschießenden Umsetzung im vorliegenden Fall zu bejahen[690].

2. Stellungnahme

Diesen Ausführungen kann jedoch nicht uneingeschränkt zugestimmt werden. Zum einen handelt es sich entgegen der Auffassung von *GA Léger* im Fall der Verbraucherkreditrichtlinie und ihrer Umsetzung im VerbrKrG gerade doch um einen Fall der überschießenden Richtlinienumsetzung[691]. Auch im zu beurteilenden Fall lag (zumindest teilweise) diese Konstellation vor, und zwar aus folgenden Gründen: Das Ausgangsverfahren betraf sowohl hinsichtlich Hauptschuld als auch hinsichtlich Bürgschaft einen Betrag von 90 000 DM (bzw. 90 523 DM), womit zwar der Anwendungsbereich des VerbrKrG[692], nicht aber der der

---

[689] Slg. 2003 I, 5, Tz. 68 f.

[690] *GA Léger*, Schlussanträge vom 28.10.1999, Rs. C-208/98, Slg. 2000 I, 1743, Tz. 26, 28

[691] Zur überschießenden Umsetzung im Rahmen des VerbrKrG siehe bereits oben Teil 2, B. II. 1. f), S. 34

[692] Die Höchstgrenze von 100 000 DM, die das VerbrKrG (nur für den Fall des Existenzgründerdarlehens, dazu gleich) vorsieht, ist nicht erreicht, § 3 I Nr. 2 VerbrKrG a.F.

Richtlinie eröffnet war[693]. Des Weiteren war zwar der Bürge Verbraucher im Sinne der Richtlinie, wenn man aber der vom EuGH vertretenen sog. Gesamtbetrachtungslehre folgt und (auch) auf die Eigenschaft des Hauptschuldners – der hier Existenzgründer i.S.v. § 3 I Nr. 2 VerbrKrG a.F. war und somit nicht unter die Richtlinie fiel – abstellt, liegt auch insoweit eine „überschießende" Konstellation vor und ist damit die *Dzodzi*-Rechtsprechung des EuGH einschlägig. Lediglich hinsichtlich des durch § 7 VerbrKrG a.F. eingeführten Widerrufsrechts hat der Gesetzgeber von seiner Befugnis nach Art. 15 RL Gebrauch gemacht und weitergehende Schutzvorschriften zugunsten der Verbraucher erlassen, so dass sich die Ausführungen des Generalanwalts eigentlich auf diesen Punkt hätten beschränken müssen.

Eine vergleichbare Konstellation lag im Fall *Heininger* vor: Die Richtlinie 85/577/EWG wurde durch § 1 HWiG a.F. überschießend ins deutsche Recht umgesetzt und verfolgt gleichzeitig das Konzept der Mindestharmonisierung[694], was mit der überschießenden Umsetzung durch den deutschen Gesetzgeber jedoch nichts zu tun hat, da dieses Vorgehen nur die Erstreckung des Regelungsrahmens der Richtlinie, nicht aber die Intensivierung der Regelungstiefe betrifft[695].

Doch selbst an den Ausführungen des Generalanwalts in Bezug auf Art. 15 der Richtlinie erscheint fraglich, ob man davon sprechen kann, dass ein Mitgliedstaat, der weitergehende nationale Regelungen erlässt, „in vollem Einklang mit dem Willen des Gemeinschaftsgesetzgeber[s]" handelt[696]. Denn Art. 15 RL enthält keine näheren Vorgaben hinsichtlich der Reichweite des mitgliedstaatlichen Gestaltungsspielraums, sondern verweist nur auf die vertraglichen Verpflichtungen der Mitgliedstaaten – womit die Beachtung insb. des Diskriminierungsverbots (Art. 12 EG) und der Bestimmungen über den freien Warenverkehr (Art. 28, 30 EG) gemeint ist. Innerhalb dieser gesteckten Grenzen ist der nationale Gesetzgeber dagegen in seinem Regelungsspielraum frei und kann nach eigenem Ermessen weitergehende Schutzmaßnahmen treffen. Auch wenn den Mitgliedstaaten die Möglichkeit eröffnet wird, innerhalb des Regelungsrahmens der Richtlinie weitergehende Schutzmaßnahmen zu erlassen und damit die Regelungstiefe zu intensivieren, liegt doch die Entscheidung über das Ob und Wie des Erlasses solcher weiterreichender Maßnahmen beim nationalen Gesetzgeber.

---

693 Vgl. Art. 2 Abs. 1 lit. f) RL 87/102/EWG. Der Wechselkurs zwischen ECU und DM betrug zum Zeitpunkt des Abschlusses der Verträge 1 zu 1,93, so dass die Hauptschuld einem Betrag von 46 903 ECU entsprach.

694 Siehe Art. 8 RL 85/577/EWG

695 Zum Zusammenhang zwischen der Überschreitung von Mindestvorschriften und der überschießenden Umsetzung in nationales Recht vgl. bereits oben Teil 2, B. III. 1. a), S. 37 ff.

696 So auch *Hommelhoff*, in: FS Wiss. BGH II (2000), 889, 922

C. Geteilte Ansichten in der Literatur

In der Literatur gehen die Positionen zur Auslegungskompetenz des EuGH bei überschießender Umsetzung auseinander.

I. Gegner einer Auslegungskompetenz

Zum einen spreche auf Gemeinschaftsebene das Prinzip der begrenzten Einzelermächtigung gegen eine Zuständigkeit des EuGH im überschießenden Bereich, die vom EuGH angeführte Kompetenznorm des Art. 234 EG könne dafür nicht genügen. Eine Befugnis der Mitgliedstaaten, den Geltungsbereich des Gemeinschaftsrechts einseitig zu bestimmen, bestehe weder auf europäischer noch nationaler Grundlage, die Zuständigkeit von Gemeinschaftsorganen könne nicht von der Regelungstechnik einzelner Mitgliedstaaten abhängen[697].
Des Weiteren unterliege das Gemeinschaftsrecht mit Blick auf Art. 23 GG nur einer eingeschränkten verfassungsrechtlichen Überprüfung[698], was außerhalb der vom Gemeinschaftsrecht geregelten Sachverhalte nicht der Fall sein dürfe, hier habe es bei der uneingeschränkten verfassungsrechtlichen Überprüfung des nationalen Rechts zu bleiben. Somit könne der nationale Gesetzgeber nur den Text, nicht aber den „europäischen Charakter" der gemeinschaftsrechtlichen Norm in das deutsche Recht übertragen. Falls dennoch eine Verweisung vorgenommen werde, stehe sie immer unter dem Vorbehalt der Vereinbarkeit des nationalen Rechts mit der Verfassung, so dass keine „unbedingte" Verweisung im Sinne von *Kleinwort Benson* vorliege.
Außerdem bestünden Bedenken in Hinblick auf die Anerkennung des EuGH als gesetzlichen Richter im Sinne von Art. 101 I 2 GG, der gebiete, dass die Zuständigkeit des EuGH gesetzlich bestimmt ist[699].

II. Befürworter einer Auslegungskompetenz

Von den Vertretern der Gegenmeinung wird argumentiert, dass Art. 234 EG eine Kompetenz des EuGH im überschießenden Bereich nicht ausschließe, da der Gerichtshof auch hier abstrakte Fragen des Gemeinschaftsrechts beantworte[700].
Aus Sicht des Gemeinschaftsrechts sei bei Verneinung der Vorlagemöglichkeit das Ziel der einheitlichen Auslegung des Gemeinschaftsrechts gefährdet, wobei

---

[697] *Habersack/Mayer*, JZ 1999, 913, 919 f.
[698] BVerfGE 89, 155 ff. *(Maastricht)*
[699] *Habersack/Mayer*, JZ 1999, 913, 920
[700] *Schnorbus*, RabelsZ 2001, 654, 695 f.

die Gefahr unterschiedlicher Auslegungen sogar innerhalb ein und desselben Mitgliedstaats bestehe.
Des Weiteren sei bei fehlender Kompetenz des EuGH die Gefahr einer gespaltenen Auslegung des nationalen Rechts gegeben, so dass ein und dieselbe nationale Rechtsnorm für verschiedene Teilbereiche unterschiedlich ausgelegt würde. Ein solches Auseinanderfallen würde bei den Betroffenen auf Unverständnis stoßen und würde dem Gerichtshof und dem Gemeinschaftsrecht angelastet werden, so dass die Akzeptanz derselben beeinträchtigt werden könnte[701].
Das Tätigwerden des EuGH nach Art. 234 EG entspreche dem Gebot der gegenseitigen Rücksichtnahme zwischen Gemeinschaft und Mitgliedstaaten, Art. 10 EG[702]. Aus Sicht des nationalen Rechts spreche gegen eine gespaltene Auslegung, dass sich der nationale Gesetzgeber nicht nur dem Wortlaut nach für eine Übernahme des gemeinschaftsrechtlichen Regelungsmodells entschieden hat, sondern gerade in seiner Auslegung durch den EuGH[703]. Die mangelnde Vorlagemöglichkeit könne zu spekulativen Urteilen führen.
Auch könnten die Schwierigkeiten einer gespaltenen Auslegung den nationalen Gesetzgeber dazu bringen, gemeinschaftsrechtliche Regelungsmuster künftig nicht mehr zu übernehmen[704].

D. Überprüfung der Rechtsprechung des EuGH

I. Mögliche Grenzen der Entscheidungskompetenz

1. Prinzip der begrenzten Einzelermächtigung, Art. 5 I EG

Aus Sicht des Gemeinschaftsrechts könnte einer Entscheidungskompetenz des Gerichtshofs das Prinzip der begrenzten Einzelermächtigung nach Art. 5 I EG entgegenstehen. Danach benötigt die Gemeinschaft für jede Rechtshandlung einer ausdrücklichen Ermächtigung innerhalb der Verträge[705]. Zwar wird die Diskussion um Art. 5 I EG hauptsächlich im Zusammenhang mit der Reichweite der Rechtssetzungskompetenz der Gemeinschaft geführt[706], die Vorschrift gilt jedoch für alle Handlungen der Gemeinschaftsorgane und damit auch für die

---

701 *Basedow*, in: FS Brandner (1996), S. 651, 662 f.
702 *Heß*, RabelsZ 66 (2002), 470, 486
703 *Schulze*, in: *ders.*, Auslegung europäischen Privatrechts und angeglichenen Rechts, S. 9, 18 f.
704 *Roth*, in: FS Wiss. BGH II (2000), S. 847, 881
705 Nachweise oben Fn. 33
706 Vgl. beispielsweise *Schweitzer/Hummer*, Europarecht (1999), Rn. 335 ff.

europäische Judikative[707]. Damit besteht keine allumfassende Zuständigkeit des Gerichtshofs, sondern es gilt der Grundsatz, dass die Anwendung des europäischen Rechts primär Aufgabe der nationalen Gerichte bleibt, während dem EuGH lediglich bestimmte Kompetenzen zugewiesen sind. Der Gerichtshof als Organ der Gemeinschaft ist nur insoweit entscheidungsbefugt, als der Vertrag selbst eine entsprechende Kompetenzzuweisung enthält.

a) Anwendbarkeit

Allerdings könnte von vornherein die Frage zu stellen sein, ob das Prinzip der begrenzten Einzelermächtigung hier überhaupt eingreift. Ziel desselben ist der Schutz der Kompetenzen der Mitgliedstaaten gegen den Zugriff der Gemeinschaft, wodurch Art. 5 I EG die Funktion einer „Zuständigkeitsbegrenzungsregel" zukommt[708].
Nun könnte argumentiert werden, dass diese Zielsetzung sinnvollerweise nur dann zur Geltung kommen kann, wenn die mitgliedstaatlichen Kompetenzen durch ein Handeln der Gemeinschaftsorgane gefährdet erscheinen. Im vorliegenden Zusammenhang habe aber gerade der Mitgliedstaat sich für die Übernahme von gemeinschaftsrechtlichen Vorschriften entschieden – und zwar nicht nur dem Wortlaut nach, sondern gerade in ihrer Auslegung durch den EuGH – so dass praktisch die „umgekehrte Konstellation" vorliegt[709]. Damit könnte die Einschlägigkeit von Art. 5 I EG in seiner ursprünglichen Zielsetzung durchaus in Frage gestellt werden. Dennoch soll unabhängig von dieser Überlegung die fragliche Zuständigkeit am Maßstab von Art. 5 I EG gemessen werden.

b) Art. 234 EG als Kompetenzgrundlage

Der Gerichtshof erblickt die nach Art. 5 I EG erforderliche Kompetenzgrundlage in Art. 234 EG, nach der er über die Auslegung des primären und sekundären Gemeinschaftsrechts zu entscheiden hat. Unstreitig ist, dass sich die Kompetenz des Gerichtshofs auf Fragen des Gemeinschaftsrechts beschränkt, so dass der EuGH keinesfalls über die Auslegung oder Anwendung nationalen Rechts zu entscheiden hat[710]. Dabei ist das Vorabentscheidungsverfahren nicht nur in Fällen eröffnet, in denen das Gemeinschaftsrecht selbst unmittelbar Anwendung findet, sondern die Problematik der Auslegung des Gemeinschaftsrechts stellt sich dem vorlegenden Gericht auch dann, wenn dieses bei der Auslegung des nationalen

---

[707] *Hakenberg/Stix-Hackl*, Handbuch zum Verfahren vor dem Europäischen Gerichtshof (2000), S. 19

[708] Grabitz/*v.Bogdandy/Nettesheim*, Art. 3 b EGV a.F., Rn. 3

[709] *Heß*, RabelsZ 66 (2002), 470, 485

[710] Vgl. beispielsweise BAG NJW 1996, 2529, 2532; *Dauses*, Vorabentscheidungsverfahren, S. 53 ff., 71 f.

Rechts zu beachten ist, so insb. im Rahmen der richtlinienkonformen Auslegung[711].

Allerdings stellt sich in Anknüpfung an den Wortlaut des Art. 234 EG die Frage, ob das durch autonome Rechtsangleichung oder kraft nationaler Verweisung in Bezug genommene Gemeinschaftsrecht auch außerhalb seines ursprünglichen Anwendungsbereichs „als Gemeinschaftsrecht" anwendbar ist, so dass es um die Auslegung „von Gemeinschaftsrecht" im Sinne von Art. 234 EG geht.
Dagegen könnte der Charakter des Gemeinschaftsrechts als „gemeinschaftlich gesetztes Recht" sprechen (siehe Art. 249 I EG)[712]. Ein solches liege dann nicht vor, wenn ein Mitgliedstaat einseitig die Anwendung von Gemeinschaftsnormen bestimmen könnte[713].
Hiergegen ist aber anzuführen, dass das Gemeinschaftsrecht auch im Fall der autonomen Bezugnahme seinen Charakter als gemeinschaftlich gesetztes Recht nicht verliert, es gewinnt aufgrund der autonomen Inbezugnahme durch den nationalen Gesetzgeber nur (als Auslegungshilfe) Bedeutung für ursprünglich nicht vorgesehene Bereiche. In diesem Zusammenhang ist an die Formulierung des EuGH zu erinnern, wonach ein offensichtliches Interesse der Gemeinschaft daran besteht, dass jede Bestimmung des Gemeinschaftsrechts „unabhängig davon, unter welchen Voraussetzungen sie angewandt werden soll", eine einheitliche Auslegung erhält[714]. Auch im Fall der autonomen Ausweitung wird das Gemeinschaftsrecht in seiner Eigenschaft als solches angewandt und verliert sein Wesen als gemeinschaftlich gesetztes Recht nicht[715].
Als Parallele hierzu kann die quasi-richtlinienkonforme Auslegung im überschießenden nationalen Bereich angeführt werden[716]. Auch dort handelt es sich, obwohl das in Frage stehende nationale Recht nicht im Transformationsbereich liegt, um eine Auslegung im Sinne der Richtlinie, genauso wie bei der richtlinienkonformen Auslegung im eigentlichen Anwendungsbereich derselben.

---

[711] Siehe dazu, insb. zu den möglichen Grenzen der richtlinienkonformen Auslegung, ausführlich oben Teil 2, C. IV., S. 89 ff.

[712] *Habersack/Mayer,* JZ 1999, 913, 919

[713] In der behaupteten einseitigen Begründung der Zuständigkeit des EuGH durch die mitgliedstaatlichen Gesetzgeber liegt auch eines der Hauptargumente der Generalanwälte gegen eine solche Zuständigkeit, vgl. beispielsweise die Schlussanträge von *GA Darmon* vom 3.7.1990 in der Rs. C-297/88 *(Dzodzi),* Slg. 1990 I, 3763, 3778, Tz. 9.

[714] So der Gerichtshof bereits im Urteil *Dzodzi,* Rs. C-297/88, Slg. 1990 I, 3763, Tz. 37.

[715] *Kropholler/v. Hein,* in: FS Großfeld (1999), S. 615, 627 f., stellen zu Recht auf die Parallele der Anwendung ausländischen Rechts durch inländische Gerichte ab: Wenden deutsche Gerichte aufgrund der Verweisung des Internationalen Privatrechts ausländisches Recht an, so verliert das ausländische Recht nach ganz überwiegender Meinung seine Eigenschaft als ausländisches Recht gerade nicht.

[716] Dazu ausführlich oben Teil 2, C. IV. 2., S. 95 ff.

So bleibt festzuhalten, dass es sich trotz Inbezugnahme oder Verweisung nach wie vor um die Auslegung „von Gemeinschaftsrecht" im Sinne von Art. 234 EG handelt. Damit steht einer Zuständigkeit des Gerichtshofs weder der Wortlaut der Vorschrift[717] noch eine eventuelle Änderung des Rechtscharakters der in Bezug genommenen Normen entgegen.

Des Weiteren wird argumentiert, die Entscheidungszuständigkeit des EuGH beruhe allein auf der Entscheidung des nationalen Gesetzgebers, das Regelungskonzept einer Richtlinie über ihren eigentlichen Anwendungsbereich hinaus auf weitere Teile des nationalen Rechts zu erstrecken. Eine solche Kompetenzableitung allein aus dem materiellen Recht sei jedoch unzulässig.
Im Anschluss an dieses Argumentationsmuster wird teilweise der Einwand vorgebracht, im Fall der Vorlage im überschießenden Bereich ermächtige der nationale Richter den EuGH zur Inanspruchnahme einer Auslegungskompetenz und damit die Judikative die Judikative.
Dieser Gedankengang ist insofern berechtigt, als die Zuständigkeit des EuGH zur Vorabentscheidung in Fällen der autonomen Rechtsangleichung letztlich auf die Initiative des mitgliedstaatlichen Gesetzgebers zurückgeht, der mit der autonomen Übernahme von Gemeinschaftsregeln erst den Anstoß für die sich im Folgenden stellende Problematik gegeben hat. Ebenso leistet im Anschluss daran der nationale Richter seinen „Beitrag" durch die Entscheidung für eine quasi-richtlinienkonformen Auslegung des überschießenden Rechts und für eine Vorlage an den Gerichtshof.
Diese Frage der Entscheidung der nationalen Organe für oder gegen eine Annäherung an Gemeinschaftsvorgaben ist aber von der Kompetenzgrundlage für die Auslegungstätigkeit des EuGH strikt zu trennen. Steht – wie bereits ausgeführt – fest, dass das in Bezug genommene Gemeinschaftsrecht im überschießenden Bereich auch „als Gemeinschaftsrecht" zu beachten ist, ist – sowohl nach ihrem Wortlaut als auch nach ihrem Zweck – die Kompetenznorm des Art. 234 EG eröffnet. Aus einer innerstaatlichen Norm oder dem Handeln eines mitgliedstaatlichen Gesetzgebers oder Richters könnte der Gerichtshof seine Zuständigkeit nicht herleiten, vielmehr muss diese in jedem Fall im EG-Vertrag begründet sein[718].
Selbst wenn bei der Frage der autonomen Rechtsangleichung und der quasi-richtlinienkonformen Auslegung die Entscheidung des nationalen Gesetzgebers (zur Übernahme des Gemeinschaftskonzepts) bzw. die des nationalen Richters (zur quasi-richtlinienkonformen Auslegung) im Vordergrund steht, beruht die Entscheidungsbefugnis des EuGH im Folgenden allein auf Art. 234 EG. Wäre diese Kompetenznorm nicht eröffnet, könnten noch so viele autonome Entschei-

[717] *Schnorbus*, RabelsZ 2001, 654, 696; a.A. wohl *Habersack/Mayer*, JZ 1999, 913, 920
[718] Siehe oben Fn. 705

dungen der nationalen Organe für oder gegen die Annäherung an Gemeinschaftsvorgaben vorliegen, eine Kompetenz des EuGH würde dadurch nicht begründet[719].

Als weiterer kompetenzieller Einwand könnte vorgebracht werden, der Gerichtshof erlange durch die Vorabentscheidung im überschießenden Bereich eine Entscheidungskompetenz in Gebieten, in denen ihm keine Rechtssetzungskompetenz zustehe. Da das Gemeinschaftsrecht, über dessen Auslegung er nach Art. 234 EG zu entscheiden hat, von der Gemeinschaft gesetztes Recht darstellt, gilt der Grundsatz, dass die Gemeinschaft Rechtsprechungskompetenz nur dort haben kann, wo sie auch Rechtssetzungskompetenz hat.
Jedoch wurde bereits dargestellt, dass eine Gemeinschaftsvorschrift, selbst wenn ihre Geltung über ihren Anwendungsbereich hinaus auf weitere Gebiete des nationalen Rechts erstreckt wird, ihren Charakter als „Gemeinschaftsrecht" nicht verliert. Damit entscheidet der EuGH auch in diesem Bereich über von der Gemeinschaft selbst gesetztes Recht. Der Vorwurf, der Gerichtshof würde im überschießenden Bereich über Sachverhalte des nationalen Rechts entscheiden, für die er keine Rechtssetzungskompetenz habe, beruht auf der unzutreffenden Vermischung der Aufgabenteilung zwischen Gerichtshof und nationalen Gerichten.
Dieser Einwand betrifft jedoch die grundsätzliche Fragestellung, was im Rahmen eines Vorabentscheidungsverfahrens überhaupt in die Entscheidungskompetenz des EuGH fällt. Hier ist an der strikten Trennung zwischen Auslegung und Anwendung des Gemeinschaftsrechts festzuhalten. Insofern besteht kein Unterschied zwischen überschießendem und transformiertem Bereich, in beiden gilt der Grundsatz gleichermaßen. Allerdings stellt sich damit hier wie dort die altbekannte Problematik der konkreten Abgrenzung und damit die Frage der Zuständigkeitsverteilung zwischen EuGH und innerstaatlichen Gerichten[720].
Nach Art. 234 EG entscheidet der EuGH ausschließlich über die Auslegung der betreffenden Gemeinschaftshandlung, nicht aber über die korrekte Anwendung des Gemeinschaftsrechts im Verfahren vor dem nationalen Gericht[721]. Nach der Konzeption des Vorabentscheidungsverfahrens muss zwischen diesen beiden Vorgängen klar getrennt werden, da der Gerichtshof den mitgliedstaatlichen Gerichten lediglich eine Hilfestellung bei der Anwendung des Gemeinschaftsrechts geben darf, während die Anwendung desselben auf den konkret zu entscheidenden Fall allein in der Kompetenz des nationalen Richters liegt. Freilich kann diese Abgrenzung im Einzelfall äußerst schwierig sein[722], und oft

---

[719] Zu dieser Problematik aus Sicht des nationalen Verfassungsrechts gleich unter 2.

[720] Ausführlich dazu *Franzen,* Privatrechtsangleichung, S. 271 ff.

[721] So bereits EuGH, Rs. 28/62 *(Da Costa),* Slg. 1963, 65

[722] Nach *Dauses,* Vorabentscheidungsverfahren, S. 51, ist die Grenze zwischen Auslegung und Anwendung schwierig zu ziehen und „in der Praxis fließend". Des Weiteren wird argumen-

hat sich der EuGH diesbezüglich schon im Grenzbereich bewegt[723]. Jedoch kann aus diesen Schwierigkeiten kein Argument gegen eine Zuständigkeit des Gerichtshofs speziell im überschießenden Bereich gezogen werden, da die Problematik eine grundsätzliche ist, die sich im Rahmen eines jeden Vorabentscheidungsersuchens stellt – auch in Bereichen, die vom Regelungsbereich einer Richtlinie erfasst sind.

2. Nationales Verfassungsrecht

a) Garantie des gesetzlichen Richters, Art. 101 I 2 GG

Nach Art. 101 I 2 GG darf niemand seinem gesetzlichen Richter entzogen werden, wobei nach allgemeiner Ansicht auch der EuGH gesetzlicher Richter im Sinne von Art. 101 I 2 GG[724] ist. Daraus folgt zum einen, dass im Fall der Verletzung der Vorlagepflicht durch ein nationales Gericht der Rechtsschutzweg zum BVerfG eröffnet ist[725]. Zum anderen folgt aus Art. 101 GG das Gebot, dass die Zuständigkeit eines jeden Gerichts – und damit auch des EuGH – *gesetzlich* bestimmt sein muss.

---

tiert, sie spalte „einen einheitlichen Denkvorgang künstlich in zwei Teile auf", *Franzen,* Privatrechtsangleichung, S. 271. In diesem Sinne äußerte sich bereits *GA Lagrange* in seinen Schlussanträgen in der Rs. 6/64 *(Costa/ENEL),* Slg. 1964, 1251, 1282.

[723] Der Gerichtshof fordert seit der Entscheidung *Telemarsicabruzzo,* dass das vorlegende Gericht „den tatsächlichen und rechtlichen Rahmen, in den sich die von ihm gestellten Fragen einfügen, festlegt oder zumindest die tatsächlichen Annahmen erläutert, auf denen diese Fragen beruhen", verb. Rs. C-320/90, 321/90 u. 322/90, Slg. 1993 I, 393, 426. Seine Tendenz geht dahin, sich im Wege einer „zweckdienlichen Auslegung" eng am vorgelegten Fall zu halten und dem Richter zwar detaillierte, aber zumindest formal abstrakt gehaltenen Hinweise bezüglich der Handhabung des Gemeinschaftsrechts zu geben, während er die Subsumtion unter die nationale Rechtsnorm grundsätzlich dem nationalen Gericht überlässt. Diese Praxis beruht auf dem grundsätzlichen Dilemma, in dem sich der EuGH befindet: Gibt er lediglich abstrakte Hinweise zur Auslegung der betreffenden Gemeinschaftsnorm, besteht die Gefahr, dass dem vorlegenden Gericht damit überhaupt nicht geholfen ist. Hält er sich dagegen im Rahmen der Auslegung fest am vorgelegten Fall fest, sieht er sich schnell dem Vorwurf der unzulässigen Anwendung des Gemeinschaftsrechts ausgesetzt. Ein plastisches Beispiel für eine solche Gratwanderung des EuGH bietet die *Christel-Schmidt*-Entscheidung (Rs. C-392/92) zur Auslegung der Betriebsübergangsrichtlinie (77/187/EWG), dazu *Schmidt,* RabelsZ 59 (1995), 569, 596. Anschauliche Beispiele liefern auch die Zolltariffälle, dazu *Dauses,* Vorabentscheidungsverfahren, S. 51, nach dem das Vorabentscheidungsurteil in solchen Fällen den Ausgang des Rechtsstreits notwendigerweise bereits weitgehend vorzeichnet und der Subsumtionsspielraum des nationalen Richters dadurch gleichsam auf Null schrumpft; vgl. hierzu auch *Remien,* RabelsZ 66 (2002), 503, 509 ff.

[724] Sachs/*Degenhart,* Art. 101 GG, Rn. 9 m.w.N.

[725] Jedoch führt nach ständiger Rechtsprechung des BVerfG nur die willkürliche Nichtvorlage zu einem Verstoß gegen Art. 101 I 2, vgl. BVerfGE 82, 359, 392 f.

In diesem Zusammenhang wird eine Verletzung des Grundsatzes zum Teil damit begründet, dass die Zuständigkeit des EuGH allein auf der Entscheidung des nationalen Gesetzgebers bzw. auf dem Beschluss des vorlegenden Gerichts beruhe[726]. Diese Argumentation führt die Diskussion um das Zusammenspiel von Art. 234 EG und Art. 101 I 2 GG genau in die entgegengesetzte Richtung, als dies bisher der Fall war: Nicht die unterlassene Vorlage, sondern die erfolgte Vorlage führe zu einem Verfassungsverstoß unter dem Gesichtspunkt des Rechts auf den gesetzlichen Richter.
Die Auffassung verkennt jedoch – wie bereits dargelegt[727] – dass die Initiative zur Angleichung an Gemeinschaftsvorgaben zwar von den nationalen Organen ausgeht, die Zuständigkeit des EuGH zur Vorabentscheidung in Fällen der autonomen Rechtsangleichung aber allein auf der Kompetenznorm des Art. 234 EG beruht.

Bei der Prüfung eines Verstoßes gegen Art. 101 I 2 GG ist zunächst zu differenzieren, ob es sich um einen Verstoß durch die Legislative oder die Judikative handelt. Im ersten Fall ist zu fragen, ob der gesetzliche Richter verfassungsgemäß bestimmt ist, erforderlich ist eine abstrakt-generelle und rechtsstaatlichen Bestimmtheitserfordernissen genügende Bestimmung der richterlichen Zuständigkeitsordnung[728]. Bei der hier allein in Frage kommenden Vorschrift des Art. 234 EG handelt es sich um eine normative Bestimmung des EG-Vertrags, die aufgrund der innerstaatlichen Verbindlichkeit des Primärrechts unmittelbar im deutschen Recht Anwendung findet und von den nationalen Gerichten zu beachten ist[729]. Die Zuständigkeit des EuGH beruht einzig und allein auf dieser normativen Bestimmung und keineswegs auf einem von gesetzlichen Vorgaben losgelösten Gerichtsbeschluss. Daran ändert auch nichts die Tatsache, dass die Entscheidungserheblichkeit der Auslegungsfrage ausschließlich durch das nationale Gericht beurteilt wird. Vielmehr beruht diese von Art. 234 EG aufgestellte Voraussetzung auf der beschränkten Prüfungskompetenz des EuGH[730]. Auch im deutschen Verfahrensrecht finden sich Fälle, in

---

726 Der Vorwurf der Zuständigkeitsbegründung allein durch Gerichtsbeschluss wird insb. von *Habersack/Mayer*, JZ 1999, 913, 920, vorgebracht.

727 Siehe oben 1. b), S. 148

728 Dies setzt voraus, dass der zur Entscheidung berufene Richter im Voraus durch eine generelle, jeden möglichen Einzelfall erfassende Regelung so eindeutig wie möglich festgelegt und jeder vermeidbare Spielraum ausgeschlossen ist, BVerfGE 95, 322, 328 ff.; weiterführend Sachs/*Degenhart*, Art. 101 GG, Rn. 5 ff.

729 BVerfGE 82, 159, 193

730 Vielmehr müsste man bei konsequenter Fortführung dieses Gedankens insgesamt zur Verfassungswidrigkeit des Art. 234 EG gelangen, da der Beurteilungsspielraum hinsichtlich der Entscheidungserheblichkeit immer beim vorlegenden Gericht liegt und keine Besonderheit gerade der überschießenden Richtlinienumsetzung darstellt.

denen die Zuständigkeit der „höheren“ Instanz ausschließlich in der Einschätzungsprärogative des vorlegenden Gerichts liegt, das die Zuständigkeit durch seinen Verweisungsbeschluss „begründet“[731].

Neben dem somit auszuschließenden Verstoß durch die Legislative kommt grundsätzlich auch die fehlerhafte Anwendung der Bestimmungen durch das Gericht selbst in Betracht. Das scheidet hier jedoch aus, da es aus der allein maßgeblichen Sicht des vorlegenden Gerichts tatsächlich auf eine Frage der Auslegung von Gemeinschaftsnormen geht, so wie sie vom europäischen Gesetzgeber erlassen wurden, so dass die Kompetenznorm des Art. 234 EG eröffnet ist.

Selbst wenn man in der Anwendung des Art. 234 EG auf die vorliegenden Fälle eine fehlerhafte Gesetzesanwendung sehen wollte, genügt dies in der Regel nicht für einen Verstoß gegen Art. 101 I 2 GG. Nach ständiger Rechtsprechung des BVerfG muss Willkür in der gerichtlichen Entscheidung hinzukommen, sie muss auf sachwidrigen Erwägungen beruhen oder in der Sache offensichtlich unhaltbar sein[732]. Damit ist ein Verstoß gegen das Gebot des gesetzlichen Richters gem. Art. 101 I 2 GG auch bei Zugrundelegung dieser Sichtweise nicht gegeben[733].

Weder die Entscheidung des nationalen Gesetzgebers für eine überschießende Umsetzung, noch die des innerstaatlichen Richters für eine Auslegung im Sinne des Gemeinschaftsrechts *begründet rechtlich* eine Zuständigkeit des Gerichtshofs.

b) Reichweite der Übertragung von Hoheitsrechten, Art. 23 I GG

Im Hinblick auf Art. 23 I GG stellt sich die Frage, ob eine Zuständigkeit des EuGH im überschießenden Bereich noch von der Übertragung von Hoheitsrechten nach Art. 23 I GG gedeckt ist, oder ob hierin ein nicht tragbarer Kompetenzverlust der nationalen Gerichte liegt. In seinem *Maastricht*-Urteil[734] hat das BVerfG die Letztentscheidungskompetenz über Kompetenzüberschreitungen durch die EU-Organe beansprucht[735]. Trotz Anerkennung der Eigenständigkeit

---

[731] Beispiele bei *Schnorbus,* RabelsZ 2001, 654, 701, Fn. 182

[732] BVerfGE 15, 245, 248; 29, 45, 49; 87, 282, 286 f.

[733] A.A. *Habersack/Mayer,* JZ 1999, 913, 920, die des Weiteren unter Bezugnahme auf das *Maastricht*-Urteil des BVerfG die Frage nach der Letztentscheidungsbefugnis bezüglich der Kompetenzmäßigkeit der EuGH-Entscheidungen im überschießenden Bereich aufwerfen. Siehe zu diesem Problemkreis auch die Forderung nach einem Europäischen Kompetenzgericht (unten Teil 5, B. III. 2., S. 190).

[734] BVerfGE 89, 155 ff.

[735] Zu den Entwicklungslinien in der Rechtsprechung des BVerfG bis hin zum *Maastricht*-Urteil vgl. *Mayer,* Kompetenzüberschreitung und Letztentscheidung (2000), S. 89 ff. Dagegen ist die Position des EuGH zur Letztentscheidungskompetenz eindeutig und lässt aus gemein-

der Gemeinschaftsrechtsordnung ergab sich für das BVerfG die Verbindung zwischen Gemeinschaftsrecht und nationalem Recht stets über Art. 24 GG a.F. und das entsprechende Zustimmungsgesetz. Dies bedeutete schon vor *Maastricht* eine sehr weitreichende mittelbare Kontrolle des Gemeinschaftsrechts am Maßstab des Grundgesetzes[736], wobei das Verfassungsgericht aus den verfassungsrechtlichen Grenzen seine Kontrollkompetenz folgerte[737].

Zwar dreht sich die Diskussion im Zusammenhang mit der Reichweite des nationalen Zustimmungsgesetzes vornehmlich um die Grenzen der Übertragung von legislativen Kompetenzen auf die Gemeinschaft, jedoch sind nach Art. 23 I GG auch Rechtsprechungskompetenzen auf zwischenstaatliche Einrichtungen übertragbar[738]. Entsprechend wurde durch das nationale Zustimmungsgesetz zum EG-Vertrag die Gerichtsbarkeit der deutschen Gerichte – einschließlich des BVerfG – beschränkt.

Jedoch ermächtigt Art. 23 I GG nach ständiger Rechtsprechung des BVerfG nicht vorbehaltlos zur Übertragung von Hoheitsrechten auf zwischenstaatliche Einrichtungen, die Mitgliedstaaten haben sich hinsichtlich ihrer Kompetenzen nicht völlig „entleibt". Vielmehr ist zu fragen, ob die Inanspruchnahme der Kompetenz nach Art. 234 EG einer „dynamischen Erweiterung" der Verträge im Wege einer zu großzügigen Auslegung der Gemeinschaftszuständigkeiten gleichkomme, die vom Zustimmungsgesetz nicht gedeckt ist.

Nach Ansicht des BVerfG sind die Grenzen von Art. 23 I GG dann eingehalten, wenn die „Identität der geltenden Verfassungsordnung der Bundesrepublik Deutschland", ihr „Grundgefüge", die „sie konstituierenden Strukturen" unangetastet bleiben[739].

Eine Beeinträchtigung dieser Grundprinzipien durch die Inanspruchnahme der Zuständigkeit durch den EuGH nach Art. 234 EG im überschießenden Bereich erscheint jedoch ausgeschlossen. Hinsichtlich der Kompetenzen des EuGH führte das BVerfG im *Maastricht*-Urteil aus, dass eine teleologische Auslegung

---

schaftsrechtlichen Gründen neben dem Gerichtshof keine gerichtliche Letztentscheidungsinstanz über Gemeinschaftsrecht zu, eingehend zur Problematik *Hirsch*, Europäischer Gerichtshof und Bundesverfassungsgericht - Kooperation oder Konfrontation?, NJW 1996, 2457 ff.

736 Im Einzelnen *Streinz*, Bundesverfassungsgerichtlicher Grundrechtsschutz und Europäisches Gemeinschaftsrecht (1989), S. 85 ff., 154 ff.; *Mayer*, Kompetenzüberschreitung und Letztentscheidung (2000), S. 87 ff.

737 Somit stellte das *Maastricht*-Urteil keine Kehrtwendung, sondern eine verschärfte Fortsetzung der bisherigen Rechtsprechung zur mitgliedstaatlichen Gerichtsbarkeit über Gemeinschaftsrecht dar.

738 *Mayer*, Kompetenzüberschreitung und Letztentscheidung (2000), S. 135. Dies ist mit der Schaffung der Art. 220 ff. EG geschehen, die dem EuGH die Aufgabe der Wahrung des Rechts bei der Auslegung und Anwendung des Vertrages zusprechen.

739 Dazu gehören jedenfalls die Rechtsprinzipien, die dem Grundrechtsteil des Grundgesetzes zugrunde liegen, BVerfGE 89, 155, 174.

der Kompetenzzuweisungen des Gemeinschaftsrechts durch den EuGH zwar grundsätzlich zulässig bleibe[740]. Als Grenze der richterlichen Rechtsfortbildung gelte aber eine wesentliche Änderung des Integrationsprogrammes und der Kompetenzzuweisungen, die im Ergebnis einer Vertragserweiterung im Sinne einer Vertragsänderung gleichkomme[741].
Diese Grenze wird hier jedoch keine Rolle spielen, da im Fall der Kompetenz im überschießenden Bereich nicht von einer „wesentlichen Änderung des Integrationsprogrammes" des EU-Vertrages gesprochen werden kann. Somit wird selbst bei Zugrundelegung des Prüfungsmaßstabs des BVerfG die Reichweite des Zustimmungsgesetzes im Sinne von Art. 23 I GG nicht überschritten.

II. Vorlagerecht im überschießenden Bereich

1. Fragestellung

Die bereits gewonnenen Erkenntnisse lassen sich folgendermaßen zusammenfassen:
Zum einen verliert das Gemeinschaftsrecht im Fall der autonomen Bezugnahme seinen Charakter als gemeinschaftlich gesetztes Recht nicht, so dass es sich im Rahmen einer Vorlage auch im überschießenden Bereich um die Auslegung „von Gemeinschaftsrecht" im Sinne von Art. 234 EG handelt.
Zum anderen steht im Rahmen der autonomen Rechtsangleichung und der quasi-richtlinienkonformen Auslegung zwar die Entscheidung des nationalen Gesetzgebers (zur Übernahme des Gemeinschaftskonzepts) und daran anschließend des innerstaatlichen Richters (zur quasi-richtlinienkonformen Auslegung) im Vordergrund, jedoch gründet die Kompetenz des EuGH *rechtlich* allein auf Art. 234 EG.
Schließlich ist auch im überschießenden Bereich klar zwischen Auslegung und Anwendung des Gemeinschaftsrechts zu trennen. Die diesbezügliche Abgrenzungsproblematik stellt sich hier in selbem Maße, so dass aus diesen Schwierigkeiten kein Argument gegen eine Zuständigkeit des Gerichtshofs speziell im überschießenden Bereich gezogen werden darf.

Darauf aufbauend lässt sich nun die entscheidende Fragestellung entwickeln. Als Ausgangspunkt ist festzuhalten, dass der EuGH im überschießenden Bereich

[740] BVerfGE 89, 155, 209

[741] Damit zog das BVerfG die Grenzen deutlich strenger als noch in der *Kloppenburg*-Entscheidung zur Rechtsfortbildungskompetenz des EuGH im Bereich des Kompetenzrechts, BVerfGE 75, 223, 242 f. Zu Folgeentwicklungen in der Rechtsprechung deutscher Gerichte nach *Maastricht* vgl. *Mayer*, Kompetenzüberschreitung und Letztentscheidung (2000), S. 120 ff.

ausschließlich europäische Rechtsakte auslegt, die die Gemeinschaft innerhalb ihrer Rechtssetzungskompetenz erlassen hat. Da sich der EuGH – hält er sich an die ihm gezogenen Grenzen – auf die Auslegung beschränkt und die Anwendung des Gemeinschaftsrechts auf den Ausgangsfall dem innerstaatlichen Gericht überlässt, maßt er sich insofern keine Rechtsprechungskompetenz in einem Bereich an, in dem keine Rechtssetzungsgewalt der Gemeinschaft besteht.

Die Besonderheit der vorliegenden Konstellation liegt nun darin, dass der Gerichtshof im Bereich der überschießenden Richtlinienumsetzung zwar die Richtlinie und damit einen Gemeinschaftsrechtsakt auslegt, der *Streitgegenstand des Ausgangsverfahrens* dagegen keinen Bezug zum Gemeinschaftsrecht aufweist. Die Problematik läuft somit auf die Frage hinaus, ob der EuGH auch dann zur Entscheidung befugt ist, wenn zwar die Auslegung der Richtlinie betroffen ist, aber der Ausgangsrechtsstreit in einem Bereich wurzelt, in dem die Gemeinschaft keine Rechtssetzungskompetenz hat. In diesem Sonderfall gründet der Streitgegenstand des anhängigen Verfahrens allein im autonomen Recht, das Gemeinschaftsrecht dient nur als „Auslegungskriterium für nationales Recht"[742]. Hier verschärft sich in gewisser Weise das bereits angesprochene Problem der Abgrenzung zwischen Auslegung und Anwendung des Gemeinschaftsrechts. Überschreitet der EuGH im „normalen" Fall der Vorlage einer Frage aus dem Regelungsbereich der Richtlinie seine Befugnisse, indem er sich nicht auf die Auslegung derselben beschränkt, sondern sie schon partiell auf den Ausgangssachverhalt anwendet, so liegt darin klar ein Verstoß gegen die Kompetenzverteilung zwischen Gerichtshof und vorlegendem Gericht. Allerdings bewegt sich in diesem Fall „immerhin" der Ausgangsrechtsstreit im angeglichenen und damit vom Regelungsbereich der Richtlinie erfassten Bereich.

Dagegen würde der Gerichtshof im Fall der Vorlage aus einem überschießenden Bereich bei Überschreiten seiner Auslegungskompetenzen Recht in einem Bereich anwenden, der nicht einmal in den Regelungsbereich der von der Gemeinschaft erlassenen Richtlinie fällt. Dies kann zwar keinesfalls als Rechtfertigung für die Überschreitung der Kompetenzen im „normalen Vorlagefall" dienen, auch hier hat der EuGH sich an die Grenzen seiner Befugnisse zu halten. Es kann allenfalls als unterstützendes Argument herangezogen werden, um nach Möglichkeiten zu suchen, diese Gefahr gerade im überschießenden Bereich zu verringern. Dies kann unter Umständen zu einer Einschränkung des Vorlagerechts im überschießenden Bereich führen[743].

---

[742] *Habersack/Mayer*, JZ 1999, 913, 919

[743] Dazu unten 4., S. 171 ff.

2. Subjektive Entscheidungserheblichkeit im Vorlageverfahren

Die Zuständigkeitsfrage im überschießenden Bereich beruht auf einer besonderen Verknüpfung von innerstaatlichen und gemeinschaftsrechtlichen Aspekten. Aus dieser speziellen Verknüpfung soll im Folgenden die Begründung für die Notwendigkeit eines Vorlagerechts im überschießenden Bereich entwickelt werden.

a) Zweistufiges Vorgehen der innerstaatlichen Organe

Im Vordergrund der Betrachtung steht zunächst die – bereits in anderem Zusammenhang thematisierte – Zweistufigkeit des Vorgehens der innerstaatlichen Organe, aus der sich eine progressive Annäherung an die Vorgaben des Gemeinschaftsrechts ergibt.

Zunächst entscheidet sich der nationale Gesetzgeber freiwillig (d.h. ohne gemeinschaftsrechtlichen Zwang) für die Übernahme von Gemeinschaftsvorschriften über ihren eigentlichen Anwendungsbereich hinaus in nationales Recht. Dies stellt die erste Stufe des autonomen Handelns dar, im Mittelpunkt steht der Rechtssetzungsakt. Durch diese Entscheidung zur Rezeption von Gemeinschaftsbestimmungen wird gleichzeitig die (widerlegbare) Vermutung begründet, dass sich der Umgang mit dem so angeglichenen Recht auch im Folgenden an diesen Vorgaben orientieren soll[744].

Nachdem nun durch den Gesetzgeber autonome Rechtsangleichung betrieben wurde, steht auf zweiter Stufe die Frage nach Auslegung und Anwendung des autonomen Rechts. Hier ist eine Entscheidung des nationalen Richters gefragt, der sich im Rahmen der Auslegung im Sinne der herkömmlichen Auslegungspraxis allein an nationalen Auslegungsmaximen orientieren oder aber zur Auslegung der überschießenden Vorschriften die Richtlinie als Auslegungshilfe heranziehen kann. Der Rechtsanwender muss sich an dieser Stelle für oder gegen eine quasi-richtlinienkonforme Auslegung der überschießenden Vorschriften entscheiden. Kommt er aufgrund des vorzunehmenden Abwägungsvorgangs zum Ergebnis, dass auch im überschießenden Bereich eine Auslegung im Sinne der Richtlinie anzustreben ist[745], bedeutet das, dass sich für den zu entscheidenden Fall eine Frage nach der *Auslegung von Gemeinschaftsrecht* stellt.

Diesem zweistufigen Prozess auf innerstaatlicher Ebene liegt eine logische Dynamik insofern zugrunde, als der Richter bei seiner Entscheidung für eine quasi-richtlinienkonforme Auslegung die vom Gesetzgeber initiierte Annäherung

---

[744] Zum Willen des Gesetzgebers zur einheitlichen Auslegung im Fall der autonomen Harmonisierung, aus dem eine Pflicht des nationalen Gerichts zur quasi-richtlinienkonformen Auslegung resultieren kann, siehe oben Teil 2, C. IV. 2. c) bb), S. 102 ff.

[745] Dies wird aufgrund des vermuteten Willens des Gesetzgebers zur einheitlichen Auslegung die Regel sein, zu möglichen Ausnahmen siehe bei Fn. 498.

an das Gemeinschaftsrecht fortführt. Die Besonderheit des Vorgehens der innerstaatlichen Organe liegt dabei in der Verknüpfung von autonomem Recht und Gemeinschaftsrecht zum einen und von rein nationaler Auslegungsmethodik und quasi-richtlinienkonformer Auslegung zum anderen. Die Entscheidungen der nationalen Organe bauen dabei sukzessiv aufeinander auf und bilden auf diese Weise eine logische Einheit.

b) Subjektive Entscheidungserheblichkeit und Kooperationsverhältnis

Der sich bisher auf rein nationaler Stufe abspielende Prozess erreicht nun eine neue Ebene. Der Rechtsanwender sieht sich vor die Aufgabe gestellt, eine Auslegung von Gemeinschaftsbestimmungen vorzunehmen, was nicht zu dem ihm durch die nationale Rechtsordnung originär zugewiesenen Aufgabenbereich gehört. Dabei sind verschiedene Ausgangslagen zu unterscheiden.

Liegen zu der konkreten Gemeinschaftsbestimmung oder zum fraglichen Rechtsbereich bereits eine oder mehrere Entscheidungen des EuGH vor, kann sich der Richter an diesen orientieren, um so zu einer korrekten Auslegung im Lichte der Richtlinie zu gelangen. Auf eine Vorlage nach Art. 234 EG ist er in diesem Fall nicht angewiesen.

Probleme wirft dagegen die Konstellation auf, dass Zweifel an der korrekten Auslegung bestehen und bisher keine EuGH-Rechtsprechung zu den fraglichen Bestimmungen vorhanden ist. Hier stellt sich die Frage, ob der nationale Rechtsanwender in dieser Situation auf sich allein gestellt ist und (im Wege einer „hypothetischen" Auslegung[746]) selber zu einer seiner Ansicht nach gemeinschaftskonformen Interpretation der Vorschrift kommen muss, oder ob ihm das Gemeinschaftsrecht „entgegenkommt" und Hilfestellung bietet.

Für letztere Lösung spricht zum einen die Tatsache, dass der bisher homogen verlaufende Prozess von Gesetzgebung bis zur Anwendung der autonomen Vorschriften im Prozess ein abruptes Ende finden würde, wäre der Richter nun bei der Auslegung der Gemeinschaftsvorschrift auf sich allein gestellt.

Zum anderen tritt an diesem Punkt deutlich die gemeinschaftsrechtliche Dimension zu Tage, es wird die Verbindung zu Art. 234 EG hergestellt, der prozessual die Möglichkeit einer *Kooperation*[747] zwischen nationalem und Gemeinschaftsgericht bereitstellt[748]. Entscheidend ist dabei, dass Art. 234 EG gerade keine

---

[746] Dazu unten bei Fn. 753

[747] Auch wenn im Folgenden der Charakter des Vorlageverfahrens als Instrument der *Kooperation* in den Vordergrund gerückt wird, muss gleichzeitig betont werden, dass das Vorabentscheidungsverfahren prozessual auf einer klaren Trennung von Ausgangs- und Vorabentscheidungsverfahren beruht, *Heß*, RabelsZ 66 (2002), 470, 472; *Rodriguez Iglesias*, Der EuGH und die Gerichte der Mitgliedstaaten, NJW 2000, 1889.

[748] Allgemein zum Charakter des Vorabentscheidungsverfahrens als Verfahrens „der Zusammenarbeit" auch die EuGH-Rechtsprechung, siehe bereits oben Teil 3, B. I. 2., S. 118.

objektiven Erforderlichkeitskriterien aufstellt, sondern allein die Beurteilung des vorlegenden Gerichts für maßgeblich erklärt. Neben der primären Voraussetzung der Zulässigkeit einer Vorlage nach Art. 234 EG, der Relevanz der Auslegung von *Gemeinschaftsrecht,* hebt Art. 234 EG eine weitere Bedingung hervor, die sog. *subjektive Entscheidungserheblichkeit*[749] im Aus-gangsverfahren vor dem nationalen Gericht. Nur wenn die Beantwortung der Vorlagefrage nach Ansicht des nationalen Gerichts für den Ausgang des innerstaatlichen Rechtsstreits von Bedeutung ist, darf es den Gerichtshof um eine Vorabentscheidung ersuchen.
Dieser ursprünglich für innerhalb des Transformationsbereichs liegende Fälle entwickelte Grundsatz lässt sich ebenso auf Fälle aus dem überschießenden Bereich einer Gemeinschaftsvorschrift übertragen[750], gerade hier spielt er eine entscheidende Rolle. So stellt auch der EuGH in seiner *Dzodzi*-Rechtsprechung ausschließlich auf die Beurteilungskompetenz des vorlegenden Gerichts ab[751]. Sieht es eine Auslegungsfrage als für den Ausgangsrechtsstreit erheblich und somit eine Vorlage für erforderlich an, so akzeptiert der EuGH diese Entscheidung und gibt dem Gericht die erbetene Auslegung.

An dieser Stelle greifen nationale und gemeinschaftsrechtliche Ebene im Sinne einer wechselseitigen Verschränkung ineinander. Dabei kommt gleichzeitig der entscheidende Aspekt zum Tragen, der im Charakter des Vorabentscheidungsverfahrens liegt. Betreibt der nationale Gesetzgeber autonome Rechtsangleichung und entscheidet sich der nationale Rechtsanwender im Anschluss daran für eine Auslegung im Sinne des Gemeinschaftsrechts, ist er – um diesen Prozess logisch weiterzuführen – bei Auslegungszweifeln verfahrensrechtlich auf die Vorlage an den EuGH angewiesen, um zu einer korrekten Auslegung der Richtlinie zu gelangen[752].
Für diese Notwendigkeit sprechen zum einen innerstaatliche Gründe wie die Gefahr spekulativer Urteile, d.h. einer Auslegung der Richtlinie unter Erahnung einer „hypothetischen“ Auslegung durch den EuGH[753], die die nationale Rechtssicherheit erheblich zu beeinträchtigen geeignet sind[754].

---

[749] Dazu auch *Schnorbus,* RabelsZ 2001, 654, 695

[750] Ebenso *Basedow,* in: FS Brandner (1996), S. 651, 663

[751] Siehe Fn. 608

[752] *Schulze,* in: *ders.,* Auslegung europäischen Privatrechts und angeglichenen Rechts (1999), S. 9, 18

[753] Diese Problematik stellte sich in der Abschlussentscheidung des *House of Lords* im Verfahren *Kleinwort Benson,* [1997] 4 All ER 641, in aller Deutlichkeit, da der EuGH in diesem Fall mangels unmittelbarer und unbedingter Verweisung der nationalen Vorschriften auf das Gemeinschaftsrecht seine Entscheidungszuständigkeit verneint hatte, siehe dazu ausführlich oben A. II., S. 130. Positive Einschätzung zum o.g. Urteil des *House of Lords* dagegen von *Habersack/Mayer*, JZ 1999, 913,921.

[754] Aus Scheu vor solch einer eigenständigen Auslegung der Richtlinie könnte sich der nationale Gesetzgeber veranlasst sehen, gemeinschaftsrechtliche Regelungsmodelle künftig

Eine solche Auslegung „ins Blaue hinein“ widerspräche auch dem Willen des nationalen Gesetzgebers, der sich gerade für die Übernahme der Gemeinschaftsvorschrift nicht nur ihrem Wortlaut nach, sondern gerade in ihrer Auslegung durch den EuGH entschieden hat[755]. Aus gemeinschaftsrechtlicher Sicht lässt sich stets das Interesse an einheitlicher Auslegung der Vorschriften in allen Mitgliedstaaten anführen.

Im Wesentlichen läuft die Problematik damit auf die gebotene *Kooperation* zwischen EuGH und nationalem Gericht hinaus. Gehen die nationalen Organe freiwillig auf gemeinschaftsrechtliche Vorgaben zu, entspricht es dem Gebot der gegenseitigen Rücksichtnahme (Art. 10 EG), dass der EuGH dem nationalen Gericht bei der Auslegung „seines“ Rechts im Wege „untechnischer Rechtshilfe“ die nötige Hilfestellung leistet[756]. Die Rechtshilfefunktion des Verfahrens kommt auch im überschießenden Bereich zum Tragen und baut auch hier auf dem Grundsatz auf, dass es für die Beurteilung der Erforderlichkeit einer Vorlage nicht auf objektive Ungewissheiten, sondern allein auf die subjektive Sicht des befassten Richters ankommt[757]. Das Vorabentscheidungsverfahren erschöpft sich eben nicht in der Sicherung der Rechtsangleichung in ihrer „genuinen Form“, d.h. innerhalb des Regelungsbereichs eines Gemeinschaftsrechtsakts, sondern es geht – wie der EuGH in gefestigter Rechtsprechung hervorhebt – um die grundsätzliche Frage des Zusammenwirkens von europäischer und nationaler Instanz. Gerade das Vorabentscheidungsverfahren ist in erheblichem Maße von solchen Kooperationserwägungen geprägt und in seiner Funktionsweise gerade auf diese angewiesen.

Und selbst wenn man den Standpunkt vertritt, das Vorabentscheidungsverfahren diene einzig und allein der einheitlichen Auslegung von Richtlinienbestimmungen im Transformationsbereich, da nur insofern von der Sicherung der Rechtsangleichung die Rede sein könne[758], kann dagegen die – zwar geringe, aber doch bestehende – Gefahr der uneinheitlichen Auslegung durch das nationale Gericht im überschießenden Bereich (spekulative Urteile), die unter Umständen Rückwirkungen auf die Auslegung im Transformationsbereich haben kann, angeführt werden. Diese beiden Bereiche unter Einschluss möglicher Wechselwirkungen können nicht völlig voneinander abgekoppelt betrachtet werden.

---

nicht mehr zu übernehmen, vgl. *Roth*, in: FS Wiss. BGH II (2000), S. 847, 881.

755 *Schulze*, in: *ders.*, Auslegung europäischen Privatrechts und angeglichenen Rechts (1999), S. 9, 18 f.

756 *Heß*, RabelsZ 66 (2002), 470, 486

757 *Schnorbus*, RabelsZ 2001, 654, 698

758 In diesem Sinne *Hommelhoff*, in: FS Wiss. BGH II (2000), S. 889, 921

Somit sprechen zwar in erster Linie nationale Erwägungen für die Gewährung eines Vorlagerechts an das nationale Gericht, jedoch steht hinter allem der Gedanke einer umfassenden Kooperation zwischen europäischer und nationaler Ebene. Der EuGH leistet dem nationalen Gericht eine Hilfestellung bei der Auslegung des Gemeinschaftsrechts, falls diesbezüglich aus dessen Sicht Unklarheiten bestehen[759].

c) Gegenseitigkeitsverhältnis

Jedoch darf sich das angesprochene Kooperationsverhältnis – soll es denn ein „umfassendes" sein – nicht auf die Einräumung einer Vorlagemöglichkeit an das nationale Gericht beschränken, vielmehr ist das Prinzip weiterzuentwickeln. Die dargestellte Verbindung zwischen Mitgliedstaaten und Gemeinschaft baut gerade auf einem *gegenseitigen* Verhältnis auf, dies macht erst das Wesen der Kooperation aus.

Wenn dem nationalen Gericht die Möglichkeit eingeräumt wird, auch außerhalb des Regelungsbereichs der Richtlinie Vorlagefragen an den EuGH zu richten, muss es im Folgenden auch seinen „Beitrag" zur Verwirklichung einer ausgewogenen Beziehung erbringen, um den Interessen beider Seiten gerecht zu werden. Aus diesem Zusammenhang folgt das Erfordernis einer „gegenseitigen Verbürgung", im Folgenden soll dabei vom Erfordernis eines *„ausgewogenen Gegenseitigkeitsverhältnisses"* gesprochen werden.

Damit stellt sich nun die Frage, welcher Gestalt mögliche Eingrenzungen im Hinblick auf die Tätigkeit des nationalen Gerichts sein sollen, um das genannte Verhältnis zu gewährleisten.

3. Bindungswirkung als Voraussetzung für Vorlage

a) Fragestellung

Als erste einschränkende Voraussetzung für die Gewährung eines Vorlagerechts soll im Folgenden auf die Frage der *Bindungswirkung* der vom EuGH gegebenen Vorabentscheidung eingegangen werden. Diese Voraussetzung, die der EuGH erstmals im Urteil *Kleinwort Benson*[760] aufgestellt hat, stellt sich als Folgeproblem der grundsätzlichen Bejahung des Vorlagerechts dar. Besteht auch im überschießenden Bereich eine Bindungswirkung dergestalt, dass das vorlegende Gericht, wenn es sich für eine Vorlage entschieden und der Gerichtshof die gewünschte Auslegung gegeben hat, vom Auslegungsergebnis des EuGH zur

---

[759] Dies wird auch durch die vom EuGH ständig wiederholten Formel des Vorabentscheidungsverfahrens als einem „Instrument der Zusammenarbeit" bekräftigt, vgl. EuGH, Rs. C-231/89 *(Gmurzynska-Bscher)*, Slg. 1990 I, 4003, Tz. 18 f.

[760] Rs. C-346/93, Slg. 1995 I, 615

Richtlinie auch für die eigene Beurteilung des autonomen Rechts nicht abweichen darf?
Im Rahmen der Untersuchung soll zunächst in der gebotenen Kürze auf die Bindungswirkung von Urteilen des Gerichtshofs im Rahmen von Art. 234 EG allgemein – unabhängig von der Problematik der überschießenden Umsetzung – eingegangen werden. Im Anschluss daran erfolgt eine nähere Befassung mit der entscheidenden Frage der Bindungswirkung im überschießenden Bereich.

b) Allgemein: Bindungswirkung von Urteilen im Rahmen von Art. 234 EG[761]

Die Wirkungen eines Vorabentscheidungsurteils des EuGH sind im EG-Vertrag nicht geregelt. Ausgangspunkt ist zunächst der Zweck des Vorabentscheidungsverfahrens als Instrument der richterlichen Zusammenarbeit zur Gewährleistung einer einheitlichen Anwendung des Gemeinschaftsrechts. Dabei muss zwischen rechtlicher Bindungswirkung und faktischer Präjudizwirkung unterschieden werden.
Grundsätzlich ist das Urteil des EuGH nur für den konkreten Rechtsstreit „inter partes", d.h. im selben Rechtszug, bindend. Von der Bindung erfasst ist zum einen das vorlegende Gericht, zum anderen alle weiteren im Ausgangsverfahren entscheidenden Gerichte[762]. Diese sind bei ihrer Entscheidung an den Tenor des EuGH-Urteils, der in Rechtskraft erwächst, gebunden und müssen diesen im Lichte der Entscheidungsgründe verstehen[763]. Die Bindungswirkung beruht dabei sowohl auf Sinn und Zweck des Vorabentscheidungsverfahrens als Verfahren der richterlichen Kooperation, als auch auf dem Mitwirkungsgebot des Art. 10 EG, wonach das vorlegende Gericht zur Beachtung des Gemeinschaftsrechts und damit zur Befolgung des EuGH-Urteils verpflichtet ist[764].
Dagegen erstreckt sich die rechtliche Bindungswirkung nicht auf weitere, außerhalb des konkreten Ausgangsrechtsstreits entscheidende Gerichte[765]. Für diese Verfahren besteht allerdings aufgrund der Leitbildfunktion der EuGH-Entscheidungen eine starke Präjudizwirkung[766]. Die Mitgliedstaaten sind über Art.

---

761 Allgemein zur Bindungswirkung von Vorabentscheidungsurteilen bereits oben Teil 3, B. I. 4., S. 123.

762 EuGH, Rs. 29/68 *(Milchkontor)*, Slg. 1969, 165; Rs. 52/76 *(Benedetti)*, Slg. 1977, 163; Schlussanträge *GA Warner* in Rs. 112/76 *(Manzoni)*, Slg. 1977, 1647, 1662; BVerfGE 75, 223 *(Kloppenburg)*, nachdem der Bundesfinanzhof sich gegen eine Bindungswirkung aufgelehnt hatte.

763 EuGH, Rs. 69/85 *(Wünsche)*, Slg. 1986, 947, 952, Tz. 13

764 BVerfGE 73, 339 *(Solange II)*; 75, 225 *(Kloppenburg)*.

765 Diese Frage hat der Gerichtshof noch nicht abschließend entschieden. Ausnahme ist jedoch die Ungültigerklärung von Sekundärrecht durch den EuGH, diese gilt mit Wirkung „inter omnes", vgl. EuGH, Rs. 66/80 *(International Chemical Corporation)*, Slg. 1981, 1191.

766 *Hakenberg/Stix-Hackl*, Handbuch zum Verfahren vor dem Europäischen Gerichtshof

10 EG generell verpflichtet, ihr nationales Recht in Einklang mit der Rechtsprechung des EuGH in diesem Bereich zu bringen.

c) Bindungswirkung im überschießenden Bereich

Nach dieser Darstellung der allgemein anerkannten Urteilswirkungen im Vorabentscheidungsverfahren stellt sich nun die Frage, ob dieselben Grundsätze auch im überschießenden Bereich Geltung beanspruchen. Ausgehend von der *Dzodzi*-Rechtsprechung des EuGH soll untersucht werden, welche Aspekte im Einzelnen dafür sprechen, die Bindungswirkung als Voraussetzung für die Zulässigkeit einer Vorlage aus dem überschießenden Bereich zu machen.

aa) Entwicklung der EuGH-Rechtsprechung

Im Rahmen der Entwicklung der *Dzodzi*-Rechtsprechung ist zunächst das Urteil des Gerichtshofs in der Rechtssache *Fournier*[767] hervorzuheben. In dieser Entscheidung legte der EuGH eine Richtlinie aus, auf die ein zwischen mehreren Versicherungsgesellschaften geschlossenes Abkommen Bezug nahm. Gleichzeitig wies er darauf hin, dass die in dem zwischen den betreffenden Versicherungsbüros geschlossenen Abkommen verwendeten Begriffe nicht unbedingt dieselbe Bedeutung haben müssten wie die in der Richtlinie verwendeten. Das vorlegende Gericht sei bei der Auslegung der im Abkommen verwendeten Begriffe nicht an die Bedeutung gebunden, die dem entsprechenden Ausdruck der Richtlinie zukomme, vielmehr liege es allein in der Entscheidungsgewalt des Gerichts, die Begriffe in dem von ihm für angemessen erachteten Sinne auszulegen[768].

Diese Ausführungen deuten darauf hin, dass der EuGH der von ihm gegebenen Richtlinienauslegung im Hinblick auf das Verfahren vor dem nationalen Gericht keinerlei Bindungswirkung zuspricht. Jedoch geht nicht eindeutig hervor, ob der Gerichtshof damit allgemein die Möglichkeit des nationalen Richters meint, autonome Begriffe des nationalen Rechts abweichend auszulegen, oder ob er den speziellen Fall meint, dass er selbst im Wege der Vorlage um Auslegung der Begriffe ersucht wurde und die erbetene Auslegung erteilt hat. Da der Gerichtshof aber bereits zuvor die betreffende Richtlinienbestimmung ausgelegt hat und danach nochmals ausdrücklich auf die Möglichkeit einer abweichenden Auslegung eingeht, sind die Ausführungen wohl im Sinne der zweiten Alternative zu verstehen. Für dieses Verständnis spricht vor allem auch Ls. 2, in dem der

---

(2000), S. 64. Diese faktische Bindungswirkung ähnelt der Wirkung einer innerstaatlichen höchstrichterlichen Rechtsprechung, der im innerstaatlichen Bereich ebenso keine normative Verbindlichkeit zukommt, dazu *Franzen*, Privatrechtsangleichung, S. 276 ff.

[767] Rs. C-73/89, Slg. 1992 I, 5621

[768] EuGH, Rs. C-73/89, Slg. 1992 I, 5621, Tz. 22 f.

EuGH klargestellt, dass die von ihm gegebene Auslegung der Interpretation der Bestimmungen des Abkommens „nicht vorgreife", dieses vielmehr ein Akt des Privatrechts „bleibe", für dessen Auslegung allein das vorlegende Gericht zuständig sei[769].

Versteht man die Rechtsprechung des Gerichtshofs, wie sie sich nach *Fournier* darstellt, im Sinne einer nicht bindenden Judikatur im überschießenden Bereich, ergibt sich daraus ein Widerspruch zur Rolle des EuGH als verbindlich entscheidender Instanz, die der Gerichtshof selbst oft genug betont hat[770]. So hat er beispielsweise im Gutachten 1/91 zur Vorlagefähigkeit des Luganer Abkommens[771] betont, es könne nicht hingenommen werden, dass die Antworten, die er den Gerichten der EFTA-Staaten gebe, bloße Auskunfts- und keine Bindungswirkung hätten:

„Eine solche Situation würde die Aufgabe des Gerichtshofs, die im EWG-Vertrag als die eines Gerichts ausgestaltet ist, dessen Entscheidungen verbindlich sind, verfälschen."[772]

Genau eine solche Gefahr der Verfälschung der Rolle des Gerichtshofs bestand jedoch, sollte der in *Fournier* eingeschlagene Weg fortgeführt werden[773].

Die Widersprüchlichkeit der Ausführungen im zitierten Urteil zeigen sich auch bei einem Vergleich mit der EuGH-Rechtsprechung zur Vorlage hypothetischer Fragen. Bereits im Urteil *Dzodzi* behielt sich der Gerichtshof ein Recht zur Nachprüfung der Vorlagevoraussetzungen in Fällen vor, in denen klar zu Tage trete, dass das Vorlageverfahren zweckentfremdet würde und den Gerichtshof dazu bringen sollte, aufgrund eines fiktiven Rechtsstreits zu entscheiden, oder aber in Fällen, in denen offensichtlich sei, dass die Gemeinschaftsbestimmung, um deren Auslegung der Gerichtshof ersucht werde, nicht anwendbar sein könne[774].

Im Urteil *Kleinwort Benson*[775] wandte sich der EuGH dagegen von seiner in *Fournier* eingeschlagenen Linie ab und stellte ausdrücklich das Erfordernis einer

---

[769] EuGH, Rs. C-73/89, Slg. 1992 I, 5621; die von der Verfasserin hervorgehobenen Formulierungen sprechen für die Interpretation im Sinne der Möglichkeit einer nachträglichen Abweichung von der vom Gerichtshof gegebenen Auslegung.

[770] Zu diesem Widerspruch vgl. auch die Schlussanträge von *GA Tesauro* in der Rechtssache C-346/93 *(Kleinwort Benson)*, Slg. 1995 I, 617, 629, Tz. 24.

[771] Luganer Übereinkommen über die gerichtliche Zuständigkeit und die Vollstreckung gerichtlicher Entscheidungen in Zivil- und Handelssachen vom 16. September 1988, BGBl. 1994 II, S. 2660

[772] EuGH, Gutachten 1/91, Slg. 1991 I, 6084, 6109, Tz. 61

[773] Vor dieser Gefahr hatte bereits *GA Darmon* in seinen Schlussanträgen in der Rechtssache *Dzodzi* gewarnt.

[774] EuGH, Rs. 297/88 *(Dzodzi)*, Slg. 1990 I, 3763, 3794, Tz. 40

[775] EuGH, Rs. C-346/93, Slg. 1995 I, 615

unmittelbaren und unbedingten Verweisung des nationalen Rechts auf das Gemeinschaftsrecht auf[776]. Fehle eine derartige Verweisung auf Gemeinschaftsnormen, so hätten die Antworten des Gerichtshofs lediglich beratende Funktion, seine Aufgabe als verbindliche Entscheidungen fällende Instanz würde verfälscht[777].

In den Folgeentscheidungen *Leur-Bloem* und *Giloy* präzisierte er die Voraussetzungen des Vorlagerechts im Lichte von *Kleinwort Benson* dahingehend, dass nicht mehr die Unmittelbarkeit oder Mittelbarkeit der Verweisung auf Gemeinschaftsrecht entscheidend sei, sondern die *Bindungswirkung* der gegebenen Auslegung für das nationale Gericht[778].

bb) Grundsätzliche Erforderlichkeit der Bindungswirkung auch im überschießenden Bereich

Aus Sicht des Gemeinschaftsrechts bestünde – wie vom EuGH dargestellt – bei fehlender Bindung der nationalen Gerichte an die Auslegung durch den Gerichtshof im überschießenden Bereich die Gefahr der Herabstufung der Rolle des EuGH hin zu der eines unverbindlichen Gutachters. Zudem wäre eine einheitliche Auslegung der Gemeinschaftsvorschriften im Sinne der EuGH-Auslegung nicht gewährleistet, könnte jedes nationale Gericht die Richtlinie dennoch nach eigenem Ermessen abweichend auslegen.

Aus Sicht des nationalen Rechts erfordern es die Grundsätze der Rechtssicherheit und des Vertrauensschutzes, dass die Beteiligten des Ausgangsverfahrens sich darauf verlassen können, dass das Gericht nach einer erfolgten Vorlage im Ausgangsrechtsstreit, der ihre Rechtsstellung unmittelbar tangiert, über die betreffenden Vorschriften auch im Sinne der EuGH-Auslegung entscheiden wird.

Jedoch beruht das Erfordernis der Bindungswirkung nicht allein auf den dargestellten – sowohl gemeinschaftsrechtlichen als auch nationalen – Erwägungen, sondern ist auch und vor allem aus dem bereits angesprochenen Kooperationsverhältnis abzuleiten. Entscheidender Anknüpfungspunkt muss auch hier das bereits dargestellte Gegenseitigkeitsverhältnis zwischen Gemeinschafts- und nationalen Organen sein.

Wenn dem nationalen Gericht das Recht gewährt wird, Auslegungsfragen auch aus dem überschießenden Bereich dem EuGH zur Entscheidung nach Art. 234 EG vorzulegen, ist im Gegenzug vom innerstaatlichen Gericht zu fordern, dass

[776] Zum Ausgangsverfahren siehe oben A. II., S. 130

[777] EuGH, Slg. 1995 I, 615, Tz. 24

[778] Danach müsse es auf der Hand liegen, dass das Gemeinschaftsrecht „weder unmittelbar noch mittelbar" anwendbar sein könne, EuGH, Rs. C-28/95 *(Leur-Bloem)*, Slg. 1997 I, 4161, Tz. 26 unter Berufung auf die Urteile *Dzodzi* und *Gmurzynska-Bscher*.

es seinerseits dazu beiträgt, dass die vom EuGH gegebene Auslegung ihre volle Wirksamkeit erlangt. Insoweit kann von einem Beitrag zur Gewährleistung des „effet utile" des Gemeinschaftsrechts gesprochen werden.
Während auf der ersten Stufe, wo es zunächst um die grundsätzliche Gewährung des Vorlagerechts geht, noch nationale Anliegen und insb. der Rechtshilfecharakter des Tätigwerdens des EuGH im Vordergrund stehen, muss das nationale Gericht im Stadium der Umsetzung der Entscheidung im Ausgangsverfahren (auch) für gemeinschaftsrechtliche Belange Gewähr leisten. In diesem Sinne trägt auch das nationale Gericht Verantwortung dafür, dass die EuGH-Entscheidung volle Wirksamkeit erlangt und dadurch die Rolle des EuGH nicht hin zu einer unverbindlichen Gutachtertätigkeit verfälscht wird.

cc) Ausschluss der Bindungswirkung

Ist nun grundsätzlich das Erfordernis der Bindungswirkung der EuGH-Urteile auch im überschießenden Bereich entwickelt worden, stellt sich die Frage, ob eine nationale Norm – ähnlich wie in der Rechtssache *Kleinwort Benson* – die Bindungswirkung ausschließen kann bzw. welche Wirkungen ein solcher Ausschluss vor dem Hintergrund der Gewährleistung der Einheit des Gemeinschaftsrechts zeitigen kann[779]. Weiter ist fraglich, wer über die Entscheidungskompetenz hinsichtlich einer vorhandenen oder nicht vorhandenen Bindungswirkung verfügt[780].

Richtigerweise ist von Folgendem auszugehen: Wird eine Zuständigkeit nach Art. 234 EG bejaht und entscheidet der EuGH über die Auslegung von Richtlinienbestimmungen im überschießenden Bereich, ist eine Bindungswirkung der EuGH-Entscheidung für das nationale Gericht zwingend zu fordern und ergibt sich aus dem schon zuvor erörterten Gegenseitigkeitsverhältnis, das das Vorabentscheidungsverfahren nach hier vertretener Auffassung insgesamt kennzeichnet. Wird dem nationalen Gericht die Möglichkeit zur Vorlage nach Art. 234 EG im überschießenden Bereich gewährt, muss es im Gegenzug die zur einheitliche Anwendung und Wirksamkeit der vom EuGH gegebenen Auslegung beitragen. In der hieraus folgenden Verpflichtung zur Anwendung der überschießenden Vorschriften in der Auslegung des Gerichtshofs liegt das Wesen der Kooperation im überschießenden Bereich begründet.

---

[779] *GA Tesauro* vertritt hierzu in seinen Schlussanträgen in der Rechtssache *Kleinwort Benson* die Auffassung, dass selbst eine nationale Norm, die eine solche Bindungswirkung vorsähe, die Widersprüchlichkeit der *Dzodzi*-Rechtsprechung in Bezug auf die vom EuGH sonst für unabdingbar gehaltene Bindungswirkung seiner Urteile nicht beseitigen könne. Eine solche innerstaatliche Norm könne und dürfe vom nationalen Gesetzgeber nicht erlassen werden, vgl. Slg. 1995 I, 617, 627, Tz. 21.

[780] Siehe dazu auch unten 5. b), S. 176

Somit ergibt sich die Pflicht des innerstaatlichen Rechtsanwenders zur unbedingten Beachtung der EuGH-Entscheidung sowohl aus gemeinschaftsrechtlichen als auch aus nationalen Erwägungen, die gemeinsam im Gebot der gegenseitigen Rechtshilfe und Verbürgung der Gegenseitigkeit münden.

Allerdings stellt sich im Anschluss daran die Frage, was in dem Ausnahmefall zu gelten hat, in dem das innerstaatliche Recht dem nationalen Gericht ausdrücklich die Möglichkeit der Abweichung von der EuGH-Auslegung eröffnet. Abgesehen davon, dass derartige nationale Regelungen für die gerichtliche Kooperation zwischen EuGH und mitgliedstaatlichen Gerichten wenig ratsam erscheinen, muss auch nach ihrer grundsätzlichen Zulässigkeit gefragt werden.
Entscheidet sich der nationale Gesetzgeber freiwillig für die Übernahme von Gemeinschaftsregelungen außerhalb ihres eigentlichen Anwendungsbereichs, bringt er damit in der Regel die Absicht zum Ausdruck, sich auch hinsichtlich der Auslegung der überschießenden Vorschriften an Gemeinschaftsvorgaben orientieren zu wollen. Dann setzt er sich aber mit solchen Bestimmungen seines Rechts, die ausdrücklich die Möglichkeit der Abweichung von der vom Gerichtshof gegebenen Auslegung vorsehen, in Widerspruch zu seinem vorherigen Vorgehen. Allerdings kann dem nationalen Gesetzgeber der Erlass derartiger Normen aus Sicht des Gemeinschaftsrechts nicht untersagt werden, weil sich die innerstaatlichen Bestimmungen ja gerade außerhalb des eigentlichen Anwendungsbereichs des Gemeinschaftsrechts bewegen.

Bei dieser Frage muss m.E. danach differenziert werden, welche Art von Regelung die innerstaatliche Norm konkret vorsieht.
Zunächst besteht die Möglichkeit, dass sie dem nationalen Richter lediglich die Möglichkeit aufzeigt, eine Auslegung allein nach nationalen Auslegungsmaximen vorzunehmen, also klarstellt, dass eine Auslegung im Sinne der Richtlinie nicht zwingend erforderlich ist, falls im konkreten Fall erhebliche Gründe dagegen sprechen.
Diese Konstellation dürfte nicht problematisch sein, da – wie oben dargestellt[781] – eine gespaltene Auslegung der überschießenden Vorschriften trotz erfolgter autonomer Rechtsangleichung möglich bleibt.
Anders sieht es aber dann aus, wenn die fragliche Norm dem Rechtsanwender gestattet, selbst nach erfolgter Vorlage an den EuGH noch abweichend von dessen Vorgabe zu entscheiden. Wie bereits dargestellt, gebietet es hier das von Art. 234 EG vorgesehene Kooperationsverhältnis, dass das nationale Gericht an die Entscheidung des Gerichtshofs gebunden ist und seiner Auslegung zur vollen Wirksamkeit verhilft.

---

[781] Siehe oben Teil 2, C. IV. 2. d), S. 105

Für die hier zu untersuchende Auslegungskompetenz des EuGH muss dabei Folgendes gelten: Da für die Annahme einer Zuständigkeit nach Art. 234 EG nach den bisherigen Ausführungen die Bindung der nationalen Rechtsanwender an die gegebene Auslegung zwingend zu fordern ist, da nur so eine wirkliche Kooperation der Gerichtsebenen gewährleistet ist, muss in einem Ausnahmefall, in dem das nationale Gesetz ausdrücklich die Abweichung von der EuGH-Auslegung gestattet, seine Auslegungskompetenz konsequenterweise verneint werden.
Letztlich erscheinen derartige nationale Regelungen unabhängig davon, ob sie zulässig sind, für die gerichtliche Kooperation zwischen EuGH und mitgliedstaatlichen Gerichten wenig ratsam, da trotz der durch den nationalen Gesetzgeber initiierten Annäherung an Gemeinschaftsvorgaben dem nationalen Richter dadurch die Vorlage nach der hier vertretenen Lösung versperrt wird[782].

Als Ergebnis bleibt festzuhalten, dass die Bindungswirkung grundsätzlich aufgrund des Gebots der wechselseitigen Kooperation gegeben ist, mit Ausnahme der Konstellation, dass das nationale Recht ausdrücklich von einer solchen befreit, wobei bereits an der Zulässigkeit eines solchen Vorgehens durchaus gezweifelt werden kann. Für die Zuständigkeit des Gerichtshofs lässt sich daraus folgern, dass diese dann zu bejahen ist, wenn das nationale Recht hinsichtlich einer Bindung an das EuGH-Urteil keine ausdrücklich abweichenden Regelungen trifft[783].

dd) Folge der Bejahung der Bindungswirkung

Weiterhin sind die Folgen zu untersuchen, die sich aus der Bejahung der Bindungswirkung für das nationale Gericht ergeben. Aus den bisherigen Ausführungen ergibt sich, dass das Gericht die fragliche Richtlinienbestimmung bei Entscheidung des bei ihm anhängigen Rechtsstreits nicht in einem anderen Sinn als der EuGH zuvor auslegen darf. Es ist hinsichtlich des von der Richtlinie verfolgten Ziels an die Vorgabe des Gerichtshofs gebunden.

---

782 Allerdings stellen sich hier zugegebenermaßen Abgrenzungsschwierigkeiten, wann nun wirklich von einer Extremlösung im nationalen Recht ausgegangen werden kann, die zu einer fehlenden Vorlagemöglichkeit nach Art. 234 EG führt. Die daraus resultierende Rechtsunsicherheit im Rahmen der Frage der Vorlagefähigkeit führt entscheidend auch *GA Jacobs* in seinen verbundenen Schlussanträgen in den Rechtssachen *Leur-Bloem* und *Giloy* prinzipiell gegen eine Zuständigkeit des EuGH an. Einer solchen „Radikallösung" ist jedoch im Hinblick auf das bereits entwickelte Kooperationsverhältnis auch im überschießenden Bereich nicht zuzustimmen. Vielmehr muss nach sinnvollen und praktikablen Abgrenzungskriterien insb. im Hinblick auf ein mögliches Überprüfungsrecht des EuGH gesucht werden, näher dazu unter 5.

783 In diesem Fall stellt sich gleichzeitig die Frage, inwieweit der EuGH überprüfen darf, ob das nationale Recht eine hinreichende Bindungswirkung gewährleistet, dazu näher unten 5. b).

Schwieriger stellt sich die Beantwortung der Frage dar, ob das Gericht, hat der EuGH einmal eine Auslegung geliefert, sich dennoch im Nachhinein für eine gespaltene Auslegung – d.h. allein nach nationalen Auslegungskriterien – entscheiden darf. In diesem Fall bestünde zwar nicht die Gefahr, dass eine Richtlinienbestimmung abweichend vom Verständnis des Gerichtshofs ausgelegt würde, da die Auslegung in diesem Fall allein nationalen Auslegungsmethoden folgen würde.
Richtigerweise muss dem nationalen Gericht dieser Weg aber verschlossen bleiben. Zum einen kommt hier wiederum die originäre Rolle des EuGH als verbindlich entscheidender Instanz zum Tragen. Ist eine Vorlage erfolgt, muss dem Urteil des Gerichtshofs im weiteren Ablauf des Verfahrens vor dem nationalen Gericht zur vollen Wirksamkeit verholfen werden, was wiederum nur durch die tatsächliche Anwendung der vom EuGH gegebenen Auslegung gewährleistet ist. Wäre der innerstaatliche Rechtsanwender dagegen frei, selbst in diesem Stadium noch zwischen der Auslegung im Lichte der Richtlinie und der rein national präformierten Auslegung zu entscheiden, käme dem Urteil des EuGH nicht die zu fordernde Verbindlichkeit zu.
Auch nationale Rechtssicherheitserwägungen sprechen für diese Sichtweise. Entscheidet sich der nationale Richter trotz erfolgter Vorlage im Nachhinein für eine gespaltene Auslegung, stellt dies ein widersprüchliches und insb. für die Parteien des Ausgangsverfahrens nicht vorhersehbare „Kehrtwende" dar. Dies bedeutet keine unerträgliche Einschränkung der Entscheidungsfreiheit des nationalen Richters. Vielmehr ist dieser eine Stufe davor – nämlich bei der Entscheidung für oder gegen eine quasi-richtlinienkonforme Auslegung der überschießenden Vorschriften – nicht gebunden und kann eine umfassende Abwägung des Für und Wider vornehmen. Hat er sich allerdings für die Auslegung im Sinne der Richtlinie entschieden und in der Folge dem EuGH eine oder mehrere Auslegungsfragen vorgelegt, muss er sich an dieser Entscheidung festhalten lassen und kann diese nicht nachträglich „revidieren"[784].

Damit bleibt festzuhalten, dass das nationale Gericht, wenn es sich entscheidet vorzulegen, hinsichtlich der Auslegung der Richtlinie an die Auslegung des EuGH gebunden ist. Gleichzeitig darf es sich auch nicht nachträglich für eine gespaltene Auslegung der überschießenden innerstaatlichen Vorschriften entscheiden[785].

---

[784] Daraus folgt im Gegenzug, dass dem Richter, der sich von vornherein für eine gespaltene Auslegung entscheidet, eine Vorlage nach Art. 234 EG verwehrt ist. Hier fehlt es schon an der Entscheidungserheblichkeit der Auslegung einer Gemeinschaftsvorschrift. Würde der EuGH dennoch entscheiden, würde er wiederum lediglich in unverbindlicher Weise gutachterlich tätig werden, was die ihm durch den EG-Vertrag zugewiesene Rolle verfälschen würde.

[785] A.A. *Habersack/Mayer*, WM 2002, 253, 258; teilweise kritisch hierzu *Piekenbrock/Schulze*, WM 2002, 521, 527 f.

4. Mögliche Beschränkung des Vorlagerechts

Wird nach den bisher erarbeiteten Ergebnissen dem nationalen Gericht auch im überschießenden Bereich grundsätzlich ein Vorlagerecht gewährt und die diesbezügliche Auslegungskompetenz des EuGH nach Art. 234 EG bejaht, kann dies unter Umständen doch zu einer erheblichen Ausweitung der Kompetenz und damit auch Arbeitsbelastung des Gerichtshofs führen. Damit wird die Frage nach einer möglichen Begrenzung des unter Umständen doch recht weitreichenden Vorlagerechts aufgeworfen. Die jüngsten Entwicklungen im Bereich der europäischen Gerichtsbarkeit, die zu den institutionellen Reformen des Vertrages von Nizza und dem Entwurf eines Verfassungsvertrages geführt haben, zeigen, dass grundsätzlicher Handlungsbedarf besteht. Unter diesen Umständen erscheint es geboten, das Vorlagerecht im überschießenden Bereich zwar grundsätzlich zu gewähren, gleichzeitig jedoch gewisse Einschränkungen vorzunehmen, um eine Ausuferung von Vorlagen, die zu einer zusätzlichen übermäßigen Belastung des Gerichtshofs führen könnten, nach Möglichkeit zu verhindern.

a) „Völlig autonom" veranlasste Angleichung des nationalen Rechts

Als erste mögliche Beschränkung ist an eine Eingrenzung in sachlicher Hinsicht zu denken. Der Gedanke der überschießenden Richtlinienumsetzung beruht im Grundsatz auf dem erkannten Vorbildcharakter eines gemeinschaftsrechtlichen Regelungskonzepts, aufgrund dessen sich der nationale Rechtsetzer für die Übernahme des Gemeinschaftsmusters in sein autonomes innerstaatliches Recht entscheidet. In der Regel wird das Konzept dabei auf mit dem ursprünglichen Regelungsgegenstand der Richtlinie verwandte Normenbereiche erstreckt, die auf nationaler Ebene sinnvollerweise nicht getrennt geregelt werden können[786]. In diesem Fall besteht entweder ein unmittelbarer Zusammenhang mit einer konkret zu erfüllenden Umsetzungsverpflichtung nach Art. 249 III EG, oder aber der nationale Gesetzgeber entscheidet sich unabhängig von einem Umsetzungsbefehl nachträglich für die Übernahme des Regelungskonzepts der Richtlinie auf sachlich zusammenhängende Bereiche seines nationalen Rechtssystems. In beiden Fällen liegt jedoch in der Regel ein sachlicher Zusammenhang zum Richtliniengegenstand vor.

Denkbar ist aber auch der Fall, dass sich der nationale Gesetzgeber für die Erstreckung eines Gemeinschaftskonzepts auf sachlich nicht verwandte Regelungsgebiete entscheidet. Hier ist zu fragen, ob auch diese Konstellation in die entwickelten Grundsätze einzubeziehen ist. In diesem Fall steht die Umsetzung weder in sachlichem noch zeitlichem Zusammenhang mit einer erfolgten oder auch schon weiter zurückliegenden Richtlinienumsetzung. Hier stellt sich das Problem der Wahrung der Systematik, Einheit und Rechtssicherheit des natio-

[786] Vgl. bereits oben Teil 2, B. I. 3., S. 28

nalen Rechts nicht, der nationale Gesetzgeber war zur überschießenden Umsetzung aus Gründen des nationalen Rechts nicht gezwungen. In einem derartigen Ausnahmefall sollte durchaus über eine Einschränkung des Vorlagerechts nachgedacht werden, um einer Ausuferung von Vorlagen aus sachlich nicht einmal mittelbar mit dem Richtliniengegenstand zusammenhängenden mitgliedstaatlichen Rechtsbereichen entgegenzuwirken.
Allerdings werden diese Fallgruppen noch näher zu konkretisieren sein, um den Unterschied zwischen überschießender Umsetzung „im eigentlichen Sinne" und völlig autonomer Anpassung des nationalen Rechts herauszuarbeiten. Die *Dzodzi*-Rechtsprechung dürfte hier jedoch keine große Hilfestellung leisten, da der EuGH in dieser Hinsicht wohl nicht differenziert, sondern ausschließlich auf die Entscheidungserheblichkeit von Gemeinschaftsrecht abstellt, egal ob dieses auf sachlich mit dem Regelungsbereich der Richtlinie zusammenhängende Bereiche übernommen wurde.
Als Beispiel für eine Erstreckung eines Gemeinschaftskonzepts auf nicht zusammenhängende Bereiche lässt sich die Übernahme solcher Muster in Vertragsbestimmungen anführen. Zum einen steht hier keinerlei Umsetzungsverpflichtung im Raum, da es sich um rein privatrechtliche Abreden handelt. Zum anderen kann auch der sachliche Zusammenhang zu einem konkreten Richtliniengegenstand oft fraglich sein.

An dieser Stelle könnte auch die Problematik der überschießenden Umsetzung der Verbrauchsgüterkaufrichtlinie (1999/44/EG) durch das allgemeine Leistungsstörungsrecht des BGB eine Rolle spielen[787]. Will man in den Vorschriften des allgemeinen Leistungsstörungsrechts insgesamt – entgegen der hier vertretenen Auffassung – eine überschießende Umsetzung der Kaufrechtsrichtlinie sehen[788], wäre doch über eine Beschränkung des diesbezüglichen Vorlagerechts an den EuGH nach Art. 234 EG wegen fehlenden Zusammenhangs zum Richtliniengegenstand (in Bezug auf Schadensersatz und andere Vertragstypen) nachzudenken.

b) Beschränkung auf „grundsätzliche" Fragen

Eine weitere mögliche Beschränkung des Vorlagerechts im überschießenden Bereich ergibt sich aus der Tatsache, dass es sich beim Gerichtshof um kein Spezialgericht handelt, das über vertiefte Detailkenntnisse hinsichtlich der einzelnen nationalen Rechtsordnungen verfügt. Angesichts der Fülle von Einzelrechtsordnungen der Mitgliedstaaten, die teilweise in Bezug auf Systematik und Grundprinzipien stark divergieren, kann der EuGH mit seiner begrenzten Zahl an Richtern gar nicht über ein entsprechendes Spezialwissen verfügen.

---

[787] Dazu oben Teil 2, B. IV. 3. c) cc) ccc), S. 71 ff.

[788] In diesem Sinne wohl MüKo/*Ernst*, vor § 275 BGB, Rn. 22 f.

Zwar könnten die institutionellen Neuerungen des Vertrags von Nizza hier eine Änderung herbeiführen, indem ein Teil der Vorabentscheidungen auf das Gericht erster Instanz übertragen wird, bei dem spezialisierte Spruchkörper gebildet werden können, Art. 220 II, 225 a EG n.F.[789]. Dennoch sehen sich auch diese speziellen Spruchkörper einer Fülle von mitgliedstaatlich divergierenden systematischen Ansätzen gegenüber, allerdings wird die Problematik insofern etwas abgeschwächt.

Auch im Rahmen von Vorlagen aus dem transformierten Bereich trat dieses Problem schon häufig dergestalt zutage, dass dem Gerichtshof von einem nationalen Gericht detaillierte Einzelfragen vorgelegt wurden, die sehr eng mit der Systematik des jeweiligen nationalen Rechts verflochten waren. Angesichts einer ins Detail gehenden Vorlagefrage, die zwingend die Berücksichtigung der Eigenheit der jeweiligen nationalen Rechtsfiguren und systematischen Zusammenhängen erfordert, kann sich der EuGH oft nicht auf eine allgemein gehaltene Antwort hinsichtlich der Auslegung der Gemeinschaftsvorschrift beschränken. Dabei kann es dann zu Friktionen kommen, wenn der EuGH einer Rechtsfigur des mitgliedstaatlichen Rechts im Wege einer „gemeinschaftsrechtlich-autonomen" Auslegung ein anderes Verständnis zugrunde legt. Dadurch kommt es in der Folge zu Schwierigkeiten bei der widerspruchsfreien Einpassung des Auslegungsergebnisses in die Systematik des nationalen Rechts.

Als Beispiel hierfür kann die Dietzinger-Entscheidung des EuGH[790] angeführt werden: Im Ausgangsverfahren ging es um die Anwendbarkeit des Haustürwiderrufsgesetzes, das seinerseits auf die Haustürgeschäfterichtlinie (85/577/EWG) zurückgeht, auf die Bürgschaft deutschen Rechts, woraufhin der IX. Zivilsenat des BGH dem EuGH die Frage vorlegte, ob Bürgschaftsverträge nach deutschem Recht unter die genannte Richtlinie fallen[791].

Der EuGH beantwortete die Vorlagefrage des BGH dahingehend, dass ein von einem Verbraucher geschlossener Bürgschaftsvertrag nicht in den Geltungsbereich der Richtlinie 85/577/EWG fällt, wenn er die Rückzahlung einer Schuld absichert, die der Hauptschuldner im Rahmen seiner Erwerbstätigkeit ein-gegangen ist[792]. Der Gerichtshof stützte seine Ausführungen dabei im Wesentlichen auf den akzessorischen Charakter der Bürgschaft, ging dabei jedoch von einem anderen Verständnis der Akzessorietät aus als sie der deutschen Bürgschaft zugrunde liegt. Das Akzessorietätsprinzip hat nach deutschem Verständnis zum Inhalt, dass für die Verpflichtung des Bürgen der jeweilige Bestand der Hauptverbindlichkeit maßgebend ist, des Weiteren kann der Bürge die dem Hauptschuldner gegen die Forderung des Gläubigers zustehenden Einreden geltend machen. Dagegen legte der EuGH das Akzessorietätsprinzip seiner Entscheidung im Rahmen einer „autonomen" Auslegung in der Weise zugrunde, dass der Bürge

[789] Dazu unten Teil 5, B., S. 186 ff.

[790] EuGH, Urteil vom 17.3.1998, Rs. C-45/96, Slg. 1998 I, 1199

[791] BGH NJW 1996, 930

[792] EuGH, Rs. C-45/96 *(Dietzinger)*, Slg. 1998 I, 1199, Tz. 23

ein eigenes Recht aus der Richtlinie 85/577/EWG haben soll, wenn die Hauptverbindlichkeit unter die Richtlinie fällt[793].

Ein solcher Fall des fehlgeschlagenen Dialogs zwischen nationalem Gericht und EuGH verdeutlicht, dass das vorlegende Gericht eine erhebliche Verantwortung zum einen bei der Formulierung der Vorlagefrage trifft, in der es den Gerichtshof ausreichend und in verständlicher Weise über die rechtlichen Hintergründe seiner nationalen Rechtsordnung informieren muss. Zum anderen trägt es die Verantwortung für die Einpassung von unter Umständen widersprüchlichen Ausführungen des EuGH in die nationale Systematik.
Vor dem Hintergrund dieser Problematik bietet es sich an, um derartige Konstellationen zumindest im überschießenden Bereich weitgehend zu vermeiden, das Vorlagerecht hier auf „grundsätzliche" Fragen zur Auslegung der betreffenden Gemeinschaftsvorschrift zu begrenzen[794]. Insofern ähnelt dies Vorschlägen aus dem Schrifttum zur Begrenzung der Vorlagepflicht nach Art. 234 III EG (im transformierten Bereich) auf Fragen von grundsätzlicher Bedeutung[795]. Allerdings stellt auch hier die Frage, wie die Grundsätzlichkeit einer Frage konkret zu bestimmen ist[796]. Richtigerweise muss es auch in diesem Fall primär auf die Perspektive des Gemeinschaftsrechts ankommen[797]. So wird Grundsätzlichkeit insb. bei Rechtsbegriffen bestehen, die in verschiedenen Gemeinschaftsrechtsakten vorkommen und eine einheitliche Auslegung erfordern, des Weiteren bei Ersuchen, deren Bedeutung über den Anlassfall hinausgeht[798].

Ein weiterer Aspekt, unter dem eine Einschränkung des Vorlagerechts im überschießenden Bereich zu diskutieren ist, betrifft die Perspektive des nationalen Rechts. Angesichts der oben angeführten Problematik der vom EuGH oft vorgenommenen autonomen Auslegung bestimmter Rechtsfiguren sollte auch angesichts der grundsätzlich bestehenden Kompetenzproblematik insb. im überschießenden Bereich eine Einschränkung dergestalt gelten, dass keine kom-

---

793 EuGH a.a.O., Tz. 22 f.; bei Zugrundelegung des deutschen Verständnisses hätte vielmehr geprüft werden müssen, ob die Bürgschaft als solche einen Vertrag im Sinne der Richtlinie 85/577/EWG darstellt. Auf die Beantwortung dieser Frage hatte auch die Vorlage des BGH abgezielt. Insofern liegt bei Zugrundelegung des deutschen Verständnisses des Akzessorietätsprinzips im Bürgschaftsrecht ein „glattes Fehlverständnis" durch den EuGH vor, *Franzen,* in: FS Maurer (2001), S. 889, 895.

794 Vgl. jüngst EuGH, Rs. C-237/02 *(Freiburger Kommunalbauten)*, WM 2004, 989

795 So beispielsweise *Heß,* RabelsZ 66 (2002), 470, 494 ff.; abweichend *Franzen,* Privatrechtsangleichung, S. 287 ff.

796 Dazu bereits *Heß,* ZZP 108 (1995), 59, 84 ff.

797 Diese Sichtweise liegt auch Art. 225 III EG n.F. zugrunde, der bestimmt, dass eine Rechtssache zur Entscheidung an den Gerichtshof verwiesen werden kann, wenn das Gericht erster Instanz der Auffassung ist, dass die Rechtssache „eine Grundsatzentscheidung erfordert, die die Einheit oder die Kohärenz des Gemeinschaftsrechts berühren könnte".

798 *Heß,* RabelsZ 66 (2002), 470, 495

plizierten Detailfragen vorgelegt werden sollten, die stark in der Systematik des nationalen Rechts verwurzelt sind[799]. Auf diese Weise könnte verhindert werden, dass sich der EuGH zu weit in die Systemzusammenhänge und Eigenheiten der innerstaatlichen Rechte einmischt.

Damit einhergehend muss die Verantwortung der nationalen Gerichte als funktionale Gemeinschaftsgerichte in den Vordergrund gerückt werden, insb. vor dem Hintergrund, dass im überschießenden Bereich die Initiative zur freiwilligen Übernahme von Gemeinschaftsbestimmungen gerade von nationaler Ebene ausging. Der innerstaatliche Richter muss sich immer wieder von neuem dieser Rolle, d.h. darüber bewusst werden, dass die Auslegung und Anwendung des auf einen von ihm zu entscheidenden Fall anwendbaren Gemeinschaftsrechts primär in seine Zuständigkeit fällt. Erst wenn nach seiner *subjektiven Einschätzung* Zweifel an der Auslegung einer konkreten Vorschrift bestehen, die er nicht selber auszuräumen vermag und hinsichtlich derer er sich auch nicht an einer bereits vorhandenen Rechtsprechung des EuGH orientieren kann, sollte er eine Vorlageentscheidung nach Art. 234 EG in Erwägung ziehen.

c) Formulierung der Vorlagefrage

Im Anschluss an die eben besprochene Frage der Beschränkung auf Auslegungsfragen von grundsätzlicher Bedeutung ist noch kurz auf die entscheidende Formulierung der Vorlagefrage einzugehen. Ausgehend von der Prämisse, dass lediglich grundsätzliche Aspekte der Auslegung der fraglichen Gemeinschaftsbestimmung geklärt werden sollen, muss die Vorlagefrage so weit wie möglich abstrakt formuliert bleiben. Der EuGH soll auf diese Art und Weise erst gar nicht „in Versuchung kommen", sich zu weit in die rechtlichen Zusammenhänge des Ausgangsrechtsstreits einzumischen.
Allerdings muss hier – wie grundsätzlich auch im transformierten Bereich – gewissermaßen ein „Mittelweg" gefunden werden. Zwar soll sich der EuGH nicht weiter als nötig mit den Systemzusammenhängen des innerstaatlichen Rechts auseinandersetzen müssen, andererseits muss das Auslegungsergebnis doch konkret genug formuliert sein, um das vorlegende Gericht in die Lage zu versetzen, die Entscheidung für den bei ihm anhängigen Rechtsstreit überhaupt verwerten zu können.

5. Überprüfungsrecht des EuGH

Im Folgenden stellt sich die Frage, inwieweit dem EuGH ein Prüfungsrecht hinsichtlich der entwickelten Voraussetzungen einer Vorlage zukommt, insb. im

---

[799] Zu dieser auch im transformierten Bereich bestehenden Problematik vgl. oben der Beispielsfall *Dietzinger*.

Hinblick auf die Erforderlichkeit der Vorlage und die Reichweite der nationalen Verweisung einschließlich der sich daraus ergebenden Bindungswirkung für das nationale Gericht.

a) Erforderlichkeit der Vorlage

Hinsichtlich der Prüfung der Erforderlichkeit der Vorlage hat als Ausgangspunkt zu gelten, dass der EuGH grundsätzlich kein nationales Recht prüft. Die Beurteilung der Erforderlichkeit einer Vorlageentscheidung und der Erheblichkeit der Beantwortung der Auslegungsfrage für den Ausgangsrechtsstreit obliegt allein dem nationalen Richter. Insoweit ist auf die ständige Rechtsprechung des Gerichtshofs zu verweisen.
Dabei muss sich der EuGH auch im überschießenden Bereich an die von ihm selbst aufgestellten Grundsätze halten, die Prüfung der Erforderlichkeit nur in Ausnahmefällen vorzunehmen[800]. Des Weiteren hat der EuGH im Urteil *ICI* klargestellt, dass die Beurteilung, ob eine einheitliche oder gespaltene Auslegung des nationalen Rechts geboten sei, allein in der Kompetenz des erkennenden Gerichts liege[801].

b) Reichweite der nationalen Verweisung / Bindungswirkung

Wenn die Bindungswirkung als Voraussetzung für eine Zuständigkeit des EuGH angesehen wird, stellt sich in einem nächsten Schritt die Frage, inwieweit der Gerichtshof überprüfen darf, ob eine solche in hinreichendem Maße gewährleistet ist. Denn zwar ist die Bindungswirkung als Ausdruck des wechselseitigen Kooperationsverhältnisses als Voraussetzung für eine Vorlagemöglichkeit anzusehen, aber gleichzeitig beschränkt sich die Prüfungskompetenz des EuGH im Rahmen von Art. 234 EG anerkanntermaßen auf die Prüfung von Gemeinschaftsrecht. Allerdings kann es Fälle geben, in denen das nationale Recht genau diese Bindungswirkung ausschließt.
Aufgrund der Beschränkung der Prüfungskompetenz des Gerichtshofs auf Gemeinschaftsrecht und der von ihm selber in ständiger Rechtsprechung betonten subjektiven Entscheidungserheblichkeit im Vorlageverfahren muss auch hier von einer restriktiven Handhabung ausgegangen werden. Es gilt, die europäischen und mitgliedstaatlichen Verantwortungsbereiche klar voneinander

---

[800] Ein Recht zur Überprüfung der Vorlagevoraussetzungen behält sich der Gerichtshof namentlich in den Fällen vor, in denen klar zutage trete, dass das Vorlageverfahren zweckentfremdet würde und den Gerichtshof veranlassen solle, aufgrund eines fiktiven Rechtsstreits zu entscheiden, oder in denen offensichtlich wäre, dass die Gemeinschaftsbestimmung, deren Auslegung vom Gerichtshof begehrt werde, nicht anwendbar sein könne, vgl. EuGH, verb. Rs. C-297/88 und 197/89 *(Dzodzi)*, Slg. 1990 I, 3763, Tz. 40.

[801] Allerdings handelte es sich in der Rechtssache *ICI* gar nicht um einen Fall der überschießenden Umsetzung, dazu oben A. IV. 1., S. 133.

zu trennen und das Prinzip der subjektiven Entscheidungserheblichkeit nicht zu verwischen. Die Prüfung, wie weit die Verweisung des nationalen Rechts auf Gemeinschaftsrecht genau reicht und die Beantwortung der Frage, ob es daraus folgend eine hinreichende Bindungswirkung der EuGH-Entscheidung gewährleistet, obliegt somit grundsätzlich allein dem nationalen Richter. Er hat sowohl zu entscheiden, ob die Auslegung von Gemeinschaftsrecht für den Ausgangsrechtsstreit entscheidungserheblich ist, als auch, ob eine Vorlage an den EuGH erforderlich ist.

Allerdings muss von diesem Grundsatz im Interesse des „effet utile" des Gemeinschaftsrechts eine Ausnahme gelten. In Fällen, in denen das nationale Recht ausdrücklich die Möglichkeit der Abweichung von der EuGH-Auslegung vorsieht und dies *auch für den Gerichtshof* klar erkennbar ist, ohne dass er eine nähere Überprüfung der nationalen Normen vornehmen muss, muss es ihm möglich sein, seine Zuständigkeit zu verneinen. In diesem Fall mischt sich der Gerichtshof nicht unzulässig in nationale Systemzusammenhänge ein, wenn er solch offensichtliche Regelungen, die ihm auch in der Regel im Vorlagebeschluss des nationalen Gerichts mitgeteilt werden, für beachtlich erklärt[802].

Damit bleibt festzuhalten, dass grundsätzlich allein das nationale Gericht die genaue Reichweite der nationalen Verweisung auf Gemeinschaftsrecht prüft[803], da nur dieses hinreichende Kenntnis von den Systemzusammenhängen der nationalen Rechtsordnung hat[804].

Gleichzeitig ist aber der Zusammenhang mit der für die Vorlage erforderlichen Bindungswirkung zu beachten, die nach oben Gesagtem gewährleistet sein muss. Wenn nach den nationalen Vorschriften die Bindungswirkung ausdrücklich und für den Gerichtshof auf den ersten Blick – insb. durch die klare Darstellung im Rahmen der Vorlagefrage – erkennbar ausgeschlossen ist, darf der EuGH die Vorlage als unzulässig zurückweisen. In diesem Fall kommt die Anwendbarkeit des Gemeinschaftsrechts im Sinne der Rechtsprechung des EuGH „weder unmittelbar noch mittelbar in Betracht", die Verweisung oder Bezugnahme ist nicht „unbedingt" im Sinne einer strikten Bindungswirkung der EuGH-Rechtsprechung[805].

Dagegen ist es nach der hier vertretenen Lösung unerheblich, ob das nationale Gesetz die Bindung des vorlegenden Gerichts an das Auslegungsergebnis des

---

[802] Ob ein solch eindeutiger Fall in der Rechtssache *Kleinwort Benson* vorlag, soll hier dahingestellt bleiben. Ablehnend zum Vorgehen des EuGH beispielsweise *Habersack/Mayer,* JZ 1999, 913, 920 f.

[803] EuGH, verb. Rs. C-297/88 und 197/89 *(Dzodzi),* Slg. 1990 I, 3763, Tz. 41

[804] Bsp.: Reichweite der Verweisung in § 5 I EStG, *Broer,* RIW 2001, 760; *Hennrichs,* StuW 1999, 138 ff.

[805] Insofern kann von einem „Evidenzvorbehalt" gesprochen werden, *Kropholler/v. Hein,* in: FS Großfeld (1999), S. 615, 624.

EuGH ausdrücklich anordnet, da sich die Bindungswirkung bereits aus dem dargestellten Kooperationsverhältnis, das in jedem Fall von Gegenseitigkeit geprägt sein muss, ergibt[806].

Freilich wird es auch hier Grenzfälle geben, die nicht ohne weiteres in dieses Muster eingeordnet werden können, so beispielsweise wenn die Bindungswirkung durch die nationale Vorschrift nicht ausdrücklich ausgeschlossen wird, sondern sich der Ausschluss erst nach Auslegung oder in der Zusammenschau mit anderen nationalen Regelungen ergibt. In einem solchen Fall müsste der EuGH, um die Gewährleistung der Bindungswirkung beurteilen zu können, vertieft in eine Überprüfung und Auslegung des innerstaatlichen Rechts einsteigen, was ihm aber aufgrund des oben Gesagten verwehrt bleiben muss. Allerdings stellt sich in einem solchen Fall zunächst die Frage, ob die nationalen Vorschriften nicht in einem entgegengesetzten Sinn – möglich entgegen ihrem Wortlaut – auszulegen sind, um so die Bindungswirkung zu gewährleisten. Falls auch diese Möglichkeit ausscheidet, darf das nationale Gericht nicht vorlegen bzw. muss der Gerichtshof die Vorlage als unzulässig zurückweisen.

III. Vorlagepflicht im überschießenden Bereich

Sind nun ausführlich sowohl die Gründe, die für eine Bejahung des Vorlagerechts im überschießenden Bereich sprechen, als auch die möglichen Beschränkungen des Vorlagerechts herausgearbeitet worden, stellt sich nun die Frage nach einer Vorlagepflicht im überschießenden Bereich.

1. Nach Gemeinschaftsrecht

Als Grundlage für eine gemeinschaftsrechtliche Vorlageverpflichtung des nationalen Gerichts könnte zunächst Art. 234 III EG heranzuziehen sein[807]. Allerdings kann die Verpflichtung des Art. 234 III EG nur so weit gehen wie der Anwendungsbereich des Gemeinschaftsrechtsakts selbst, der im Fall der überschießenden Umsetzung gerade nicht eröffnet ist. Vielmehr wurde der Anwendungsbereich allein aufgrund der autonomen Entscheidung des nationalen Gesetzgebers auf weitere Sachverhalte des nationalen Rechts erstreckt. Insofern kann auf die Ausführungen zur quasi-richtlinienkonformen Auslegung des

[806] Ausführlich dazu oben 3. c) bb), S. 166

[807] Ob eine Vorlagepflicht nach Art. 234 III EG im überschießenden Bereich besteht, lässt sich der Rechtsprechung der EuGH nicht klar entnehmen. *Habersack/Mayer* interpretieren die Rechtsprechung des Gerichtshofs, die ausdrücklich das gemeinschaftliche Interesse an einer einheitlicher Auslegung betont, im Sinne der Bejahung einer Vorlagepflicht durch den EuGH, JZ 1999, 913, 919; zustimmend *Schnorbus*, RabelsZ 65 (2001), 654, 692.

überschießenden Rechts verwiesen werden[808], eine Pflicht hierzu kann sich allenfalls aus nationalen Erwägungen ergeben[809].
Diese Argumentation widerspricht nicht der Bejahung des Vorlagerechts i.S.d. Art. 234 II EG im überschießenden Bereich. Denn dieses Vorlagerecht wurde in erster Linie mit nationalen Erwägungen und gleichzeitig mit der gebotenen Kooperation zwischen EuGH und nationalen Gerichten begründet. Der EuGH leistet dem vorlegenden Gericht Hilfestellung bei der Auslegung des Gemeinschaftsrechts, sollten im überschießenden Bereich Zweifel an der Auslegung der Richtlinie auftreten. Von dieser Kooperation kann jedoch m.E. nicht auf eine von Seiten des Gemeinschaftsrechts bindende Vorlagepflicht i.S.d. Art. 234 III EG geschlossen werden. Somit greift die Vorlagepflicht nach Art. 234 III EG nicht ein[810].

Als Grundlage einer gemeinschaftsrechtlichen Vorlageverpflichtung kann m.E. auch nicht das Interesse der Gemeinschaft an einer einheitlichen Auslegung der Richtlinie (effet utile) herangezogen werden. Zwar könnte argumentiert werden, es bestünde die Gefahr, dass ein nationales letztinstanzliches Gericht Sinn und Zweck der Richtlinie verkennt und diese Auslegung auf Sachverhalte im eigentlichen Anwendungsbereich der Richtlinie abfärbt. Diese Gefahr wurde allerdings oben im Rahmen der Zulässigkeit der quasi-richtlinienkonformen Auslegung als äußerst gering eingestuft.
Hier könnte allenfalls deshalb etwas anderes gelten, da es um die Entscheidung eines nationalen *letztinstanzlichen* Gerichts geht, dessen Entscheidungen erhöhte Autorität genießen. Würde ein solches Gericht eine „falsche" Auslegung der Richtlinie vornehmen, bestünde eher die Gefahr, dass sich andere Gerichte des Mitgliedstaats bei der Beurteilung eines Sachverhalts innerhalb des Regelungsbereichs der Richtlinie an dieser Auslegung orientieren, diese aufgrund ihrer Autoritätswirkung nicht in Frage stellen und in der Folge von einer eigenen Vorlage an den EuGH nach Art. 234 I EG absehen. Diese Gefahr muss zwar bedacht werden, kann aber nicht als so hoch eingestuft werden, dass daraus eine gemeinschaftsrechtliche Vorlagepflicht auch im überschießenden Bereich anzunehmen ist[811].

---

808 Als Grundlage einer Pflicht hierzu scheiden die Art. 249 III, 10 EG aus, da diese (direkt) nur Sachverhalte innerhalb des Anwendungsbereichs der Richtlinie erfassen.

809 Ausführlich dazu oben Teil 2, C. IV. 2. c), S. 102 ff.

810 So auch *Pfeiffer*, ZGS 2002, 23, 27

811 Eine Vorlagepflicht nach Gemeinschaftsrecht wird bejaht beispielsweise von *Roth*, in: FS Wiss. BGH II (2000), S. 847, 885, des Weiteren von Staudinger/*Beckmann*, vor §§ 433 ff. BGB, Rn. 55; *Broer*, RIW 2001, 756, 760; *Herzig/Rieck*, IStR 1998, 309, 319; *Wassermeyer*, Die Verpflichtung der obersten Bundesgerichte zur Vorlage von Bilanzierungsfragen an den EuGH, in: FS Lutter (2000), S. 1633, 1642 ff.; verneint wird sie von *Hennrichs*, ZGR 1997, 66, 84, 88; *ders.*, StuW 1999, 138, 150 f.; *Hirte*, Die Vorlagepflicht auf teilharmonisierten Rechtsgebieten am Beispiel der Richtlinien zum Gesellschafts- und Bilanzrecht, RabelsZ 66

Ob der XI. Zivilsenat im Rahmen seines Vorlagebeschlusses in der Rechtssache *Heininger* die Voraussetzungen des Art. 234 III EG als gegeben angesehen hat, bleibt offen. Zumindest finden sich darin keine Ausführungen zur Frage der Zulässigkeit der Vorlage[812].

2. Nach nationalem Recht

Es bleibt die Prüfung einer Vorlagepflicht nach nationalem Recht. Eine solche stellt sich als Ausfluss des materiellen Regelungskonzepts des nationalen Gesetzgebers dar[813], dieser hat sich für die Übernahme der Gemeinschaftsvorschriften *gerade in der Auslegung durch den EuGH* entschieden. Folgerichtig muss dann ein letztinstanzliches Gericht, wenn es sich für die Auslegung im Lichte der Richtlinie entschieden hat, bei Auslegungszweifeln bzgl. der Richtlinie sicherstellen, dass die Gemeinschaftsvorschrift gerade in der vom EuGH gegebenen Auslegung angewendet wird. Die Gebotenheit einer Vorlage an den Gerichtshof ergibt sich somit aus der zu sichernden Einheitlichkeit der Auslegung des nationalen Rechts[814].
Ebenso kann es – im Anschluss an die Ausführungen zur Gebotenheit der quasirichtlinienkonformen Auslegung[815] – der Gleichheitssatz des Art. 3 I GG gebieten, dass auch im überschießenden Bereich eine Vorlage an den Gerichtshof erfolgt[816].

Somit bleibt festzuhalten, dass eine Vorlagepflicht zwar nach Gemeinschaftsrecht nicht besteht, wohl aber aus nationalen Gesichtspunkten resultieren kann[817].

(2002), 553, 565; *Habersack/Mayer,* WM 2002, 253 f.; *Beisse,* Wandlungen der Grundsätze ordnungsgemäßer Bilanzierung – Hundert Jahre „GoB", in: GS Knobbe-Keuk, S. 385, 406 f.; *Schulze-Osterloh,* DStZ 1997, 281, 283, 286, unter Aufgabe der von ihm in ZGR 1995, 170, 177 vertretenen Ansicht.

812 Daraus ziehen *Habersack/Mayer* den Schluss, der BGH habe sich als zur Vorlage verpflichtet gesehen, WM 2002, 253 f.

813 *v. Hein,* Vorabentscheidungsverfahren und europäisches Privatrecht – Diskussionsbericht, RabelsZ 66 (2002), 580 f. unter Bezugnahme auf *Heß.*

814 *Heß,* RabelsZ 66 (2002), 470, 487

815 Oben Teil 2, C. IV. 2. c), S. 102 ff.

816 Im Schrifttum wird die Frage der Vorlagepflicht nach nationalem Recht unterschiedlich beurteilt, bejahend beispielsweise *Broer,* RIW 2001, 756, 762.

817 A.A. *Weber-Grellet,* Anmerkung zum Urteil des EuGH vom 7.1.2003, Rs. C-306/99 *(BIAO),* DStR 2003, 69

E. Zusammenfassung

Eine Auslegungskompetenz des EuGH nach Art. 234 EG besteht nach hier vertretener Auffassung auch im überschießenden Bereich. Das nationale Gericht muss, falls es sich für die Auslegung im Sinne der Richtlinie entscheidet, die Möglichkeit haben, dem EuGH Auslegungsfragen zur Richtlinie vorzulegen[818]. Dagegen besteht eine gemeinschaftsrechtlich bedingte Pflicht zur Vorlage nach Art. 234 III EG nicht[819]. Eine Vorlagepflicht kann sich aber aus der zu sichernden einheitlichen Auslegung des nationalen Rechts und damit aus innerstaatlichem Recht ergeben.

Ist eine Vorlage an den EuGH erfolgt, so ist das vorlegende Gericht an die Auslegungsentscheidung des Gerichtshofs hinsichtlich der Richtlinie gebunden. Gleichzeitig darf es sich nicht im Nachhinein für eine gespaltene Auslegung der überschießenden Vorschriften entscheiden.

Für das neue Kaufrecht des BGB bedeutet dies, dass auch im Fall der Auslegung von überschießenden Vorschriften, beispielsweise im Fall des Rücktritts von einem Kauf unter Privatleuten, eine Vorlagefrage an den EuGH gestellt werden darf, falls sich im Rahmen der quasi-richtlinienkonformen Auslegung eine Frage nach der Auslegung der Richtlinie stellt.

---

[818] Ebenso ein Vorlagerecht des nationalen Gerichts bejahend: *Basedow*, in: FS Brandner (1996), S. 651, 663; *Heß*, RabelsZ 2002, 470, 486 f.; *Schnorbus*, RabelsZ 2001, 654, 695 ff.; *Schulze*, in: *ders.*, Auslegung europäischen Privatrechts und angeglichenen Rechts (1999), S. 9, 18 f.; *Roth*, in: FS Wiss. BGH II (2000), S. 847, 885. Verneinend dagegen *Habersack/Mayer*, JZ 1999, 913, 919 f.; *Hommelhoff*, in: FS Wiss. BGH II (2000), S. 889, 921.

[819] Ebenso wie keine Pflicht zur quasi-richtlinienkonformen Auslegung nach Gemeinschaftsrecht besteht (Art. 249 III, 10 EG), siehe oben Teil 2, C. IV. 2. c) aa), S. 98.

Teil 5: Ausblick

A. Die Entwicklung der europäischen Privatrechtsangleichung

Für die weitere Fortentwicklung des europäischen Privatrechts bleibt weiterhin die Möglichkeit der Angleichung der mitgliedstaatlichen Rechte durch EG-Richtlinien, wobei die dabei auftretenden Probleme von punktuellem Ansatz und Einfügung in umfassende Kodifikationen dargelegt wurden.
Zum Teil wird Art. 95 EG als mögliche Grundlage für eine umfassende Europäisierung des Schuldvertragsrechts angesehen[820]. Dagegen führen die Gegner einer solchen Europäisierung als Kritikpunkte hauptsächlich ins Feld, durch eine solch ausufernde Angleichung würden die Integrationsziele der EU überschritten, die Maßnahmen seien nicht mehr durch Kompetenzen aus dem EG-Vertrag gedeckt. Des Weiteren fehle der gemeinschaftsrechtlichen Rechtsangleichung ein in sich stimmiges Gesamtkonzept[821].
Lehnt man das Vorgehen über das „in seinem Gesamtbild fragmentarisch bleibende[n] Richtlinienrecht[s]" ab[822], bleibt als mögliche Alternative die Schaffung von Einheitsrecht durch Erarbeitung in sich geschlossener Normkomplexe nach dem Vorbild der Principles of European Contract Law der Lando-Kommission[823], der UNIDROIT-Grundsätze[824] sowie des Entwurfs eines Europäischen Vertragsgesetzbuchs der Akademie Europäischer Privatrechtswissenschaftler in Pavia[825], was an dieser Stelle jedoch nicht vertieft werden kann[826].

---

820 Für eine umfassende Kompetenz der EG zur Harmonisierung des Schuldrechts auf der Grundlage von Art. 95 EG *Basedow,* AcP 200 (2000), 445, 474 f. m.w.N.; ablehnend *Armbrüster,* Ein Schuldvertragsrecht für Europa? Bemerkungen zur Privatrechtsangleichung in der Europäischen Union nach „Maastricht" und „Keck", RabelsZ 60 (1996), 72, 79 ff.

821 Primäres Ziel der zukünftigen Privatrechtsangleichung müsse deshalb sein, die Richtlinien aufeinander abzustimmen und ein übergeordnetes Gesamtkonzept zu entwickeln, *Eckert,* in: FS Söllner (2000), S. 239, 252 f.

822 So *Tröger,* ZEuP 2003, 525, 535

823 *Lando/Beale,* Principles of European Contract Law, Parts I and II (2000)

824 *UNIDROIT,* Grundregeln der Internationalen Handelsverträge (1995)

825 *Guiseppe Gandolfi,* Code européen des contrats, Avant-projet, Livre Premier (2001)

826 Ausführlich *Basedow,* Europäische Vertragsrechtsvereinheitlichung und deutsches Recht (2000); siehe auch die Mitteilung der Kommission an den Rat und das Europäische Parlament zum europäischen Vertragsrecht vom 11.7.2001, KOM (2001) 398 endg., ABl. 2001 Nr. C 255, S. 1 und zuletzt die Mitteilung der Kommission an das Europäische Parlament und den Rat vom 12.2.2003 – Ein kohärenteres europäisches Vertragsrecht – Ein Aktionsplan, KOM (2003) 68 endg., ABl. 2003 Nr. C 63, S. 1.

B. Die Entwicklung der europäischen Gerichtsbarkeit nach Nizza

I. Die Entwicklung bis hin zum Vertrag von Nizza

Schon vor einigen Jahren setzte sich die Erkenntnis durch, dass im Rahmen der europäischen Gerichtsbarkeit grundlegender Reformbedarf bestand. Zum einen musste dringend der ständig steigenden Belastung der beiden europäischen Gerichte begegnet werden. Insb. die Verfahrensdauer im Vorabentscheidungsverfahren war in den letzten Jahren bedenklich angestiegen. Während sie im Jahr 1983 noch durchschnittlich 12,6 Monate betrug, erreichte sie 1990 bereits die Dauer von 17,4 Monaten, im Jahr 2000 schon 21,6 Monate und im Jahr 2002 gar 24,1 Monate[827]. Diese Zahlen zeigten, dass der Gerichtshof die steigende Zahl von Vorlagen nicht mehr bewältigen konnte[828]. Die Mehrbelastung war u.a. auf das stetige Anwachsen seiner Zuständigkeiten zurückzuführen, insb. der Vertrag von Amsterdam[829] hat hier eine erhebliche Ausweitung mit sich gebracht. Als wichtigste diesbezügliche Neuerungen gelten die Ausdehnung der Zuständigkeit des EuGH auf die dritte Säule der EU und die Überleitung der Bestimmungen über Visa, Asyl und Einwanderung von der dritten auf die erste Säule mit der damit verbundenen Kompetenzausweitung des Gerichtshofs. Zusätzlich zu diesen neuen Zuständigkeiten hatte auch die zunehmende Rechtsangleichung durch die Gemeinschaft im Bereich des Privatrechts vermehrte Vorlagen an den Gerichtshof zur Folge.

Angesichts dieser Ausgangslage versuchte erstmals der Amsterdamer Vertrag – neben der bereits genannten Ausweitung der Zuständigkeiten –, die befürchtete „Vorlageflut“ aus den neuen Politikbereichen durch eine institutionelle Zugangsschranke zu bewältigen. Art. 68 I EG begrenzt das Vorlagerecht auf Gerichte, deren Entscheidungen mit Rechtsmitteln des innerstaatlichen Rechts nicht mehr angefochten werden können[830]. Auch das durch den Amsterdamer

---

[827] Zahlen bei *Everling,* Zur Fortbildung der Gerichtsbarkeit der Europäischen Gemeinschaften durch den Vertrag von Nizza, in: FS Steinberger (2002), S. 1103, 1108; *ders.*, Grundlagen der Reform der Gerichtsbarkeit der Europäischen Union und ihres Verfahrens durch den Vertrag von Nizza, in: *ders.*, Die Zukunft der Europäischen Gerichtsbarkeit nach Nizza (2003), S. 7, 12.

[828] Im Rahmen der Direktklagen vor dem Gerichtshof stieg die durchschnittliche Verfahrensdauer von 18 Monaten im Jahr 1983 auf 24,9 Monate im Jahr 1990, sank dann aufgrund der Übertragung von Verfahren auf das Gericht erster Instanz und stieg bis zum Jahr 2000 wieder auf 23,9 Monate. Vor dem Gericht erster Instanz betrug die Verfahrensdauer im Jahr 2000 durchschnittlich 27,5 Monate, exklusive der Klagen von Bediensteten, die durchschnittlich 9,1 Monate erforderten.

[829] Amsterdamer Vertrag vom 2.10.1997, ABl. 1997 Nr. C 340, S. 1

[830] Dabei herrscht wie bei Art. 234 III EG Streit um den Begriff des „letztinstanzlichen

Vertrag eingeführte von den Mitgliedstaaten beschränkbare Vorabentscheidungsverfahren nach Art. 35 EU[831] hatte zum Ziel, den „Zugang zum EuGH" zu beschränken[832]. Allerdings bestand der grundlegende Reformbedarf fort, wobei insb. die unmittelbar anstehende Erweiterung der Europäischen Union zu konkreten Maßnahmen zwang. Diese wird auch die europäischen Gerichte vor besondere Herausforderungen stellen, hier wird aufgrund der in der Anfangsphase zu erwartenden Anpassungsprobleme der Beitrittsländer – nach einer gewissen Anlauffrist – mit einer höheren Zahl von Vorlagen nationaler Gerichte zu rechnen sein.

Bei der Frage der künftigen Organisation der Gerichtsbarkeit der EG stand die Regelung des Vorabentscheidungsverfahrens nach Art. 234 EG im Mittelpunkt[833]. In Reaktion auf die wachsende Dringlichkeit ergriff der Gerichtshof im Frühjahr 1999 selbst die Initiative und legte ein Reflexionspapier über die Zukunft der europäischen Gerichtsbarkeit vor[834]. Ferner legte eine von der Kommission eingesetzte Reflexionsgruppe einen Bericht vor[835], der die Grund-

---

Gerichts" i.S.d. Art. 68 EG, vgl. dazu oben Teil 3, B. I. 3. c) bb), S. 121. Zu den Motiven zur Begrenzung des Art. 68 I EG vgl. *Classen,* Die Jurisdiktion des Gerichtshofs der Europäischen Gemeinschaften nach Amsterdam, EuR Beih. 1/1999, S. 73 ff. Problematisch erscheint die Beschränkung der Vorlagebefugnis auf letztinstanzliche Gerichte im Hinblick auf einen effektiven Rechtsschutz, insb. im Bereich des internationalen Privat- und Verfahrensrechts des Titels IV des EG-Vertrages, dazu *Heß,* Die „Europäisierung" des internationalen Zivilprozessrechts durch den Amsterdamer Vertrag – Chancen und Gefahren, NJW 2000, 23, 27 ff. Kritisch Groeben/*Gaitanides,* Art. 234 EG, Rn. 98; Weiterführend *Basedow,* The Communitarization of the conflict of laws under the Treaty of Amsterdam, CMLR 37 (2000), 687, 707; *ders.,* Der Raum des Rechts – ohne Justiz, ZEuP 2001, 437 ff.; *Peers,* Who's Judging the Watchmen? The Judicial System of the 'Area of Freedom, Security and Justice', YbEuL 18 (1998), 337, 397 ff.; *Pache/Knauff,* Wider die Beschränkung der Vorlagebefugnis unterinstanzlicher Gerichte im Vorabentscheidungsverfahren – zugleich ein Beitrag zu Art. 68 I EG, NVwZ 2004, 16 ff.

831 Dazu *Knapp,* Die Garantie des effektiven Rechtsschutzes durch den EuGH im „Raum der Freiheit, der Sicherheit und des Rechts", DÖV 2001, 12, 13 f.

832 Das Vorabentscheidungsverfahren nach Art. 35 I-V EU unterscheidet sich in mehreren Punkten vom Verfahren nach Art. 234 EG. Zum einen kann der EuGH nach Art. 35 I EU *nicht* ausschließlich zu einer Frage der *Auslegung* des EU-Vertrages angerufen werden. Zum anderen können die Mitgliedstaaten frei entscheiden, ob sie durch *Erklärung* nach Art. 35 II EU das Vorabentscheidungsverfahren einführen. Auch können sie bestimmen, welche Gerichte *vorlageberechtigt* oder gar *vorlageverpflichtet* sind. Deutschland hat bei der Unterzeichnung eine entsprechende Erklärung abgegeben und dabei jedem innerstaatlichen Gericht das Vorlagerecht eingeräumt. Des Weiteren wurde für die letztinstanzlichen Gerichte eine Vorlagepflicht vorgesehen, vgl. § 1 II EuGHG, BGBl. 1998 I, S. 2035.

833 *Everling,* in: FS Steinberger (2002), S. 1103, 1115

834 Reflexionspapier des EuGH vom 28.5.1999: Die Zukunft des Gerichtssystems der EU, EuZW 1999, 750 ff.; dazu *Rodriguez Iglesias,* L' avenir du système juridictionnel de l' Union européenne, Cahiers de droit européen 35 (1999), 275 ff.

835 Sog. „Due-Report" der Reflexionsgruppe, abgedruckt in der Sonderbeilage zu NJW

lage für eine Stellungnahme der Kommission zur Vorbereitung der Konferenz von Nizza bildete[836]. Insgesamt wurde eine Fülle von Vorschlägen vorgebracht, die zum Teil auf eine Begrenzung der Vorlagen nationaler Gerichte abzielten, etwa durch die Beschränkung der Vorlagebefugnis auf die obersten Gerichte der Mitgliedstaaten[837], durch „Filterung" durch die nationalen Obergerichte[838] oder im Wege der Einführung eines Annahmeverfahrens vor dem Gerichtshof[839]. Diese Anreize, die Befugnis und Verpflichtung der nationalen Gerichte zur Vorlage von Rechtsfragen an den Gerichtshof zu beschränken, fanden jedoch aufgrund der dadurch drohenden Einschränkung des Rechtsschutzes und Beeinträchtigung der Rechtseinheit wenig Anklang[840]. Ebenso kaum Zustimmung erhielt der Vorschlag, die nationalen Gerichte aufzufordern, dem EuGH nur Vorlagen von grundsätzlicher Bedeutung für das Gemeinschaftsrecht oder den Rechtsschutz der Bürger vorzulegen[841].

II. Neuerungen durch den Vertrag von Nizza[842]

1. Allgemeines

Der Gerichtshofs wird weiterhin aus einem Richter je Mitgliedstaat bestehen, Art. 221 EG n.F.[843], während beim Gericht erster Instanz „mindestens" ein Richter je Mitgliedstaat tätig wird, Art. 224 EG n.F.[844]. Zur Sicherung der Funktionsfähigkeit des Gerichtshofs werden nunmehr statt des Plenums die Kammern als regelmäßige Spruchkörper bestimmt, wobei künftig der großen Kammer zentrale Bedeutung zukommen wird, die mit elf Richtern bei einem

---

19/2000. Kritische Würdigung beider Reflexionspapiere bei *Streinz/Leible*, Die Zukunft des Gerichtssystems der Europäischen Gemeinschaft – Reflexionen über Reflexionspapiere, EWS 2001, 1 ff.

[836] KOM (2000) 109 endg. vom 1.3.2000

[837] So *Lipp*, Europäische Justizreform, NJW 2001, 2657, 2662

[838] *Hirsch*, Dezentralisierung des Gerichtssystems der Europäischen Union?, ZRP 2000, 57

[839] Dagegen *Rösler*, Zur Zukunft des Gerichtssystems der EU, ZRP 2000, 52

[840] *Everling*, in: FS Steinberger (2002), S. 1103, 1110

[841] Zur Begrenzung der Vorlage*pflicht* auf grundsätzliche Fragen vgl. *Heß*, RabelsZ 66 (2002), 470, 494 ff.

[842] ABl. 2001 Nr. C 80, S. 1; der Vertrag ist am 1.2.2003 in Kraft getreten, nachdem mit Irland (nach dem erfolgreichen zweiten Referendum vom 19.10.2002) der letzte Mitgliedstaat den Ratifizierungsprozess abgeschlossen hatte und die Ratifizierungsurkunde am 18.12.2002 in Rom hinterlegt worden war.

[843] Kritisch *Everling*, in: *ders.*, Die Zukunft der Europäischen Gerichtsbarkeit nach Nizza (2003), S. 7, 18

[844] Die Gesamtzahl wird in der Satzung des EuGH festgelegt und beträgt derzeit 25, vgl. Art. 48 Satzung-EuGH.

Quorum von neun Richtern entscheiden soll[845]. Die Beteiligung der Generalanwälte ist nicht zwingend erforderlich, falls sich keine neuen Rechtsfragen stellen[846], auch beim Gericht erster Instanz können sie mitwirken[847].

2. Kompetenzverteilung

a) Allgemein

Die Stellung des Gerichts erster Instanz (EuG) wurde durch den Vertrag von Nizza erheblich aufgewertet, da es dem EuGH nicht mehr nur „beigeordnet" ist, sondern in Art. 220 EG neben dem Gerichtshof ausdrücklich als rechtswahrende Institution genannt ist[848].

Neu ist außerdem, dass die europäische Gerichtsbarkeit aus drei statt wie bisher aus zwei „Stufen" bestehen wird: neben dem EuGH und dem Gericht erster Instanz wurden die gerichtlichen Kammern als dem EuG vorgeschaltete Eingangsinstanz geschaffen[849]. Art. 220 UA 2 EG sieht die Möglichkeit vor, dem EuG nach der Maßgabe des neu eingeführten Art. 225 a EG gerichtliche Kammern beizuordnen, welche als künftige „europäische Fachgerichtsbarkeit"[850] über bestimmte Kategorien von Klagen entscheiden sollen, die in besonderen Sachgebieten erhoben werden. Die Kammern werden durch einstimmigen Ratsbeschluss eingesetzt (Art. 225 a EG). Gegen die Entscheidungen der Kammern kann gem. Art. 225 a UA 3 EG ein im Regelfall beschränktes Rechtsmittel zum EuG eingelegt werden, das jedoch lediglich auf formelle Rechtsfehler gestützt werden kann[851]. Ausnahmsweise ist gegen die Berufungsurteile des EuG auf Vorschlag des Ersten Generalanwalts (Art. 62 I Satzung-EuGH) eine Revision an den EuGH möglich, wenn die ernste Gefahr besteht, dass die Einheit oder Kohärenz des Gemeinschaftsrechts berührt wird, Art. 225 II UA 2 EG.

---

[845] Art. 221 EG n.F., Art. 16, 17 Satzung-EuGH

[846] Art. 222 EG n.F., Art. 20 Satzung-EuGH. Nach Art. 222 EG n.F. kann die Zahl von acht Generalanwälten durch den Rat erhöht, nicht aber vermindert werden.

[847] In der Satzung des Gerichts erster Instanz bleibt es bei der bisherigen Regelung, zur Handhabung in der Praxis vgl. *Everling*, in: FS Steinberger (2002), 1103, 1105.

[848] *Everling*, in: *ders.*, Die Zukunft der Europäischen Gerichtsbarkeit nach Nizza (2003), S. 7, 20; *Olivares Tramon/Tüllmann*, Die künftige Gestaltung der EU-Gerichtsbarkeit nach dem Vertrag von Nizza, NVwZ 2004, 43 f.

[849] *Sack*, Zur zukünftigen europäischen Gerichtsbarkeit nach Nizza, EuZW 2001, 77 f. Kritisch zu genauer Stellung und Bedeutung dieser Kammern *Everling*, in: FS Steinberger (2002), 1103, 1123 f.; *Everling*, in: *ders.*, Die Zukunft der Europäischen Gerichtsbarkeit nach Nizza (2003), S. 7, 20 f.

[850] Calliess/*Wegener*, Art. 225 a EGV, Rn. 1 ff.; *Olivares Tramon/Tüllmann*, NVwZ 2004, 43, 47

[851] Allerdings steht es dem Rat und den zustimmenden Organen zu, in dem Beschluss über die Bildung einer Kammer gleichzeitig das Rechtsmittel auf Sachfragen zu erweitern.

Durch Beschluss des Rates vom 2.11.2004 wurde mittlerweile das Gericht für den öffentlichen Dienst der Europäischen Union als dem EuG beigeordnete gerichtliche Kammer errichtet[852].
Als besondere Sachbereiche kommen neben den genannten dienstrechtlichen Streitigkeiten des Weiteren Zuständigkeiten im Zusammenhang mit der sog. Gemeinschaftsmarke in Betracht[853], eine weitere Ausdehnung könnten die Zuständigkeiten im Zuge der Schaffung weiterer gemeinschaftlicher Titel des gewerblichen Rechtsschutzes erfahren[854].

b) Direktklagen

Durch den Vertrag von Nizza wurde die Zuständigkeit des EuG erweitert. Im Rahmen der Direktklagen ist es nach Art. 225 I 1 EG erstinstanzlich nunmehr für Nichtigkeitsklagen (Art. 230 EG), Untätigkeitsklagen (Art. 232 EG), Schadensersatzklagen (Art. 235 i.V.m. Art. 288 EG), für Streitigkeiten zwischen der Gemeinschaft und ihren Bediensteten (Art. 236 EG) und für Entscheidungen über Schiedsklauseln aus öffentlich-rechtlichen oder privatrechtlichen Verträgen der Gemeinschaft (Art. 238 EG) zuständig, soweit sie nicht dem Gerichtshof in der Satzung vorbehalten[855] oder den einzurichtenden „gerichtlichen Kammern" zugewiesen sind.

c) Vorabentscheidungen

In der Möglichkeit der Übertragung von Vorabentscheidungen auf das EuG liegt eine der wesentlichen Neuerungen, die der Vertrag von Nizza mit sich gebracht hat[856]. In Art. 225 III EG wird das Gericht ausdrücklich für zuständig erklärt, in besonderen, in der Satzung des Gerichtshofs festgelegten Sachgebieten über

---

852 Vgl. Art. 1 des Beschlusses des Rates, ABl. EG Nr. L 333, S. 7 f. und die von der Regierungskonferenz angenommene Erklärung Nr. 16 zum Vertrag von Nizza.

853 Vgl. die dem Vertrag von Nizza angefügte Erklärung Luxemburgs, in der die luxemburgische Regierung zusagt, unbeschadet des Beschlusses vom 8.4.1965 bezüglich des Sitzes künftiger Organe, Einrichtungen und Dienststellen, den Sitz der Beschwerdekammern des Harmonisierungsamtes für den Binnenmarkt auch dann nicht zu fordern, wenn diese „gerichtliche Kammern" werden sollten.

854 Vgl. Erklärung Nr. 17 der Regierungskonferenz zu Art. 229 a EG und Calliess/*Wegener*, Art. 225 a EGV, Rn. 4; zu weiteren Bereichen *Olivares Tramon/Tüllmann*, NVwZ 2004, 47 f.; *Everling*, in: *ders.*, Die Zukunft der Europäischen Gerichtsbarkeit nach Nizza (2003), S. 7, 20 f.; siehe auch die Hinweise im Bericht der Reflexionsgruppe, Sonderbeilage NJW 19/2000

855 Vgl. Art. 51 Satzung-EuGH

856 Zu ähnlichen Überlegungen vgl. bereits *Dauses,* Empfiehlt es sich, das System des Rechtsschutzes und der Gerichtsbarkeit in der Europäischen Gemeinschaft, insbesondere die Aufgaben der Gemeinschaftsgerichte und der nationalen Gerichte, weiterzuentwickeln?, in: Gutachten D zum 60. DJT (1994), D 98 ff. m.w.N.

Vorlagen nach Art. 234 EG zu entscheiden. In der durch den Vertrag von Nizza neu gefassten Satzung des Gerichtshofs fehlt es noch an einer entsprechenden Sachgebietsfestlegung. Die Regierungskonferenz konnte sich lediglich auf eine Erklärung verständigen, mit der der Gerichtshof und die Kommission aufgefordert werden, so bald wie möglich Vorschläge für eine neue Zuständigkeitsverteilung zwischen EuGH und EuG vorzulegen[857].

Als mögliche Sachgebiete für eine Vorabentscheidungszuständigkeit des EuG werden eher technische Materien wie der Gemeinsame Zolltarif genannt, aber auch gemeinschaftliche Wettbewerbsfragen, Fragen zum Markenrecht und geistigen Eigentum oder auch Entscheidungen zum EuGVÜ und anderer prozess- oder zivilrechtlicher Materien[858].

Gleichzeitig ist in Art. 225 III EG n.F. ein zweistufiger Ausbau des Vorabentscheidungsverfahrens vorgesehen. Liegen Fragen von grundsätzlicher Bedeutung vor, die die Einheit und Kohärenz des Gemeinschaftsrechts berühren, kann das Gericht erster Instanz den Rechtsstreit an den Gerichtshof verweisen, Art. 225 III UA 2 EG. Ein Rechtsmittel gegen Vorabentscheidungen des Gerichts ist nur in eng begrenzten Ausnahmefällen auf Vorschlag des Ersten Generalanwalts möglich, Art. 225 III UA 3 EG, Art. 62 I Satzung-EuGH[859].

Unverändert blieb hingegen die Kompetenzverteilung zwischen der europäischen und der nationalen Gerichtsbarkeit[860], diese richtet sich auch weiterhin nach den Art. 220 ff. EG.

III. Die weitere Entwicklung

1. Post-Nizza-Prozess

In der Erklärung zum Protokoll des Vertrages von Nizza haben sich die Staats- und Regierungschefs verbindlich auf die nächsten Schritte zu einer erneuten EU-Reform geeinigt, sog. „Post-Nizza-Prozess"[861]. In der Erklärung war Folgendes vorgesehen: Eine breiter angelegte und tiefergehende Debatte über die Zukunft

[857] Vgl. Erklärung Nr. 12 der Konferenz zu Art. 225 EG

[858] Vgl. beispielsweise *Grabenwarter*, Vorabentscheidungsverfahren nach dem Vertrag von Nizza, in: *Everling*, Die Zukunft der Europäischen Gerichtsbarkeit nach Nizza (2003), S. 55, 61; Groeben/*Jung*, Art. 224 bis 225 a EG, Rn. 93; *Everling*, in: *ders.*, Die Zukunft der Europäischen Gerichtsbarkeit nach Nizza (2003), S. 7, 21; kritisch *Waelbroeck*, Nizza oder das Janusdilemma: Für oder gegen eine zweiköpfige Gerichtsbarkeitsstruktur für Vorabentscheidungsfragen?, in: *Everling*, Die Zukunft der Europäischen Gerichtsbarkeit nach Nizza (2003), S. 71, 75 ff.

[859] Kritisch zur mit dieser Spezialisierung einhergehenden Zweistufigkeit *Heß*, RabelsZ 66 (2002), 470, 492; in diesem Sinne auch *Everling*, in: FS Steinberger (2002), 1103, 1116.

[860] Olivares Tramon/Tüllmann, NVwZ 2004, 43, 46

[861] Siehe Erklärung Nr. 23 der Konferenz zur Zukunft der Union.

der Europäischen Union, die Annahme einer Erklärung auf der Tagung des Europäischen Rates in Laeken im Dezember 2001, in der die zu debattierenden Themen und die Reformmethode festgelegt werden sollten, und schließlich die Einberufung einer neuen Regierungskonferenz im Jahr 2004. Im Übrigen waren in der Erklärung Nizza bereits vier Themenkreise für die Überlegungen zum institutionellen Gefüge vorgegeben[862].

2. Vorschlag für ein Europäisches Kompetenzgericht

Im Rahmen der Diskussion um die weitere Reform der europäischen Gerichtsbarkeit wurden zum Teil auch Vorschläge vorgebracht[863], ein sog. „Europäisches Kompetenzgericht“ als weitere richterliche Instanz zur Abgrenzung der Zuständigkeiten zwischen Europäischer Union und Mitgliedstaaten zu errichten[864]. Danach soll zur Aufrechterhaltung einer dem Subsidiaritätsprinzip entsprechenden Zuständigkeitsordnung dem EuGH die Zuständigkeit für die Letztentscheidung über Kompetenzfragen entzogen werden und einem neu zu errichtenden besonderen Kompetenzgericht übertragen werden, das über die Einhaltung der Kompetenzordnung des Vertrages wacht[865]. Zur Gewährleistung von Qualität und Unabhängigkeit wird vorgeschlagen, das Gericht aus Vertretern der nationalen Verfassungs- bzw. Obergerichte zusammenzusetzen, darüber hinaus wird die zusätzliche Hinzuziehung von EuGH-Richtern empfohlen[866].
Die Aufgabe des Kompetenzgerichts wird dabei darin gesehen, auf Antrag eines Mitgliedstaats über die Einhaltung der in den Gründungsverträgen angeordneten Verbandszuständigkeit zu wachen, wobei aufgrund der geringen Zahl der zu erwartenden Verfahren die Einrichtung als „nicht-ständiger ad-hoc-Gerichtshof“ ausreiche[867].

---

[862] Im Rahmen der Reform sollen vor allem – aber nicht ausschließlich – die folgenden vier Themenkreise behandelt werden: Abgrenzung der Regelungskompetenzen, Status der in Nizza proklamierten Charta der Grundrechte der EU, eine neuerliche Vereinfachung der Verträge sowie die Rolle der nationalen Parlamente in der europäischen Architektur. Die Regierungskonferenz darf keine neuen Hindernisse für die Erweiterung aufbauen. Beitrittsländer, mit denen zum Zeitpunkt der Konferenz Verhandlungen abgeschlossen sind, werden zur Konferenz bereits eingeladen, während für die übrigen Länder Beobachterstatus besteht.

[863] Zu bisher vorgebrachten Vorschlägen im Rahmen dieser Diskussion vgl. ausführlich *Everling,* Quis custodiet custodes ipsos?, EuZW 2002, 357, 360 f.

[864] So der Beitrag von *Goll/Kenntner,* Brauchen wir ein Europäisches Kompetenzgericht?, EuZW 2002, 101 ff.

[865] Dabei bestehe zum einen die Möglichkeit der Schaffung eines eigenständigen Kompetenzgerichtshofs neben dem EuGH, denkbar sei aber auch die Einrichtung eines speziellen Gremiums beim EuGH, das organisatorisch an diesen angelehnt ist.

[866] *Goll/Kenntner,* EuZW 2002, 101, 105, die ebenfalls ein eigenständiges Vortragsrecht der Kommission ins Auge fassen.

[867] *Goll/Kenntner,* EuZW 2002, 101, 105

Von einem solchen Vorgehen ist jedoch aus mehreren Gründen abzuraten. Zunächst stellt sich die Frage, wie die Zuständigkeit einer solchen Instanz genau bestimmt werden soll. In der Praxis treten Fragen nach der Reichweite der gemeinschaftlichen Kompetenzen nicht nur in der Form auf, dass ein Mitgliedstaat wegen eines Gemeinschaftsrechtsakts mit der Begründung klagt, die Kompetenz der Gemeinschaft sei überschritten worden[868]. Vielmehr treten oft viel bedeutendere Kompetenzfragen verdeckt in anderen Verfahren beispielsweise über die Auslegung von Gemeinschaftsbestimmungen auf[869]. Da sich die meisten Entscheidungen des EuGH über Auslegungsfragen potentiell auf die Kompetenzordnung der Gemeinschaft auswirken können, die Kompetenzfragen aber nur schwerlich von den Sachfragen getrennt werden können, müsste das Kompetenzgericht solche Verfahren vollständig übernehmen, was von einem nur im Bedarfsfall zusammentretenden ad-hoc-Gericht nicht bewältigt werden könnte[870]. Des Weiteren ergibt sich in diesem Fall zwangsläufig die Frage nach dem Verhältnis zu Entscheidungen des EuGH.

Daneben bestehen erhebliche Zweifel an der praktischen Funktionsfähigkeit[871]. Abgesehen von der durch die Einschaltung einer so zu errichtenden Instanz erneut verlängerten Verfahrensdauer bestünde aufgrund der unklar bleibenden Abgrenzung ihrer Zuständigkeiten die Gefahr der Beeinträchtigung der Rechtssicherheit und der Zerrüttung des bestehenden Gerichtssystems der EG[872]. Es wäre zu befürchten, dass jede vor dem EuGH unterlegene Partei versuchen würde, das Kompetenzgericht mit der Frage anzurufen, ob der EuGH selbst sich innerhalb seiner Kompetenzen zur Auslegung des Gemeinschaftsrechts bewegt. Damit würde ein Kompetenzgericht zur „Superrevisionsinstanz" über dem EuGH[873]. Die Forderung nach einem selbständigen Europäischen Kompetenzge-

---

868 So im Fall der Tabakwerberichtlinie (98/43/EG), EuGH, Rs. C-376/98, Slg. 2000 I, 8419.

869 Zu den verschiedenen Verfahrensarten, in denen Kompetenzkonflikte auftauchen können, vgl. *Colneric,* Der Gerichtshof der Europäischen Gemeinschaften als Kompetenzgericht, EuZW 2002, 709, 710 ff.

870 *Everling,* EuZW 2002, 357, 361

871 Das Funktionieren eines von *Everling,* EuZW 2002, 357, 362, vorgeschlagenen „rollierende[n] Verfahren[s]" erscheint höchst fraglich, wie der Autor selbst anmerkt.

872 *Everling,* EuZW 2002, 357 ff.; ebenso im Ergebnis *Colneric,* EuZW 2002, 709 ff.

873 So *Kremer/Mayer/Suchanek,* Kompetenzausübung, nicht Kompetenzverteilung ist das eigentliche europäische Kompetenzproblem, Ein Neun-Punkte-Konzept für die Regierungskonferenz 2004, Arbeitspapier Nr. 10 (September 2001) der Arbeitsgruppe Europäische Integration der Friedrich Ebert Stiftung. Stattdessen schlagen die Autoren eine (auch) mit Kompetenzfragen befasste Einrichtung, zusammengesetzt aus Richtern des EuGH und der nationalen Gerichte im Sinne eines „Gemeinsamen Senates der obersten Gerichte der Europäischen Union" vor, der nicht als zusätzliche Endurteile erlassendes Kompetenzgericht konzipiert ist.

richt wurde vom Europäischen Konvent in der Folge dann auch nicht verwirklicht.

3. Weitere Entwicklung

Auf der Tagung in Laeken/Belgien verabschiedeten die Staats- und Regierungschefs am 15. Dezember 2001 eine „Erklärung zur Zukunft Europas", in der geeignete Initiativen für die Fortsetzung dieses Prozesses in den Jahren 2002 und 2003 festgehalten wurden[874]. In der Erklärung wurde die Einberufung eines Europäischen Konvents zur Zukunft Europas beschlossen. Gemäß dem ihm mit der Erklärung von Laeken erteilten Mandat hatte der Konvent den Auftrag, Vorschläge zur institutionellen Reform zu unterbreiten.
Über diesen Auftrag ist er letzten Endes hinausgegangen und hat einen Verfassungsentwurf erarbeitet, den der Präsident des Konvents, Valéry Giscard d' Estaing, zum Abschluss der Arbeiten des Konvents am 18.7.2003 der italienischen Ratspräsidentschaft vorlegte. Dieser endgültige Entwurf beinhaltet eine vereinheitlichte und vereinfachte Fassung der verschiedenen bestehenden Verträge in Form eines völlig neu gestalteten Grundlagentextes. In der Folge wurde am 4.10.2003 die Regierungskonferenz 2003/2004 eröffnet, um die Verhandlungen über die endgültige Fassung der Verfassung aufzunehmen. Am 18.6.2004 wurde schließlich eine politische Einigung erzielt, die Arbeiten der Regierungskonferenz wurden endgültig mit der Unterzeichnung dieser Verfassung am 29.10.2004 in Rom abgeschlossen[875].

Nach den umfassenden Änderungen, die der Vertrag von Nizza am Rechtsprechungssystem der EU vorgenommen hat, werden im vorliegenden Vertrag über eine Verfassung für Europa[876] wiederum zusätzliche Änderungen vorgeschlagen. Der Verfassungsvertrag sieht keine Änderungen des Aufgabenbereichs des Gerichtshofs vor[877], ändert jedoch seine Benennung. Der Begriff „Gerichtshof der Europäischen Union" steht nunmehr offiziell für die doppelte Gerichtsbarkeit

---

874 In der Erklärung werden 60 gezielte Fragen zur Zukunft der Europäischen Union gestellt, die vier Themenkomplexen zugeordnet sind: die bessere Aufteilung und Abgrenzung der Zuständigkeiten, die Vereinfachung der Instrumente, mehr Demokratie, mehr Transparenz und mehr Effizienz in der Europäischen Union und schließlich der Weg zu einer Verfassung für die EU-Bürger (Vereinfachung und Neuordnung der Verträge, Integration der Charta der Grundrechte und Annahme eines Verfassungstextes).

875 Der Erfolg des in jüngster Zeit ins Stocken geratenen Ratifizierungsprozesses bleibt allerdings abzuwarten.

876 ABl. 2004 Nr. C 310, S. 1 ff.

877 In Artikel I-29 heißt es lediglich: „Die Mitgliedstaaten schaffen die erforderlichen Rechtsbehelfe, damit ein wirksamer Rechtsschutz in den vom Unionsrecht erfassten Bereichen gewährleistet ist."

in ihrer Gesamtheit. Die höchste Instanz wird als „Gerichtshof“ bezeichnet, das Gericht erster Instanz der Europäischen Gemeinschaften wird in „Gericht“ umbenannt[878]. Gemäß Artikel III-359 der Verfassung können durch Europäisches Gesetz dem Gericht beigeordnete Fachgerichte eingerichtet werden, die für Entscheidungen im ersten Rechtszug über bestimmte Kategorien von Klagen zuständig sind, die auf besonderen Sachgebieten erhoben werden. In diesem Gesetz, das auf Vorschlag des Gerichtshofs oder der Kommission erlassen wird, werden die Regeln für die Zusammensetzung des Fachgerichts und die ihm zugewiesenen Befugnisse festgelegt. Des Weiteren wird gemäß Artikel III-357 der Verfassung ein Ausschuss eingerichtet, der die Aufgabe hat, vor der Ernennung durch die Regierungen der Mitgliedstaaten eine Stellungnahme über die Eignung der Bewerber für die Ausübung des Amts eines Richters oder Generalanwalts abzugeben. Und schließlich wird der Zugang von Einzelpersonen zum Gericht erleichtert. Gemäß Artikel III-365 Abs. 4 kann jede natürliche oder juristische Person „gegen Rechtsakte mit Verordnungscharakter, die sie unmittelbar betreffen und keine Durchführungsmaßnahmen nach sich ziehen, Klage erheben“[879].

C. Schlussbemerkung

Dem EuGH (und zunehmend auch dem Gericht erster Instanz) wird auch im Rahmen der weiteren Entwicklung der europäischen (Privat-) Rechtsangleichung eine entscheidende Rolle bei der Sicherung der einheitlichen Auslegung und Anwendung des Gemeinschaftsrechts zukommen[880]. Zur Sicherung der Funktionsfähigkeit der europäischen Gerichtsbarkeit sieht der Vertrag von Nizza wichtige Änderungen vor. Als entscheidende Neuerung ist die Möglichkeit der Übertragung von (insb. Vorabentscheidungs-) Verfahren auf das Gericht erster Instanz und die Bildung von spezialisierten Spruchkörpern zu bewerten. Nur in dieser arbeitsteiligen Form werden die europäischen Gerichte in Zukunft die anstehende Arbeitsbelastung bewältigen können. Hier sind die zuständigen Stellen aufgerufen, alsbald die erforderlichen Maßnahmen zu ergreifen, um die durch Nizza vorgesehenen Änderungen in die Tat umzusetzen.

---

[878] Vgl. Artikel I-29: „Der Gerichtshof der Europäischen Union umfasst den Gerichtshof, das Gericht und Fachgerichte.“

[879] So dürfte es der Verfassungsentwurf den Bürgern erleichtern, gegen Verordnungen der Union Klage zu erheben, die mit Sanktionen verbunden sind, selbst wenn sie persönlich nicht davon betroffen sind (wie dies nach den derzeit geltenden Verträgen vorgeschrieben ist).

[880] Siehe auch *Heß*, Die Bedeutung des Vorabentscheidungsverfahrens für das europäische Privat- und Verfahrensrecht, in: *Nettesheim/Oppermann*, Die Tschechische Republik und die Europäische Union (2003), S. 95 ff.

Was das Vorgehen der innerstaatlichen Gesetzgeber im Wege der autonomen Rechtsangleichung angeht, muss im Anschluss an die EuGH-Rechtsprechung an einem Vorlagerecht der nationalen Gerichte und einer damit korrespondierenden Zuständigkeit des EuGH nach Art. 234 EG festgehalten werden. Allerdings müssen – wie oben ausführlich dargelegt – geeignete Wege zur Eingrenzung des Vorlagerechts im überschießenden Bereich gefunden werden, um eine Überschwemmung des Gerichtshofs (bzw. künftig des Gerichts erster Instanz) mit Vorlagefragen zu vermeiden.
Im Rahmen dieser Untersuchung wird eine Beschränkung dergestalt vorgeschlagen, dass Vorlagen aus sachlich nicht mit dem Richtliniengegenstand zusammenhängenden Bereichen nicht statthaft sind. Ebenso sollten sich die nationalen Gerichte ihrer Rolle als funktionelle Gemeinschaftsgerichte vermehrt bewusst werden[881] und sich im überschießenden Bereich auf die Vorlage „grundsätzlicher" Fragen beschränken. Dabei kommt auch insb. der Formulierung der Vorlagefrage entscheidende Bedeutung zu, sie muss den Gerichtshof in die Lage versetzen, fundiert über die gestellten gemeinschaftsrechtlichen Auslegungsfragen zu antworten, ohne dabei die Grenze zur Anwendung des Gemeinschaftsrechts auf den Ausgangsrechtsstreit zu überschreiten.

---

881 Ähnlich *Hakenberg* mit der Aufforderung an die betroffenen nationalen Stellen, sich auch selbst für die einheitliche Fortentwicklung des harmonisierten Privatrechts „in positiver Weise verantwortlich zu fühlen", RabelsZ 66 (2002), 367, 386.

Literaturverzeichnis

I. Bücher

Anweiler, Jochen: Die Auslegungsmethoden des Gerichtshofs der Europäischen Gemeinschaften, Frankfurt am Main [u.a.] 1997

Basedow, Jürgen: Europäische Vertragsrechtsvereinheitlichung und deutsches Recht, Tübingen 2000

ders.: Die Reform des deutschen Kaufrechts: rechtsvergleichendes Gutachten des Max-Planck-Instituts für Ausländisches und Internationales Privatrecht im Auftrag des Bundesministers der Justiz, Köln 1988

Baudenbacher, Carl: Ein Leben in Praxis und Wissenschaft: Festschrift Walter Barfuss zum 65. Geburtstag, Wien 2002

Bleckmann, Albert: Europarecht: das Recht der Europäischen Union und der Europäischen Gemeinschaften, 6. Auflage, Köln 1997

Borchardt, Klaus-Dieter: Die rechtlichen Grundlagen der Europäischen Union: eine systematische Darstellung für Studium und Praxis, 2. Auflage, Heidelberg 2002

Brechmann, Winfried: Die richtlinienkonforme Auslegung – Zugleich ein Beitrag zur Dogmatik der EG-Richtlinie, München 1994 (zitiert als: *Brechmann)*

***Brück, Michael*:** Das Vorabentscheidungsverfahren vor dem Europäischen Gerichtshof als Bestandteil des deutschen Zivilprozesses – Rechtsschutzhemmendes Integrationsproblem oder kohärente Rechtsschutzerweiterung, Frankfurt am Main 2001

Bundesministerium der Justiz: Abschlussbericht der Kommission zur Überarbeitung des Schuldrechts, Köln 1992

Bundesministerium der Justiz: Gutachten und Vorschläge zur Überarbeitung des Schuldrechts, Band I und II (1981), Band III (1983), Köln 1981-1983

Bydlinski, Franz: System und Prinzipien des Privatrechts, Wien [u.a.] 1996 *ders.:* Juristische Methodenlehre und Rechtsbegriff, Wien [u.a.] 1982

Canaris, Claus-Wilhelm: Schuldrechtsreform 2002, München 2002

ders.: Systemdenken und Systembegriff in der Jurisprudenz – entwickelt am Beispiel des deutschen Privatrechts, 2. Auflage, Berlin 1983

ders.: Die Feststellung von Lücken im Gesetz: eine methodologische Studie über Voraussetzungen und Grenzen der richterlichen Rechtsfortbildung praeter legem, Berlin 1964

ders./ Zaccaria, Alessio: Die Umsetzung von zivilrechtlichen Richtlinien der Europäischen Gemeinschaft in Italien und Deutschland, Berlin 2002

Cremer, Hans-Joachim/ Giegerich, Thomas/ Richter, Dagmar/ Zimmermann, Andreas: Tradition und Weltoffenheit des Rechts, Festschrift für Helmut Steinberger, Berlin, Heidelberg [u.a.] 2002

Dauner-Lieb, Barbara/ Konzen, Horst/ Schmidt, Karsten: Das neue Schuldrecht in der Praxis: Akzente, Brennpunkte, Ausblick, Köln [u.a.] 2003

Dauses, Manfred A.: Das Vorabentscheidungsverfahren nach Artikel 177 EG-Vertrag, 2. Auflage, München 1995 (zitiert als: *Dauses*, Vorabentscheidungsverfahren)

Depenheuer, Otto: Der Wortlaut als Grenze: Thesen zu einem Topos der Verfassungsinterpretation, Heidelberg 1988

Due, Ole: Festschrift für Ulrich Everling, 2 Bände, Baden-Baden 1995

Engisch, Karl/ Würtenberger, Thomas: Einführung in das juristische Denken, 9. Auflage, Stuttgart 1997

Epiney, Astrid: Umgekehrte Diskriminierungen: Zulässigkeit und Grenzen der discrimination à rebours nach europäischem Gemeinschaftsrecht und nationalem Verfassungsrecht, Köln 1995

Ernst, Wolfgang/ Zimmermann, Reinhard: Zivilrechtswissenschaft und Schuldrechtsreform – Zum Diskussionsentwurf eines Schuldrechtsmodernisierungsgesetzes des Bundesministeriums der Justiz, Tübingen 2001

Everling, Ulrich: Die Zukunft der Europäischen Gerichtsbarkeit nach Nizza, 1. Auflage, Baden-Baden 2003

ders./ Roth, Wulf-Henning: Mindestharmonisierung im Europäischen Binnenmarkt: Referate des 7. Bonner Europa-Symposions vom 27. April 1996, Baden-Baden 1997

Farthmann, Friedhelm: Arbeitsgesetzgebung und Arbeitsrechtsprechung: Festschrift zum 70. Geburtstag von Eugen Stahlhacke, Neuwied [u.a.] 1995

Fikentscher, Wolfgang: Methoden des Rechts in vergleichender Darstellung, Bd. I: Frühe und religiöse Rechte: Romanischer Rechtskreis, Tübingen 1975

Fischer, Robert: Die Weiterbildung des Rechts durch die Rechtsprechung: Vortrag, gehalten vor der Juristischen Studiengesellschaft in Karlsruhe am 8. Dezember 1970, Karlsruhe 1971

Franzen, Martin: Privatrechtsangleichung durch die Europäische Gemeinschaft, Berlin, New York 1999 (zitiert als: *Franzen,* Privatrechtsangleichung)

Gebauer, Martin: Grundfragen der Europäisierung des Privatrechts, Heidelberg 1998 (zitiert als: *Gebauer,* Grundfragen)

Geis, Max-Emanuel: Staat, Kirche, Verwaltung: Festschrift für Hartmut Maurer zum 70. Geburtstag, München 2001

Gellermann, Martin: Beeinflussung des bundesdeutschen Rechts durch Richtlinien der EG, dargestellt am Beispiel des europäischen Umweltrechts, Köln 1994 (zitiert als: *Gellermann,* Beeinflussung)

Gottwald, Peter: Festschrift für Dieter Henrich zum 70. Geburtstag: 1. Dezember 2000, Bielefeld 2000

Grundmann, Stefan: Systembildung und Systemlücken in Kerngebieten des Europäischen Privatrechts: Gesellschafts-, Arbeits- und Schuldvertragsrecht, Tübingen 2000

ders./ Medicus, Dieter/ Rolland, Walter: Europäisches Kaufgewährleistungsrecht, Reform und Internationalisierung des deutschen Schuldrechts, Hallesche Schriften zum Recht, Band 13, Köln [u.a.] 2000

Hakenberg, Waltraud/ Stix-Hackl, Christine: Handbuch zum Verfahren vor dem Europäischen Gerichtshof, 2. Auflage, Wien 2000

Hammerl, Christoph: Inländerdiskriminierung, Berlin 1997

Heldrich, Andreas/ Hopt, Klaus J.: 50 Jahre Bundesgerichtshof – Festgabe aus der Wissenschaft, Band II: Handels- und Wirtschaftsrecht, Europäisches und Internationales Recht, München 2000

Henrichs, Christoph: Haftung der EG-Mitgliedstaaten für Verletzung von Gemeinschaftsrecht: die Auswirkungen des Francovich-Urteils des Europäischen Gerichtshofs in den Rechtsordnungen der Gemeinschaft und der Mitgliedstaaten, Baden-Baden 1995

Herdegen, Matthias: Europarecht, 6. Auflage, München 2004

Herzig, Norbert: Europäisierung des Bilanzrechts – Konsequenzen der Tomberger-Entscheidung des EuGH für die handelsrechtliche Rechnungslegung und die steuerliche Gewinnermittlung, Köln 1997

Huber, Peter/ Faust, Florian: Schuldrechtsmodernisierung – Einführung in das neue Recht, München 2002

Ipsen, Hans Peter: Europäisches Gemeinschaftsrecht, Tübingen 1972

Jarass, Hans D.: Grundfragen der innerstaatlichen Bedeutung des EG-Rechts: die Vorgaben des Rechts der Europäischen Gemeinschaft für die nationale Rechtsanwendung und die nationale Rechtssetzung nach Maastricht, Köln [u.a.] 1994 (zitiert als: *Jarass,* Grundfragen)

Jud, Brigitta u.a.: Prinzipien des Privatrechts und Rechtsvereinheitlichung, Jahrbuch Junger Zivilrechtswissenschaftler 2000, Wiener Tagung 13.-16. September 2000, Stuttgart [u.a.] 2001

Klauer, Irene: Die Europäisierung des Privatrechts: der EuGH als Zivilrichter, Baden-Baden 1998 (zitiert als: *Klauer)*

Köbler, Gerhard: Europas universale rechtsordnungspolitische Aufgabe im Recht des dritten Jahrtausends, Festschrift für Alfred Söllner zum 70. Geburtstag, München 2000

Koch, Hans-Joachim/ Rüssmann, Helmut: Juristische Begründungslehre: eine Einführung in die Grundprobleme der Rechtswissenschaft, München 1982

Koziol, Helmut: Im Dienste der Gerechtigkeit, Festschrift für Franz Bydlinski, Wien 2002

Larenz, Karl: Methodenlehre der Rechtswissenschaft, 6. Auflage, Berlin [u.a.] 1991

Leible, Stefan: Das Grünbuch zum internationalen Vertragsrecht, München 2004

Leipold, Dieter: Gedächtnisschrift für Peter Arens, München 1993

Leßmann, Herbert: Festschrift für Rudolf Lukes zum 65. Geburtstag, Köln [u.a.] 1989

Lorenz, Stephan/ Riehm, Thomas: Lehrbuch zum neuen Schuldrecht, München 2002

Lüke, Gerhard: Rechtsvergleichung, Europarecht und Staatenintegration: Gedächtnisschrift für Léontin-Jean Constantinesco, Köln [u.a.] 1983

Lutter, Marcus: Europäisches Unternehmensrecht: Grundlagen, Stand und Entwicklung nebst Texten und Materialien zur Rechtsangleichung, 4. Auflage, Berlin [u.a.] 1996

Martinek, Michael: Festschrift für Günther Jahr zum siebzigsten Geburtstag: vestigia iuris, Tübingen 1993

Mayer, Franz C.: Kompetenzüberschreitung und Letztentscheidung – Das Maastricht-Urteil des Bundesverfassungsgerichts und die Letztentscheidung über Ultra vires-Akte in Mehrebenensystemen – Eine rechtsvergleichende Betrachtung von Konflikten zwischen Gerichten am Beispiel der EU und der USA, München 2000

Mestmäcker, Ernst-Joachim: Eine Ordnungspolitik für Europa: Festschrift für Hans von der Groeben zu seinem 80. Geburtstag, Baden-Baden 1987

Müller-Graff, Peter-Christian: Gemeinsames Privatrecht in der Europäischen Gemeinschaft, 2. Auflage, Baden-Baden 1999

Nentwich, Michael: Das Lebensmittelrecht der Europäischen Union: Entstehung, Rechtsprechung, Sekundärrecht, nationale Handlungsspielräume, Wien 1994

Nettesheim, Martin/ Oppermann, Thomas: Die Tschechische Republik und die Europäische Union: Dokumentation des zweiten Treffens der Juristenfakultäten der Eberhard Karls-Universität Tübingen und der Karls-Universität Prag 2001, Berlin 2003

Neuner, Jörg: Die Rechtsfindung contra legem, München 1992

Nicolaysen, Gert: Europarecht, Band 2: Das Wirtschaftsrecht im Binnenmarkt, Baden-Baden 1996

Niedermühlbichler, Hannes: Verfahren vor dem EuG und dem EuGH: Gerichtsorganisation, Zuständigkeit, Verfahrensarten, Wien 1998

Oppermann, Thomas: Europarecht: ein Studienbuch, 2. Auflage, München 1999

Pechstein, Matthias/ Koenig, Christian: Die Europäische Union, 3. Auflage, Tübingen 2000

Pfeiffer, Gerd: Festschrift für Hans Erich Brandner zum 70. Geburtstag, Köln 1996

Radbruch, Gustav: Rechtsphilosophie, 4. Auflage, Stuttgart 1950

Reich, Norbert: Bürgerrechte in der Europäischen Union: subjektive Rechte von Unionsbürgern und Drittstaatsangehörigen unter besonderer Berücksichtigung der Rechtslage nach der Rechtsprechung des EuGH und dem Vertrag von Amsterdam, 1. Auflage, Baden-Baden 1999

ders.: Europäisches Verbraucherschutzrecht: Binnenmarkt und Verbraucherinteresse, 2. Auflage, Baden-Baden 1993

Schermaier, Martin Josef: Verbraucherkauf in Europa: altes Gewährleistungsrecht und die Umsetzung der Richtlinie 1999/44/EG, 1. Auflage, München 2003

Schiek, Dagmar: Differenzierte Gerechtigkeit: Diskriminierungsschutz und Vertragsrecht, 1. Auflage, Baden-Baden 2000

Schlechtriem, Peter: Wandlungen des Schuldrechts, 1. Auflage, Baden-Baden 2002

Schmidt, Karsten: Handelsrecht, 5. Auflage, Köln [u.a.] 1999

Schmidt-Räntsch, Jürgen: Das neue Schuldrecht: Anwendung und Auswirkungen in der Praxis, Köln 2002

Schneider, Uwe H.: Festschrift für Marcus Lutter zum 70. Geburtstag: deutsches und europäisches Gesellschafts-, Konzern- und Kapitalmarktrecht, Köln 2000

Schön, Wolfgang: Gedächtnisschrift für Brigitte Knobbe-Keuk, im Zusammenwirken mit Werner Flume, Horst Heinrich Jakobs, Eduard Picker, Jan Wilhelm, Köln 1997

Schulte-Nölke, Hans: Europäische Rechtsangleichung und nationale Privatrechte, 1. Auflage, Baden-Baden 1999

Schulze, Reiner: Auslegung europäischen Privatrechts und angeglichenen Rechts, Baden-Baden 1999

Schulze, Reiner/ Schulte-Nölke, Hans: Die Schuldrechtsreform vor dem Hintergrund des Gemeinschaftsrechts, Tübingen 2001

Schweitzer, Michael/ Hummer, Waldemar: Europarecht: Das Recht der Europäischen Union – Das Recht der Europäischen Gemeinschaften (EGKS, EG, EAG) – mit Schwerpunkt EG, 5. Auflage, Neuwied [u.a.] 1999

Seidel, Martin: Rechtsangleichung und Rechtsgestaltung in der Europäischen Gemeinschaft, Baden-Baden 1990

Streinz, Rudolf: Europarecht, 6. Auflage, Heidelberg 2003

ders.: Bundesverfassungsgerichtlicher Grundrechtsschutz und Europäisches Gemeinschaftsrecht: die Überprüfung grundrechtsbeschränkender deutscher Begründungs- und Vollzugsakte von Europäischem Gemeinschaftsrecht durch das Bundesverfassungsgericht, Baden-Baden 1989

Taupitz, Jochen: Europäische Privatrechtsvereinheitlichung heute und morgen, Tübingen 1993

Ukrow, Jörg: Richterliche Rechtsfortbildung durch den EuGH: dargestellt am Beispiel der Erweiterung des Rechtsschutzes des Marktbürgers im Bereich des vorläufigen Rechtsschutzes und der Staatshaftung, Baden-Baden 1995

Wagner, Matthias: Das Konzept der Mindestharmonisierung, Berlin 2001 (zitiert als: *Wagner*, Mindestharmonisierung)

Westermann, Harm Peter: Das Schuldrecht 2002: systematische Darstellung der Schuldrechtsreform, Stuttgart 2002

II. Kommentare

Bamberger, Heinz Georg/ Roth, Herbert: Kommentar zum Bürgerlichen Gesetzbuch, Band 1: §§ 1-610, München 2003 (zitiert als: Bamberger/*Bearbeiter)*

Calliess, Christian/ Ruffert, Matthias: Kommentar des Vertrages über die Europäische Union und des Vertrages zur Gründung der Europäischen Gemeinschaft: EUV/EGV, 2. Auflage, Neuwied 2002 (zitiert als: Calliess/*Bearbeiter)*

Dauner-Lieb, Barbara/ Heidel, Thomas/ Lepa, Manfred/ Ring, Gerhard: Schuldrecht, Erläuterungen der Neuregelungen zum Verjährungsrecht, Schuldrecht, Schadensersatzrecht und Mietrecht, Bonn 2002 (zitiert als: Anwaltkommentar/*Bearbeiter)*

Geiger, Rudolf: EUV, EGV: Vertrag über die Europäische Union und Vertrag zur Gründung der Europäischen Gemeinschaft, 4. Auflage, München 2004 (zitiert als: Geiger/*Bearbeiter)*

Grabitz, Eberhard/ Hilf, Meinhard: Das Recht der Europäischen Union, Teil I: Primärrecht, Band 1: Art. 1 – 136 a EGV, Band 2: Art. 137-248 EGV (Maastrichter Fassung), Loseblattsammlung, München, Stand: Mai 1999; Art. 249 EGV, Stand 2002 (zitiert als: Grabitz/*Bearbeiter)*

Groeben, Hans von der/ Schwarze, Jürgen: Kommentar zum Vertrag über die Europäische Union und zur Gründung der Europäischen Gemeinschaft, Band 4, Art. 189-314 EGV, 6. Auflage, Baden-Baden 2004 (zitiert als: Groeben/ *Bearbeiter)*

Grundmann, Stefan/ Bianca, Cesare Massimo: EU-Kaufrechts-Richtlinie, Kommentar, Köln 2002 (zitiert als: Grundmann/*Bearbeiter*)

Lenz, Carl Otto/ Borchardt, Klaus-Dieter: EU- und EG-Vertrag: Kommentar zu dem Vertrag über die Europäische Union und zu dem Vertrag zur Gründung der Europäischen Gemeinschaft, jeweils in der durch den Vertrag von Nizza geänderten Fassung, 3. Auflage, Köln 2003 (zitiert als: Lenz/*Bearbeiter)*

Lutter, Marcus: Umwandlungsgesetz: Kommentar, 3. Auflage, Köln 2004

Palandt, Otto: Bürgerliches Gesetzbuch – mit Einführungsgesetz (Auszug), BGB-Informationspflichten-Verordnung, Unterlassungsklagengesetz, Produkthaftungsgesetz, Erbbaurechtsverordnung, Wohnungseigentumsgesetz, Hausratsverordnung, Lebenspartnerschaftsgesetz, Gewaltschutzgesetz (Auszug), 64. Auflage, München 2005 (zitiert als: Palandt/*Bearbeiter)*

Rebmann, Kurt/ Säcker, Franz Jürgen/ Rixecker, Roland: Münchener Kommentar zum Bürgerlichen Gesetzbuch, Band 2 a: Schuldrecht Allgemeiner Teil, §§ 241-432, 4. Auflage, München 2003; Band 3: Schuldrecht Besonderer Teil I, §§ 433-610, Finanzierungsleasing, HeizkostenV, BetriebskostenV, CISG, 4. Auflage, München 2004 (zitiert als: MüKo/*Bearbeiter)*

Sachs, Michael: Grundgesetz Kommentar, 3. Auflage, München 2003

Semler, Johannes/ Stengel, Arndt: Kommentar zum Umwandlungsgesetz, München 2003 (zitiert als: Semler/*Bearbeiter)*

Staudinger, Julius von: Kommentar zum Bürgerlichen Gesetzbuch mit Einführungsgesetz und Nebengesetzen, Wiener UN-Kaufrecht (CISG), Neubearbeitung 2005; Zweites Buch, Recht der Schuldverhältnisse, Einleitung zu §§ 241 ff., §§ 241-243, 13. Bearbeitung 1995; §§ 433-487, Leasing (Kaufrecht und Leasingrecht), Neubearbeitung 2004 (zitiert als: Staudinger/ *Bearbeiter)*

III. Aufsätze

Altmeppen, Holger: Nochmals: Schadensersatz wegen Pflichtverletzung, anfängliche Unmöglichkeit und Aufwendungsersatz im Entwurf des Schuldrechtsmodernisierungsgesetzes, Der Betrieb 2001, S. 1821 ff.

Armbrüster, Christian: Ein Schuldvertragsrecht für Europa? Bemerkungen zur Privatrechtsangleichung in der Europäischen Union nach „Maastricht" und „Keck", RabelsZ Bd. 60 (1996), S. 72 ff.

Artz, Markus: Die Schuldrechtsreform vor dem Hintergrund des Gemeinschaftsrechts, Neue Juristische Wochenschrift 2001, S. 1703 ff.

Basedow, Jürgen: Grundlagen des europäischen Privatrechts, Juristische Schulung 2004, S. 89 ff.

ders.: Der Raum des Rechts – ohne Justiz, Zeitschrift für Europäisches Privatrecht 2001, S. 437 ff.

ders.: Das BGB im künftigen europäischen Privatrecht: Der hybride Kodex, Archiv für die civilistische Praxis Bd. 200 (2000), S. 445 ff.

ders.: The Communitarization of the conflict of laws under the Treaty of Amsterdam, Common Market Law Review 37 (2000), S. 687 ff.

ders.: Der Bundesgerichtshof, seine Rechtsanwälte und die Verantwortung für das europäische Privatrecht, in: Festschrift für Hans Erich Brandner zum 70. Geburtstag (1996), S. 651 ff.

Beisse, Heinrich: Wandlungen der Grundsätze ordnungsgemäßer Bilanzierung – Hundert Jahre „GoB", in: Gedächtnisschrift für Brigitte Knobbe-Keuk (1997), S. 385 ff.

ders.: Grundsatzfragen der Auslegung des neuen Bilanzrechts, Betriebs-Berater 1990, S. 2007 ff.

ders.: Funktion und praktische Auswirkung der richterlichen Vorlagen an den EuGH aus der Sicht des BFH, Recht in der Bewährung 24 (1989), S. 19 ff.

Betlem, Gerrit: Casenote: Kleinwort Benson Ltd. v. City of Glasgow District Council, Rs. C-346/93, Common Market Law Review 33 (1996), S. 137 ff.

Bird, Timothy C.: Directive 99/44EC on Certain Aspects of the Sale of Consumer Goods and Associated Guarantees: Its Impact on Existing Irish Sale of Goods Law, European Review of Private Law 2001, S. 279 ff.

Blaurock, Uwe: Europäisches Privatrecht, Juristenzeitung 1994, S. 270 ff.

Bleckmann, Albert: Probleme der Auslegung europäischer Richtlinien, Zeitschrift für Unternehmens- und Gesellschaftsrecht 1992, S. 364 ff.

ders.: Die Rolle der richterlichen Rechtsschöpfung im Europäischen Gemeinschaftsrecht, in: Gedächtnisschrift für Léontin-Jean Constantinesco (1983), S. 61 ff.

Broer, Frank: Vorlagepflicht des BFH beim EuGH in bilanzsteuerrechtlichen Fragen, Recht der internationalen Wirtschaft 2001, S. 756 ff.

Bydlinski, Franz: Hauptpositionen zum Richterrecht, Juristenzeitung 1985, S. 149 ff.

Calliess, Christian: Grundlagen, Grenzen und Perspektiven europäischen Richterrechts, Neue Juristische Wochenschrift 2005, S. 929 ff.

Canaris, Claus-Wilhelm: Die richtlinienkonforme Auslegung und Rechtsfortbildung im System der juristischen Methodenlehre, in: Festschrift für Franz Bydlinski (2002), S. 47 ff.

ders.: Schlußwort: Aspekte der europäischen Rechtsangleichung mit Hilfe von Richtlinien, in: *Canaris/Zaccaria*, Die Umsetzung von zivilrechtlichen Richtlinien der Europäischen Gemeinschaft in Italien und Deutschland (2002), S. 129 ff.

ders.: Die Reform des Rechts der Leistungsstörungen, Juristenzeitung 2001, S. 499 ff.

ders.: Schadensersatz wegen Pflichtverletzung, anfängliche Unmöglichkeit und Aufwendungsersatz im Entwurf eines Schuldrechtsmodernisierungsgesetzes, Der Betrieb 2001, S. 1815 ff.

Classen, Claus Dieter: Die Jurisdiktion des Gerichtshofs der Europäischen Gemeinschaften nach Amsterdam, Europarecht Beih. 1/1999, S. 73 ff.

Clemens, Thomas: Die Verweisung von einer Rechtsnorm auf andere Vorschriften, Archiv des öffentlichen Rechts Bd. 111 (1986), S. 63 ff.

Colneric, Ninon: Der Gerichtshof der Europäischen Gemeinschaften als Kompetenzgericht, Europäische Zeitschrift für Wirtschaftsrecht 2002, S. 709 ff.

Danwitz, Thomas von: Die gemeinschaftsrechtliche Staatshaftung der Mitgliedstaaten – Entwicklung, Stand und Perspektiven der europäischen Haftung aus Richterhand, Deutsches Verwaltungsblatt 1997, S. 1 ff.

Dänzer-Vanotti, Wolfgang: Der Europäische Gerichtshof zwischen Rechtsprechung und Rechtsetzung, in: Festschrift für Ulrich Everling (1995), Bd. 1, S. 205 ff.

ders.: Unzulässige Rechtsfortbildung des Europäischen Gerichtshofs, Recht in der Bewährung 1992, S. 733 ff.

ders.: Die richtlinienkonforme Auslegung deutschen Rechts hat keinen rechtlichen Vorrang, Recht der internationalen Wirtschaft 1991, S. 754 ff.

Dauses, Manfred A.: Empfiehlt es sich, das System des Rechtsschutzes und der Gerichtsbarkeit in der Europäischen Gemeinschaft, insbesondere die Aufgaben der Gemeinschaftsgerichte und der nationalen Gerichte, weiterzuentwickeln?, in: Gutachten D zum 60. Deutschen Juristentag (1994), D 98 ff.

Dörner, Heinrich: Die Integration des Verbraucherrechts in das BGB, in: *Schulze/Schulte-Nölke*, Die Schuldrechtsreform vor dem Hintergrund des Gemeinschaftsrechts (2001), S. 177 ff.

Dreher, Meinrad: Gemeineuropäisches Kartellrecht, in: Festschrift für Alfred Söllner zum 70. Geburtstag (2000), S. 217 ff.

Drexl, Josef: Verbraucherrecht – Allgemeines Privatrecht – Handelsrecht, in: *Schlechtriem*, Wandlungen des Schuldrechts (2002), S. 97 ff.

Eckert, Hans-Werner: Europäisierung des Privatrechts – Die Bedeutung der Richtlinien der Europäischen Union für die Schaffung einer einheitlichen Rechtsordnung, in: Festschrift für Alfred Söllner zum 70. Geburtstag (2000), S. 239 ff.

Ehmann, Horst/ Rust, Ulrich: Die Verbrauchsgüterkaufrichtlinie – Umsetzungsvorschläge unter Berücksichtigung des Reformentwurfs der deutschen Schuldrechtskommission –, Juristenzeitung 1999, S. 853 ff.

Ehricke, Ulrich: Die Einbeziehung des Immobilienkaufs in die Folgen eines Widerrufs des Darlehensgeschäfts nach der Richtlinie 85/577/EWG – Klarstellungen aus europarechtlicher Sicht zur Vorlage des LG Bochum an den EuGH v. 29.7.2003, ZiP 2003, 1437, Zeitschrift für Wirtschaftsrecht 2004, S. 1025 ff.

ders.: Die richtlinienkonforme und die gemeinschaftsrechtskonforme Auslegung nationalen Rechts, RabelsZ Bd. 59 (1995), S. 598 ff.

Ernst, Wolfgang: Kernfragen der Schuldrechtsreform, Juristenzeitung 1994, S. 801 ff.

ders./ Gsell, Beate: Kaufrechtsrichtlinie und BGB, Zeitschrift für Wirtschaftsrecht 2000, S. 1410 ff.

Everling, Ulrich: Grundlagen der Reform der Gerichtsbarkeit der Europäischen Union und ihres Verfahrens durch den Vertrag von Nizza, in: *ders.*, Die Zukunft der Europäischen Gerichtsbarkeit nach Nizza (2003), S. 7 ff.

ders.: Zur Fortbildung der Gerichtsbarkeit der Europäischen Gemeinschaften durch den Vertrag von Nizza, in: Festschrift für Helmut Steinberger (2002), S. 1103 ff.

ders.: Quis custodiet custodes ipsos?, Zur Diskussion über die Kompetenzordnung der Europäischen Union und ein europäisches Kompetenzgericht, Europäische Zeitschrift für Wirtschaftsrecht 2002, S. 357 ff.

ders.: Zur Auslegung des durch EG-Richtlinien angeglichenen nationalen Rechts, Zeitschrift für Unternehmens- und Gesellschaftsrecht 1992, S. 376 ff.

ders.: Zur Funktion des Gerichtshofs bei der Rechtsangleichung in der Europäischen Gemeinschaft, in: Festschrift für Rudolf Lukes zum 65. Geburtstag (1989), S. 359 ff.

ders.: Rechtsvereinheitlichung durch Richterrecht in der Europäischen Gemeinschaft, RabelsZ Bd. 50 (1986), S. 193 ff.

Flessner, Axel: Die Einpassung der Kaufgewährleistungs-Richtlinie ins deutsche Recht, in: *Grundmann/Medicus/Rolland,* Europäisches Kaufgewährleistungsrecht, Reform und Internationalisierung des deutschen Schuldrechts (2000), S. 233 ff.

Flume, Werner: Zu dem Vorhaben der Neuregelung des Schuldrechts, Zeitschrift für Wirtschaftsrecht 1994, S. 1497 f.

ders.: Gesetzesreform der Sachmängelhaftung beim Kauf? Zu dem Entwurf der Kommission zur Überarbeitung des Schuldrechts, Archiv für die civilistische Praxis Bd. 193 (1993), S. 89 ff.

Franck, Jens-Uwe: Die Stimmrechtszurechnung nach § 22 WpHG und § 30 WpÜG, Zeitschrift für Bank- und Kapitalmarktrecht 2002, S. 709 ff.

Franzen, Martin: Der EuGH und das bürgerliche Recht – dargestellt am Beispiel der EuGH-Urteile „Dietzinger“ und „Draehmpaehl“, in: Festschrift für Hartmut Maurer zum 70. Geburtstag (2001), S. 889 ff.

Gebauer, Martin: Interne Harmonisierung durch autonome Rechtsangleichung, in: *Jud, Brigitta u.a.* (Hrsg.), Prinzipien des Privatrechts und Rechtsvereinheitlichung (2001), S. 199 ff.

Gerkens, Jean-Francois: Die Umsetzung der Kaufrechtsrichtlinie (1999/44/EG) in Belgien. Probleme – Ergebnisse – Perspektiven, in: *Schermaier,* Verbraucherkauf in Europa: altes Gewährleistungsrecht und die Umsetzung der Richtlinie 1999/44/EG (2003), S. 169 ff.

Goll, Ulrich/ Kenntner, Markus: Brauchen wir ein Europäisches Kompetenzgericht? Vorschläge zur Sicherung der mitgliedstaatlichen Zuständigkeiten, Europäische Zeitschrift für Wirtschaftsrecht 2002, S. 101 ff.

Grabenwarter, Christoph: Vorabentscheidungsverfahren nach dem Vertrag von Nizza, in: *Everling,* Die Zukunft der Europäischen Gerichtsbarkeit nach Nizza (2003), S. 55 ff.

Graser, Alexander: Zum Stand der Diskussion zur Inländerdiskriminierung, Die Öffentliche Verwaltung 1998, S. 1004 ff.

Groh, Manfred: Bilanzrecht vor dem EuGH, Deutsches Steuerrecht 1996, S. 1206 ff.

Groh, Thomas: Auslegung des Gemeinschaftsrechts und Vorlagepflicht nach Art. 234 EG, Europäische Zeitschrift für Wirtschaftsrecht 2002, S. 460 ff.

Großfeld, Bernhard/ Bilda, Klaus: Europäische Rechtsangleichung, Zeitschrift für Rechtsvergleichung 1992, S. 421 ff.

Gruber, Michael: Die Umsetzung der Verbrauchsgüterkaufrichtlinie in Österreich, in: *Schermaier,* Verbraucherkauf in Europa: altes Gewährleistungsrecht und die Umsetzung der Richtlinie 1999/44/EG (2003), S. 153 ff.

Grundmann, Stefan: Einwirkung von EG-Richtlinien des Privat- und Wirtschaftsrechts auf nationales Recht – Deckungsgleichheit zumindest im Mindestniveau, Juristische Schulung 2002, S. 768 ff.

ders.: Verbraucherrecht, Unternehmensrecht, Privatrecht – warum sind sich UN-Kaufrecht und EU-Kaufrechts-Richtlinie so ähnlich?, Archiv für die civilistische Praxis Bd. 202 (2002), S. 40 ff.

ders.: Das Thema Systembildung im Europäischen Privatrecht – Gesellschafts-, Arbeits- und Schuldvertragsrecht, in: *ders.*, Systembildung und Systemlücken in Kerngebieten des Europäischen Privatrechts (2000), S. 1 ff.

ders.: Generalreferat – Internationalisierung und Reform des deutschen Kaufrechts, in: *ders./Medicus/Rolland,* Europäisches Kaufgewährleistungsrecht, Reform und Internationalisierung des deutschen Schuldrechts (2000), S. 281 ff.

ders.: Binnenmarktkollisionsrecht – vom klassischen IPR zur Integrationsordnung, RabelsZ Bd. 64 (2000), S. 457 ff.

ders.: Richtlinienkonforme Auslegung im Bereich des Privatrechts – insbesondere: der Kanon der nationalen Auslegungsmethoden als Grenze?, Zeitschrift für europäisches Privatrecht 1996, S. 399 ff.

Gsell, Beate: Kaufrechtsrichtlinie und Schuldrechtsmodernisierung, Juristenzeitung 2001, S. 65 ff.

dies.: Die zeitlichen Grenzen der Gewährleistungsrechte des Verbrauchers nach der EU-Richtlinie zum Verbrauchsgüterkauf, European Review of Private Law 1999, S. 151 ff.

dies./ Rüfner, Thomas: Symposium Schuldrechtsmodernisierung 2001, Neue Juristische Wochenschrift 2001, S. 424 ff.

Habersack, Mathias/ Mayer, Christian: Der Widerruf von Haustürgeschäften nach der „Heininger"-Entscheidung des EuGH, Wertpapier-Mitteilungen 2002, S. 253 ff.

dies.: Die überschießende Umsetzung von Richtlinien, Juristenzeitung 1999, S. 913 ff.

Hakenberg, Waltraud: Zur Staatshaftung von Gerichten bei Verletzung von europäischem Gemeinschaftsrecht, Deutsche Richterzeitung 2004, S. 113 ff.

dies.: Vorabentscheidungsverfahren und europäisches Privatrecht – Erfahrungen aus europäischer Sicht, RabelsZ Bd. 66 (2002), S. 367 ff.

Hauschka, Christoph E.: Grundprobleme der Privatrechtsfortbildung durch die Europäische Wirtschaftsgemeinschaft, Juristenzeitung 1990, S. 521 ff.

Hein, Jan von: Vorabentscheidungsverfahren und europäisches Privatrecht – Diskussionsbericht, RabelsZ Bd. 66 (2002), S. 580 ff.

Henrich, Dieter: Die Umsetzung der Richtlinie 87/102/EWG zur Harmonisierung des Verbraucherkredits in Deutschland und Italien, in: *Canaris/Zaccaria*, Die Umsetzung von zivilrechtlichen Richtlinien der Europäischen Gemeinschaft in Italien und Deutschland (2002), S. 25 ff.

Hennrichs, Joachim: Der steuerrechtliche sog. Maßgeblichkeitsgrundsatz gem. § 5 EStG – Stand und Perspektiven, Steuer und Wirtschaft 1999, S. 138 ff.

ders.: Die Bedeutung der EG-Bilanzrichtlinie für das deutsche Handelsbilanzrecht, Zeitschrift für Unternehmens- und Gesellschaftsrecht 1997, S. 66 ff.

Herzig, Norbert/ Rieck, Ulrich: Europäisierung der handels- und steuerrechtlichen Gewinnermittlung im Gefolge der Tomberger-Entscheidung, Internationales Steuerrecht 1998, S. 309 ff.

Heß, Burkhard: Schuldrechtsreform und Zivilprozess, in: *Dauner-Lieb/Konzen/ Schmidt*, Das neue Schuldrecht in der Praxis: Akzente, Brennpunkte, Ausblick (2003), S. 665 ff.

ders.: Die Bedeutung des Vorabentscheidungsverfahrens für das europäische Privat- und Verfahrensrecht, in: *Nettesheim/Oppermann,* Die Tschechische Republik und die Europäische Union: Dokumentation des zweiten Treffens der Juristenfakultäten der Eberhard Karls-Universität Tübingen und der Karls-Universität Prag 2001 (2003), S. 95 ff.

ders.: Rechtsfragen des Vorabentscheidungsverfahrens, RabelsZ Bd. 66 (2002), S. 470 ff.

ders.: Die „Europäisierung" des internationalen Zivilprozessrechts durch den Amsterdamer Vertrag – Chancen und Gefahren, Neue Juristische Wochenschrift 2000, S. 23 ff.

ders.: Die Einwirkungen des Vorabentscheidungsverfahrens nach Art. 177 EGV auf das deutsche Zivilprozeßrecht, Zeitschrift für Zivilprozess 108 (1995), S. 59 ff.

ders./ Müller, Achim: Zur Voraussetzung der Aufrechnung für die internationale Zuständigkeit des Prozeßgerichts für die Gegenforderung, Juristenzeitung 2002, S. 607 ff.

Hesse, Konrad: Der Gleichheitssatz in der neueren deutschen Verfassungsentwicklung, Archiv des öffentlichen Rechts Bd. 109 (1984), S. 174 ff.

Hilf, Meinhard: Die Richtlinie der EG – ohne Richtung, ohne Linie, Europarecht 1993, S. 1 ff.

Hirsch, Günter: Dezentralisierung des Gerichtssystems der Europäischen Union?, Zeitschrift für Rechtspolitik 2000, S. 57 ff.

ders.: Europäischer Gerichtshof und Bundesverfassungsgericht – Kooperation oder Konfrontation?, Neue Juristische Wochenschrift 1996, S. 2457 ff.

Hirte, Heribert: Die Vorlagepflicht auf teilharmonisierten Rechtsgebieten am Beispiel der Richtlinien zum Gesellschafts- und Bilanzrecht, RabelsZ Bd. 66 (2002), S. 553 ff.

Hochleitner, Wolf-Dieter/ Wolf, Manfred/ Großerichter, Helge: Teleologische Reduktion auf Null? – Zur Unzulässigkeit einer richtlinienkonformen „Auslegung" des § 5 Abs. 2 HWiG in der Folge der „Heininger"-Entscheidung des EuGH, Wertpapier-Mitteilungen 2002, S. 529 ff.

Hoffmann, Jochen: Die Rechtsfolgen des Verbraucherwiderrufs und die Haustürgeschäfterichtlinie – Unbeschränkter Gestaltungsspielraum des nationalen Rechts? Zugleich Besprechung LG Bochum, Beschl. v. 29.7.2003 – 1 O 795/02, ZiP 2003, 1437, Zeitschrift für Wirtschaftsrecht 2004, S. 49 ff.

ders.: Realkredite im Europäischen Verbraucherschutzrecht, Besprechung des EuGH-Urteils vom 13.12.2001, Rechtssache C-481/99 „Heininger", Zeitschrift für Wirtschaftsrecht 2002, S. 145 ff.

Hoffmann, Wolf-Dieter: Der EuGH als Mentor des deutschen Bilanzsteuerrechts – Anmerkungen zum EuGH-Urteil vom 14.9.1999, Deutsches Steuerrecht 1999, S. 1686 ff.

Holl, Volker H.: Kehrtwende in der Rechtsprechung des EuGH zur Auslegungszuständigkeit im Vorabentscheidungsverfahren?, Anmerkung zu EuGH, 28.3.1995 – Rs. C-346/93 – Kleinwort Benson Ltd./City of Glasgow District Council, Praxis des internationalen Privat- und Verfahrensrechts 1996, S. 174 ff.

Hommelhoff, Peter: Die Rolle der nationalen Gerichte bei der Europäisierung des Privatrechts, in: 50 Jahre BGH: Festgabe aus der Wissenschaft (2000), Band 2, S. 889 ff.

ders.: Das italienische Kartellrecht – Bemerkungen aus deutscher Sicht, in: Jahrbuch für italienisches Recht, Bd. 6 (1993), S. 3 ff.

ders.: Zivilrecht unter dem Einfluß europäischer Rechtsangleichung, Archiv für die civilistische Praxis Bd. 192 (1992), S. 71 ff.

Hondius, Ewoud H.: Kaufen ohne Risiko : Der europäische Richtlinienentwurf zum Verbraucherkauf und zur Verbrauchergarantie, Zeitschrift für europäisches Privatrecht 1997, S. 130 ff.

Honsell, Heinrich: Die EU-Richtlinie über den Verbrauchsgüterkauf und ihre Umsetzung ins BGB, Juristenzeitung 2001, S. 278 ff.

Howells, Geraint G.: Implementation of EC Consumer Sales Directive in the United Kingdom, in: *Grundmann/Medicus/Rolland*, Europäisches Kaufgewährleistungsrecht, Reform und Internationalisierung des deutschen Schuldrechts (2000), S. 161 ff.

ders.: Interpretation of EC consumer law, in: *Schulze,* Auslegung europäischen Privatrechts und angeglichenen Rechts (1999), S. 115 ff.

ders./ Twigg-Flesner, Christian: Much ado about nothing?: the implementation of directive 99/44/EC into English law, in: *Schermaier,* Verbraucherkauf in Europa: altes Gewährleistungsrecht und die Umsetzung der Richtlinie 1999/44/EG (2003), S. 303 ff.

Huber, Peter: Kaufrecht – made in Europe!: die EG-Richtlinie über den Verbrauchsgüterkauf und ihre Folgen für das deutsche Gewährleistungsrecht, in: Festschrift für Dieter Henrich zum 70. Geburtstag (2000), S. 297 ff.

ders./Bach, Ivo: Die Rom II-VO, Kommissionsentwurf und aktuelle Entwicklungen, Praxis des internationalen Privat- und Verfahrensrechts 2005, S. 73 ff.

Jann, Peter: Die Harmonisierung des nationalen Zivilrechts am Beispiel der Produkthaftung, in: Festschrift für Walter Barfuss zum 65. Geburtstag (2002), S. 127 ff.

Jarass, Hans D.: Haftung für die Verletzung von EU-Recht durch nationale Organe und Amtsträger, Neue Juristische Wochenschrift 1994, S. 881 ff.

ders.: Richtlinienkonforme bzw. EG-rechtskonforme Auslegung nationalen Rechts, Europarecht 1991, S. 211 ff.

Junker, Abbo: Vom Bürgerlichen zum kleinbürgerlichen Gesetzbuch – Der Richtlinienvorschlag über den Verbrauchsgüterkauf, Deutsche Zeitschrift für Wirtschaftsrecht 1997, S. 271 ff.

Kainer, Friedemann: Die Verbrauchsgütergewährleistungsrichtlinie und ihre kaufrechtliche Umsetzung in das deutsche Recht, Anwaltsblatt 2001, S. 380 ff.

Kircher, Wolfgang: Zum Vorschlag für eine Richtlinie über den Verbrauchsgüterkauf und –garantien, Zeitschrift für Rechtspolitik 1997, S. 290 ff.

Kirchner, Christian: Der punktuelle Ansatz als Leitprinzip gemeinschaftsrechtlicher Privatrechtsharmonisierung, in: *Grundmann/Medicus/Rolland*, Europäisches Kaufgewährleistungsrecht, Reform und Internationalisierung des deutschen Schuldrechts (2000), S. 95 ff.

Klindt, Thomas: Die Zulässigkeit dynamischer Verweisungen auf EG-Recht aus verfassungs- und europarechtlicher Sicht, Deutsches Verwaltungsblatt 1998, S. 373 ff.

Knapp, Andreas: Die Garantie des effektiven Rechtsschutzes durch den EuGH im „Raum der Freiheit, der Sicherheit und des Rechts", Die öffentliche Verwaltung 2001, S. 12 ff.

Kohler, Christian: Gemeinschaftsrecht und Privatrecht, zur Rechtsprechung des EuGH im Jahre 1995, Zeitschrift für Europäisches Privatrecht 1996, S. 452 ff.

König, Doris: Das Problem der Inländerdiskriminierung – Abschied von Reinheitsgebot, Nachtbackverbot und Meisterprüfung?, Archiv des öffentlichen Rechts Bd. 118 (1993), S. 591 ff.

Kötz, Hein: Rechtsvereinheitlichung – Nutzen, Kosten, Methoden, Ziele, RabelsZ Bd. 50 (1986), S. 1 ff.

Kremer, Martin/ Mayer, Franz/ Suchanek, Klaus: Kompetenzausübung, nicht Kompetenzverteilung ist das eigentliche europäische Kompetenzproblem, Ein Neun-Punkte-Konzept für die Regierungskonferenz 2004, Arbeitspapier Nr. 10 (September 2001) der Arbeitsgruppe Europäische Integration der Friedrich Ebert Stiftung

Kropholler, Jan/ von Hein, Jan: Eine Auslegungskompetenz des Europäischen Gerichtshofs jenseits des Europäischen Gerichtsstands- und Vollstreckungsübereinkommens, in: Festschrift für Bernhard Großfeld zum 65. Geburtstag (1999), S. 615 ff.

Kulke, Ulrich: Rückabwicklung widerrufener Immobiliendarlehen und Gemeinschaftsrecht, Besprechung von BGH, Beschl. v. 16.9.2003 – XI ZR 447/02, ZfIR 2004, 153 und von BGH, Beschl. v. 23.9.2003 – XI ZR 325/02, ZfIR 2004, 152, Zeitschrift für Immobilienrecht 2004, S. 138 ff.

Lenski, Edgar/ Mayer, Franz C.: Vertragsverletzung wegen Nichtvorlage durch oberste Gerichte?, Europäische Zeitschrift für Wirtschaftsrecht 2005, S. 225 ff.

Lipp, Volker: Europäische Justizreform, Neue Juristische Wochenschrift 2001, S. 2657 ff.

Lutter, Marcus: Die Auslegung des angeglichenen Rechts, Juristenzeitung 1992, S. 593 ff.

Mancini, G. Federico/ Keeling, David T.: From CILFIT to ERT: the Constitutional Challenge facing the European Court, Yearbook of European Law 11 (1991), S. 1 ff.

Martiny, Dieter: Ausländerdiskriminierung und Vertragsabschluß, Zeitschrift für europäisches Privatrecht 2001, S. 563 ff.

Mayer, Christian/ Schürnbrand, Jan: Einheitlich oder gespalten? – Zur Auslegung nationalen Rechts bei überschießender Umsetzung von Richtlinien, Juristenzeitung 2004, S. 545 ff.

Medicus, Dieter: Verbraucherrecht und Verbrauchsgüterkauf in einem kodifikatorischen System – Bürgerrecht, Handelsrecht und Sonderprivatrecht, in: *Grundmann/Medicus/Rolland*, Europäisches Kaufgewährleistungsrecht, Reform und Internationalisierung des deutschen Schuldrechts (2000), S. 219 ff.

ders.: Ein neues Kaufrecht für Verbraucher?, Zeitschrift für Wirtschaftsrecht 1996, S. 1925 ff.

Merkt, Hanno: Europäische Rechtsetzung und strengeres autonomes Recht – Zur Auslegung von Gemeinschaftsnormen als Mindeststandards, RabelsZ Bd. 61 (1997), S. 647 ff.

Micklitz, Hans-Wolfgang: Ein einheitliches Kaufrecht für Verbraucher in der EG?, Europäische Zeitschrift für Wirtschaftsrecht 1997, S. 229 ff.

Möllers, Thomas: Doppelte Rechtsfortbildung contra legem? Zur Umgestaltung des Bürgerlichen Gesetzbuches durch den EuGH und nationale Gerichte, Europarecht 1998, S. 20 ff.

Mosiek-Urbahn, Marlies: Rechtsvereinheitlichung durch europäisches Privatrecht – eine Herausforderung für die Mitgliedstaaten der Europäischen Union, Zeitschrift für Rechtspolitik 2000, S. 297 ff.

Müller, Welf: Der Europäische Gerichtshof und die Grundsätze ordnungsgemäßer Buchführung, in: *Herzig*, Europäisierung des Bilanzrechts – Konsequenzen der Tomberger-Entscheidung des EuGH für die handelsrechtliche Rechnungslegung und die steuerliche Gewinnermittlung (1997), S. 87 ff.

Müller-Graff, Peter-Christian: Gemeinsames Privatrecht in der Europäischen Gemeinschaft – Ansatzpunkte, Ausgangsfragen, Ausfaltungen, in: *ders.*, Gemeinsames Privatrecht in der Europäischen Gemeinschaft (1999), S. 9 ff.

ders.: Europäisches Gemeinschaftsrecht und Privatrecht – Das Privatrecht in der europäischen Integration, Neue Juristische Wochenschrift 1993, S. 13 ff.

Nettesheim, Martin: Auslegung und Fortbildung nationalen Rechts im Lichte des Gemeinschaftsrechts, Archiv des öffentlichen Rechts Bd. 119 (1994), S. 261 ff.

Nicolaysen, Gert: Inländerdiskriminierung im Warenverkehr, Europarecht 1991, S. 95 ff.

Obwexer, Walter: Staatshaftung für offenkundig gegen Gemeinschaftsrecht verstoßendes Gerichtsurteil, Europäische Zeitschrift für Wirtschaftsrecht 2003, S. 726 ff.

Olivares Tramon, José Miguel/ Tüllmann, Norbert: Die künftige Gestaltung der EU-Gerichtsbarkeit nach dem Vertrag von Nizza, Neue Zeitschrift für Verwaltungsrecht 2004, S. 43 ff.

Ossenbühl, Fritz: Der gemeinschaftsrechtliche Staatshaftungsanspruch, Deutsches Verwaltungsblatt 1992, S. 993 ff.

ders.: Die verfassungsrechtliche Zulässigkeit der Verweisung als Mittel der Gesetzgebungstechnik, Deutsches Verwaltungsblatt 1967, S. 401 ff.

Pache, Eckhard/ Knauff, Matthias: Wider die Beschränkung der Vorlagebefugnis unterinstanzlicher Gerichte im Vorabentscheidungsverfahren – zugleich ein Beitrag zu Art. 68 I EG, Neue Zeitschrift für Verwaltungsrecht 2004, S. 16 ff.

Peers, Steve: Who's Judging the Watchmen? The Judicial System of the 'Area of Freedom, Security and Justice', Yearbook of European Law 18 (1998), S. 337 ff.

Petersmann, Ernst-Ulrich: Thesen zur Wirtschaftsverfassung der EG, Europäische Zeitschrift für Wirtschaftsrecht 1993, S. 593 ff.

Pfeiffer, Thomas: Systemdenken im neuen Leistungsstörungs- und Gewährleistungsrecht, Zeitschrift für das gesamte Schuldrecht 2002, S. 23 ff.

ders.: Unkorrektheiten bei der Umsetzung der Verbrauchsgüterkaufrichtlinie in das deutsche Recht, Teil 1: Sachmangelbegriff – Hierarchie statt Kumulation der Mangelkriterien, Zeitschrift für das gesamte Schuldrecht 2002, S. 94 f.; Teil 2: Sachmangelbegriff – Ausklammerung der Zuviellieferung, ZGS 2002, S. 138 ff.

Piekenbrock, Andreas/ Schulze, Götz: Die Grenzen richtlinienkonformer Auslegung – autonomes Richterrecht oder horizontale Direktwirkung, Wertpapier-Mitteilungen 2002, S. 521 ff.

Pieper, Stefan Ulrich: Mitgliedstaatliche Haftung für die Nichtbeachtung von Gemeinschaftsrecht, Neue Juristische Wochenschrift 1992, S. 2454 ff.

Prütting, Hanns: Das Vorabentscheidungsverfahren des EuGH, in: Gedächtnisschrift für Peter Arens (1993), S. 339 ff.

Radermacher, Ludger: Gemeinschaftsrechtliche Staatshaftung für höchstrichterliche Entscheidungen, Neue Zeitschrift für Verwaltungsrecht 2004, S. 1415 ff.

Rasmussen, Haltje: Remedying the Crumbling EC Judicial System, Common Market Law Review 37 (2000), S. 1071 ff.

ders.: The European Court's Acte Clair Strategy in *CILFIT* – Or: Acte clair, of course! But what does it mean?, European Law Review 1984, S. 342 ff.

Reich, Norbert: Die Vorlagepflicht auf teilharmonisierten Rechtsgebieten am Beispiel der Richtlinien zum Verbraucherschutz, RabelsZ Bd. 66 (2002), S. 531 ff.

ders.: Die Umsetzung der Richtlinie 1999/44/EG in das deutsche Recht, Neue Juristische Wochenschrift 1999, S. 2397 ff.

Remien, Oliver: Die Vorlagepflicht bei Auslegung unbestimmter Rechtsbegriffe, RabelsZ Bd. 66 (2002), S. 503 ff.

ders.: Mindestharmonisierung im Verbraucherschutzrecht – Stellungnahme, in: *Everling/Roth*, Mindestharmonisierung im Europäischen Binnenmarkt: Referate des 7. Bonner Europa-Symposions vom 27. April 1996 (1997), S. 181 ff.

Ress, Georg: Die Entscheidungserheblichkeit im Vorlageverfahren nach Art. 177 EWGV im Vergleich zum Vorlageverfahren nach Art. 100 GG, in: Festschrift für Günther Jahr zum siebzigsten Geburtstag (1993), S. 339 ff.

Rittner, Fritz: Das Gemeinschaftsprivatrecht und die europäische Integration, Juristenzeitung 1995, S. 849 ff.

Rodriguez Iglesias, Gil Carlos: Der EuGH und die Gerichte der Mitgliedstaaten, Neue Juristische Wochenschrift 2000, S. 1889 ff.

ders.: L' avenir du système juridictionnel de l' Union européenne, Cahiers de droit européen 35 (1999), S. 275 ff.

Rösler, Hannes: Zur Zukunft des Gerichtssystems der EU, Zeitschrift für Rechtspolitik 2000, S. 52 ff.

Roth, Wulf-Henning: Die Europäisierung des Bürgerlichen Gesetzbuchs, in: *Dauner-Lieb/Konzen/Schmidt*, Das neue Schuldrecht in der Praxis: Akzente, Brennpunkte, Ausblick (2003), S. 25 ff.

ders.: Die Schuldrechtsmodernisierung im Kontext des Europarechts, in: *Ernst/Zimmermann*, Zivilrechtswissenschaft und Schuldrechtsreform – Zum

Diskussionsentwurf eines Schuldrechtsmodernisierungsgesetzes des Bundesministeriums der Justiz (2001), S. 225 ff.

ders.: Europäischer Verbraucherschutz und BGB, Juristenzeitung 2001, S. 475 ff.

ders.: Der nationale Transformationsakt: Vom Punktuellen zum Systematischen, in: *Grundmann/Medicus/Rolland*, Europäisches Kaufgewährleistungsrecht, Reform und Internationalisierung des deutschen Schuldrechts (2000), S. 113 ff.

ders.: Europäisches Recht und nationales Recht, in: 50 Jahre BGH: Festgabe aus der Wissenschaft (2000), Band 2, S. 847 ff.

Sack, Jörn: Zur zukünftigen europäischen Gerichtsbarkeit nach Nizza, Europäische Zeitschrift für Wirtschaftsrecht 2001, S. 77 ff.

Schenke, Wolf-Rüdiger: Die verfassungsrechtliche Problematik dynamischer Verweisungen, Neue Juristische Wochenschrift 1980, S. 743 ff.

Schermaier, Martin: Dokumentation: Die Umsetzung der Verbrauchsgüterkaufrichtlinie in Europa – Synopse der Umsetzungen in 12 Mitgliedstaaten und der Sprachfassungen der Richtlinie (En / Fr / It / De / Es), in: *ders.*, Verbraucherkauf in Europa: altes Gewährleistungsrecht und die Umsetzung der Richtlinie 1999/44/EG (2003)

Scherzberg, Arno: Die innerstaatlichen Wirkungen von EG-Richtlinien, Juristische Ausbildung 1993, S. 225 ff.

Schilling, Theodor: Gleichheitssatz und Inländerdiskriminierung, Juristenzeitung 1994, S. 8 ff.

Schmidt, Marek: Privatrechtsangleichende EU-Richtlinien und nationale Auslegungsmethoden, RabelsZ Bd. 59 (1995), S. 569 ff.

Schmidt-Räntsch, Jürgen: Gedanken zur Umsetzung der kommenden Kaufrechts-Richtlinie, Zeitschrift für Europäisches Privatrecht 1999, S. 295 ff.

ders.: Zum Stand der Kaufrechtsrichtlinie, Zeitschrift für Wirtschaftsrecht 1998, S. 849 ff.

Schnorbus, York: Autonome Harmonisierung in den Mitgliedstaaten durch die Inkorporation von Gemeinschaftsrecht, RabelsZ Bd. 65 (2001), S. 654 ff.

ders.: Die richtlinienkonforme Rechtsfortbildung im nationalen Privatrecht, Archiv für die civilistische Praxis Bd. 201 (2001), S. 860 ff.

Scholz, Franz Josef: Anmerkungen zum neuen Verbraucherkreditgesetz, Monatsschrift für deutsches Recht 1991, S. 191 ff.

Scholz, Rupert: Zum Verhältnis von europäischem Gemeinschaftsrecht und nationalem Verwaltungsverfahrensrecht, Die Öffentliche Verwaltung 1998, S. 261 ff.

Schöne, Torsten: Das Aktienrecht als „Maß aller Dinge" im neuen Umwandlungsrecht?, GmbH-Rundschau 1995, S. 325 ff.

Schulze, Götz: Gemeinschaftsrechtliche Staatshaftung für judikatives Unrecht, Zeitschrift für europäisches Privatrecht 2004, S. 1051 ff.

Schulze, Reiner: Einführung, in: *ders.*, Auslegung europäischen Privatrechts und angeglichenen Rechts (1999), S. 9 ff.

ders.: Vergleichende Gesetzesauslegung und Rechtsangleichung, Zeitschrift für Rechtsvergleichung 1997, S. 183 ff.

ders./ Schulte-Nölke, Hans: Schuldrechtsreform und Gemeinschaftsrecht, in: *dies.*, Die Schuldrechtsreform vor dem Hintergrund des Gemeinschaftsrechts (2001), S. 3 ff.

Schulze-Osterloh, Joachim: Deutsches Bilanzrecht und Ertragsteuerrecht vor dem Europäischen Gerichtshof, Deutsche Steuer-Zeitung 1997, S. 281 ff.

ders.: Vorabentscheidungen des Europäischen Gerichtshofs zum Handelsbilanzrecht – zugleich Besprechung der Entscheidung BGH ZiP 1994, 1259, Zeitschrift für Unternehmens- und Gesellschaftsrecht 1995, S. 170 ff.

Schwartz, Ivo E.: Perspektiven der Angleichung des Privatrechts in der Europäischen Gemeinschaft, Zeitschrift für europäisches Privatrecht 1994, S. 559 ff.

ders.: 30 Jahre Rechtsangleichung, in: Festschrift für Hans von der Groeben zu seinem 80. Geburtstag (1987), S. 333 ff.

Schwartze, Andreas: Perspektiven für eine zukünftige Sachmängelgewährleistung in Europa – Rechtsvergleichende und funktionale Betrachtung der Verbrauchsgüterkauf-Richtlinie vor ihrer Umsetzung in den Mitgliedstaaten, Zeitschrift für Europäisches Privatrecht 2000, S. 544 ff.

Schwarz, Hans-Detlef: Das neue Umwandlungsrecht, Deutsches Steuerrecht 1994, S. 1694 ff.

Sefton-Green, Ruth: The implementation of the directive on guarantees in France (Die Umsetzung der Richtlinie über Gewährleistungen in Frankreich), in: *Schermaier,* Verbraucherkauf in Europa: altes Gewährleistungsrecht und die Umsetzung der Richtlinie 1999/44/EG (2003), S. 225 ff.

Seidel, Martin: Mindestharmonisierung im Binnenmarkt – Stellungnahme, in: *Everling/Roth*, Mindestharmonisierung im Europäischen Binnenmarkt: Referate des 7. Bonner Europa-Symposions vom 27. April 1996 (1997), S. 39 ff.

Spetzler, Eugen: Die richtlinienkonforme Auslegung als vorrangige Methode steuerjuristischer Hermeneutik, Recht der internationalen Wirtschaft 1991, S. 579 ff.

Staudenmayer, Dirk: EG-Richtlinie 1999/44/EG zur Vereinheitlichung des Kaufgewährleistungsrechts, in: *Grundmann/Medicus/Rolland*, Europäisches Kaufgewährleistungsrecht, Reform und Internationalisierung des deutschen Schuldrechts (2000), S. 27 ff.

ders.: The Directive on the Sale of Consumer Goods and Associated Guarantees – A Milestone in the European Consumer and Private Law, European Review of Private Law 2000, S. 547 ff.

ders.: Die Richtlinien des Verbraucherprivatrechts – Bausteine für ein europäisches Privatrecht?, in: *Schulte-Nölke*, Europäische Rechtsangleichung und nationale Privatrechte (1999), S. 63 ff.

ders.: Die EG-Richtlinie über den Verbrauchsgüterkauf, Neue Juristische Wochenschrift 1999, S. 2393 ff.

Staudinger, Ansgar: Der Widerruf bei Haustürgeschäften: eine unendliche Geschichte?, Neue Juristische Wochenschrift 2002, S. 653 ff.

Steindorff, Ernst: EG-Richtlinien und Illusionen, in: Festschrift für Ulrich Everling (1995), Bd. II, S. 1455 ff.

Streinz, Rudolf: Mindestharmonisierung im Binnenmarkt, in: *Everling/Roth*, Mindestharmonisierung im Europäischen Binnenmarkt: Referate des 7. Bonner Europa-Symposions vom 27. April 1996 (1997), S. 9 ff.

ders.: Staatshaftung für Verletzungen primären Gemeinschaftsrechts durch die Bundesrepublik Deutschland, Europäische Zeitschrift für Wirtschaftsrecht 1993, S. 599 ff.

ders./ Leible, Stefan: Die Zukunft des Gerichtssystems der Europäischen Gemeinschaft – Reflexionen über Reflexionspapiere, Europäisches Wirtschafts- und Steuerrecht 2001, S. 1 ff.

Taschner, Hans Claudius: Mindestharmonisierung im Verbraucherschutzrecht, in: *Everling/Roth*, Mindestharmonisierung im Europäischen Binnenmarkt: Referate des 7. Bonner Europa-Symposions vom 27. April 1996 (1997), S. 159 ff.

Tomuschat, Christian: Das Francovich-Urteil des EuGH: ein Lehrstück zum Europarecht, in: Festschrift für Ulrich Everling (1995), Bd. II, S. 1585 ff.

Tröger, Tobias: Zum Systemdenken im Europäischen Schuldvertragsrecht – Probleme der Rechtsangleichung durch Richtlinien am Beispiel der Verbrauchsgüterkauf-Richtlinie –, Zeitschrift für europäisches Privatrecht 2003, S. 525 ff.

Ulmer, Peter: Vom deutschen zum europäischen Privatrecht?, Juristenzeitung 1992, S. 1 ff.

Waelbroeck, Denis: Nizza oder Janusdilemma: Für oder gegen eine zweiköpfige Gerichtsbarkeitsstruktur für Vorabentscheidungsverfahren?, in: *Everling,* Die Zukunft der Europäischen Gerichtsbarkeit nach Nizza (2003), S. 71 ff.

Wank, Rolf: Die Rechtsfortbildung durch den Europäischen Gerichtshof, in: Festschrift zum 70. Geburtstag von Eugen Stahlhacke (1995), S. 633 ff.

Wassermeyer, Franz: Die Verpflichtung der obersten Bundesgerichte zur Vorlage von Bilanzierungsfragen an den EuGH, in: Festschrift für Marcus Lutter zum 70. Geburtstag (2000), S. 1633 ff.

Weber-Grellet, Heinrich: Anmerkung zum Urteil des EuGH vom 7.1.2003, Rs. C-306/99 *(BIAO),* Deutsches Steuerrecht 2003, S. 67 ff.

ders.: Europäisiertes Steuerrecht? Stand und Entwicklung, Steuer und Wirtschaft 1995, S. 336 ff.

Weiß, Wolfgang: Die Einschränkungen der zeitlichen Wirkungen von Vorabentscheidungen nach Art. 177 EGV, Europarecht 1995, S. 377 ff.

Welser, Rudolf/ Jud, Brigitta: Zur Reform des Gewährleistungsrechts, The European directive concerning purchase of consumer goods and its implications for a new warranty law, Verhandlungen des 14. österreichischen Juristentags, Band II/1 – Bürgerliches Recht (2000), S. 49 ff.

Westermann, Harm Peter: Das neue Kaufrecht, Neue Juristische Wochenschrift 2002, S. 241 ff.

ders.: Das neue Kaufrecht einschließlich des Verbrauchsgüterkaufs, Juristenzeitung 2001, S. 530 ff.

ders.: Vorschlag für eine Einpassung der Kaufgewährleistungs-Richtlinie ins deutsche Recht, in: *Grundmann/Medicus/Rolland*, Europäisches Kaufgewährleistungsrecht, Reform und Internationalisierung des deutschen Schuldrechts (2000), S. 251 ff.

Zaccaria, Alessio: Einführung: Wege zu einer Harmonisierung des Privatrechts in Europa, in: *Canaris/ders.*, Die Umsetzung von zivilrechtlichen Richtlinien der Europäischen Gemeinschaft in Italien und Deutschland (2002), S. 9 ff.

Zimmer, Daniel: Das geplante Kaufrecht, in: *Ernst/Zimmermann*, Zivilrechtswissenschaft und Schuldrechtsreform – Zum Diskussionsentwurf eines Schuldrechtsmodernisierungsgesetzes des Bundesministeriums der Justiz (2001), S. 191 ff.

Zuleeg, Manfred: Die gemeinschaftskonforme Auslegung und Fortbildung mitgliedstaatlichen Rechts, in: *Schulze*, Auslegung europäischen Privatrechts und angeglichenen Rechts (1999), S. 163 ff.

Anhang 1:

Richtlinie 1999/44/EG des Europäischen Parlaments und des Rates vom 25. Mai 1999 zu bestimmten Aspekten des Verbrauchsgüterkaufs und der Garantien für Verbrauchsgüter

Amtsblatt Nr. L 171 vom 07/07/1999 S. 0012 - 0016

RICHTLINIE 1999/44/EG DES EUROPÄISCHEN PARLAMENTS UND DES RATES
vom 25. Mai 1999
zu bestimmten Aspekten des Verbrauchsgüterkaufs und der Garantien für Verbrauchsgüter

DAS EUROPÄISCHE PARLAMENT UND DER RAT DER EUROPÄISCHEN UNION –
gestützt auf den Vertrag zur Gründung der Europäischen Gemeinschaft, insbesondere auf Artikel 95,
auf Vorschlag der Kommission (1),
nach Stellungnahme des Wirtschafts- und Sozialausschusses (2),
gemäß dem Verfahren des Artikels 251 des Vertrags, aufgrund des vom Vermittlungsausschuß am 18. März 1999 gebilligten gemeinsamen Entwurfs (3),
in Erwägung nachstehender Gründe:

(1) Nach Artikel 153 Absätze 1 und 3 des Vertrags leistet die Gemeinschaft durch die Maßnahmen, die sie nach Artikel 95 des Vertrags erläßt, einen Beitrag zur Erreichung eines hohen Verbraucherschutzniveaus.

(2) Der Binnenmarkt umfaßt einen Raum ohne Binnengrenzen, in dem der freie Verkehr von Waren, Personen, Dienstleistungen und Kapital gewährleistet ist. Der freie Warenverkehr betrifft nicht nur den gewerblichen Handel, sondern auch Privatpersonen. Dies bedeutet, daß es den Verbrauchern aus einem Mitgliedstaat möglich sein muß, auf der Grundlage angemessener einheitlicher Mindestvorschriften über den Kauf von Verbrauchsgütern im Hoheitsgebiet eines anderen Mitgliedstaats frei einzukaufen.

(3) Die Rechtsvorschriften der Mitgliedstaaten über den Kauf von Verbrauchsgütern weisen Unterschiede auf; dies hat zur Folge, daß die einzelstaatlichen Absatzmärkte für Verbrauchsgüter uneinheitlich sind und bei den Verkäufern Wettbewerbsverzerrungen eintreten können.

(4) Dem Verbraucher, der die Vorzüge des Binnenmarkts dadurch nutzen möchte, daß er sich Waren in einem anderen Mitgliedstaat als in seinem Wohnsitzland beschafft, fällt eine fundamentale Aufgabe bei der Vollendung des Binnenmarkts zu; es muß verhindert werden, daß neue künstliche Grenzen entstehen und die Märkte abgeschottet werden. Die Möglichkeiten der Verbraucher haben durch die neuen Kommunikationstechnologien, die einen leichten Zugang zu den Vertriebssystemen in anderen Mitgliedstaaten oder in Drittländern bieten, deutlich zugenommen. Ohne eine Mindestharmonisierung der Bestimmungen über den Verbrauchsgüterkauf könnte die Weiterentwicklung des Warenkaufs mit Hilfe der neuen Fernkommunikationstechniken behindert werden.

(5) Die Schaffung eines gemeinsamen Mindestsockels von Verbraucherrechten, die unabhängig vom Ort des Kaufs der Waren in der Gemeinschaft gelten, stärkt das Vertrauen der Verbraucher und gestattet es ihnen, die durch die Schaffung des Binnenmarkts gebotenen Vorzüge besser zu nutzen.

(6) Schwierigkeiten der Verbraucher und Konflikte mit den Verkäufern haben ihre Ursache vor allem in der Vertragswidrigkeit von Waren. Infolgedessen erweist sich eine Angleichung der einzelstaatlichen Rechtsvorschriften über den Verbrauchsgüterkauf in dieser Hinsicht als geboten. Eine solche Angleichung darf jedoch nicht die Bestimmungen und Grundsätze des innerstaatlichen Rechts über die Regelung der vertraglichen und außervertraglichen Haftung beeinträchtigen.

(7) Waren müssen vor allem vertragsgemäß sein. Der Grundsatz der Vertragsmäßigkeit kann als gemeinsames Element der verschiedenen einzelstaatlichen Rechtstraditionen betrachtet werden. Im Rahmen bestimmter einzelstaatlicher Rechtstraditionen ist es möglicherweise nicht möglich, sich allein auf diesen Grundsatz zu stützen, um ein Mindestmaß an Verbraucherschutz zu gewährleisten. Insbesondere im Rahmen solcher Rechtstraditionen könnte es nützlich sein, zusätzliche innerstaatliche Bestimmungen vorzusehen, um den Verbraucherschutz für den Fall zu gewährleisten, daß die Parteien sich entweder nicht auf spezifische Vertragsklauseln geeinigt haben oder aber Vertragsklauseln vorgesehen oder Vereinbarungen getroffen haben, aufgrund deren die Rechte des Verbrauchers unmittelbar oder mittelbar außer Kraft gesetzt oder eingeschränkt werden. Soweit sich diese Rechte aus dieser Richtlinie ergeben, sind solche Vertragsklauseln oder Vereinbarungen für den Verbraucher nicht bindend.

(8) Um die Anwendung des Grundsatzes der Vertragsmäßigkeit zu erleichtern, ist es sinnvoll, eine widerlegbare Vermutung der Vertragsmäßigkeit einzuführen, die die meisten normalen Situationen abdeckt. Diese Vermutung stellt keine Einschränkung des Grundsatzes der Vertragsfreiheit dar. In Ermangelung spezi-

fischer Vertragsklauseln sowie im Fall der Anwendung der Mindestschutzklausel können die in dieser Vermutung genannten Elemente verwendet werden, um die Vertragswidrigkeit der Waren zu bestimmen. Die Qualität und die Leistung, die der Verbraucher vernünftigerweise erwarten kann, hängen unter anderem davon ab, ob die Güter neu oder gebraucht sind. Die in der Vermutung genannten Elemente gelten kumulativ. Ist ein bestimmtes Element aufgrund der Umstände des betreffenden Falls offenkundig unanwendbar, so behalten die übrigen Elemente der Vermutung dennoch ihre Gültigkeit.

(9) Der Verkäufer muß dem Verbraucher gegenüber unmittelbar für die Vertragsmäßigkeit der Güter haften. Dieser klassische Grundsatz ist in den Rechtsvorschriften der Mitgliedstaaten verankert. Der Verkäufer muß allerdings nach Maßgabe des innerstaatlichen Rechts den Hersteller, einen früheren Verkäufer innerhalb derselben Vertragskette oder eine andere Zwischenperson in Regreß nehmen können, es sei denn, daß er auf dieses Recht verzichtet hat. Diese Richtlinie berührt nicht den Grundsatz der Vertragsfreiheit in den Beziehungen zwischen dem Verkäufer, dem Hersteller, einem früheren Verkäufer oder einer anderen Zwischenperson. Die einzelstaatlichen Rechtsvorschriften bestimmen, gegen wen und wie der Verkäufer Regreß nehmen kann.

(10) Bei Vertragswidrigkeit eines Gutes muß der Verbraucher das Recht haben, die unentgeltliche Herstellung des vertragsgemäßen Zustands des Gutes zu verlangen, wobei er zwischen einer Nachbesserung und einer Ersatzlieferung wählen kann; andernfalls muß er Anspruch auf Minderung des Kaufpreises oder auf Vertragsauflösung haben.

(11) Zunächst kann der Verbraucher vom Verkäufer die Nachbesserung des Gutes oder eine Ersatzlieferung verlangen, es sei denn, daß diese Abhilfen unmöglich oder unverhältnismäßig wären. Ob eine Abhilfe unverhältnismäßig ist, müßte objektiv festgestellt werden. Unverhältnismäßig sind Abhilfen, die im Vergleich zu anderen unzumutbare Kosten verursachen; bei der Beantwortung der Frage, ob es sich um unzumutbare Kosten handelt, sollte entscheidend sein, ob die Kosten der Abhilfe deutlich höher sind als die Kosten einer anderen Abhilfe.

(12) In Fällen von Vertragswidrigkeit kann der Verkäufer dem Verbraucher zur Erzielung einer gütlichen Einigung stets jede zur Verfügung stehende Abhilfemöglichkeit anbieten. Die Entscheidung über die Annahme oder Ablehnung des betreffenden Vorschlags bleibt dem Verbraucher anheimgestellt.

(13) Um es dem Verbraucher zu ermöglichen, den Binnenmarkt zu nutzen und Verbrauchsgüter in einem anderen Mitgliedstaat zu erwerben, sollte empfohlen

werden, daß der Hersteller von Verbrauchsgütern, die in mehreren Mitgliedstaaten verkauft werden, im Interesse des Verbrauchers dem Verbrauchsgut eine Liste mit mindestens einer Ansprechadresse in jedem Mitgliedstaat, in dem die Ware vertrieben wird, beifügt.

(14) Die Bezugnahmen auf den Zeitpunkt der Lieferung bedeuten nicht, daß die Mitgliedstaaten ihre Vorschriften über den Gefahrübergang ändern müssen.

(15) Die Mitgliedstaaten können vorsehen, daß eine dem Verbraucher zu leistende Erstattung gemindert werden kann, um der Benutzung der Ware Rechnung zu tragen, die durch den Verbraucher seit ihrer Lieferung erfolgt ist. Die Regelungen über die Modalitäten der Durchführung der Vertragsauflösung können im innerstaatlichen Recht festgelegt werden.

(16) Gebrauchte Güter können aufgrund ihrer Eigenart im allgemeinen nicht ersetzt werden. Bei diesen Gütern hat der Verbraucher deshalb in der Regel keinen Anspruch auf Ersatzlieferung. Die Mitgliedstaaten können den Parteien gestatten, für solche Güter eine kürzere Haftungsdauer zu vereinbaren.

(17) Es ist zweckmäßig, den Zeitraum, innerhalb dessen der Verkäufer für Vertragswidrigkeiten haftet, die zum Zeitpunkt der Lieferung des Gutes bestanden, zu begrenzen. Die Mitgliedstaaten können ferner eine Frist vorsehen, innerhalb deren die Verbraucher ihre Ansprüche geltend machen können, sofern diese Frist nicht vor Ablauf von zwei Jahren ab dem Zeitpunkt der Lieferung endet. Wird in innerstaatlichen Rechtsvorschriften für den Beginn einer Frist ein anderer Zeitpunkt als die Lieferung des Gutes festgelegt, so darf die Gesamtdauer der in den innerstaatlichen Rechtsvorschriften festgelegten Frist einen Zeitraum von zwei Jahren ab dem Zeitpunkt der Lieferung nicht unterschreiten.

(18) Für den Fall einer Nachbesserung oder einer Ersatzlieferung sowie für den Fall von Verhandlungen zwischen dem Verkäufer und dem Verbraucher über eine gütliche Regelung können die Mitgliedstaaten gemäß ihren innerstaatlichen Rechtsvorschriften gegebenenfalls die Hemmung oder Unterbrechung des Zeitraums, während dessen Vertragswidrigkeiten offenbar werden müssen, und der Verjährungsfrist vorsehen.

(19) Den Mitgliedstaaten sollte die Möglichkeit eingeräumt werden, eine Frist festzusetzen, innerhalb deren die Verbraucher den Verkäufer über Vertragswidrigkeiten unterrichten müssen. Die Mitgliedstaaten können ein höheres Niveau des Verbraucherschutzes gewährleisten, indem sie keine derartige Verpflichtung einführen. In jedem Fall sollten die Verbraucher für die Unterrichtung des Ver-

käufers über das Vorliegen einer Vertragswidrigkeit überall in der Gemeinschaft über einen Zeitraum von mindestens zwei Monaten verfügen.

(20) Die Mitgliedstaaten sollten vorbeugende Maßnahmen ergreifen, damit eine solche Unterrichtungsfrist die Verbraucher bei grenzüberschreitenden Käufen nicht benachteiligt. Alle Mitgliedstaaten sollten die Kommission über ihre in bezug auf diese Bestimmung gewählte Lösung unterrichten. Die Kommission sollte die Auswirkungen der unterschiedlichen Anwendung dieser Bestimmung auf die Verbraucher und den Binnenmarkt beobachten. Informationen über die von einem Mitgliedstaat gewählte Lösung sollten den übrigen Mitgliedstaaten, den Verbrauchern und den Verbraucherorganisationen gemeinschaftsweit zugänglich gemacht werden. Daher sollte im Amtsblatt der Europäischen Gemeinschaften eine Übersicht über die Lage in allen Mitgliedstaaten veröffentlicht werden.

(21) Bei bestimmten Warengattungen ist es üblich, daß die Verkäufer oder die Hersteller auf ihre Erzeugnisse Garantien gewähren, die die Verbraucher gegen alle Mängel absichern, die innerhalb einer bestimmten Frist offenbar werden können. Diese Praxis kann zu mehr Wettbewerb am Markt führen. Solche Garantien stellen zwar rechtmäßige Marketinginstrumente dar, sollten jedoch den Verbraucher nicht irreführen. Um sicherzustellen, daß der Verbraucher nicht irregeführt wird, sollten die Garantien bestimmte Informationen enthalten, unter anderem eine Erklärung, daß die Garantie nicht die gesetzlichen Rechte des Verbrauchers berührt.

(22) Die Vertragsparteien dürfen die den Verbrauchern eingeräumten Rechte nicht durch Vereinbarung einschränken oder außer Kraft setzen, da dies den gesetzlichen Schutz aushöhlen würde. Dieser Grundsatz hat auch für Klauseln zu gelten, denen zufolge dem Verbraucher jede zum Zeitpunkt des Vertragsschlusses bestehende Vertragswidrigkeit des Verbrauchsguts bekannt war. Der dem Verbraucher aufgrund dieser Richtlinie gewährte Schutz darf nicht dadurch geschmälert werden, daß das Recht eines Nichtmitgliedstaats als das auf den betreffenden Vertrag anzuwendende Recht gewählt worden ist.

(23) Die diesbezüglichen Rechtsvorschriften und die Rechtsprechung der Mitgliedstaaten zeugen von dem zunehmenden Bemühen, den Verbrauchern ein hohes Schutzniveau zu gewährleisten. Angesichts dieser Entwicklung und der zu erwartenden Erfahrung mit der Durchführung dieser Richtlinie kann es sich als notwendig erweisen, eine stärkere Harmonisierung in Erwägung zu ziehen, die insbesondere eine unmittelbare Haftung des Herstellers für ihm zuzuschreibende Mängel vorsieht.

(24) Die Mitgliedstaaten sollten auf dem unter diese Richtlinie fallenden Gebiet strengere Bestimmungen zur Gewährleistung eines noch höheren Verbraucherschutzniveaus erlassen oder beibehalten können.

(25) Entsprechend der Empfehlung der Kommission vom 30. März 1998 betreffend die Grundsätze für Einrichtungen, die für die außergerichtliche Beilegung von Verbraucherrechtsstreitigkeiten zuständig sind (4), können die Mitgliedstaaten Einrichtungen schaffen, die eine unparteiische und effiziente Beschwerdebehandlung im nationalen und grenzüberschreitenden Rahmen gewährleisten und die von den Verbrauchern als Vermittler in Anspruch genommen werden können.

(26) Zum Schutz der Kollektivinteressen der Verbraucher ist es angebracht, diese Richtlinie in das im Anhang der Richtlinie 98/27/EG des Europäischen Parlaments und des Rates vom 19. Mai 1998 über Unterlassungsklagen zum Schutz der Verbraucherinteressen (5) enthaltene Richtlinienverzeichnis aufzunehmen –

HABEN FOLGENDE RICHTLINIE ERLASSEN:

Artikel 1

Geltungsbereich und Begriffsbestimmungen

(1) Zweck dieser Richtlinie ist die Angleichung der Rechts- und Verwaltungsvorschriften der Mitgliedstaaten zu bestimmten Aspekten des Verbrauchsgüterkaufs und der Garantien für Verbrauchsgüter zur Gewährleistung eines einheitlichen Verbraucherschutz-Mindestniveaus im Rahmen des Binnenmarkts.

(2) Im Sinne dieser Richtlinie bezeichnet der Ausdruck

a) „Verbraucher“ jede natürliche Person, die im Rahmen der unter diese Richtlinie fallenden Verträge zu einem Zweck handelt, der nicht ihrer beruflichen oder gewerblichen Tätigkeit zugerechnet werden kann;
b) „Verbrauchsgüter“ bewegliche körperliche Gegenstände, mit Ausnahme von
- Gütern, die aufgrund von Zwangsvollstreckungsmaßnahmen oder anderen gerichtlichen Maßnahmen verkauft werden,
- Wasser und Gas, wenn sie nicht in einem begrenzten Volumen oder in einer bestimmten Menge abgefuellt sind,
- Strom;
c) „Verkäufer“ jede natürliche oder juristische Person, die aufgrund eines Vertrags im Rahmen ihrer beruflichen oder gewerblichen Tätigkeit Verbrauchsgüter verkauft;

d) „Hersteller“ den Hersteller von Verbrauchsgütern, deren Importeur für das Gebiet der Gemeinschaft oder jede andere Person, die sich dadurch, daß sie ihren Namen, ihre Marke oder ein anderes Kennzeichen an den Verbrauchsgütern anbringt, als Hersteller bezeichnet;
e) „Garantie“ jede von einem Verkäufer oder Hersteller gegenüber dem Verbraucher ohne Aufpreis eingegangene Verpflichtung, den Kaufpreis zu erstatten, das Verbrauchsgut zu ersetzen oder nachzubessern oder in sonstiger Weise Abhilfe zu schaffen, wenn das Verbrauchsgut nicht den in der Garantieerklärung oder in der einschlägigen Werbung genannten Eigenschaften entspricht;
f) „Nachbesserung“ bei Vertragswidrigkeit die Herstellung des vertragsgemäßen Zustands des Verbrauchsgutes.

(3) Die Mitgliedstaaten können festlegen, daß unter „Verbrauchsgütern“ keine gebrauchten Güter zu verstehen sind, die in einer öffentlichen Versteigerung verkauft werden, bei der die Verbraucher die Möglichkeit haben, dem Verkauf persönlich beizuwohnen.

(4) Als Kaufverträge im Sinne dieser Richtlinie gelten auch Verträge über die Lieferung herzustellender oder zu erzeugender Verbrauchsgüter.

Artikel 2

Vertragsmäßigkeit

(1) Der Verkäufer ist verpflichtet, dem Verbraucher dem Kaufvertrag gemäße Güter zu liefern.

(2) Es wird vermutet, daß Verbrauchsgüter vertragsgemäß sind, wenn sie

a) mit der vom Verkäufer gegebenen Beschreibung übereinstimmen und die Eigenschaften des Gutes besitzen, das der Verkäufer dem Verbraucher als Probe oder Muster vorgelegt hat;
b) sich für einen bestimmten vom Verbraucher angestrebten Zweck eignen, den der Verbraucher dem Verkäufer bei Vertragsschluß zur Kenntnis gebracht hat und dem der Verkäufer zugestimmt hat;
c) sich für die Zwecke eignen, für die Güter der gleichen Art gewöhnlich gebraucht werden;
d) eine Qualität und Leistungen aufweisen, die bei Gütern der gleichen Art üblich sind und die der Verbraucher vernünftigerweise erwarten kann, wenn die Beschaffenheit des Gutes und gegebenenfalls die insbesondere in der Werbung oder bei der Etikettierung gemachten öffentlichen Äußerungen des Verkäufers,

des Herstellers oder dessen Vertreters über die konkreten Eigenschaften des Gutes in Betracht gezogen werden.

(3) Es liegt keine Vertragswidrigkeit im Sinne dieses Artikels vor, wenn der Verbraucher zum Zeitpunkt des Vertragsschlusses Kenntnis von der Vertragswidrigkeit hatte oder vernünftigerweise nicht in Unkenntnis darüber sein konnte oder wenn die Vertragswidrigkeit auf den vom Verbraucher gelieferten Stoff zurückzuführen ist.

(4) Der Verkäufer ist durch die in Absatz 2 Buchstabe d) genannten öffentlichen Äußerungen nicht gebunden, wenn er
- nachweist, daß er die betreffende Äußerung nicht kannte und vernünftigerweise nicht davon Kenntnis haben konnte,
- nachweist, daß die betreffende Äußerung zum Zeitpunkt des Vertragsschlusses berichtigt war, oder
- nachweist, daß die Kaufentscheidung nicht durch die betreffende Äußerung beeinflußt sein konnte.

(5) Ein Mangel infolge unsachgemäßer Montage des Verbrauchsgutes wird der Vertragswidrigkeit gleichgestellt, wenn die Montage Bestandteil des Kaufvertrags über das Verbrauchsgut war und vom Verkäufer oder unter dessen Verantwortung vorgenommen wurde. Das gleiche gilt, wenn das zur Montage durch den Verbraucher bestimmte Erzeugnis vom Verbraucher montiert worden ist und die unsachgemäße Montage auf einen Mangel in der Montageanleitung zurückzuführen ist.

Artikel 3

Rechte des Verbrauchers

(1) Der Verkäufer haftet dem Verbraucher für jede Vertragswidrigkeit, die zum Zeitpunkt der Lieferung des Verbrauchsgutes besteht.

(2) Bei Vertragswidrigkeit hat der Verbraucher entweder Anspruch auf die unentgeltliche Herstellung des vertragsgemäßen Zustands des Verbrauchsgutes durch Nachbesserung oder Ersatzlieferung nach Maßgabe des Absatzes 3 oder auf angemessene Minderung des Kaufpreises oder auf Vertragsauflösung in bezug auf das betreffende Verbrauchsgut nach Maßgabe der Absätze 5 und 6.

(3) Zunächst kann der Verbraucher vom Verkäufer die unentgeltliche Nachbesserung des Verbrauchsgutes oder eine unentgeltliche Ersatzlieferung verlangen, sofern dies nicht unmöglich oder unverhältnismäßig ist.

Eine Abhilfe gilt als unverhältnismäßig, wenn sie dem Verkäufer Kosten verursachen würde, die
- angesichts des Werts, den das Verbrauchsgut ohne die Vertragswidrigkeit hätte,
- unter Berücksichtigung der Bedeutung der Vertragswidrigkeit und
- nach Erwägung der Frage, ob auf die alternative Abhilfemöglichkeit ohne erhebliche Unannehmlichkeiten für den Verbraucher zurückgegriffen werden könnte,

verglichen mit der alternativen Abhilfemöglichkeit unzumutbar wären.
Die Nachbesserung oder die Ersatzlieferung muß innerhalb einer angemessenen Frist und ohne erhebliche Unannehmlichkeiten für den Verbraucher erfolgen, wobei die Art des Verbrauchsgutes sowie der Zweck, für den der Verbraucher das Verbrauchsgut benötigte, zu berücksichtigen sind.

(4) Der Begriff „unentgeltlich" in den Absätzen 2 und 3 umfaßt die für die Herstellung des vertragsgemäßen Zustands des Verbrauchsgutes notwendigen Kosten, insbesondere Versand-, Arbeits- und Materialkosten.

(5) Der Verbraucher kann eine angemessene Minderung des Kaufpreises oder eine Vertragsauflösung verlangen,
- wenn der Verbraucher weder Anspruch auf Nachbesserung noch auf Ersatzlieferung hat oder
- wenn der Verkäufer nicht innerhalb einer angemessenen Frist Abhilfe geschaffen hat oder
- wenn der Verkäufer nicht ohne erhebliche Unannehmlichkeiten für den Verbraucher Abhilfe geschaffen hat.

(6) Bei einer geringfügigen Vertragswidrigkeit hat der Verbraucher keinen Anspruch auf Vertragsauflösung.

Artikel 4

Rückgriffsrechte

Haftet der Letztverkäufer dem Verbraucher aufgrund einer Vertragswidrigkeit infolge eines Handelns oder Unterlassens des Herstellers, eines früheren Verkäufers innerhalb derselben Vertragskette oder einer anderen Zwischenperson, so kann der Letztverkäufer den oder die Haftenden innerhalb der Vertragskette in Regreß nehmen. Das innerstaatliche Recht bestimmt den oder die Haftenden, den oder die der Letztverkäufer in Regreß nehmen kann, sowie das entsprechende Vorgehen und die Modalitäten.

Artikel 5

Fristen

(1) Der Verkäufer haftet nach Artikel 3, wenn die Vertragswidrigkeit binnen zwei Jahren nach der Lieferung des Verbrauchsgutes offenbar wird. Gilt nach dem innerstaatlichen Recht für die Ansprüche nach Artikel 3 Absatz 2 eine Verjährungsfrist, so endet sie nicht vor Ablauf eines Zeitraums von zwei Jahren ab dem Zeitpunkt der Lieferung.

(2) Die Mitgliedstaaten können vorsehen, daß der Verbraucher den Verkäufer zur Inanspruchnahme seiner Rechte über die Vertragswidrigkeit binnen zwei Monaten nach dem Zeitpunkt, zu dem er die Vertragswidrigkeit festgestellt hat, unterrichten muß.
Die Mitgliedstaaten unterrichten die Kommission über ihre bezüglich dieses Absatzes gewählte Lösung. Die Kommission überwacht die Auswirkungen dieser den Mitgliedstaaten eingeräumten Möglichkeit auf die Verbraucher und den Binnenmarkt.
Die Kommission erstellt bis zum 7. Januar 2003 einen Bericht über die von den Mitgliedstaaten bezüglich dieses Absatzes gewählte Lösung. Dieser Bericht wird im Amtsblatt der Europäischen Gemeinschaften veröffentlicht.

(3) Bis zum Beweis des Gegenteils wird vermutet, daß Vertragswidrigkeiten, die binnen sechs Monaten nach der Lieferung des Gutes offenbar werden, bereits zum Zeitpunkt der Lieferung bestanden, es sei denn, diese Vermutung ist mit der Art des Gutes oder der Art der Vertragswidrigkeit unvereinbar.

Artikel 6

Garantien

(1) Die Garantie muß denjenigen, der sie anbietet, zu den in der Garantieerklärung und der einschlägigen Werbung angegebenen Bedingungen binden.

(2) Die Garantie muß
- darlegen, daß der Verbraucher im Rahmen der geltenden innerstaatlichen Rechtsvorschriften über den Verbrauchsgüterkauf gesetzliche Rechte hat, und klarstellen, daß diese Rechte von der Garantie nicht berührt werden;
- in einfachen und verständlichen Formulierungen den Inhalt der Garantie und die wesentlichen Angaben enthalten, die für die Inanspruchnahme der Garantie notwendig sind, insbesondere die Dauer und den räumlichen Geltungsbereich des Garantieschutzes sowie Namen und Anschrift des Garantiegebers.

(3) Auf Wunsch des Verbrauchers muß diesem die Garantie schriftlich zur Verfügung gestellt werden oder auf einem anderen dauerhaften Datenträger enthalten sein, der dem Verbraucher zur Verfügung steht und ihm zugänglich ist.

(4) Die Mitgliedstaaten, in denen das Verbrauchsgut in Verkehr gebracht wird, können, soweit dies mit den Vorschriften des Vertrags vereinbar ist, für ihr Gebiet vorschreiben, daß die Garantie in einer oder in mehreren Sprachen abzufassen ist, die der jeweilige Mitgliedstaat unter den Amtssprachen der Gemeinschaft auswählt.

(5) Werden für eine Garantie die Anforderungen der Absätze 2, 3 oder 4 nicht erfuellt, so berührt dies in keinem Fall die Gültigkeit dieser Garantie; der Verbraucher kann sie weiterhin geltend machen und ihre Einhaltung verlangen.

Artikel 7

Unabdingbarkeit

(1) Vertragsklauseln oder mit dem Verkäufer vor dessen Unterrichtung über die Vertragswidrigkeit getroffene Vereinbarungen, durch welche die mit dieser Richtlinie gewährten Rechte unmittelbar oder mittelbar außer Kraft gesetzt oder eingeschränkt werden, sind für den Verbraucher gemäß dem innerstaatlichen Recht nicht bindend.
Im Fall gebrauchter Güter können die Mitgliedstaaten vorsehen, daß der Verkäufer und der Verbraucher sich auf Vertragsklauseln oder Vereinbarungen einigen können, denen zufolge der Verkäufer weniger lange haftet als in Artikel 5 Absatz 1 vorgesehen. Diese kürzere Haftungsdauer darf ein Jahr nicht unterschreiten.

(2) Die Mitgliedstaaten treffen die erforderlichen Maßnahmen, damit dem Verbraucher der durch diese Richtlinie gewährte Schutz nicht dadurch vorenthalten wird, daß das Recht eines Nichtmitgliedstaats als das auf den Vertrag anzuwendende Recht gewählt wird, sofern dieser Vertrag einen engen Zusammenhang mit dem Gebiet der Mitgliedstaaten aufweist.

Artikel 8

Innerstaatliches Recht und Mindestschutz

(1) Andere Ansprüche, die der Verbraucher aufgrund innerstaatlicher Rechtsvorschriften über die vertragliche oder außervertragliche Haftung geltend machen

kann, werden durch die aufgrund dieser Richtlinie gewährten Rechte nicht berührt.

(2) Die Mitgliedstaaten können in dem unter diese Richtlinie fallenden Bereich mit dem Vertrag in Einklang stehende strengere Bestimmungen erlassen oder aufrechterhalten, um ein höheres Schutzniveau für die Verbraucher sicherzustellen.

Artikel 9

Die Mitgliedstaaten ergreifen geeignete Maßnahmen zur Unterrichtung der Verbraucher über das innerstaatliche Recht, mit dem diese Richtlinie umgesetzt wird, und rufen, falls angebracht, Berufsorganisationen dazu auf, die Verbraucher über ihre Rechte zu unterrichten.

Artikel 10

Der Anhang der Richtlinie 98/27/EG wird wie folgt ergänzt: „10. Richtlinie 1999/44/EG des Europäischen Parlaments und des Rates vom 25. Mai 1999 zu bestimmten Aspekten des Verbrauchsgüterkaufs und der Garantien für Verbrauchsgüter (ABl. L 171 vom 7.7.1999, S. 12)."

Artikel 11

Umsetzung

(1) Die Mitgliedstaaten setzen die Rechts- und Verwaltungsvorschriften in Kraft, die erforderlich sind, um dieser Richtlinie spätestens ab dem 1. Januar 2002 nachzukommen. Sie setzen die Kommission unverzüglich davon in Kenntnis.
Wenn die Mitgliedstaaten diese Vorschriften erlassen, nehmen sie in den Vorschriften selbst oder durch einen Hinweis bei der amtlichen Veröffentlichung auf diese Richtlinie Bezug. Die Mitgliedstaaten regeln die Einzelheiten der Bezugnahme.

(2) Die Mitgliedstaaten teilen der Kommission den Wortlaut der innerstaatlichen Rechtsvorschriften mit, die sie auf dem unter diese Richtlinie fallenden Gebiet erlassen.

Artikel 12

Überprüfung

Die Kommission überprüft die Anwendung dieser Richtlinie spätestens zum 7. Juli 2006 und legt dem Europäischen Parlament und dem Rat einen Bericht vor. In dem Bericht ist unter anderem zu prüfen, ob Veranlassung besteht, eine unmittelbare Haftung des Herstellers einzuführen; der Bericht ist gegebenenfalls mit Vorschlägen zu versehen.

Artikel 13

Inkrafttreten

Diese Richtlinie tritt am Tag ihrer Veröffentlichung im Amtsblatt der Europäischen Gemeinschaften in Kraft.

Artikel 14

Diese Richtlinie ist an die Mitgliedstaaten gerichtet.

Geschehen zu Brüssel am 25. Mai 1999.

Im Namen des Europäischen Parlaments

Der Präsident
J. M. GIL-ROBLES

Im Namen des Rates

Der Präsident
H. EICHEL

(1) ABl. C 307 vom 16.10.1996, S. 8, und ABl. C 148 vom 14.5.1998, S. 12.
(2) ABl. C 66 vom 3.3.1997, S. 5.
(3) Stellungnahme des Europäischen Parlaments vom 10. März 1998 (ABl. C 104 vom 6.4.1998, S. 30), Gemeinsamer Standpunkt des Rates vom 24. September 1998 (ABl. C 333 vom 30.10.1998, S. 46) und Beschluß des Europäischen

Parlaments vom 17. Dezember 1998 (ABl. C 98 vom 9.4.1999, S. 226). Beschluß des Europäischen Parlaments vom 5. Mai 1999 und Beschluß des Rates vom 17. Mai 1999.
(4) ABl. L 115 vom 17.4.1998, S. 31.
(5) ABl. L 166 vom 11.6.1998, S. 51.

Anhang 2:

Hinweise des EuGH zur Vorlage von Vorabentscheidungsersuchen durch die innerstaatlichen Gerichte

Die Entwicklung der Rechtsordnung der Gemeinschaft ist zu einem großen Teil das Ergebnis der Zusammenarbeit zwischen dem EuGH und den innerstaatlichen Gerichten im Rahmen des Vorabentscheidungsverfahrens nach Art. 177 EGV und den entsprechenden Bestimmungen des EGKS- und des EAG-Vertrags.

Um diese Zusammenarbeit noch fruchtbarer zu gestalten und so den Erwartungen der innerstaatlichen Gerichte durch sachdienliche Antworten auf die Vorabentscheidungsfragen bestmöglich gerecht zu werden, gibt der Gerichtshof den Beteiligten, insbesondere den innerstaatlichen Gerichten, folgende Hinweise.

Diese dienen ausschließlich der Information: sie haben keinerlei Normcharakter und legen die Bestimmungen über das Vorabentscheidungsverfahren nicht aus. Es handelt sich lediglich um praktische Hinweise, die angesichts der im Vorabentscheidungsverfahren gesammelten Erfahrungen nützlich sein können, um Schwierigkeiten zu vermeiden, denen sich der Gerichtshof bisweilen gegenüber gesehen hat.

1. Jedes Gericht eines Mitgliedstaats kann den Gerichtshof ersuchen, eine Norm der Verträge oder des abgeleiteten Gemeinschaftsrechts auszulegen, wenn es dies zur Entscheidung eines bei ihm anhängigen Rechtsstreits für erforderlich hält. Die Gerichte, deren Entscheidungen nicht mehr mit Rechtsmitteln des innerstaatlichen Rechts angefochten werden können, sind verpflichtet, dem Gerichtshof die vor ihnen aufgeworfenen Auslegungsfragen vorzulegen, es sei denn, es liegt bereits eine einschlägige Rechtsprechung vor oder die richtige Anwendung des Gemeinschaftsrechts ist offenkundig.

2. Der Gerichtshof entscheidet über die Gültigkeit der Handlungen der Gemeinschaftsorgane. Die innerstaatlichen Gerichte haben die Möglichkeit, die vor ihnen geltend gemachten Ungültigkeitsgründe zurückzuweisen. Dagegen muss jedes innerstaatliche Gericht, auch wenn seine Entscheidungen noch mit einem Rechtsmittel angefochten werden können, den Gerichtshof anrufen, wenn es die Gültigkeit einer Gemeinschaftshandlung in Frage stellen will. Gleichwohl kann das innerstaatliche Gericht, wenn es ernsthafte Zweifel an der Gültigkeit eines Rechtsaktes der Gemeinschaft hat, auf den eine innerstaatliche Maßnahme gestützt ist, ausnahmsweise die Anwendung dieses Rechtsaktes vorläufig aussetzen oder insoweit sonstige einstweilige Maßnahmen treffen. In diesem Fall ist das

Gericht verpflichtet, die Gültigkeitsfrage dem Gerichtshof vorzulegen und dabei die Gründe anzugeben, aus denen es den Gemeinschaftsrechtsakt für ungültig hält.

3. Die Vorabentscheidungsfrage ist auf die Auslegung oder die Gültigkeit einer Gemeinschaftsnorm zu beschränken, da die Auslegung des nationalen Rechts und die Prüfung seiner Gültigkeit nicht in die Zuständigkeit des Gerichtshofes fallen. Für die Anwendung der Gemeinschaftsnormen in dem ihm unterbreiteten Fall ist das vorlegende Gericht zuständig.

4. Die Form des Vorabentscheidungsersuchens (im folgenden „Vorlage“) richtet sich nach den Verfahrensregeln des innerstaatlichen Rechts. Das innerstaatliche Verfahren ist in der Regel bis zur Entscheidung des Gerichtshofes auszusetzen, doch entscheidet hierüber allein das innerstaatliche Gericht im Einklang mit seinem nationalen Recht.

5. Die Vorlage muss von den Dienststellen des Gerichtshofes in die anderen Amtssprachen der Gemeinschaft übersetzt werden. Da Fragen der Auslegung oder der Gültigkeit des Gemeinschaftsrechts meist von allgemeinem Interesse sind, haben die Mitgliedstaaten und die Gemeinschaftsorgane das Recht, sich hierzu zu äußern. Die Vorlage sollte daher so klar und genau wie möglich abgefasst sein.

6. Die Vorlage sollte knapp, aber so umfassend begründet werden, dass der Gerichtshof wie auch die Stellen, denen sie zu übermitteln ist (Mitgliedstaaten, Kommission sowie gegebenenfalls Rat und Europäisches Parlament), den tatsächlichen und rechtlichen Rahmen des Ausgangsverfahrens richtig erfassen können. Sie muss eine Schilderung des Sachverhalts, dessen Kenntnis für das Verständnis der rechtlichen Bedeutung des Ausgangsverfahrens unerlässlich ist, eine Darstellung der eventuell einschlägigen rechtlichen Gesichtspunkte, eine Darstellung der Gründe, die das innerstaatliche Gericht zur Vorlage der Frage veranlasst haben und gegebenenfalls eine Darstellung des Vorbringens der Parteien enthalten; diese Informationen sollen den Gerichtshof in die Lage versetzen, dem innerstaatlichen Gericht eine sachdienliche Antwort zu geben.
Ferner sollten die Akten sowie etwaige für das Verständnis des Rechtsstreits nötige Unterlagen vorgelegt und die einschlägigen innerstaatlichen Rechtsvorschriften im Wortlaut mitgeteilt werden.
Da die der Vorlage beigefügten Akten oder Unterlagen nicht immer vollständig in die verschiedenen Amtssprachen der Gemeinschaft übersetzt werden, sollte das vorlegende Gericht darauf achten, dass sein Vorlagebeschluss alle relevanten Informationen enthält.

7. Das innerstaatliche Gericht kann dem Gerichtshof eine Frage zur Vorabentscheidung vorlegen, wenn es für die Entscheidung des Rechtsstreits auf die Auslegung oder die Gültigkeit des Gemeinschaftsrechts ankommt. Der Gerichtshof entscheidet weder über streitige Sachverhaltsfragen des Ausgangsverfahrens noch über die Auslegung oder die Anwendung des innerstaatlichen Rechts. Die Vorlage sollte daher erst in einem Stadium des innerstaatlichen Verfahrens ergehen, in dem das Gericht in der Lage ist, den tatsächlichen und rechtlichen Rahmen des Problems, und sei es auch nur hypothetisch, zu bestimmen und darzulegen. Es kann im Interesse einer geordneten Rechtspflege liegen, die Vorabentscheidungsfrage erst nach streitiger Verhandlung vorzulegen.

8. Die Vorlage und die relevanten Unterlagen sind vom innerstaatlichen Gericht per Einschreiben unmittelbar an den Gerichtshof/Kanzlei des Gerichtshofes der Europäischen Union (L-2925 Luxemburg, Tel.-Nr. ++352-43031) zu senden. Bis zur Verkündung des Urteils bleibt die Kanzlei des Gerichtshofes in Verbindung mit dem innerstaatlichen Gericht und übermittelt ihm Kopien der anfallenden Verfahrensschriftstücke (schriftliche Erklärungen, Sitzungsbericht und Schlussanträge des Generalanwalts). Der Gerichtshof übermittelt dem vorlegenden Gericht auch das Urteil. Er würde es begrüßen, wenn ihn das innerstaatliche Gericht im weiteren darüber informiert, wie es die Vorabentscheidung im Ausgangsverfahren berücksichtigt hat, und wenn es ihm gegebenenfalls seine Endentscheidung zusendet.

9. Das Vorabentscheidungsverfahren ist gerichtskostenfrei: der Gerichtshof entscheidet nicht über die Kosten der Parteien des Ausgangsverfahrens. Die nationalen Gerichte sind auch ohne einen Antrag der Parteien, also von Amts wegen zur Vorlage einer entscheidungserheblichen Frage des Gemeinschaftsrechts verpflichtet. Es ist jedoch primär Sache der Prozessanwälte, eine derartige Vorlage zu beantragen. Dies sollte in einem Schriftsatz geschehen, der Vorlagefrage und Begründung formuliert.

STUDIEN ZUM VERGLEICHENDEN UND INTERNATIONALEN RECHT

Herausgeber: Bernd von Hoffmann, Erik Jayme und Heinz-Peter Mansel

Band 1 Ferdinand Henke: Die Datenschutzkonvention des Europarates. 1986.

Band 2 Peter Czermak: Der express trust im internationalen Privatrecht. 1986.

Band 3 Peter Kindler: Der Ausgleichsanspruch des Handelsvertreters im deutsch-italienischen Warenverkehr. Eine rechtsvergleichende und kollisionsrechtliche Untersuchung. 1987.

Band 4 Wilhelm Denzer: Stellung und Bedeutung des Engineers in den FIDIC-Bauvertragsbedingungen. 1988.

Band 5 Marijan-Maximilian Lederer: Die internationale Enteignung von Mitgliedschaftsrechten unter besonderer Berücksichtigung der französischen Enteignungen 1982. 1989.

Band 6 Rainer Esser: Klagen gegen ausländische Staaten. 1990.

Band 7 Chang Jae-Ok: Auf dem Weg zu einer Materialisierung des Immateriellen? Personen-, Persönlichkeitsschutz und Geldersatz des immateriellen Schadens in rechtsvergleichender Hinsicht am Beispiel des koreanischen und japanischen Zivilrechts unter besonderer Berücksichtigung des deutschen Rechts. 1990.

Band 8 Paul-Frank Weise: Lex mercatoria. Materielles Recht vor der internationalen Handelsschiedsgerichtbarkeit.1990.

Band 9 Werner Born: Der Auftrittsvertrag für Musikgruppen im Bereich der Rock- und Popmusik. 1990.

Band 10 Ralf Erich Jürgens: IPR und Verfassung in Italien und in der Bundesrepublik Deutschland. 1990.

Band 11 Rainer Gildeggen: Internationale Schieds- und Schiedsverfahrensvereinbarungen in Allgemeinen Geschäftsbedingungen vor deutschen Gerichten. 1991.

Band 12 Klaus Grabinski: Die kollisionsrechtliche Behandlung des Durchgriffs bei rechtlich verselbständigten Unternehmen in privater oder öffentlicher Hand. 1991.

Band 13 Dieter Stummel: Konkurs und Integration. Konventionsrechtliche Wege zur Bewältigung grenzüberschreitender Insolvenzverfahren. 1991.

Band 14 Joachim Güntzer: Die Rechtsstellung des Geschäftsführers im spanischen Aktienrecht. Die Neuregelung des spanischen Aktienrechts nach dem Beitritt Spaniens zur EG. 1991.

Band 15 Sabine Isenburg-Epple: Die Berücksichtigung ausländischer Rechtshängigkeit nach dem Europäischen Gerichtsstands- und Vollstreckungsübereinkommen vom 27.9.1968. Untersuchungen zum Anwendungsbereich von Art. 21 EuGVÜ unter schwerpunktmäßiger Behandlung der Frage nach der Bestimmung eines europäischen Streitgegenstandsbegriffs. 1992.

Band 16 Ulrich Nickl: Die Qualifikation der culpa in contrahendo im Internationalen Privatrecht. 1992.

Band 17 Theo Rauh: Leistungserschwerungen im Schuldvertrag. Eine rechtsvergleichende Untersuchung des englischen, US-amerikanischen, französischen und deutschen Rechts unter besonderer Berücksichtigung der gerichtlichen Praxis. 1992.

Band 18 Bernadette Chaussade-Klein: Vorvertragliche "obligation de renseignements" im französichen Recht. 1992.

Band 19 Josef Sievers: Verbraucherschutz gegen unlautere Vertragsbedingungen im französischen Recht. Vom Code civil zum "Code de la consommation" – die Entstehung eines Sonderprivatrechts für Verbraucher. 1993.

Band 20 Achim Schäfer: Grenzüberschreitende Kreditsicherung an Grundstücken, unter besonderer Berücksichtigung des deutschen und italienischen Rechts. 1993.

Band 21 Eugenio Hernández-Breton: Internationale Gerichtsstandsklauseln in Allgemeinen Geschäftsbedingungen. Unter besonderer Berücksichtigung des deutsch-südamerikanischen Rechtsverkehrs (dargestellt am Beispiel Argentinien, Brasilien und Venezuela). 1993.

Band 22 Ingo Reng: Unterhaltsansprüche aufgrund nichtehelicher Lebensgemeinschaft – Internationales Privatrecht und ausländisches materielles Recht. 1994.

Band 23 Stefanie Roloff: Die Geltendmachung ausländischer öffentlicher Ansprüche im Inland. 1994.

Band 24 Katharina Ludwig: Der Vertragsschluß nach UN-Kaufrecht im Spannungsverhältnis von Common Law und Civil Law. Dargestellt auf der Grundlage der Rechtsordnungen Englands und Deutschlands. 1994.

Band 25 Malte Diesselhorst: Mehrparteienschiedsverfahren. Internationale Schiedsverfahren unter Beteiligung von mehr als zwei Parteien. 1994.

Band 26 Manfred Kost: Konsensprobleme im internationalen Schuldvertragsrecht. 1995.

Band 27 Wolff-Heinrich Fleischer: Das italienische Wettbewerbsrecht und die Probleme des selektiven Parfümvertriebs unter Berücksichtigung der Rechtslage in Frankreich und Deutschland. 1995.

Band 28 Angelika Fuchs: Lateinamerikanische Devisenkontrollen in der internationalen Schuldenkrise und Art. VIII Abschn. 2 b) IWF-Abkommen. 1995.

Band 29 Jacques Matthias Aull: Der Geltungsanspruch des EuGVÜ: "Binnensachverhalte" und Internationales Zivilverfahrensrecht in der Europäischen Union. Zur Auslegung von Art. 17 Abs. 1 S. 1 EuGVÜ. 1996.

Band 30 Hartmut Ost: EVÜ und fact doctrine. Konflikte zwischen europäischer IPR-Vereinheitlichung und der Stellung ausländischen Rechts im angelsächsischen Zivilprozeß. 1996.

Band 31 Stefan Wagner: Die Testierfähigkeit im Internationalen Privatrecht. 1996.

Band 32 Wolfgang Jakob Hau: Positive Kompetenzkonflikte im Internationalen Zivilprozeßrecht. Überlegungen zur Bewältigung von *multi-fora disputes*. 1996.

Band 33 Markus Schütz: UN-Kaufrecht und *Culpa in contrahendo*. 1996.

Band 34 Volker Geyrhalter: Das Lösungsrecht des gutgläubigen Erwerbers. Ein "vergessener" Kompromiß und die Auswirkungen auf das heutige deutsche Recht unter besonderer Berücksichtigung des internationalen Sachenrechts. 1996.

Band 35 Andreas Kramer: Abwicklungsstörungen bei Kaufverträgen. Die Lieferung vertragswidriger Sachen im deutschen und italienischen Recht. 1996.

Band 36 Petra Krings: Erfüllungsmodalitäten im internationalen Schuldvertragsrecht. 1997.

Band 37 Tonja Gaibler: Der rechtsgeschäftliche Irrtum im französischen Recht. 1997.

Band 38 Dirk Otto: Rechtsspaltung im indischen Erbrecht. Bedeutung und Auswirkungen auf deutsch-indische Nachlaßfälle. 1997.

Band 39 Gregor W. Decku: Zwischen Vertrag und Delikt. Grenzfälle vertraglicher und deliktischer Haftung dargestellt am Beispiel der Berufs- und Expertenhaftung zum Schutze des Vermögens Dritter im deutschen und englischen Recht. 1997.

Band 40 Ulrike Höpping: Auswirkungen der Warenverkehrsfreiheit auf das IPR unter besonderer Berücksichtigung des Internationalen Produkthaftungsrechts und des Internationalen Vertragsrechts. 1997.

Band 41 Andreas Bartosch: Die vermögensrechtlichen Beziehungen der Ehegatten bei bestehender Ehe im englischen Recht – Eigentum, Besitz, Schuldvertrag. 1997.

Band 42 Helene Boriths Müller: Die Umsetzung der europäischen Übereinkommen von Rom und Brüssel in das Recht der Mitgliedstaaten. Dargestellt am Beispiel Deutschlands und Dänemarks. 1997.

Band 43 Bernd von Hoffmann / Myong-Chang Hwang (eds.): The Public Concept of Land Ownership. Reports and Discussions of a German-Korean Symposium held in Seoul on October 7-9, 1996. 1997.

Band 44 Oliver Heeder: Fraus legis. Eine rechtsvergleichende Untersuchung über den Vorbehalt der Gesetzesumgehung in Deutschland, Österreich, der Schweiz, Frankreich und Belgien unter besonderer Berücksichtigung des Internationalen Privatrechts. 1998.

Band 45 Heinrich Schütt: Deliktstyp und Internationales Privatrecht. Dargestellt an grenzüberschreitenden Problemen der Arzthaftung. 1998.

Band 46 Axel Steiner: Die stillschweigende Rechtswahl im Prozeß im System der subjektiven Anknüpfungen im deutschen Internationalen Privatrecht. 1998.

Band 47 Martina Schulz: Der Eigentumsvorbehalt in europäischen Rechtsordnungen. Rechtsvergleichende Untersuchung des deutschen, englischen und französischen Rechts unter besonderer Berücksichtigung von Erweiterungen und Verlängerungen. 1998.

Band 48 Karin Dreher: Die Rechtswahl im internationalen Erbrecht. Unter besonderer Berücksichtigung des italienischen IPR-Reformgesetzes N. 218 vom 31. Mai 1995. 1999.

Band 49 Giuliano Gabrielli: Das Verhältnis zwischen der Anfechtung wegen Eigenschaftsirrtums und den Gewährleistungsansprüchen im deutschen, österreichischen und italienischen Recht. 1999.

Band 50 Bernd von Hoffmann / Myong-Chan Hwang (eds.): Developments in Land Law. Reports and Discussions of a German-Korean Symposium held in Berlin and Trier on July 21-24, 1997. 1999.

Band 51 Volker Heidbüchel: Das UNCITRAL-Übereinkommen über unabhängige Garantien und Standby Letters of Credit. Vergleiche mit den Richtlinien der Internationalen Handelskammer, dem deutschen, englischen und US-amerikanischen Recht. 1999.

Band 52 Jan Christoph Nordmeyer: Pflichtteilsansprüche und Wiedervereinigung. Eine systematische Analyse der Ausgleichsansprüche nach BGB-Pflichtteilsrecht unter besonderer Berücksichtigung der durch den Wiedervereinigungsprozeß eingetretenen Wertveränderungen. 1999.

Band 53 Bettina Linder: Vertragsabschluß beim grenzüberschreitenden Verbraucherleasing. 1999.

Band 54 Almontasser Fetih: Die zivilrechtliche Haftung bei Vertragsverhandlungen. Eine rechtsvergleichende Studie zum deutschen, französischen, ägyptischen und islamischen Recht. 2000.

Band 55 Sona Rajani: Die Geltung und Anwendung des Gemeinschaftsrechts im Vereinigten Königreich von Großbritannien und Nordirland. Der Grundsatz der Parlamentssouveränität im Wandel. 2000.

Band 56 Joachim Kayser: Gegenmaßnahmen im Außenwirtschaftsrecht und das System des europäischen Kollisionsrechts. Eine Analyse der EU-Abwehrverordnung gegen die Auswirkungen extraterritorialer Rechtserstreckung eines Drittlandes. 2001.

Band 57 Albrecht Conrad: Qualifikationsfragen des Trust im Europäischen Zivilprozeßrecht. 2001.

Band 58 Bernd Borgmann: Die Entsendung von Arbeitnehmern in der Europäischen Gemeinschaft. Wechselwirkungen zwischen Kollisionsrecht, Grundfreiheiten und Spezialgesetzen. 2001.

Band 59 Aleksandar Jaksic: Arbitration and Human Rights. 2002.

Band 60 Islamisches und arabisches Recht als Problem der Rechtsanwendung. Symposium zu Ehren von Professor Emeritus Dr. iur. Omaia Elwan. Veranstaltet vom Institut für ausländisches und internationales Privat- und Wirtschaftsrecht der Universität Heidelberg und der Gesellschaft für Arabisches und Islamisches Recht e.V. Herausgegeben von Herbert Kronke, Gert Reinhart und Nika Witteborg. 2001.

Band 61 Patrick Fiedler: Stabilisierungsklauseln und materielle Verweisung im internationalen Vertragsrecht. 2001.

Band 62 Werner Mangold: Die Abtretung im Europäischen Kollisionsrecht. Unter besonderer Berücksichtigung des spanischen Rechts. 2001.

Band 63 Eike Dirk Eschenfelder: Beweiserhebung im Ausland und ihre Verwertung im inländischen Zivilprozess. Zur Bedeutung des US-amerikanischen discovery-Verfahrens für das deutsche Erkenntnisverfahren. 2002.

Band 64 Bernd Ehle: Wege zu einer Kohärenz der Rechtsquellen im Europäischen Kollisionsrecht der Verbraucherverträge. 2002.

Band 65 Heiko Lehmkuhl: Das Nacherfüllungsrecht des Verkäufers im UN-Kaufrecht. 2002.

Band 66 Jochen Nikolaus Schlotter: Erbrechtliche Probleme in der Société Privée Européenne. IPR-Harmonisierung im einheitlichen Europäischen Rechtsraum. 2002.

Band 67 Konrad Ost: Doppelrelevante Tatsachen im Internationalen Zivilverfahrensrecht. Zur Prüfung der internationalen Zuständigkeit bei den Gerichtsständen des Erfüllungsortes und der unerlaubten Handlung. 2002.

Band 68 Tobias Bosch: Die Durchbrechungen des Gesamtstatuts im internationalen Ehegüterrecht. Unter besonderer Berücksichtigung deutsch-französischer Rechtsfälle. 2002.

Band 69 Ursula Philipp: Form im amerikanischen Erbrecht. Zwischen Formalismus und harmless error. 2002.

Band 70 Christian Stefan Wolf: Der Begriff der wesentlich engeren Verbindung im Internationalen Sachenrecht. 2002.

Band 71 André Fomferek: Der Schutz des Vermögens Minderjähriger. Ein Vergleich des deutschen und des englischen Rechts unter Berücksichtigung des schottischen und irischen Rechts. 2002.

Band 72 nicht erschienen

Band 73 Markus Dreißigacker: Sprachenfreiheit im Verbrauchervertragsrecht. Der Verbraucher im Spannungsfeld zwischen kultureller Identität und Privatautonomie. 2002.

Band 74 Vassiliki Myller-Igknay: Auskunftsansprüche im griechischen Zivilrecht. Auswirkungen im deutsch-griechischen Rechtsverkehr sowie im deutschen internationalen Privat- und Verfahrensrecht. 2003

Band 75 Stefan Bruinier: Der Einfluss der Grundfreiheiten auf das Internationale Privatrecht. 2003.

Band 76 Nika Witteborg: Das gemeinsame Sorgerecht nichtverheirateter Eltern. Eine Untersuchung im soziologischen, rechtsgeschichtlichen, verfassungsrechtlichen, rechtsvergleichenden und internationalen Kontext. 2003.

Band 77 Peter Stankewitsch: Entscheidungsnormen im IPR als Wirksamkeitsvoraussetzungen der Rechtswahl. 2003.

Band 78 Jan Wilhelm Ritter: Euro-Einführung und IPR unter besonderer Berücksichtigung nachehelicher Unterhaltsverträge. Eine Untersuchung mit Blick auf das deutsche, französische und schweizerische Recht. 2003.

Band 79 Wolf Richard Herkner: Die Grenzen der Rechtswahl im internationalen Deliktsrecht. 2003.

Band 80 Ira Ditandy: Internationale Zuständigkeit. Neuregelung durch die LOPJ 1985. Vergleich mit dem europäischen Vorbild und Auswirkungen auf das spanische internationale Zivilverfahrensrecht. 2003.

Band 81 Andrea Verena Schefold: Werbung im Internet und das deutsche Internationale Privatrecht. 2004.

Band 82 Klaus Herkenrath: Die Umsetzung der Richtlinie 93/13/EWG über missbräuliche Klauseln in Verbraucherverträgen in Deutschland, dem Vereinigten Königreich, Frankreich und Italien. Auswirkungen nationaler Umsetzungstechniken auf dem Harmonisierungserfolg. 2003.

Band 83 Alexander Thünken: Das kollisionsrechtliche Herkunftslandprinzip. 2003.

Band 84 Barbara v. Daumiller: Die Rechtswahl im italienischen internationalen Erbrecht: und ihre Auswirkungen im deutsch-italienischen Rechtsverkehr. 2003.

Band 85 Robert Mödl: Macht, Verantwortlichkeit und Zurechnung im Konzern. Eine rechtsvergleichende Untersuchung auf der Grundlage des deutschen, spanischen und US-amerikanischen Rechts. 2003.

Band 86 Ursula Kerpen: Das Internationale Privatrecht der Persönlichkeitsrechtsverletzungen. Eine Untersuchung auf rechtsvergleichender Grundlage. 2003.

Band 87 Barbara Ploeckl: Umgangsrechtsstreitigkeiten im deutsch-französischen Rechtsverkehr. Bestehende internationale und nationale Regelungen und der geplante *europäische Besuchstitel*. 2003.

Band 88 Katrin Wannemacher: Die Außenkompetenzen der EG im Bereich des Internationalen Zivilverfahrensrechts. Der räumliche Anwendungsbereich des Art. 65 EGV am Beispiel der EuGVO und der EheVO. 2003.

Band 89 Maren B. Eilinghoff: Das Kollisionsrecht der ungerechtfertigten Bereicherung nach dem IPR-Reformgesetz von 1999. 2004.

Band 90 Patrick Niehr: Die zivilprozessuale Dokumentenvorlegung im deutsch-englischen Rechtshilfeverkehr nach der deutschen und der englischen Prozessrechtsreform. 2004.

Band 91 Anna Christina Gördes: Internationale Zuständigkeit, Anerkennung und Vollstreckung von Entscheidungen über die elterliche Verantwortung. Die VO(EG) Nr. 1347/2000, ihre geplanten Änderungen und das Verhältnis beider zum Minderjährigen- und Kinderschutzabkommen. 2004.

Band 92 Martin Rädler: Rechtsbehelfe des Käufers eines Unternehmens oder einer unternehmerischen Beteiligung gegen den Verkäufer im deutschen und französischen Recht. 2004.

Band 93 Marc-Yngve Dietrich: Rechtsstellung und Beteiligung der Gläubiger im französischen Insolvenzverfahren. 2004.

Band 94 Katia Niemann: Die rechtsgeschäftliche und organschaftliche Stellvertretung und deren kollisionsrechtliche Einordnung. *Deutschland und England im Vergleich*. 2004.

Band 95 Daniel Ludwig: Neuregelungen des deutschen Internationalen Insolvenzverfahrensrechts. Eine Untersuchung unter vergleichender Heranziehung der Europäischen Insolvenzverordnung. 2004.

Band 96 Cordelia Faulenbach: Der gemeinschaftsrechtliche Vorbehalt im europäischen Wettbewerbsrecht. Die Herkunftslandanknüpfung der E-Commerce-Richtlinie unter dem Einfluss der Grundfreiheiten. 2004.

Band 97 Ulf Dörner: Der Vertragsgerichtsstand nach dem Protokoll von Buenos Aires. 2004.

Band 98 Martin Schmidhuber: Verhaltenskodizes im nationalen und grenzüberschreitenden elektronischen Geschäftsverkehr. Zur Frage der Integration der Selbstregulierung durch Private in die staatliche Rechtsordnung. 2004.

Band 99 Florian Kienle: Die fehlerhafte Banküberweisung im internationalen Rechtsverkehr. Unter besonderer Berücksichtigung des Artikels 4A US Uniform Commercial Code. 2004.

Band 100 Thomas Alexander Brandt: Die Adoption durch eingetragene Lebenspartner im internationalen Privat- und Verfahrensrecht. 2004.

Band 101 Florian Pulkowski: Subunternehmer und Internationales Privatrecht. Der Subunternehmer als Quasi-Verbraucher im Europäischen Kollisionsrecht. 2004.

Band 102 Ulrich Becker: Grundrechtsschutz bei der Anerkennung und Vollstreckbarerklärung im europäischen Zivilverfahrensrecht. Bestimmung der Grenzen für die Einführung eines europäischen Vollstreckungstitels. 2004.

Band 103 Thomas Badelt: Aufrechnung und internationale Zuständigkeit unter besonderer Berücksichtigung des deutsch-spanischen Rechtsverkehrs. 2005.

Band 104 Florian D. Wagner: Vorvertragliche Aufklärungspflichten im internationalen Franchising. Zur Harmonisierung von Delikts- und Vertragsstatut im internationalen Privatrecht unter besonderer Berücksichtigung der Franchise-Gesetzgebung des US-Bundesstaates Kalifornien. 2005.

Band 105 Vera Heine: Die Umsetzung der *EG-Richtlinie über missbräuchliche Klauseln in Verbraucherverträgen* im englischen und deutschen Recht. 2005.

Band 106 Alexander Franz: Überregionale Effektentransaktionen und anwendbares Recht. Eine kollisionsrechtliche Untersuchung unter besonderer Berücksichtigung der Vorschrift des § 17 a DepotG. 2005.

Band 107 Hanna-Maria Uhlenbrock: Gesetzliche Regelungen für nichteheliche Lebensgemeinschaften in Deutschland und Frankreich. Ein Vergleich des Unterhaltsrechts bei der eingetragenen Lebenspartnerschaft und beim Pacte civil de Solidarité. 2005.

Band 108 Katrin Stieß: Anknüpfungen im internationalen Urheberrecht unter Berücksichtigung der neuen Informationstechnologien. 2005.

Band 109 Hendrik Otto: Der gesetzliche Abschlussprüfer im italienischen Recht. Eine rechtsvergleichende Untersuchung unter besonderer Berücksichtigung der zivilrechtlichen Haftung. 2005.

Band 110 Frauke Stuphorn: Bankhaftung für Kreditauskünfte im deutschen und französischen Recht. 2005.

Band 111 Nina Fürer: Die zivilrechtliche Haftung für Raucherschäden. 2005.

Band 112 Giovanni B. Barillà: *Contratto autonomo di garanzia* e *Garantievertrag*. Categorie civilistiche e prassi del commercio. 2005.

Band 113 Timo Torz: Gerichtsstände im Internationalen Insolvenzrecht zur Eröffnung von Partikularinsolvenzverfahren. 2005.

Band 114 Martina Schmid: Die Grenzen der Auslegungskompetenz des EuGH im Vorabentscheidungsverfahren nach Art. 234 EG. Dargestellt am Beispiel der überschießenden Richtlinienumsetzung. 2005.

FSC
www.fsc.org
MIX
Papier | Fördert gute Waldnutzung
FSC® C083411

Kolibri 360 GmbH
Ferdinand-Jühlke-Straße 7
99095 Erfurt, Deutschland
produktsicherheit@kolibri360.de

Druck:
CPI Druckdienstleistungen GmbH
im Auftrag der
Kolibri 360 GmbH
Ferdinand-Jühlke-Str. 7
99095 Erfurt